AF554885

JUAN.PABLO.MARTINEZ.SPEZZA

Žižek, Slavoj / ¡Goza tu síntoma! / Slavoj Žižek. - 1a ed. - Ciudad Autónoma de Buenos Aires : EGodot Argentina, 2021. 344 p. ; 23 x 15 cm. Traducción de: Horacio Pons.

ISBN 978-987-8413-32-7

1. Filosofía Contemporánea. 2. Cine. 3. Psicoanálisis. I. Pons, Horacio, trad. II. Título. CDD 306.4613

Título original Enjoy your symptom! Jacques Lacan in Hollywood and out

Las fotografías de Charles Chaplin en *City Lights* (cap. 1), Ingrid Bergman en *Stromboli* (cap. 2), Raymond Chandler (cap. 3), *Doris Day en The Man Who Knew Too Much* (cap. 4) y Alan Ladd en *The Glass Key* (cap. 5) son cortesía del Museo de Arte Moderno de Nueva York.

Traducción Horacio Pons
Corrección Mariana Gaitán
Diseño de tapa Francisco Martín Bó
Diseño de colección e interiores Víctor Malumián
Ilustración de Slavoj Žižek Juan Pablo Martínez
Foto de tapa Slavoj Žižek Borut Peterlin

www.edicionesgodot.com.ar
info@edicionesgodot.com.ar
Facebook.com/EdicionesGodot
Twitter.com/EdicionesGodot
Instagram.com/EdicionesGodot
YouTube.com/EdicionesGodot
Buenos Aires, Argentina, 2022

Impreso en Porter, Plaza 1202
Ciudad Autónoma de Buenos Aires,
República Argentina, enero de 2022

¡Goza tu síntoma!

Jacques Lacan dentro y fuera de Hollywood

Slavoj Žižek

Traducción
Horacio Pons

Introducción

SIEMPRE ME HA PARECIDO extremadamente repulsiva la práctica corriente en los restaurantes chinos de compartir los platos principales. De modo que, hace poco, cuando expresé esta repulsión e insistí en terminar solo mi plato, me convertí en víctima de un "psicoanálisis salvaje" irónico por parte de mi vecino de mesa: ¿no es acaso esta repulsión, esta resistencia a compartir una comida, una forma simbólica del miedo a *compartir una pareja*, es decir, a la promiscuidad sexual? Desde luego, la primera respuesta que me vino a la mente fue una variación sobre la advertencia de Thomas De Quincey contra el "arte del asesinato" —el verdadero horror no es la promiscuidad sexual sino compartir un plato chino—: "¡Cuántas personas iniciaron su camino de perdición con alguna inocente violación en pandilla, que en ese momento no tenía gran importancia para ellas, y terminaron compartiendo los platos principales en un restaurante chino!".

Un cambio tal de énfasis (un caso ejemplar de lo que Freud llamó "desplazamiento") subyace al efecto cómico del comedimiento irónico [*understatement*], supuestamente característica del sentido del humor inglés y tan admirado por Hitchcock. Sin embargo, aquí estamos lejos de ceder a una agudeza afectada: lo que importa es, más bien, que este "desplazamiento" a lo De Quincey nos permite discernir la lógica de una escisión que, como una especie de falla fatal, está en juego en la Ilustración desde su mismo inicio. Es decir, cuando, en su texto programático *¿Qué* *es la Ilustración?*, Immanuel Kant nos da la famosa definición de esta como la "liberación del hombre de su tutelaje autoimpuesto", esto es, el valor para hacer uso de su entendimiento sin que otro lo dirija, reemplaza la divisa "¡Discute libremente!" por "Discute tanto como quieras y sobre lo que quieras, pero obedece". Esta, y no "¡No obedezcas, discute!", es, según Kant, la respuesta de la Ilustración a la demanda de la autoridad tradicional, "¡No discutas, obedece!". En este punto, debemos tener cuidado para no pasar por alto aquello a lo que apunta Kant: no está simplemente volviendo a expresar la divisa corriente del conformismo, "En privado, piensa lo que quieras, pero, en público, obedece a las autoridades", sino, más bien, lo contrario: "En público, 'como un académico ante el público lector', utiliza libremente tu razón, pero, en privado (en tu puesto, en tu familia, es decir, como una pieza de la máquina social), obedece a la autoridad". Esta escisión subyace al famoso "conflicto de las facultades" kantiano, entre la facultad de la filosofía (libre de entregarse a la discusión de lo que desee, pero por esa razón separada del poder social, al quedar, por así decirlo, suspendida la fuerza ejecutiva de su discurso) y las del derecho y la teología (que articulan los principios del poder ideológico y político y, por lo tanto, carecen de la libertad de discusión). La misma división se presenta ya en Descartes, quien, antes de ingresar en el camino de la duda universal, estableció una "moralidad provisional", un conjunto de reglas que regulaban su existencia cotidiana durante el transcurso de su travesía filosófica: ya en la primera de ellas pone de relieve la necesidad de obedecer las costumbres y las leyes del país en el cual nació, sin cuestionar su autoridad... En síntesis, soy libre de abrigar dudas acerca de cualquier cosa, acerca de la existencia misma del universo, pero, a pesar de eso, estoy obligado a obedecer al Amo o, como rezaría una versión a lo De Quincey: "¡Cuántas personas iniciaron su camino de perdición con alguna inocente duda sobre la existencia del mundo que los rodeaba, lo que en ese momento no tenía gran importancia para ellas, y terminaron tratando a sus superiores con poco respeto!".

La actitud ideológica que abre esta escisión es, por supuesto, la del *cinismo*, la de la distancia cínica que corresponde a la noción misma de la Ilustración y que hoy parece haber alcanzado su apogeo; si bien oficialmente socavada, desvalorizada, la autoridad vuelve colándose por la ventana: "Sabemos que no hay verdad en la autoridad, no obstante, seguimos jugando su juego y obedeciendo a fin de no perturbar la marcha normal de las cosas...". La verdad queda en suspenso en nombre de la eficiencia: la legitimación última del sistema es que funciona. En el hoy difunto "socialismo realmente existente" de Europa Oriental, la escisión era la que existía entre un ritual público de obediencia y una distancia cínica privada, tanto que en Occidente el cinismo, en cierto modo, se redobla: públicamente simulamos ser libres mientras que en privado obedecemos. En ambos casos, somos víctimas de la autoridad precisamente cuando creemos que la hemos embaucado: la distancia cínica está vacía, nuestro verdadero lugar se encuentra en el ritual de la obediencia o, como lo expresó Kurt Vonnegut en su *Madre Noche*: "Somos lo que simulamos ser, de modo que debemos tener cuidado con lo que simulamos ser".

En contraste con aquello de lo que los medios se esfuerzan desesperadamente por convencernos, *el enemigo no es hoy el "fundamentalista" sino el cínico*; incluso cierta forma de "deconstruccionismo" toma parte en el cinismo universal al proponer una versión más sofisticada de la "moralidad provisional" cartesiana: "En teoría (en la práctica académica de la escritura), deconstruye tanto como quieras y todo lo que quieras, pero en tu vida cotidiana participa del juego social predominante". El presente libro fue escrito con el propósito de presentar ante la consideración pública la nulidad de la distancia cínica. Su subtítulo no debe tomarse irónicamente: se refiere, simplemente, a las dos divisiones de cada capítulo. Como lo indican sus títulos didácticos ("¿Por qué...?"), el objetivo de cada uno de ellos es elucidar alguna noción lacaniana fundamental o algún complejo teórico (*carta*, *mujer*, *repetición*, *falo*, *padre*). En la primera división de cada capítulo, Lacan está "en Hollywood", esto es, la noción o el complejo en cuestión se explican por medio de ejemplos de Hollywood o, en general, de la cultura popular; en la segunda, estamos "fuera de Hollywood", es decir, la misma noción se elabora tal como es "en sí misma", en su contenido inherente. O, para expresarlo en "hegelés": se concibe a Hollywood como una "fenomenología" del Espíritu Lacaniano, su manifestación para la conciencia corriente, en tanto la segunda división está más próxima a la "lógica" como articulación del contenido de la noción en y para sí.

PRÓLOGO

Goza tu síntoma, ¿o tu fetiche?

1

HAY DOS MANERAS DE entender la tesis de que vivimos en un mundo postideológico: o bien la tomamos en un sentido pospolítico ingenuo (por fin liberados del peso de los grandes relatos y las causas ideológicas, podemos dedicarnos a resolver pragmáticamente problemas reales) o, de un modo más crítico, como un signo del cinismo predominante en nuestros días (hoy, el poder ya no necesita un edificio ideológico coherente para legitimar su gobierno; puede darse el lujo de manifestar directamente la verdad obvia: la búsqueda de ganancias, la brutal imposición de los intereses económicos). De conformidad con la segunda lectura, ya no hace falta un refinado procedimiento de *Ideologiekritik*, una "lectura sintomal" que detecte las fallas en un edificio ideológico: esa manera de proceder llama a una puerta abierta, dado que el discurso del poder concienzudamente cínico concede todo eso de antemano, como el analizante de nuestros días que acepta con calma las sugerencias del analista acerca de su más recóndito deseo obsceno, porque ya no hay nada que lo escandalice.

Sin embargo, ¿las cosas suceden efectivamente de este modo? Si es así, la *Ideologiekritik* y el psicoanálisis ya no tienen, en definitiva, utilidad alguna, dado que la apuesta de su procedimiento interpretativo es que el sujeto no puede admitir abiertamente y asumir realmente la verdad acerca de lo que está haciendo. Con todo, el psicoanálisis abre un camino al desenmascaramiento de esa prueba aparente de su inutilidad al detectar, debajo de la engañosa franqueza del cinismo postideológico, los perfiles del fetichismo, y de tal manera, da acceso a la posibilidad de oponer el modo *fetichista* de la ideología, que predomina en nuestra época supuestamente "postideológica", a su tradicional modo *sintomal*, en el que la mentira ideológica que estructura nuestra percepción de la realidad se ve ante la amenaza de síntomas que actúan en calidad de "retornos de lo reprimido", grietas en el entramado de esa mentira ideológica. El fetiche es, en efecto, una especie de *envers* del síntoma. Es decir: el síntoma es la excepción que altera la superficie de la falsa apariencia, el punto en que irrumpe la Otra Escena reprimida, en tanto que el fetiche es la encarnación de la Mentira que nos permite sostener la insoportable verdad. Tomemos el caso de la muerte de un ser querido: si hablamos de un síntoma, yo "reprimo" esa muerte, trato de no pensar en ella, pero el trauma reprimido vuelve en el síntoma; si hablamos de un fetiche, al contrario, acepto en su plenitud, "racionalmente", esa muerte, y aun así me aferro al fetiche, a algún rasgo que encarne para mí la negación de dicha muerte. En este sentido, un fetiche puede desempeñar un papel muy constructivo al permitirnos hacer frente a la dura realidad: los fetichistas no son soñadores perdidos en sus mundos privados, son cabalmente "realistas", capaces de aceptar las cosas tal como efectivamente son, ya que tienen su fetiche al que pueden aferrarse a fin de anular el impacto de lleno de la realidad. Hay un maravilloso relato temprano de Patricia Highsmith, "El botón", acerca de un neoyorquino de clase media que vive con su hijo mongólico de nueve años que balbucea todo el tiempo sonidos sin sentido y sonríe, mientras la saliva chorrea de su boca abierta; un anochecer, incapaz de soportar la situación, el hombre decide dar un paseo por las solitarias calles de Manhattan, donde tropieza con un mendigo sin techo que le extiende la mano a la manera de un ruego. En un acto de inexplicable furia, el héroe lo golpea hasta matarlo y le arranca un botón de la chaqueta. Tras ello, el que vuelve a su casa es un hombre cambiado, que soporta su pesadilla familiar sin trauma alguno y es capaz, incluso, de dirigir una sonrisa bondadosa a su hijo mongólico. Guarda el botón permanentemente en un bolsillo de sus pantalones: un perfecto fetiche, la negación encarnada de su lamentable realidad, el constante recordatorio de que, al menos una vez, devolvió el golpe a su miserable destino.

En los círculos psiquiátricos, circula una historia sobre un hombre a cuya esposa le diagnostican un cáncer agudo de mama, a raíz del cual muere tres meses después. El marido sobrevive indemne a esa muerte y es capaz de hablar serenamente de sus traumáticos últimos momentos con la mujer. ¿Cómo? ¿Era un frío monstruo indiferente y sin sentimientos? Pronto, sus amigos advierten que, mientras habla de su mujer fallecida, el hombre siempre tiene en las manos un hámster, el objeto mascota de aquella: el fetiche de él, la negación encarnada de la muerte de ella. No es de sorprender que, un par de meses después, cuando el hámster muere, el tipo se derrumbe y tenga que ser internado durante largo tiempo para que se lo someta a un tratamiento por depresión aguda. Entonces, cuando nos bombardean con afirmaciones de que en nuestra cínica era postideológica nadie cree en los ideales proclamados, y encontramos una persona que sostiene estar curada de todas las creencias y aceptar la realidad social tal como efectivamente es, siempre deberíamos oponer a esas afirmaciones la pregunta: muy bien, pero ¿dónde está tu hámster, el fetiche que te permite aceptar (fingir que aceptas) la realidad "tal como es"?

2

Para analizar esa impregnación de nuestra vida diaria por la ideología, apelo a la referencia a numerosos ejemplos, de modo que tal vez sea apropiada aquí una nota sobre mi uso (a menudo criticado) de estos.

La diferencia entre el uso idealista y el uso materialista de ejemplos es que, en el enfoque idealista platónico, estos son siempre imperfectos, nunca transmiten a la perfección lo que supuestamente ejemplifican, de manera que debemos tener la precaución de no tomarlos demasiado literalmente, mientras que, para un materialista, siempre hay en el ejemplo más de lo que este ejemplifica; esto es, un ejemplo siempre amenaza socavar lo que presuntamente ejemplifica, porque da cuerpo a lo que la propia noción ejemplificada reprime y es incapaz de enfrentar. (En ello radica el procedimiento materialista de Hegel en su *Fenomenología*: cada "figura de la conciencia" se pone en escena-se ejemplifica en primer lugar y luego se socava mediante su propio ejemplo). Por eso el enfoque idealista siempre exige una multitud de ejemplos: como ninguno es de por sí plenamente adecuado, es preciso enumerarlos para indicar la riqueza trascendente de la Idea que ejemplifican, una Idea que es el punto fijo de referencia de los ejemplos fluctuantes. Un materialista, al contrario, tiende a repetir un ejemplo, siempre el mismo, y a volver a él de manera obsesiva: es el ejemplo particular que sigue siendo el mismo en todos los universos simbólicos, mientras que la noción universal supuestamente ejemplificada por él cambia de forma de manera continua, de modo que nos vemos con una multitud de nociones universales en circulación, como mariposas alrededor de la luz, en torno de un solo ejemplo. ¿No es eso lo que hace Lacan cuando vuelve a los mismos casos ejemplares (la adivinanza de los cinco sombreros, el sueño de la inyección de Irma) y formula en cada oportunidad una nueva interpretación? Un ejemplo de ese tipo es el *singular universal*: una entidad singular que persiste como universal en la multitud de sus interpretaciones.

En una conversación reciente, Hanif Kureishi me hablaba de su nueva novela, cuya forma de narrar es diferente de lo que ha escrito hasta el momento. Le pregunté, irónicamente: "Pero el héroe es, no obstante, un inmigrante cuyo padre pakistaní es un escritor fracasado...". Me contestó: "¿Cuál es el problema? ¿No tenemos todos padres pakistaníes que son escritores fracasados?". Tenía razón, y eso es lo que Hegel quería decir al hablar de la singularidad elevada a la universalidad: el giro patológico que Hanif Kureishi experimentó en su padre es parte de todos los padres; no hay un padre normal, el padre de todo el mundo es una figura que no logró estar a la altura de su mandato y, así, dejó a su hijo la tarea de saldar sus deudas simbólicas. En este sentido, una vez más, el escritor pakistaní fracasado de Kureishi es un singular universal, un singular que representa la universalidad.

De eso se trata la hegemonía, ese cortocircuito entre lo universal y su caso paradigmático (en el preciso sentido kuhniano de la palabra): no basta con decir que el propio caso de Kureishi es uno en la serie de casos que ejemplifican el hecho universal de que padre es otra más de las "profesiones imposibles"; habría que dar un paso más y afirmar que, precisamente, todos tenemos padres pakistaníes que son escritores fracasados. En otras palabras, imaginemos ser-un-padre como un ideal universal al que todos los padres empíricos se afanan en acercarse, en última instancia sin lograrlo: esto significa que la verdadera universalidad no es la del ser-un-padre ideal, sino la del fracaso mismo.

En ello consiste el verdadero callejón sin salida de la autoridad paternal en nuestros días: en la creciente renuencia del padre (biológico) a aceptar el mandato simbólico "padre"; ese callejón sin salida es el motivo secreto que recorre las películas de Steven Spielberg. Todos sus filmes claves *—E. T.: el extraterrestre*, *El imperio del sol*, *El mundo perdido: Jurassic Park*, *La lista de Schindler—* son variaciones de dicho motivo. Habría que recordar que la familia ante cuyo hijo menor se aparece E. T. ha sido abandonada por el padre (tal como nos enteramos en el comienzo mismo), de modo que aquel es, en última instancia, una suerte de "mediador evanescente" que proporciona un nuevo padre (el científico bueno a quien, en la última toma de la película, vemos ya abrazando a la madre): cuando el nuevo padre está aquí, E. T. puede marcharse para "ir a casa". *El imperio del sol* se centra en un chico abandonado por su familia en una China desgarrada por la guerra y que sobrevive gracias a la ayuda de un padre sucedáneo (interpretado por John Malkovich). En la primerísima escena de *Jurassic Park*, vemos a la figura paterna (interpretada por Sam Neill) amenazando en broma a los dos chicos con un hueso de dinosaurio: este es sin duda el diminuto objeto-mancha que, más adelante, explota y libera gigantescos dinosaurios, de modo que puede arriesgarse la hipótesis de que, dentro del universo fantasmático de la película, la furia destructiva de los dinosaurios no hace sino materializar la ira del superyó paterno. Un detalle apenas perceptible que aparece más adelante, hacia la mitad del filme, confirma esta lectura. Perseguido, el grupo que forman Neill y dos chicos se refugia de los letales dinosaurios carnívoros en un árbol gigante, donde, muertos de cansancio, se quedan dormidos; Neill pierde entonces el hueso de dinosaurio que tenía enganchado en el cinturón, y es como si esta pérdida accidental tuviera un efecto mágico: antes de dormirse, aquel se reconcilia con los niños y muestra con ellos un cálido afecto y una actitud de cuidado. De manera significativa, el dinosaurio que, la mañana siguiente, se acerca al árbol y despierta al grupo dormido resulta ser de la clase de los herbívoros benevolentes. *La lista de Schindler* es, en su nivel más básico, una nueva versión de *Jurassic Park* (y, en todo caso, peor que el original), con los nazis como los monstruos dinosáuricos, Schindler (al principio del filme) como la figura parental cínica, especuladora y oportunista, y los judíos del gueto como niños amenazados (su infantilización en la película es llamativa). La historia que cuenta se refiere al gradual redescubrimiento de Schindler de su deber paternal con los judíos y su transformación en un padre solícito y responsable. ¿Y no es *La guerra de los mundos* el último episodio de esta saga? Tom Cruise interpreta a un padre divorciado de clase obrera que descuida a sus dos hijos; la invasión de los alienígenas vuelve a despertar en él los correspondientes instintos paternos y se redescubre como un padre cariñoso: no es de sorprender que, en la última escena, obtenga finalmente el reconocimiento de su hijo, que a lo largo de toda la película lo ha despreciado. Al modo de las historias dieciochescas, el filme bien podría haber tenido este subtítulo: "La historia de un padre trabajador y de cómo consigue finalmente reconciliarse con su hijo". En efecto, es posible imaginar la película sin los alienígenas sedientos de sangre: lo que queda es en cierto modo "el verdadero tema del filme", la historia de un padre divorciado de clase obrera que se esfuerza por recuperar el respeto de sus dos hijos. (Y es fácil repetir este experimento mental con otras películas de Spielberg: *Jurassic Park* es un filme sobre un padre que viaja con sus dos hijos a la naturaleza agreste, donde resuelven sus tensiones; *E. T.* es un filme sobre un niño frustrado en una familia abandonada por el padre, etc.

Desde luego, se puede sostener que una lectura así es demasiado ingenuamente freudiana en su manera de reducir los elementos extraños (alienígenas, dinosaurios) a una *metáfora* de las tensiones familiares, ignorando el nivel *metonímico* de los monstruos como una prolongación inmanente de los humanos, y no solo como su metáfora. Sin embargo, la respuesta a este reproche es que esa reducción freudiana es un rasgo de las propias películas, su ideología inmanente. En ello radica la ideología del filme: en lo referido a los dos niveles de la historia (el edípico de la autoridad paterna perdida y recuperada y el espectacular del conflicto con los alienígenas invasores), hay una clara disimetría, dado que el nivel edípico es el "verdadero tema" del relato, mientras que el nivel espectacular externo es meramente su extensión metafórica. En la pista de sonido de la película hay un bonito detalle que señala con claridad el predominio de esa dimensión edípica: los ataques de los alienígenas son acompañados por el aterrador sonido de una nota de trombón bajo que se parece extrañamente al sonido de bajo profundo y trompeta del canto budista tibetano, la voz del mal padre sufriente y agonizante (en claro contraste con el "bello" fragmento melódico de cinco tonos que identifica a los alienígenas "buenos" en *Encuentros cercanos del tercer tipo*, también de Spielberg).

3

Pero ¿no es práctico el objetivo último del análisis de la ideología: permitirnos intervenir y cambiar nuestra realidad? ¿Mis saltos de uno a otro ejemplo no contradicen ese objetivo declarado, condenándonos al placer narcisista en la teoría y, de tal modo, saboteando efectivamente la urgencia del compromiso práctico?

Un falso sentido de urgencia impregna el discurso humanitario de la izquierda liberal: recuérdense figuras retóricas como "en este país una mujer es violada cada seis segundos" o "en el tiempo que le toma leer este párrafo, diez niños morirán de hambre". Subyace a todo esto un sentimiento de indignación moral. Hace unos años, Starbucks explotó esta pseudourgencia cuando, a la entrada de sus locales, carteles saludaban a los clientes con el anuncio de que algo así como la mitad de sus ganancias se destinaban a la atención de la salud de los niños de Guatemala (país de origen de su café), de modo que, con cada taza que uno tomaba, salvaba, por decirlo así, la vida de un niño. Hay en ello un tono de urgencia antiteórica fundamental, y la cuestión subyacente es esta: no hay tiempo para reflexionar sobre todo esto, tenemos que actuar ya. (Véase, contra esto, la maravillosa carta de Marx a Engels de 1870, cuando, por unos breves momentos, pareció que una revolución europea estaba otra vez a las puertas: en ella, aquel transmite un auténtico pánico: ¿no pueden los revolucionarios esperar un par de años, dado que él, Marx, aún no ha terminado *El capital*?). A través de esa falsa sensación de urgencia, los ricos postindustriales, que viven en su aislado mundo virtual, no solo no niegan ni ignoran la dura realidad existente fuera de su territorio: se refieren activamente a ella todo el tiempo. Como dijo hace poco Bill Gates: "¿Qué importan las computadoras cuando todavía mueren innecesariamente de diarrea millones de personas?".

Nada demuestra mejor la naturaleza falsa de esta sensación de urgencia que las repercusiones del artículo de tapa de *Time* en el verano de 2006, donde se informaba que alrededor de cuatro millones de personas habían muerto en el Congo como resultado de la violencia política en los últimos diez años, sin que siguiera a la nota el habitual clamor humanitario, como si hubiera algún tipo de mecanismo de filtro que impide que esas noticias tengan todo su impacto en nuestro espacio simbólico. El Congo, efectivamente, está resurgiendo hoy como un "corazón de las tinieblas" conradiano que nadie se atreve a afrontar plenamente. ¿Necesitamos más pruebas de que la sensación humanitaria de urgencia está mediada/sobredeterminada por evidentes consideraciones políticas? ¿Y qué consideraciones? Para responder a esta pregunta, necesitamos precisamente dar un paso atrás y echar una mirada.

Cuando, en un análisis crítico de la constelación global presente, uno no propone ninguna solución clara, ningún consejo "práctico" sobre qué hacer, cuando no describe ninguna luz al final del túnel (bien consciente de que esa luz podría provenir de un tren que va a chocarnos), de ordinario se le reprocha: "Entonces, ¿qué deberíamos hacer? ¿Nada? ¿Solo sentarnos a esperar?". Habría que juntar coraje y contestar: ¡sí, precisamente eso! Hay situaciones en las cuales lo único verdaderamente "práctico" que puede hacerse es resistir la tentación de comprometerse de inmediato, y "esperar y ver qué pasa" por medio de un paciente análisis crítico. El compromiso parece ejercer su presión sobre nosotros desde todas las direcciones. En un conocido pasaje de *El existencialismo es un humanismo*, Sartre mostraba el dilema de un joven en Francia en 1942, desgarrado entre el deber de ayudar a su madre, sola y enferma, y el de entrar a la Resistencia y combatir a los alemanes; lo que Sartre quería decir es, desde luego, que no hay una respuesta *a priori* a ese dilema: el joven debería tomar una decisión exclusivamente fundada en su propia libertad abismal y asumir plena responsabilidad por ella. Una obscena tercera salida de este dilema consistiría en aconsejar al joven que le cuente a su madre que va a unirse a la Resistencia, y les diga a sus amigos pertenecientes a esta que va a cuidar a su madre, mientras, en realidad, se retira a estudiar en un lugar apartado. En este consejo hay algo más que un cinismo barato: trae a la mente un conocido chiste soviético sobre Lenin. Bajo el socialismo, las palabras de Lenin a los jóvenes, su respuesta a lo que debían hacer, "aprendan, aprendan, aprendan", se evocaban todo el tiempo, exhibidas en las paredes de todas las escuelas. Este es el chiste, entonces: se les pregunta a Marx, Engels y Lenin qué preferirían tener, una esposa o una amante. Tal como era de esperar, Marx, más bien conservador en asuntos privados, responde: "¡Una esposa!", en tanto que Engels, con más características de *bon vivant*, opta por una amante; Lenin, sin embargo, para sorpresa de todos, dice: "¡Me gustarían las dos!". ¿Por qué? ¿Hay aquí un golpe oculto de *jouisseur* decadente a su austera imagen revolucionaria? No, explica: "Así puedo decirle a mi mujer que voy a ver a mi amante, y a mi amante que tengo que estar con mi mujer". "Y entonces, ¿qué hace?". "¡Voy a un lugar solitario a aprender, aprender, aprender!". ¿No es exactamente eso lo que Lenin hizo tras la catástrofe de 1914? Se retiró a un lugar solitario en Suiza, donde "aprendió, aprendió, aprendió", leyendo la lógica de Hegel. Y tal vez sea eso lo que deberíamos hacer hoy.

INTRODUCCIÓN A LA NUEVA EDICIÓN REVISADA

Del deseo a la pulsión... y vuelta

ESTE LIBRO SE PUBLICÓ por primera vez en 1992, como un intento de exponer la doctrina de Jacques Lacan ante el público estadounidense por la vía del cine de Hollywood. ¿Cómo tenemos que juzgar la receptividad de la academia estadounidense a Lacan hoy, casi diez años después? Una de las historias que a los lacanianos franceses esnobs les gusta mencionar contra la traducción de *jouissance* [goce] como *enjoyment* —con un trasfondo, desde luego, de arrogancia francesa y una postura condescendiente hacia la escena estadounidense— es que Lacan, en su primera visita a los Estados Unidos, vio en Baltimore un aviso televisivo con el eslogan "*enjoy Coke!*" y, consternado por su vulgaridad, afirmó de manera enfática que su *jouir* no era ese *enjoy*. Contra este argumento, se podría sostener que *enjoy*, en el desafortunado "*enjoy Coke!*", es precisamente el *jouir* en su imbecilidad superyoica: ¿qué mejor ejemplo de la tesis de Lacan de que el superyó es un mandato de gozar que "*enjoy Coke!*"? ¿Hay entonces alguna esperanza sobre la penetración de la teoría lacaniana en los Estados Unidos?

Sean cuales fueren las vicisitudes y las deformaciones de Lacan en los estudios culturales, deberíamos centrarnos en lo que pasa con los niños en su primera infancia, de acuerdo con la sabia máxima jesuita: "Deja en mis manos a un niño hasta que cumpla siete años y después puedes hacer con él lo que quieras". De modo que siento la tentación de afirmar que hay una esperanza para nosotros, los lacanianos, mientras los niños estadounidenses estén masivamente expuestos a los dos clásicos libros de Shel Silverstein, *La parte que falta* y *La parte que falta conoce a la O grande*; uno se siente casi avergonzado por la manera directa en que estos dos libros presentan en una forma desnuda la matriz básica de la oposición lacaniana de deseo y pulsión. El primero de ellos cuenta las aventuras de un ello, un círculo con un punto por ojo y una abertura triangular por boca, un sujeto en busca de una parte faltante que llene la abertura y de ese modo lo transforme en un círculo completo, algo parecido al ser humano esférico perfecto que precede a la diferencia sexual en el *Banquete* de Platón: "Le faltaba una parte. Y no estaba feliz. Así que se puso en marcha a la búsqueda de su parte faltante. Y, rueda que te rueda, cantaba esta canción: 'Ah, estoy buscando la parte que me falta, / estoy buscando la parte que me falta, / ji jai jo, aquí voy / a buscar la parte que me falta'"[1]. Así que, después de un largo viaje lleno de aventurados encuentros, un día encuentra una parte triangular que llenará su vacío; sin embargo, la parte le dice: "¡Espera un minuto! Yo no soy la parte que te falta. No soy la parte de nadie. Soy mi propia parte. Y aunque fuera la parte faltante de alguien, ¡creo que no sería la tuya!". Así, ello sigue rodando tristemente; encuentra una parte que es demasiado pequeña, otra demasiado grande, otra demasiado puntiaguda, otra demasiado cuadrada, otra que no le queda lo bastante ceñida y por eso la pierde, otra que le queda demasiado ceñida y por eso se rompe. Finalmente, encuentra una parte triangular que parece ser la adecuada y pregunta: "¿Eres la parte que le falta a algún otro?". La parte responde: "No que yo sepa". "Bueno, ¿querrás ser tal vez tu propia parte?". "Puedo ser la parte de otro y aun así ser mi propia parte". De modo que se juntan y encajan a la perfección, formando una esfera perfecta. Como ahora está completo, ello rueda más y más rápido, pero por esa razón no puede oler una flor ni hablar con un gusano. ¿Podrá aún cantar? Comienza a hacerlo: "Y'enconté mi

1. Véase Shel Silverstein, *The Missing Piece*, Nueva York, Harper and Row, 1975 [ed. cast.: *La parte que falta*, trad. de Celestial Connection Inc., Málaga, Sirio, 2000], y *The Missing Piece Meets the Big O*, Nueva York, HarperCollins, 1981 [ed. cast.: *La parte que falta conoce a la O grande*, trad. de Celestial Connection, Málaga, Sirio, 2000].

parto fultente, / yu contrú mi varte calfante". Ahora está completo, pero ¡es totalmente incapaz de cantar! Deja entonces de rodar, se saca la parte con suavidad y vuelve a rodar y cantar quedamente: "Ah, estoy buscando la parte que me falta, / estoy buscando la parte que me falta". Se trata de la paradoja del *deseo* en su grado más puro: para sostenerse como deseo, para articularse (en una canción), debe faltar una parte. ¿No tenemos aquí la matriz de la tragedia de Robert Schumann? Su destino era el opuesto del amante común y corriente que está atrapado en una desdichada aventura amorosa y sueña con la feliz unificación con su amada; el abrazo mortal en que se encontraba era que sus anhelos *se realizaban* y la vida le *ahorraba* la decepción de un amor desdichado, de modo que su posición era la de un amante unido para siempre a su amada y que soñaba con algún nuevo obstáculo que la tornara distante. No debe asombrarnos que el resultado fuera un colapso psicótico: "'Las cosas eran mucho más bellas cuando uno imaginaba que se rompían', se diría Schumann a sí mismo. ¿No era la mera idea de un posible revés más agradable que la certeza de las cosas familiares?"[2].

La trayectoria de la teoría de Freud y Lacan va del deseo a la pulsión. No es una sorpresa, entonces, que *La parte que falta*, que cuenta el mito de cómo el ello (la laminilla lacaniana) se constituye como sujeto deseante por medio de una falta, fuera seguido seis años después por *La parte que falta conoce a la O grande*, que de algún modo cuenta la historia desde el extremo opuesto: no desde el punto de vista del sujeto deseante en busca de su parte faltante, sino desde la perspectiva de esta misma. Esa parte no es el objeto parcial freudiano satisfecho de seguir siendo su propia parte, como la primera que el ello encuentra en el libro anterior, sino la que está sola, a la espera de que alguien la tome. Como es obvio, aquí aparecen ciertos problemas: algunos que llegan encajan pero no pueden rodar, otros pueden rodar pero no encajan; algunos son demasiado delicados; algunos ponen la parte en un pedestal y la dejan ahí; algunos tienen demasiadas partes faltantes; algunos tienen "demasiadas partes, punto"; algunos miran con demasiado detenimiento la parte, mientras otros pasan rodando sin

2. Dominique Druhen, notas a la grabación de Siegfried Jerusalem y Elena Bashkirova de *Dichterliebe and Liederkreis*, Erato, 1992, pp. 8-9.

siquiera advertir su presencia. La parte trata de lucir más atractiva, pero no le sirve de nada; trata de ser llamativa, pero con eso no hace sino espantar a los tímidos. Al final llega uno que encaja muy bien, parecido al ello del primer libro, de modo que, como en este, forman una esfera perfecta y comienzan a rodar alegremente. Sin embargo, una vez inserta en él, la pieza que falta empieza a crecer y crecer; el ello se deshace de ella y se marcha quejoso: "Estoy buscando la parte que me falta, una que no crezca". Luego, un día, aparece un ello que parece diferente: un círculo perfecto en sí mismo. La parte, un buen objeto parcial lacaniano, le hace la obvia pregunta del *Che vuoi?*: "¿Qué quieres de mí?". "Nada", es la respuesta. "¿Qué necesitas de mí?", pregunta la parte, apostando a la distinción entre demanda y necesidad. Otra vez, "nada". "¿Quién eres?". "Soy la O grande": en síntesis, el gran Otro primordial y no castrado que, como tal, no quiere nada. "¿Seré tal vez la parte que te falta?", pregunta la parte, a lo cual la O grande responde: "Pero si no me falta ninguna parte. No hay lugar donde puedas encajar". "Eso está muy mal", dice la parte faltante. "Esperaba que, a lo mejor, pudiera rodar contigo...". "No puedes rodar conmigo", dice la O grande, "pero quizá puedas rodar sola". "¿Sola? Una parte que falta no puede rodar sola". "¿Probaste alguna vez?". "Pero si no estoy formada para rodar". "Las esquinas se desgastan y las formas cambian", dice la O grande, y se va rodando. Sola otra vez, la parte que falta se levanta, se deja caer y poco a poco aprende a rodar: sus bordes empiezan a gastarse y pronto adopta un despreocupado rodar en vez de rebotar, se reúne con la O grande, la acompaña, se pega a ella como una pequeña esfera en el borde de una grande, el pequeño otro que se aferra, como un parásito, al gran Otro, para formar entre ambos un perfecto ejemplo del "ocho interior", la matriz de la circulación repetitiva y autoperpetuante de la pulsión.

Al margen de algunas correcciones menores de errores tipográficos, la gran diferencia entre la primera y esta edición del libro es un nuevo y considerable capítulo final, centrado en el soporte fantasmático de la noción de realidad. Como la fórmula estándar de mis libros es la de seis capítulos, y dado que en su primera edición el libro tenía cinco, solo ahora, tras una demora de ocho años, *¡Goza tu síntoma!* se ha convertido efectivamente en mi libro.

1
¿Por qué una carta siempre llega a su destino?

1.1 MUERTE Y SUBLIMACIÓN: LA ESCENA FINAL DE *LUCES DE LA CIUDAD* [*CITY LIGHTS*][3]

El trauma de la voz

PUEDE PARECER PECULIAR, E incluso absurdo, colocar a Chaplin bajo el signo de "muerte y sublimación": ¿no es acaso el universo de sus filmes, un universo que rebosa de vitalidad no sublime y hasta de vulgaridad, precisamente lo opuesto a una tediosa obsesión romántica con la muerte y la sublimación? Es posible que sea así, pero las cosas se complican en un momento particular: el de la intrusión de la *voz*. Es la voz que corrompe la inocencia de la parodia silenciosa, de este paraíso preedípico, oral-anal, del devorar y destruir sin freno, ignorantes de la muerte y la culpa:

> Ni la muerte ni el delito existen en el mundo polimorfo de la parodia en la que todos dan y reciben golpes a voluntad, en el que vuelan las tortas de crema y donde, en medio de la risa general,

3. Las películas mencionadas se citan con los títulos con que se exhibieron en la Argentina; cuando estos se desconocen, solo se menciona el título original. [N. del T.]

> se derrumban los edificios. En este mundo de gesticulación pura, que es también el de los dibujos animados (un sustituto de las comedias payasas [*slapsticks*] perdidas), los protagonistas son generalmente inmortales... la violencia es universal y no tiene consecuencias, no existe la culpa[4].

La voz introduce una fisura en este universo preedípico de continuidad inmortal: funciona como un cuerpo extraño que mancha la superficie inocente del cuadro, una aparición fantasmal que nunca puede sujetarse a un objeto visual definido; y esto cambia toda la economía del deseo, la inocente vitalidad vulgar de la película muda se pierde, la presencia misma de la voz transforma la superficie visual en algo engañoso, en un señuelo: "El filme era gozoso, inocente y sucio. Se transformará en obsesivo, fetichista y frío como el hielo"[5]. En otras palabras: el filme era chaplinesco, se transformará en hitchcockiano.

No es, por lo tanto, accidental que el advenimiento de la voz, del filme hablado, introduzca cierta dualidad en el universo de Chaplin: una misteriosa división de la figura del vagabundo. Recordemos sus tres grandes filmes sonoros: *El gran dictador* [*The Great Dictator*], *Monsieur Verdoux* y *Candilejas* [*Limelight*], distinguidos por el mismo humor melancólico y doloroso. Todos ellos enfrentan el mismo problema estructural: el de una indefinible línea de demarcación, de cierto rasgo, difícil de especificar en el nivel de las propiedades positivas, cuya presencia o ausencia modifica radicalmente el estatus simbólico del objeto:

> Entre el pequeño peluquero judío y el dictador, la diferencia es tan insignificante como la que existe entre sus respectivos bigotes. No obstante, resulta en dos situaciones tan infinitamente remotas, tan opuestas como las de la víctima y el verdugo. Del mismo modo, en *Monsieur Verdoux*, la diferencia entre los dos aspectos o procederes del mismo hombre, el asesino de mujeres

4. Bonitzer, Pascal, *Le Champ aveugle: essais sur le cinéma*, París, Cahiers du cinéma/Gallimard, 1982, pp. 49-50 [ed. cast.: *El campo ciego. Ensayos sobre el realismo en el cine*, trad. de Mariano Dupont, Buenos Aires, Santiago Arcos Editor, 2007].

5. Ibíd., p. 49.

> y el amante esposo de una mujer paralítica, es tan leve que se requiere toda la intuición de su esposa para tener la premonición de que, de algún modo, él "cambió"... la pregunta candente de *Candilejas* es: ¿cuál es esa "nada", ese signo de la edad, esa pequeña diferencia trivial, a causa de la cual el gracioso número del payaso se convierte en un tedioso espectáculo?[6]

Este rasgo diferencial que no puede adjudicarse a alguna cualidad positiva es lo que Lacan llama *le trait unaire*, "el rasgo unario": un momento de identificación simbólica al que se adhiere lo real del sujeto. En tanto el sujeto se vincula a este rasgo, nos enfrentamos con una figura carismática y fascinante; tan pronto como el vínculo se rompe, todo lo que queda es un triste residuo. Sin embargo, el punto crucial que no debe pasarse por alto es de qué manera esta división está condicionada por la llegada de la voz, es decir, por el hecho mismo de que la figura del vagabundo se vea obligada a *hablar*: en *El gran dictador*, Hinkel habla, mientras que el peluquero judío permanece más próximo al vagabundo mudo; en *Candilejas*, el payaso sobre el escenario está mudo, mientras que, tras el mismo escenario, el resignado anciano habla...

De este modo, la bien conocida aversión de Chaplin al sonido no debe desecharse como un simple compromiso nostálgico con un paraíso silencioso; revela un conocimiento (o al menos un presentimiento) mucho más profundo que lo habitual del poder destructivo de la voz, del hecho de que la voz funcione como un cuerpo extraño, como una especie de parásito que introduce una división radical: el advenimiento de la Palabra desvía al animal humano de su equilibrio y hace de él una figura ridícula e impotente, que gesticula y procura con desesperación un equilibrio perdido. En ningún lado es más evidente esta fuerza destructiva de la voz que en *Luces de la ciudad*, en esta paradoja de una película muda con banda de sonido: una banda de sonido sin palabras, solo música y unos pocos ruidos típicos de los objetos. Es precisamente aquí donde la muerte y lo sublime surgen con toda su fuerza.

6. Deleuze, Gilles, *L'image-mouvement*, París, Éditions de Minuit, 1983, pp. 234-236 [ed. cast.: *La imagen-movimiento. Estudios sobre cine 1*, trad. de Irene Agoff, Barcelona, Paidós, 1984].

La interposición del vagabundo

En toda la historia del cine, *Luces de la ciudad* es tal vez el ejemplo más puro de un filme que, por así decirlo, apuesta todo a su escena final —la totalidad del filme solo sirve, en última instancia, para prepararnos para el momento final, concluyente, y cuando este momento llega, cuando (para usar la frase final del "Seminario sobre 'La carta robada'", de Lacan) "la carta llega a su destino"[7], el filme puede terminar enseguida—. Este está, entonces, estructurado de una manera estrictamente "teleológica", todos sus elementos apuntan hacia el momento final, la largamente esperada culminación; razón por la cual también podríamos utilizarlo para cuestionar el procedimiento habitual de la deconstrucción de la teleología: tal vez anuncia un tipo de movimiento hacia el desenlace final que escapa a la economía teleológica según se la pinta (uno se siente incluso tentado a decir: se la reconstruye) en las lecturas deconstruccionistas[8].

Luces de la ciudad es la historia del amor de un vagabundo por una muchacha ciega que vende flores en una transitada calle y que lo confunde con un hombre rico. A través de una serie de aventuras con un millonario excéntrico que, cuando está borracho, trata al vagabundo con extrema amabilidad pero que, cuando está sobrio, ni siquiera logra reconocerlo (¿fue aquí donde Brecht halló la idea para su *Herr Puntilla y su sirviente Matti*?), este pone sus manos en el dinero necesario para la operación que permita a la pobre muchacha recuperar la vista; por lo cual es arrestado por robo y sentenciado a prisión. Después de cumplir su condena, vagabundea por la ciudad, solitario y desolado; repentinamente,

7. Véase Jacques Lacan, "Seminar on 'The Purloined Letter'", en: John P. Muller y William J. Richardson, (comps.), *The Purloined Poe*, Baltimore y Londres, John Hopkins University Press, 1988, p. 53 [ed. cast.: "El seminario sobre 'La carta robada'", en: *Escritos 2*, ed. rev., trad. de Tomás Segovia y Armando Suárez, México, Siglo XXI, 2009, pp. 23-69].

8. Entre los filmes más recientes que se centran en la eficacia de la escena final, debe mencionarse *La sociedad de los poetas muertos* [*Dead Poet's Society*], de Peter Weir: ¿no es toda la historia una especie de acumulación progresiva hacia el *crescendo* patético final en el que los estudiantes desafían a las autoridades escolares y expresan su solidaridad con el profesor despedido parándose sobre sus pupitres?

se topa con una florería donde ve a la muchacha. Esta, después de superar con éxito la operación, maneja un próspero negocio, pero aún aguarda al Príncipe Encantado de sus sueños, cuyo caballeresco obsequio permitió que recuperara la vista. Cada vez que un joven cliente bien parecido entra a su tienda, se colma de esperanzas; y una y otra vez se decepciona al escuchar la voz. El vagabundo la reconoce de inmediato, mientras que ella no lo hace, dado que todo lo que conoce de él es su voz y el contacto de su mano: lo único que ve a través de la vidriera (que los separa como una pantalla) es la ridícula figura de un vagabundo, un paria social. No obstante, al verlo perder su rosa (un recuerdo de ella), siente piedad por él y su mirada apasionada y desesperada despierta su compasión; de modo que, sin saber quién o qué la espera y, sin embargo, con un talante alegre e irónico (en el negocio, le comenta a su madre: "¡He hecho una conquista!"), sale a la calle, le da otra rosa y deposita una moneda en su mano. En este preciso momento, cuando sus manos se encuentran, lo reconoce por el contacto. Inmediatamente se serena y le pregunta: "¿Tú?". El vagabundo asiente con la cabeza y, señalando sus ojos, la interroga: "¿Puedes ver ahora?". La muchacha contesta: "Sí, ahora puedo ver"; hay entonces un corte a un primer plano medio del vagabundo, sus ojos llenos de temor y esperanza, sonriendo con timidez, sin saber cuál va a ser la reacción de la muchacha, satisfecho y al mismo tiempo inseguro por estar tan totalmente expuesto ante ella; y así termina la película.

En el nivel más elemental, el efecto poético de esta escena se basa en el doble significado del diálogo final: "Ahora puedo ver" se refiere a la vista física recuperada tanto como al hecho de que la muchacha ve ahora a su Príncipe Encantado en lo que realmente es, un vagabundo miserable[9]. Este segundo significado

9. El hecho de que este diálogo final tenga lugar en un completo silencio —leemos las palabras en intertítulos, como en las películas mudas— le confiere una intensidad adicional: es como si el silencio mismo hubiera comenzado a hablar. En este momento, una intromisión de la voz arruinaría todo el efecto, más precisamente: arruinaría su dimensión sublime. Basta esta sola escena para justificar aún más la "excéntrica" decisión de Chaplin de producir una película muda en la era del sonido, porque toda la eficacia de la secuencia se debe al hecho de que nosotros —los espectadores— sabemos que las películas

nos sitúa en el corazón mismo del problema lacaniano: concierne a la relación entre la identificación simbólica y el resto: el residuo, el objeto-excremento que escapa a ella. Podríamos decir que el filme pone en escena lo que Lacan, en sus *Cuatro conceptos fundamentales del psicoanálisis*, denomina la "separación", a saber, la separación entre I y *a*, entre el Ideal del Yo, la identificación simbólica del sujeto, y el objeto: el distanciamiento, la segregación del objeto del orden simbólico[10].

Como lo señaló Michel Chion en su brillante interpretación de *Luces de la ciudad*[11], el rasgo fundamental de la figura del vagabundo es su *interposición*: siempre se interpone entre una mirada y su objeto "propio", fijando en sí mismo una mirada destinada a otro, punto u objeto ideal: una mancha que perturba la comunicación "directa" entre la mirada y su objeto "propio", desviando la mirada recta, convirtiéndola en una especie de bizquera. La estrategia cómica de Chaplin consiste en variaciones de este motivo fundamental: el vagabundo ocupa accidentalmente un lugar que no le corresponde, que no está destinado a él: lo confunden con un hombre rico o un huésped distinguido; al escapar de sus perseguidores, acaba por encontrarse sobre un escenario, donde es de repente el centro de la atención de numerosas miradas... En sus filmes podemos incluso encontrar una especie de teoría salvaje de los orígenes de la comedia a partir de la ceguera del público, esto es, de una división tal provocada por la mirada equivocada: en *El circo* [*The Circus*], por ejemplo, el vagabundo, al escapar de la policía, termina sobre una cuerda en la cima de la carpa del circo; comienza a gesticular salvajemente, tratando de conservar el equilibrio, mientras el público ríe y aplaude, confundiendo su desesperada lucha por sobrevivir con

ya son habladas y, de ese modo, experimentamos este silencio como ausencia de la voz.

10. Lacan, Jacques, *The Four Fundamental Concepts of Psycho-Analysis*, Londres, Tavistock Publications, 1977, caps. 17 y 20 [ed. cast.: *El Seminario de Jacques Lacan. Libro 11. Los cuatro conceptos fundamentales del psicoanálisis. 1964*, trad. de Juan Luis Delmont-Mauri y Julieta Sucre, Buenos Aires, Paidós, 1986].

11. Chion, Michel, *Les Lumières de la ville*, París, Nathan, 1989.

el virtuosismo de un comediante; el origen de la comedia debe buscarse precisamente en esa ceguera cruel, la incomprensión de la realidad trágica de una situación[12].

Ya en la primera escena de *Luces de la ciudad* el vagabundo asume ese papel de mancha en el cuadro: frente a un numeroso público, el alcalde de la ciudad descubre un nuevo monumento; cuando tira del manto blanco que lo cubre, el sorprendido público descubre al vagabundo, que duerme tranquilamente en el regazo de la gigantesca estatua; despertado por el ruido, consciente de que es el foco inesperado de miles de ojos, intenta descender lo más rápido posible de la estatua, provocando con sus torpes esfuerzos estallidos de risa... El vagabundo es, de este modo, el objeto de una mirada apuntada a algo o alguien distinto: lo confunden con otro y lo aceptan como tal, o bien —tan pronto como el público descubre el error— se convierte en una molesta mancha de la que uno trata de librarse lo más rápido posible. Su aspiración básica (que también sirve como pista para la escena final de *Luces de la ciudad*) es, así, ser aceptado finalmente como "él mismo", no como el sustituto de otro, y, como veremos, el momento en que el vagabundo se expone a la mirada del otro, ofreciéndose sin ningún sostén en la identificación ideal, reducido a su existencia desnuda de residuo objetal, es mucho más ambiguo y riesgoso de lo que puede parecer.

El accidente que, en *Luces de la ciudad*, provoca la identificación errónea, ocurre poco después del comienzo. Al escapar de la policía, el vagabundo cruza la calle pasando a través de los autos que la bloquean en un embotellamiento del tránsito; cuando sale del último y cierra de un golpe la puerta trasera, la muchacha asocia automáticamente este sonido —el portazo— con él; esto y la paga excesiva —sus últimas monedas— que el

12. Debería advertirse que la propia *Luces de la ciudad* germinó a partir de una idea semejante. Originalmente, iba a ser la historia de un padre que pierde la vista en un accidente; para evitar el trauma psíquico que el conocimiento de su ceguera provocaría en su pequeña hija, finge que los torpes actos que resultan de su afección (derribar una silla, muchos pasos en falso, etc.) son imitaciones cómicas de un payaso, destinadas a divertirla; como no sospecha la verdadera situación, la niña acepta esta explicación y ríe de corazón ante las desventuras de su padre.

vagabundo le da por una rosa, crean en ella la imagen de un benévolo y rico propietario de un auto de lujo. Aquí queda sugerida automáticamente una homología con el no menos famoso malentendido inicial de *Intriga internacional* [*North by Northwest*], de Hitchcock, esto es, la escena en que, debido a una coincidencia fortuita, Roger O. Thornhill es erróneamente identificado como el misterioso agente americano George Kaplan (hace un gesto al empleado del hotel exactamente en el momento en que este entra al bar y exclama: "¡Llamada telefónica para el señor Kaplan!"): también aquí, el sujeto se encuentra accidentalmente ocupando cierto lugar en la red simbólica. Sin embargo, el paralelo puede llevarse aun más allá: como es bien sabido, la paradoja básica de la trama de *Intriga internacional* consiste en que Thornhill no es simplemente confundido con otra persona; se lo confunde con *alguien que no existe en absoluto*, un agente ficticio fraguado por la CIA para distraer la atención respecto de su agente real; en otras palabras, Thornhill se descubre ocupando, llenando, cierto lugar vacío de la estructura. Y este fue también el problema que provocó tantas demoras cuando Chaplin estaba filmando la escena de la identificación errónea: la filmación se extendió durante meses y meses. El resultado no satisfacía sus exigencias, habida cuenta de que tanto insistía en pintar al hombre rico con el que es confundido el vagabundo como una "persona real", como otro sujeto en la realidad diegética del filme; la solución apareció cuando Chaplin comprendió, en una iluminación súbita, que no era necesario en absoluto que el hombre rico existiera, que bastaba con que fuera la formación fantasmática de la pobre muchacha, es decir que, en la realidad, una persona (el vagabundo) era suficiente. Este es también uno de los *insights* elementales del psicoanálisis. En la red de relaciones intersubjetivas, cada uno de nosotros es identificado con y atribuido a cierto lugar fantasmático en la estructura simbólica del otro. El psicoanálisis sostiene aquí exactamente lo contrario de la opinión habitual del sentido común, de acuerdo con la cual las figuras fantasmáticas no son sino distorsiones, combinaciones u otro tipo de elaboraciones de sus modelos "reales", de personas de carne y hueso con las que nos encontramos en nuestra experiencia. Podemos relacionarnos con estas "personas de carne y hueso" solo en la medida en que podemos identificarlas con cierto lugar en nuestro espacio fantasmático simbólico o, para decirlo de un modo más patético, solo en la medida en que llenan un lugar preestablecido en nuestro sueño: nos enamoramos de una mujer siempre que sus rasgos coincidan con nuestra figura fantasmática de la Mujer, el "padre real" es un individuo miserable obligado a cargar con el peso del Nombre-del-Padre, nunca plenamente adecuado a su mandato simbólico, etcétera[13].

De este modo, la función del vagabundo es, literalmente, la de un intercesor, corredor, proveedor: una especie de mediador, mensajero del amor, intermediario entre sí mismo (esto es, su

13. Esta división entre la figura ideal del hombre rico y el vagabundo como sostén objetivo de la figura ideal también nos permite ubicar la paradoja de la curiosidad femenina autodestructiva, en juego desde Richard Wagner hasta la cultura de masas contemporánea. Es decir, la trama de *Lohengrin*, de Wagner, gira sobre la curiosidad de Elsa: un héroe innominado la salva y se casa con ella, pero le ordena que no le pregunte quién es ni cuál es su nombre (la famosa aria "*Nie solst du mich befragen*", del primer acto); tan pronto como lo haga, él se verá obligado a abandonarla... Elsa no puede soportarlo y le formula la pregunta fatídica; así, en un aria aún más famosa ("*In fernem Land*", del tercer acto), Lohengrin le cuenta que es un caballero del Grial, hijo de Parsifal, del castillo de Montsalvat, y luego se marcha sobre un cisne, mientras la desdichada Elsa cae muerta. ¿Cómo no recordar aquí a Superman o a Batman, en los que encontramos la misma lógica? En estos dos últimos casos, el principal personaje femenino tiene el presentimiento de que su compañero (el desconcertado periodista en *Superman*, el millonario excéntrico en *Batman*) es realmente el misterioso héroe público, pero posterga lo más que puede el momento de la revelación. Lo que tenemos aquí es una especie de elección forzada que atestigua la dimensión de la castración: el hombre está hendido, dividido entre el débil individuo de todos los días con el cual es posible una relación sexual y el portador del mandato simbólico, el héroe público (el caballero del Grial, Superman, Batman); estamos, de este modo, obligados a elegir: tan pronto como forzamos al compañero sexual a revelar su identidad simbólica, nos condenamos a perderlo. De modo que, cuando Lacan dice que el "secreto del psicoanálisis" consiste en el hecho de que "no hay acto sexual, en tanto que hay sexualidad", el acto debe concebirse precisamente como el supuesto performativo, por parte del sujeto, de este mandato simbólico, como en el pasaje de *Hamlet* donde el momento en que este, por fin —y demasiado tarde—, es capaz de actuar, es señalado por su expresión "Yo, Hamlet el danés": esto es lo que no es posible en el orden de la sexualidad; vale decir, tan pronto como el hombre proclama su mandato, diciendo "Yo... Lohengrin, Batman, Superman", se excluye del dominio de la sexualidad.

propia figura ideal: la fantasmática del rico Príncipe Encantado en la imaginación de la muchacha) y la muchacha. O bien, en la medida en que el hombre rico es encarnado irónicamente por el millonario excéntrico, el vagabundo media entre él y la muchacha: su función es, en última instancia, transferir el dinero del millonario a la joven (que es la razón por la cual es necesario, desde el punto de vista de la estructura, que estos nunca se conozcan). Como lo demostró Chion, esta función intermediaria del vagabundo puede detectarse a través de la interconexión metafórica de dos escenas consecutivas que no tienen nada en común en el nivel diegético. La primera tiene lugar en el restaurante adonde el vagabundo es invitado por el millonario: come tallarines a su propio modo, y cuando un rollo de serpentinas cae sobre su plato lo confunde con aquellos y lo traga sin parar, levantándose y poniéndose en puntas de pie (las serpentinas cuelgan del techo como una especie de maná celestial), hasta que el millonario lo corta; de este modo, se pone en escena un guion edípico elemental: la cinta de serpentinas es un cordón umbilical metafórico que une al vagabundo con el cuerpo materno, y el millonario actúa como un padre sustituto, cortando sus vínculos con la madre. En la escena siguiente, vemos al vagabundo en la casa de la muchacha, donde ella le pide que sostenga la lana para poder hacer un ovillo; a causa de su ceguera, toma accidentalmente la punta de la camiseta de lana de él, que asoma fuera de su saco, y comienza a deshacerla tirando del hilo y enrollándolo. La conexión entre las dos escenas es, así, clara: lo que el vagabundo recibió del millonario, el alimento ingerido, la interminable cinta de tallarines, ahora lo secreta de su vientre y lo entrega a la muchacha.

Y —en esto consiste nuestra tesis— por esa razón, en *Luces de la ciudad*, la carta llega dos veces a su destino o, para expresarlo de otra manera, el cartero llama dos veces: primero, cuando el vagabundo logra entregar a la muchacha el dinero del hombre rico, es decir, cuando cumple exitosamente su misión de intermediario; y segundo, cuando la muchacha reconoce en su ridículo aspecto al benefactor que hizo posible su operación. La carta llega definitivamente a su destino cuando ya no podemos legitimarnos como meros mediadores, proveedores de los mensajes del gran

Otro, cuando dejamos de ocupar el lugar del Ideal del Yo en el espacio fantasmático del otro, cuando se alcanza una separación entre el punto de identificación ideal y el peso masivo de nuestra presencia fuera de la representación simbólica, cuando dejamos de actuar como dueños de casa del Ideal para la mirada del otro; en síntesis, cuando el otro se ve confrontado con el residuo que queda después de que nosotros hayamos perdido nuestro sostén simbólico. La carta llega a su destino cuando ya no somos los "ocupantes" de los lugares vacíos de la estructura fantasmática de otro, esto es, cuando el otro finalmente "abre los ojos" y comprende que la carta real no es el mensaje que supuestamente traemos sino nuestro ser en sí, el objeto que en nosotros se resiste a la simbolización. Y es precisamente esta separación la que tiene lugar en la escena final de *Luces de la ciudad*.

La separación

Hasta el final del filme, el vagabundo se limita al papel de mediador, circulando entre las dos figuras que, juntas, constituirían una pareja ideal (el hombre rico y la muchacha pobre) y permitiendo, de ese modo, la comunicación entre ellos, pero sin dejar de ser, al mismo tiempo, un obstáculo a su comunicación inmediata, la mancha que impide su contacto inmediato, el intruso que nunca está en su propio lugar. Sin embargo, con la escena final el juego acaba: el vagabundo se expone finalmente en su presencia, aquí está, no representa nada, no ocupa el lugar de nadie, debemos aceptarlo o rechazarlo. Y el genio de Chaplin se confirma en el hecho de que decidiera terminar la película de una manera tan brusca e inesperada, en el momento mismo de la revelación del vagabundo: el filme *no* responde a la pregunta "¿la muchacha lo aceptará o no?". La idea de que sí lo hará y que de ahí en más ambos vivirán felices no tiene ningún tipo de fundamento en el filme. Es decir, para el final feliz habitual necesitaríamos una contratoma adicional a la del vagabundo mirando esperanzado y tembloroso a la muchacha: una toma de esta retribuyéndolo con una señal de aceptación, por ejemplo, y luego, tal vez, una de ambos abrazándose. No encontramos nada de este tipo en el filme: se termina en el momento de incertidumbre y apertura absolutas cuando la muchacha —y, junto con ella, nosotros, los espectadores— se enfrenta directamente con la cuestión del "amor por el prójimo". ¿Es esta criatura ridícula y torpe cuya presencia masiva nos golpea de súbito con una proximidad casi insoportable realmente digna de su amor? ¿Podrá ella aceptar, hacerse cargo de este paria social que ha conseguido en respuesta a su ardiente deseo? Y —como lo señaló William Rothman—[14] la misma pregunta debe formularse también en la dirección opuesta: no solo "¿hay lugar en sus sueños para esta andrajosa criatura?", sino también "¿hay todavía lugar en los sueños de él para ella, que es ahora una muchacha normal y saludable que maneja un negocio exitoso?"; en otras palabras, ¿no sintió el vagabundo un amor tan compasivo por ella precisamente porque era ciega, pobre y completamente indefensa, necesitada de su cuidado protector? ¿Estará aún dispuesto a aceptarla *ahora*, cuando ella tiene todos los motivos para ampararlo? Cuando, en *La ética del psicoanálisis*[15], Lacan pone de relieve las reservas de Freud respecto del "amor por el prójimo" cristiano, tiene en mente, precisamente, estos dilemas embarazosos: es fácil amar la figura idealizada de un prójimo pobre e indefenso, el hambriento africano o indio, por ejemplo; en otras palabras, es fácil amar al prójimo mientras este se encuentra suficientemente lejos de nosotros, mientras existe una distancia conveniente que nos separa. El problema se plantea en el momento en que se nos acerca demasiado, cuando comenzamos a sentir su sofocante proximidad: en este momento en que el prójimo se nos revela en demasía, el amor puede convertirse súbitamente en odio[16].

14. Rothman, William, "*The ending of 'City Lights'*", en: *The 'I' of the Camera*, Cambridge, Cambridge University Press, 1988, p. 59.

15. Véase Jacques Lacan, *Le Séminaire, livre VII: L'Éthique de la psychanalyse*, París, Éditions du Seuil, 1986 [ed. cast.: *El Seminario de Jacques Lacan. Libro 7. La ética del psicoanálisis. 1959-1960*, trad. de Diana S. Rabinovich, Buenos Aires y Barcelona, Paidós, 1988].

16. O, para mencionar un ejemplo de los *westerns*: es fácil amar a los indios retratados como víctimas indefensas y embrutecidas, como en *La flecha rota* [*The Broken Arrow*] o *Cuando es preciso ser hombre* [*Soldier Blue*], pero la situación es mucho más ambigua en *Fuerte Apache* [*Fort Apache*], de John

Luces de la ciudad termina en el momento mismo de esta indecidibilidad absoluta en que, enfrentados a la proximidad del otro como un objeto, nos vemos obligados a responder a la pregunta "¿es digno de nuestro amor?" o, para usar la fórmula lacaniana, "¿hay en él algo más que él mismo, *objeto a*, un tesoro oculto?". Aquí podemos ver cuán lejos estamos, en el momento en que "la carta llega a su destino", de la noción habitual de la teleología: lejos de realizar un *telos* predestinado, este momento señala la intrusión de una apertura radical en la cual queda suspendido todo sostén ideal de nuestra existencia. Este es el momento de muerte y sublimación: cuando la presencia del sujeto se revela fuera del sostén simbólico, él mismo "muere" como miembro de la comunidad simbólica, su ser ya no es determinado por un lugar en la red simbólica, materializa la pura condición de Nada del agujero, el vacío en el Otro (el orden simbólico), el vacío designado, en Lacan, con la palabra alemana *das Ding*, la Cosa, la pura sustancia de goce que se resiste a la simbolización. La definición lacaniana del objeto sublime es precisamente "un objeto elevado a la dignidad de la Cosa"[17].

Cuando la carta llega a su destino, la mancha que arruina el cuadro no queda abolida, borrada: lo que nos vemos obligados a discernir es, por el contrario, el hecho de que el verdadero "mensaje", la verdadera carta que nos aguarda, es la mancha misma. Tal vez deberíamos releer el "Seminario sobre 'La carta robada'", de Lacan, desde esta perspectiva: ¿la carta misma no es, en última instancia, una mancha semejante, no un significante sino, antes bien, un objeto que se resiste a la simbolización, un excedente, un residuo material que circula entre los sujetos y mancha a su poseedor momentáneo?

Ahora, para concluir, podemos volver a la escena introductoria de *Luces de la ciudad* en la que el vagabundo aparece como el lunar que perturba el cuadro, como una especie de rayón en la blanca superficie marmórea de la estatua: en la perspectiva

Ford, en el que se los describe como victoriosos y militarmente superiores, aplastando a la caballería estadounidense como una ráfaga de viento.

17. Lacan, Jacques, *Le Séminaire, livre VII: L'Éthique de la psychanalyse*, *ob. cit.*, p. 133.

lacaniana, el sujeto es estrictamente correlativo a esta mancha en la pintura. La única prueba que tenemos de que la pintura que estamos viendo está subjetivada radica, no en los signos significativos de ella misma sino, más bien, en la presencia de alguna mancha carente de sentido que perturba su armonía. Recordemos lo que es una especie de contrapartida de la primera escena de *Luces de la ciudad*, la escena final de *Candilejas*, en la que, otra vez, cubren el cuerpo de Chaplin con una tela blanca. Esta escena es única en la medida en que señala el punto en que Chaplin y Hitchcock, dos autores cuyos universos artísticos parecen totalmente incompatibles tanto en el nivel de la forma como en el del contenido, finalmente se encuentran. Es decir, parece como si, en *Candilejas*, Chaplin descubriera por fin el *travelling* hitchcockiano: ya la primera toma del filme es un largo *travelling* que avanza desde la panorámica de una idílica calle londinense hasta la puerta cerrada de un departamento, del que escapa un gas mortal (indicando el intento de suicidio de la joven que allí vive), mientras que la última escena contiene un magnífico *travelling* hacia atrás desde el primer plano del cadáver del payaso Calvero, detrás del escenario, hasta la panorámica de la totalidad de este último, donde la misma joven, ahora bailarina exitosa y gran amor de aquel, está actuando. Justo antes de esta escena, el agonizante Calvero le comunica al médico que lo atiende el deseo de ver a su amor bailando; el médico lo palmea suavemente en el hombro y lo conforta: "¡La verá!". Luego de eso, Calvero muere, su cuerpo es cubierto con una sábana blanca y la cámara retrocede hasta abarcar a la muchacha que baila sobre el escenario, mientras Calvero queda reducido a una diminuta y apenas visible mancha blanca en el fondo. Lo que tiene aquí una significación especial es el modo en que la bailarina entra en el cuadro: desde atrás de la cámara, como los pájaros en la famosa toma general de Bodega Bay en *Los pájaros* [*Birds*], de Hitchcock, otra mancha blanca que se materializa desde el misterioso espacio intermedio que separa al espectador de la realidad diegética de la pantalla... Aquí encontramos la función de la mirada como objeto-mancha en su máxima pureza; el pronóstico del médico se cumple, precisamente en cuanto Calvero está muerto; esto es: en la medida en que no puede *verla* más, Calvero *la mira*. Por esa razón, la lógica de este *travelling* hacia atrás es cabalmente hitchcockiana: por su intermedio, un fragmento de la realidad se transforma en una mancha amorfa (un rayón blanco en el fondo), pero en torno de la cual gira todo el campo de la visión, una mancha que "embadurna" todo el campo (como en el *travelling* hacia atrás en *Frenesí* [*Frenzy*]): la bailarina danza para ella, para esa mancha[18].

1.2 IMAGINARIO, SIMBÓLICO, REAL

De modo que ¿por qué la carta *sí* llega a su destino? ¿Por qué podría también —a veces, por lo menos— no lograr alcanzarlo?[19] Lejos de dar testimonio de una refinada sensibilidad teórica, esta reacción a lo Derrida al famoso enunciado final del "Seminario sobre 'La carta robada'", de Lacan[20], exhibe más bien lo que podríamos llamar una respuesta primordial del sentido común: ¿qué hay si una carta *no* llega a su destino? ¿No existe siempre la posibilidad de que una carta se pierda?[21] Si, no obstante, la teoría

18. Sería interesante leer *Candilejas* como un filme complementario de *Luces de la ciudad*: en el final de este, el vagabundo "comienza a vivir" (es reconocido en su verdadero ser), mientras que en el final de *Candilejas*, muere; el primer filme comienza con su descubrimiento (el alcalde quita el velo del monumento), el segundo termina con su cuerpo cubierto; en el primero se convierte, al final, en el objeto pleno de la mirada de otro (con lo que es reconocido como sujeto), mientras que en el segundo él mismo se transforma en una pura mirada; en el primero, la mutilación de la muchacha, su amor, se refiere a sus ojos (ceguera), en el segundo a sus pies (parálisis: el título original del filme era *Footlights*); etc. De este modo, los dos filmes deben enfocarse a la manera de Lévi-Strauss, como dos versiones del mismo mito.

19. Véase Jacques Derrida, "*The Purveyor of Truth*", en: *The Post Card: From Socrates to Freud and Beyond*, Chicago, University of Chicago Press, 1987 [ed. cast.: "El cartero de la verdad", en: *La tarjeta postal. De Sócrates a Freud y más allá*, trad. de Haydée Silva y Tomás Segovia, México, Siglo XXI, 2001, pp. 385-466].

20. Véase Jacques Lacan, "Seminar on 'The Purloined Letter'", ob. cit., p. 53.

21. Como este recurso al sentido común se produce con más frecuencia de lo que uno podría sospechar, incluso *sistemáticamente*, dentro de la "deconstrucción", es tentador plantear la tesis de que su propio gesto fundamental corresponde, en un sentido radical, al *sentido común*. Es decir, hay un marco inequívoco de este en la insistencia "deconstruccionista" en la imposibilidad

lacaniana insiste categóricamente en que una carta *sí* llega siempre a su destino, no es debido a una inconmovible creencia en la teleología, en la facultad de un mensaje para alcanzar su meta preestablecida: la exposición que hace Lacan del modo en que una carta llega a su destino *desnuda el mecanismo mismo de la ilusión teleológica*. En otras palabras, la crítica misma de que "una carta también puede no encontrar su destino" no encuentra su propio destino: lee mal la tesis lacaniana, reduciéndola al movimiento circular teleológico tradicional, es decir, a lo que, precisamente, Lacan pone en entredicho y subvierte. Una carta siempre llega a su destino, en especial cuando nos encontramos ante el caso límite de una *sin* destinatario, de lo que en alemán se llama *Flaschenpost*, un mensaje en una botella arrojada al mar desde una isla luego de un naufragio. Este caso exhibe en su máxima pureza y claridad la manera en que una carta alcanza su verdadero destino en el momento en que es entregada, arrojada al agua; o sea, su verdadero destinatario no es el orden empírico que puede recibirla o no, sino el gran Otro, el propio orden simbólico, que la recibe *en el momento en que la carta se pone en circulación*, esto es, el momento en que el remitente "externaliza" su mensaje, la entrega al Otro, el momento en que el Otro toma conocimiento de la carta y con ello libera al remitente de responsabilidad por ella[22]. ¿Cómo, entonces, llega una carta *específicamente* a su

de establecer una diferencia definida entre lo empírico y lo trascendental, el exterior y el interior, la representación y la presencia, la escritura y la voz; en su demostración compulsiva de la manera en que el exterior siempre mancha el interior, el modo en que la escritura es constitutiva de la voz, etc., etc., como si el "deconstruccionismo" estuviera, en última instancia, envolviendo intuiciones del sentido común en una jerga enrevesada. En ello reside, tal vez, uno de los motivos, hasta ahora pasados por alto, de su imprevisto éxito en los Estados Unidos, la tierra del sentido común por excelencia.

22. Lo crucial aquí es la diferencia entre el circuito simbólico de la carta y su itinerario en lo que llamamos "realidad": una carta siempre llega a su destino en el nivel simbólico, mientras que, en la realidad, puede no lograr alcanzarlo, desde luego. Esta diferencia es estrictamente homologa a la establecida por Lacan a propósito de las dos lecturas posibles de la frase "Tú eres el único que me seguirá" (Lacan, Jacques, *Le Séminaire, livre III: Les Psychoses*, París, Éditions du Seuil, 1981, pp. 315-319 [ed. cast.: *El Seminario de Jacques Lacan. Libro 3. Las psicosis. 1955-1956*, trad. de Juan Luis Delmont-Mauri y Diana S. Rabinovich, Buenos Aires, Paidós, 1984]):

destino? ¿Cómo deberíamos concebir esta tesis de Lacan que habitualmente se utiliza como la evidencia suprema de su presunto "logocentrismo"? La proposición "una carta siempre llega a su destino" está lejos de ser unívoca: propone en sí misma una serie de lecturas posibles[23] que podrían ordenarse en referencia con la tríada Imaginario, Simbólico, Real.

(Des)conocimiento imaginario

En un primer abordaje, una carta que "siempre llega a su destino" apunta a la lógica del reconocimiento/desconocimiento (*reconnaissance/méconnaissance*) elaborada en detalle por Louis Althusser y sus seguidores (Michel Pêcheux)[24]: la lógica por medio de la cual uno se (des)conoce a sí mismo como el destinatario de la interpelación ideológica. Esta ilusión constitutiva del orden ideológico podría presentarse sucintamente mediante la paráfrasis de una fórmula de Barbara Johnson[25]: "Una carta siempre llega a su destino *dado que este está dondequiera que aquella llegue*". Su mecanismo subyacente fue elaborado por Pêcheux en relación con bromas del tipo: "Papá nació en Manchester, mamá en Bristol

1) leída como un enunciado que asevera un estado positivo de las cosas, puede, por supuesto, ser falsa si se demuestra inexacta, esto es, si tú *no* me sigues;

2) leída como la aplicación de un mandato simbólico, o una designación, es decir, como el establecimiento de un pacto que da origen a una nueva relación intersubjetiva, sencillamente no puede ser falsificada por tu comportamiento fáctico: *sigues siendo* "el único que me seguirá" aun si, en realidad, *no* lo haces —en este caso, simplemente no vives de acuerdo con tu título simbólico que, no obstante, determina tu lugar en la red simbólica—. En otras palabras, leída en este segundo sentido, la determinación "el único que me seguirá" funciona como un "designador rígido" en el sentido de Kripke: sigue siendo cierta "en todos los mundos posibles", independientemente de tu comportamiento fáctico.

23. En cuanto a estas lecturas, véase Barbara Johnson, "*The frame of reference: Poe, Lacan, Derrida*", en: John P. Muller y William J. Richardson (comps.), *The Purloined Poe. Lacan, Derrida & Psychoanalytic Reading*, Baltimore, Johns Hopkins University Press, 1987, pp. 213-251.

24. Véase Michel Pêcheux, *Language, Semantics and Ideology*, Londres, MacMillan, 1982 [ed. cast.: *Las verdades evidentes. Lingüística, semántica, filosofía*, trad. de Mara Glozman y otros, Buenos Aires, Ediciones del CCC, 2017].

25. Véase Barbara Johnson, "*The frame of reference...*", ob. cit., p. 248.

y yo en Londres: ¡qué raro que nos hayamos conocido!"[26]. En síntesis, si observamos el proceso hacia atrás, desde su resultado (contingente), el hecho de que "los sucesos tomaran precisamente este giro" no podría aparecer sino como extraño, como si ocultara algún significado ominoso, como si alguna mano misteriosa se hubiera encargado de que "la carta llegara a su destino", esto es, que mi padre y mi madre se conocieran... Lo que tenemos aquí, sin embargo, es más que una broma superficial, como lo atestigua la física contemporánea, en la que encontramos precisamente el mismo mecanismo bajo el nombre de "principio antropocéntrico": la vida apareció sobre la Tierra debido a numerosas contingencias que crearon las condiciones apropiadas (si, por ejemplo, en los tiempos primitivos de la Tierra la composición del suelo y el aire hubiera diferido en un pequeño porcentaje, la vida no habría sido posible); de modo que, cuando los físicos se empeñan en reconstruir el proceso que culminó en la aparición de seres vivientes inteligentes sobre la Tierra, presuponen que el universo fue creado a fin de hacer posible la formación de seres inteligentes (el principio antropocéntrico "fuerte", abiertamente teleológico) o aceptan una regla metodológica "circular" que siempre nos exige postular hipótesis tales acerca del estado primitivo del universo que nos permitan deducir su desarrollo ulterior hacia las condiciones propicias para la emergencia de la vida (la versión "débil").

La misma lógica está también en juego en el bien conocido accidente de *Las mil y una noches*: el héroe, perdido en el desierto, entra, por completa casualidad, en una cueva; en ella encuentra a tres ancianos sabios, quienes se despiertan por su entrada y le dicen: "¡Por fin has llegado! Hemos estado esperándote durante los últimos trescientos años", como si, detrás de las contingencias de su vida, hubiera estado la mano oculta del destino dirigiéndolo hacia la cueva del desierto. La ilusión es provocada por una especie de "cortocircuito" entre un lugar en la red simbólica y el elemento simbólico que lo ocupa: *quienquiera* que se encuentre en ese lugar será el destinatario, dado que este no se define por sus cualidades positivas sino por el propio hecho contingente de

26. Pêcheux, Michel, *Language, Semantics and Ideology*, ob. cit., p. 107.

encontrarse en este lugar. Si bien la idea religiosa de la *predestinación* parece ser el ejemplo mismo del "cortocircuito" engañoso, simultáneamente anuncia un presentimiento de contingencia radical: si Dios ha decidido de antemano quién será salvado y quién condenado, entonces mi salvación o mi perdición no dependen de mis cualidades y actos determinados sino del lugar en el cual *—independientemente de mis cualidades, es decir: completamente por casualidad, en lo que a mí toca—* me encuentre dentro de la red del plan divino. Esta contingencia se manifiesta en una inversión paradójica: no se me condena por actuar pecaminosamente, en violación de Sus Mandamientos, sino que actúo pecaminosamente porque estoy condenado... De modo que podemos imaginarnos con facilidad a Dios tranquilizándose cuando algún gran pecador comete su crimen: "¡Por fin lo hiciste! ¡He estado esperándolo durante toda tu miserable vida!". Y para convencerse de cómo atañe esta problemática al psicoanálisis, bastará solo con recordar el papel crucial de los encuentros contingentes en el surgimiento de un colapso traumático de nuestro equilibrio psíquico: escuchar por azar una observación casual de un amigo, ser testigo de una pequeña escena desagradable, etc., pueden despertar recuerdos largamente olvidados y hacer añicos nuestra vida cotidiana; como lo expresa Lacan, el trauma inconsciente se repite *por medio de* algún pequeño fragmento contingente de la realidad. En psicoanálisis, el "destino" siempre se afirma a través de esos encuentros contingentes, planteando la pregunta: "¿qué habría pasado si hubiera pasado por alto esa observación?, ¿qué si hubiera tomado otro camino y evitado esa escena?". Semejante cuestionamiento es, desde luego, falaz, dado que "una carta *siempre* llega a su destino": espera su momento con paciencia; si no este, entonces otro pedacito contingente de la realidad se encontrará, tarde o temprano, en este lugar que lo aguarda y disparará de inmediato el trauma. Esto es, en última instancia, lo que Lacan llamó "la arbitrariedad del significante"[27].

27. Un caso ejemplar de un (des)conocimiento tal se encuentra en *Carta a tres esposas* [*Letter to Three Wives*], de Joseph Mankiewicz, en el que, en un viaje dominical, cada una de las tres esposas se reconoce como la destinataria de la carta enviada a ellas por la *femme fatale* local, que les anuncia que ha huido

Para referirnos a los términos de la teoría del acto de habla, la ilusión correspondiente al proceso de interpelación consiste en el examen de su dimensión *performativa*: cuando me reconozco como el destinatario de la llamada del gran Otro ideológico (Nación, Democracia, Partido, Dios, etc.), cuando esta llamada "llega a su destino" en mí, automáticamente desconozco que es este acto mismo de reconocimiento lo que *hace de mí* aquello en que me he reconocido: no me reconozco en él por ser su destinatario, me convierto en su destinatario tan pronto como me reconozco en él. Es *esta* la razón por la cual una carta siempre llega a su destinatario: porque uno se convierte en su destinatario cuando la recibe. La crítica derrideana de que una carta también puede no encontrar a su destinatario, entonces, sencillamente no viene al caso: tiene sentido solo en la medida en que presupongo que puedo ser su destinatario *antes* de recibirla; en otras palabras, presupone la trayectoria teleológica tradicional con una meta preestablecida. Traducida a los términos del chiste sobre mi padre de Manchester, mi madre de Bristol y yo de Londres, la proposición derrideana de que una carta también puede extraviarse y no llegar a su destino revela una típica aprensión obsesiva acerca de qué hubiera pasado si mi padre y mi madre *no* se hubieran topado: todo habría salido mal, yo no existiría... De modo que, lejos de implicar alguna especie de círculo teleológico, el que "una carta siempre llegue a su destino" expone el mecanismo que provoca el asombro del "¿por qué yo?, ¿por qué fui *yo* el elegido?" y, con ello, pone en movimiento la búsqueda de un destino oculto que regula mi camino.

Circuito simbólico I: "No hay metalenguaje"

En un nivel simbólico, "una carta siempre llega a su destino" condensa toda una cadena (una "familia" en el sentido wittgensteiniano) de proposiciones: "el emisor siempre recibe del receptor su propio mensaje en una forma invertida", "lo reprimido siempre retorna", "el marco mismo siempre está siendo

con uno de sus maridos: la carta estimula el trauma de las tres, quienes se vuelven conscientes del fracaso de sus matrimonios.

enmarcado por parte de su contenido", "no podemos huir de la deuda simbólica, esta siempre tiene que ser cancelada", todas las cuales son, en última instancia, variaciones de la misma premisa básica de que "no hay metalenguaje". De modo que comencemos explicando la imposibilidad del metalenguaje en relación con la figura hegeliana del "Alma Bella", que deplora las malvadas maneras del mundo desde la posición de una víctima inocente e impasible. El "Alma Bella" pretende hablar un metalenguaje puro, exento de la corrupción del mundo, ocultando con ello el modo en que sus plañidos y gemidos *toman parte activamente* en la corrupción que denuncia. En su "Intervención sobre la transferencia"[28], Lacan se apoya en la dialéctica del "Alma Bella" para indicar la falsedad de la posición subjetiva histérica: "Dora", la famosa analizante de Freud, se queja de que se la reduce a un mero objeto en un juego de intercambios intersubjetivos (su padre, presuntamente, la ofrece al señor K. en compensación de su propio *flirt* con la señora K.), es decir, presenta este intercambio como un estado objetivo de las cosas frente al cual está completamente indefensa; la respuesta de Freud es que la función de esta postura de victimización pasiva por circunstancias crueles es, justamente, la de ocultar su complicidad y connivencia: el cuadrilátero de intercambios intersubjetivos solo puede sostenerse en la medida en que Dora *asuma activamente* su papel de víctima, de objeto de intercambio; en otras palabras, en la medida en que encuentre una satisfacción libidinal en él, en la medida en que esta misma renuncia le procure una especie de plus de gozar perverso. Un histérico se queja constantemente de que no puede adaptarse a la realidad de la manipulación cruel, y la respuesta psicoanalítica a ello no es "abandone sus sueños vacíos, la vida es cruel, acéptela tal cual es" sino todo lo contrario, "sus plañidos y quejidos son falsos dado que, por medio de ellos, usted *no hace sino adaptarse demasiado bien* a la realidad de la manipulación y la explotación": al desempeñar el papel de víctima indefensa, el

28. Véase Jacques Lacan, "Intervention on Transference", en: Charles Bernheimer y Claire Cahane (comps.), *In Dora's Case*, Londres, Virago Press, 1985 [ed. cast.: "Intervención sobre la transferencia", en: *Escritos 1*, ob. cit., pp. 209-220].

histérico asume la posición subjetiva que le permite "chantajear emocionalmente a su medio", como lo expresaríamos en la jerga de hoy en día[29].

Esta respuesta, en la cual el "Alma Bella" se ve enfrentada al modo en que realmente toma parte en las malvadas maneras del mundo, clausura el circuito de la comunicación: en él, el sujeto/emisor recibe del receptor su propio mensaje en su verdadera forma, esto es, el verdadero significado de sus plañidos y quejidos. En otras palabras, en él, la carta que el sujeto pone en circulación "llega a su destino", que era, desde el principio mismo, el propio remitente: la carta llega a su destino cuando el sujeto se ve, finalmente, obligado a asumir las verdaderas consecuencias de su actividad. Esta es la forma en que Lacan, a comienzos de la década de 1950, interpretó el *dictum* hegeliano acerca de la racionalidad de lo real ("Lo que es racional es real y lo que es real es racional")[30]: el verdadero significado de las palabras o los actos del sujeto —su razón— es revelado por sus consecuencias reales, de modo que el sujeto no tiene derecho a rehuirlos y decir: "¡Pero no tuve la intención!". En este sentido, podemos decir que *Festín diabólico* [*Rope*], de Hitchcock, es un filme inherentemente hegeliano: la pareja homosexual estrangula a su mejor amigo a fin de obtener el reconocimiento del profesor Caddell, el maestro que predica el derecho de los Superhombres a disponer de los inútiles y los débiles; cuando Caddell se ve enfrentado a la realización literal de su doctrina —cuando, en otras palabras, el otro le devuelve su propio mensaje en su forma invertida, verdadera, esto es, cuando la verdadera dimensión de su propia "carta" (enseñanza) alcanza al destinatario apropiado, es decir, él mismo— se estremece y rehúye las consecuencias de sus palabras, no preparado para reconocer en ellas su propia verdad. Lacan define como "héroe" al sujeto que (a diferencia de Caddell pero como

29. En cuanto a las paradojas del "Alma Bella", véase Slavoj Žižek, *The Sublime Object of Ideology*, Londres, Verso Books, 1989, pp. 215-217 [ed. cast.: *El sublime objeto de la ideología*, trad. de Isabel Vericat Núñez, Buenos Aires, Siglo XXI, 2009].

30. Hegel, G. W. F., *Philosophy of Right*, Oxford, Clarendon Press, 1942, p. 8 [ed. cast.: *Filosofía del derecho*, Buenos Aires, Heliasta, 1987].

Edipo, por ejemplo) asume plenamente las consecuencias de su acto, aquel que no da un paso al costado cuando la flecha que dispara completa su círculo y vuela de regreso a él, a diferencia del resto de nosotros, que nos empeñamos en realizar nuestro deseo sin pagar su precio: revolucionarios que quieren la Revolución sin revolución (su reverso sangriento). El juego benévolo y sádico de Hitchcock con el espectador toma en cuenta precisamente esta naturaleza parcial de nuestro desear: hace que el espectador rehúya la confrontación con la consecuencia plena de la realización de su deseo ("¿quieres que esta mala persona sea asesinada? Muy bien, aquí lo tienes, con todos los detalles nauseabundos que querrías pasar por alto en silencio..."). En síntesis, el "sadismo" de Hitchcock corresponde exactamente a la "neutralidad malévola" del superyó: aquel no es sino un "proveedor de verdades" neutral, que nos da solo lo que queríamos, pero incluyendo en el envase la parte de ello que preferiríamos ignorar.

Esta inversión del mensaje del sujeto constituye lo *reprimido* del mensaje, de modo que no es difícil ver de qué manera la imposibilidad del metalenguaje se vincula con el retorno de lo reprimido. "No hay metalenguaje" en la medida en que el sujeto hablante es siempre ya hablado, esto es, en la medida en que no puede dominar los efectos de lo que está diciendo: siempre dice más de lo que "pretendía decir", y este excedente de lo que se dice efectivamente con respecto a los sentidos que se pretendían poner en palabras es el contenido reprimido: en él, "lo reprimido retorna"[31]. ¿Qué son los síntomas como "retornos de lo reprimido" si no esos *lapsus linguae* por medio de los cuales el gran Otro devuelve al sujeto su propio mensaje en su verdadera forma? Si, en vez de decir "en vista de lo cual, declaro abierta

31. En eso consiste el procedimiento hegeliano elemental; Hegel demuestra la "no verdad" de alguna proposición, no comparándola con la cosa tal como esta es "en sí", y aseverando con ello la inexactitud de la proposición, sino comparando esta última *consigo misma*, es decir, con su propio proceso de enunciación: comparando el sentido intencional de la proposición con lo que el sujeto ha dicho efectivamente. Esta discordancia es el impulso mismo del proceso dialéctico, tal como se lo atestigua ya en el comienzo de la *Fenomenología del espíritu*, donde la "certidumbre del sentido" se refuta por medio de una referencia a la dimensión universal contenida en su propio acto de enunciación.

la sesión", digo "en vista de lo cual, declaro cerrada la sesión", ¿no recupero, en el sentido más literal, mi propio mensaje en su forma verdadera, invertida? De modo que, en este nivel, ¿qué podría querer decir la noción derrideana de que una carta también puede *no encontrar* su destino? Que lo reprimido también puede *no* retornar, pero, al afirmar esto, nos enredamos en una ingenua noción sustancialista del inconsciente como una entidad positiva que precede ontológicamente a sus "retornos" (esto es, síntomas como formaciones de compromiso), idea que el propio Derrida puso en entredicho de manera competente[32]. No podemos aquí sino repetir con Lacan: no hay represión previa al retorno de lo reprimido; el contenido reprimido no precede a su retorno en síntomas, no hay manera de concebirlo en su puridad no distorsionada por "compromisos" que caracterizan la formación de los síntomas[33].

Esto nos lleva a la tercera variación, la del marco que siempre es enmarcado por parte de su contenido; esta fórmula[34] es crucial en la medida en que nos permite oponer la "lógica del significante" a la hermenéutica. El objetivo del empeño herme-

32. Véase Jacques Derrida, "*Freud and the Scene of Writing*", en: *Writing and Difference*, Chicago, University of Chicago Press, 1978 [ed. cast.: "Freud y la escena de la escritura", en: *La escritura y la diferencia*, trad. de Patricio Peñalver, Barcelona, Anthropos, 1989, pp. 271-317], donde se demuestra, mediante un análisis riguroso, cómo no es posible diferenciar, de una manera neta, entre los procesos "primario" y "secundario": el proceso "primario" (sometido a la lógica del inconsciente: condensaciones, desplazamientos, etc.) ya está siempre (re)marcado por el proceso "secundario", que caracteriza al sistema del consciente/preconsciente.

33. *Stricto sensu*, *hay* una posición subjetiva dentro de la cual una carta *no* llega a su destino, dentro de la cual lo reprimido *no* retorna en la forma de síntomas, en la que el sujeto *no* recibe del Otro su propio mensaje en su verdadera forma: la del *psicótico*. "Una carta llega a su destino" solo si el sujeto ingresa al circuito de la comunicación, es decir, si es capaz de asumir la relación dialéctica con el Otro como lugar de la verdad. Sin embargo, según la famosa fórmula de Lacan de la forclusión psicótica ("lo que fue forcluido de lo Simbólico retorna en lo Real"), incluso en la psicosis, la carta, en última instancia, *sí* alcanza al sujeto, a saber, en la forma de "respuestas [psicóticas] de lo Real" (alucinaciones, etc.).

34. Elaborada en Jacques Derrida, *La Vérité en peinture*, París, Flammarion, 1978 [ed. cast.: *La verdad en pintura*, trad. de María Cecilia González y Dardo Scavino, Buenos Aires, Paidós, 2001].

néutico es hacer visibles los contornos de un "marco", un "horizonte" que, precisamente por permanecer invisible, por eludir la captación del sujeto, determina de antemano su campo de visión: lo que podemos ver, así como lo que no podemos ver, siempre nos es dado a través de un marco históricamente transmitido de preconceptos. Desde luego, no hay aquí nada peyorativo en el uso del término "preconcepto": su estatus es trascendental, es decir, organiza nuestra experiencia en una totalidad significativa. Es cierto, implica una limitación irreductible de nuestra visión, pero esta finitud es en sí misma ontológicamente constitutiva: el mundo se abre ante nosotros solo dentro de una finitud radical. En este nivel, la imposibilidad del metalenguaje equivale a la imposibilidad de un punto de vista neutral que nos permita ver las cosas "objetivamente", "imparcialmente": no hay perspectiva que no esté modelada por un horizonte históricamente determinado de "entendimientos previos". Hoy, por ejemplo, podemos explotar con crueldad la naturaleza solo porque esta se nos revela dentro de un horizonte que hace que la veamos como materia prima a nuestra disposición, en contraste con la noción que se tenía de ella en la antigua Grecia o el Medioevo. La "lógica del significante" lacaniana reemplaza esta tesis hermenéutica por una inversión sin precedentes: el "horizonte del sentido" siempre está vinculado, como por una especie de cordón umbilical, con un punto *dentro* del campo por él revelado; el marco de nuestra perspectiva ya está siempre enmarcado (remarcado) por una parte de su contenido. Podemos aquí reconocer con facilidad la topología de la banda de Moebius en la que, como en una especie de inversión abisal, el envoltorio mismo es encerrado por su interior[35].

La mejor manera de ejemplificar esta inversión es por intermedio de la dialéctica de la visión y la mirada: en lo que veo, en lo que está abierto a mi vista, hay siempre un punto en el que "no veo nada", un punto que "no tiene sentido", esto es, que funciona como la mancha en el cuadro: este es el punto desde el cual el

35. Respecto de esta topología, véase Jacques-Alain Miller, "*Théorie de langue*", en: *Ornicar?*, nº 1, enero de 1975, pp. 16-34 [ed. cast.: "Teoría de la lengua (rudimentos)", trad. de Diana S. Rabinovich, en: *Matemas I*, trad. de Carlos de Santos y otros, Buenos Aires, Manantial, 1987, pp. 59-78].

cuadro mismo devuelve la mirada, vuelve a mirarme. "Una carta llega a su destino" precisamente en este punto del cuadro: aquí me encuentro a mí mismo, mi propio correlato objetivo; aquí estoy, por así decirlo, inscripto en el cuadro; este "cordón umbilical" óntico del horizonte ontológico es lo que resulta impensable para toda la tradición filosófica, Heidegger incluido. En eso radica la razón del siniestro poder de la interpretación psicoanalítica: la vida cotidiana del sujeto transcurre, en su vida cotidiana, dentro de su horizonte de sentido cerrado, a salvo en su distancia con respecto al mundo de los objetos, seguro de su sentido (o de su insignificancia) cuando, de improviso, el psicoanalista hace resaltar algún detalle minúsculo que no tiene ningún tipo de significación para el sujeto, una mancha en la que este "no ve nada" —un gesto o un tic pequeño y compulsivo, un *lapsus linguae* o algo de ese orden— y dice: "Vea, este detalle es un nudo que condensa todo lo que usted tenía que olvidar para poder nadar en su certidumbre cotidiana, enmarca el marco mismo que confiere sentido a su vida, estructura el horizonte dentro del cual las cosas tienen sentido para usted; si lo desanudamos, ¡la tierra se abrirá bajo sus propios pies!". Se trata de una experiencia no diferente a la vertida en la antigua fórmula oriental: "¡Tú eres eso!", "¡Todo tu destino se decide en este detalle idiota!". O bien, si nos mantenemos en un nivel más formal de la teoría de los conjuntos: entre los elementos de un conjunto dado, siempre hay Uno que sobredetermina el peso específico y el color del conjunto como tal; entre las especies de un género, siempre hay Una que sobredetermina la universalidad misma del género. A propósito de la relación de diferentes tipos de producción dentro de su totalidad articulada, Marx escribió:

> En todas las formas de sociedad hay un tipo específico de producción que predomina sobre el resto, cuyas relaciones asignan, con ello, rango e influencia a los otros. Se trata de una iluminación general que baña todos los otros colores y modifica su particularidad. Es un éter particular que determina la gravedad específica de todos los seres que se han materializado en su interior[36].

36. Marx, Karl, *Grundrisse*, Harmondsworth, Penguin Books, 1972, p. 107 [ed. cast.: *Elementos fundamentales para la crítica de la economía política:*

¿No equivalen estas proposiciones al hecho de que el sistema mismo de la producción (su totalidad) esté siempre enmarcado por una parte de su contenido (por un tipo específico de producción)?

Circuito simbólico II: destino y repetición

El encuentro con "¡Tú eres eso!" se experimenta, desde luego, como un encuentro con el nudo que condensa el propio destino; esto nos lleva a la última variación sobre el tema "una carta siempre llega a su destino": uno nunca puede escapar a su destino o, para reemplazar esta formulación más bien oscurantista por una psicoanalítica más apropiada, la deuda simbólica tiene que reembolsarse. La carta que "llega a su destino" es también una carta de intimación de pago de deudas pendientes. Esta dimensión del destino está en juego en la misma estructura formal de "La carta robada", de Poe: ¿no hay algo distintivamente "fatal" en el modo en que la propia experiencia de los personajes principales del cuento está determinada por el simple cambio "mecánico" de sus posiciones dentro de la tríada intersubjetiva de las tres "miradas"[37] (la primera que no ve nada; la segunda que ve que la primera no ve nada y se engaña respecto del secreto de lo que oculta; la tercera que ve que las dos primeras dejan expuesto lo que debería estar oculto a cualquiera que quiera tomarlo)? ¿En el modo, por ejemplo, en que el destino del ministro queda sellado, no a causa de su mal cálculo o desatención personal sino debido a que el simple cambio de posición desde la tercera a la segunda mirada en la repetición de la tríada inicial provoca su ceguera estructural? Aquí volvemos a encontrar el mecanismo del

Grundrisse, 1857-1858, 2 vols., trad. de José Aricó, Miguel Murmis y Pedro Scaron, México, Siglo XXI, 1971-1972].

37. Habida cuenta de que el *objeto a* mirada se escribe *gaze* (en lo cual Žižek sigue la traducción inglesa del seminario de Lacan sobre *Los cuatro conceptos fundamentales*...), el particular "juego" del texto de Poe corresponde, en su decir, a una dialéctica de *glances*. Dado que lexicalmente este vocablo es también volcable como "mirada", lo escribimos con comillas, para diferenciarlo —contestes con Lacan— de la *gaze* ("mirada fija"). Igual procedimiento, y por idéntico motivo, adoptamos para *look*. [N. del T.]

(des)conocimiento imaginario: los participantes del juego perciben automáticamente su destino como algo que corresponde a la carta como tal en su materialidad inmediata ("¡Esta carta está maldita, todos los que entran en posesión de ella quedan en la ruina!"); lo que desconocen es que la "maldición" no está en la carta como tal sino en la red intersubjetiva organizada en torno a ella. Sin embargo, para evitar repetir el agotado análisis del cuento de Poe, abordemos un caso formalmente similar, el clásico melodrama de Bette Davis *La extraña pasajera* [*Now, Voyager*], la historia de Charlotte Vale, una solterona frustrada, el "patito feo" de la familia, a quien su dominante madre, una viuda rica, empuja a un colapso nervioso[38]. Bajo la guía del benévolo doctor Jacquith, Charlotte se cura y aparece como una mujer aplomada y bella; siguiendo el consejo de aquel, decide ver la vida y emprende un viaje a América del Sur. Allí, tiene un amorío con un encantador hombre casado; este, sin embargo, no puede abandonar a su familia por ella debido a que su hija se encuentra al borde de la locura, por lo que Charlotte regresa sola a casa. Poco después, cae en una depresión y es nuevamente hospitalizada; en la clínica psiquiátrica se encuentra con la hija de su amante, quien desarrolla de inmediato una dependencia traumática respecto de ella. El doctor Jacquith informa a Charlotte que la esposa de su amante murió hace poco, de modo que ahora ambos son libres para casarse; no obstante, agrega enseguida que este matrimonio sería un *shock* insoportable para la hija, dado que Charlotte es su único apoyo, lo único que se yergue entre ella y su caída final en la locura. Charlotte decide sacrificar su amor y dedicar su vida a cuidar maternalmente a la desdichada niña; cuando, al final del filme, su amante solicita su mano, ella solo le promete una profunda amistad, rechazando su proposición con la frase: "¿Para qué buscar la Luna, cuando podemos tener las estrellas?", uno de los más puros y, por lo tanto, más eficaces sinsentidos de la historia del cine.

Cuando su amante le muestra una fotografía de la familia, su atención se centra en una niña sentada en un costado, que mira

38. Nos apoyamos aquí en el perspicaz análisis de Elizabeth Cowie, "Fantasia", m/f, nº 9, 1984, pp. 71-104.

con tristeza a la cámara; esta figura despierta inmediatamente su compasión y Charlotte quiere saber todo acerca de ella. ¿Por qué? Se identifica con ella porque reconoce en la suya su propia posición, la del desatendido "patito feo". De modo que, cuando, al final del filme, sacrifica una vida de amor por el rescate de la pobre niña, no lo hace sobre la base de un sentido abstracto del deber: lo que sucede es, más bien, que concibe la situación presente de la niña, en la que su misma supervivencia depende de ella, como *la repetición exacta de su propia situación* años atrás, cuando estaba a merced de su madre. En ello reside la homología estructural entre este filme y "La carta robada": en el transcurso de la historia, se repite la misma red intersubjetiva, en la que los sujetos se mueven a diferentes posiciones; en ambos casos, una madre omnipotente tiene en sus manos el destino de la hija, con la única diferencia de que en la primera escena se trataba de una mala madre que impulsaba a la hija a la locura, mientras que en la segunda una buena madre se ve ante la oportunidad de redimirse salvándola del abismo. La película da muestras de *finesse* poética al atribuir un doble papel al doctor Jacquith; la misma persona que, en la primera escena, "libera" a Charlotte, esto es, le abre la perspectiva de una vida sexual sin ataduras, aparece en la segunda como el portador de la prohibición que impide su matrimonio al recordarle su deuda. Aquí tenemos la "compulsión de repetición" en su máximo grado de pureza: Charlotte no puede darse el lujo del matrimonio dado que debe *honrar su deuda*. Cuando, por fin, parece liberada de la pesadilla, el "destino" (el gran Otro) la enfrenta al precio de esta libertad poniéndola en una situación en la que ella misma puede destruir la vida de la joven. Si Charlotte no se sacrificara, la perseguirían los "demonios del pasado": su feliz vida conyugal quedaría arruinada para siempre por el recuerdo de la desdichada niña que paga el precio en el asilo, un recordatorio de la manera en que ella había traicionado *su propio* pasado. En otras palabras, Charlotte no "se sacrifica por la felicidad del otro": al sacrificarse, honra su deuda *consigo misma*. De modo que, cuando se encuentra cara a cara con una niña quebrada que solo puede ser salvada por medio de su sacrificio, podríamos decir otra vez que "una carta llega a su destino"[39].

Dentro de esta dimensión de la deuda pendiente, el papel de la carta es asumido por un objeto que circula entre los sujetos y que, por su misma circulación, los representa como una comunidad intersubjetiva cerrada. Tal es la función del objeto hitchcockiano: no el despreciado *macguffin* sino el diminuto "fragmento de lo real" que mantiene la historia en movimiento al encontrarse "fuera de lugar" (robado, etc.): del anillo en *La sombra de una duda* [*Shadow of a Doubt*] o el encendedor en *Pacto siniestro* [*Strangers on a Train*] hasta el niño en *En manos del destino* [*The Man Who Knew Too Much*] que circula entre las dos parejas. La historia finaliza en el momento en que este objeto "llega a su destino", es decir, regresa al propietario que corresponde: el momento en que Guy recupera el encendedor (la última toma de *Pacto siniestro*, en la que el encendedor cae de la mano abierta del cadáver de Bruno), el momento en que la pareja estadounidense recupera a su hijo secuestrado (en *En manos del destino*), etc. Este objeto encarna, da existencia material a la falta en el Otro, a la inconsistencia constitutiva del orden simbólico: Claude Lévi-Strauss señaló de qué forma el hecho mismo del intercambio atestigua cierto defecto estructural, un desequilibrio que corresponde a lo Simbólico, que es la razón por la cual el matema lacaniano para este objeto es $S(\cancel{A})$, el significante del Otro barrado. El ejemplo supremo de un objeto de esa naturaleza es el anillo de *El anillo de los nibelungos*, de Richard Wagner, ese drama gigantesco del intercambio simbólico desequilibrado. La historia se inicia cuando Alberico roba el anillo a las doncellas del

39. Hay, sin embargo, otro aspecto de esta historia: el acto de renunciamiento de Charlotte también puede leerse como un intento de eludir la imposibilidad inherente de la relación sexual postulando un obstáculo externo a ella, y preservando de ese modo la ilusión de que, sin ese obstáculo, sería capaz de gozarla plenamente. En síntesis, el truco es aquí el mismo que en el caso del "amor cortés": "Una manera muy refinada de reemplazar la ausencia de la relación sexual fingiendo que somos nosotros quienes ponemos un obstáculo en su camino" (Lacan, Jacques, *Le Séminaire, livre XX: Encore*, París, Éditions du Seuil, 1975, p. 65 [ed. cast.: *El Seminario de Jacques Lacan. Libro 20. Aun. 1972-1973*, trad. de Diana Rabinovich, Juan Luis Delmont-Mauri y Julieta Sucre, Buenos Aires, Paidós, 1981]).

Rin, por lo cual este se convierte en una fuente de maldición para sus poseedores; finaliza cuando el anillo es arrojado nuevamente al Rin, a sus legítimos propietarios; los dioses, sin embargo, pagan por este restablecimiento del equilibrio con su ocaso, dado que su misma existencia se basaba en una deuda pendiente.

Las dimensiones imaginaria y simbólica de "una carta que siempre llega a su destino" están, así, íntimamente conectadas en su misma oposición: la primera se define por el (des)conocimiento imaginario (una carta llega a su destino en cuanto me reconozco como su destinatario, esto es, en cuanto *me* encuentro en él), mientras que la segunda comprende la verdad oculta que se manifiesta en los "puntos ciegos" y las fallas del círculo imaginario. Bástenos con recordar el así llamado "psicoanálisis aplicado", la "interpretación psicoanalítica" clásica de las obras de arte: este procedimiento siempre "se encuentra a sí mismo", y las proposiciones sobre el complejo de Edipo, la sublimación, etc., se confirman una y otra vez, dado que la búsqueda se mueve en un círculo cerrado imaginario y solo encuentra lo que ya está buscando, lo que, en cierto sentido, ya tiene (la red de sus preconceptos teóricos). Una carta que atraviesa el circuito simbólico "llega a su destino" cuando experimentamos la extrema futilidad de este procedimiento, su absoluto fracaso para llegar a la lógica inherente de su objeto. El modo en que "una carta llega a su destino" dentro del circuito simbólico implica, en consecuencia, la estructura de un error, del "éxito a través del fracaso": nos alcanza siendo desconocida para nosotros. En *Trayectoria de boomerang*, de Agatha Christie, el joven héroe y su novia encuentran en los médanos a un hombre mortalmente herido que, segundos antes de morir, levanta la cabeza y dice: "¿Por qué no le pidieron a Evans?". Intentan investigar el asesinato y, mucho después, cuando la misteriosa frase del hombre muerto ya ha sido completamente olvidada, se interesan por las circunstancias en cierto modo singulares de la certificación del testamento de un caballero rural moribundo: los parientes han llamado como testigo a un vecino distante en vez de utilizar al sirviente Evans, que estaba presente en la casa, así que... "¿por qué no le pidieron a Evans?". Al instante, el héroe y su novia comprenden que esa pregunta reproduce al pie de la letra la frase del hombre que murió en los médanos y que en ella se encuentra la pista de su asesinato. Estamos aquí ante un caso ejemplar de la manera en que "una carta llega a su destino": cuando, de una forma totalmente contingente, encuentra el lugar que le corresponde.

Esta referencia a la carta y su itinerario nos permite distinguir entre las dos modalidades de la multitud. Cuando, a propósito de su interpretación del sueño freudiano de la inyección de Irma, Lacan habla de "*l'immixion des sujets*", "*el inmixing*"[40] de "los sujetos", el momento en que los sujetos pierden su individualidad al verse reducidos a rueditas de una maquinaria no subjetiva (en el propio sueño, el momento de esta inversión es la aparición de los tres profesores que exculpan a Freud enumerándose mutuamente razones excluyentes del fracaso del tratamiento de Irma), esta máquina es, por supuesto, un sinónimo del *orden simbólico*. Este modo de la multitud está ejemplarmente retratado en las pinturas de Peter Brueghel de los años 1559 y 1560 (*Proverbios holandeses*, *El combate entre el Carnaval y la Cuaresma*, *Juegos infantiles*): el sujeto está aquí "decapitado", "perdido en la multitud", pero el mecanismo transubjetivo que regula el proceso (juegos, proverbios, carnavales) es, claramente, de naturaleza simbólica: se lo puede exhumar por medio del acto de la interpretación. En otras palabras, es el significante el que lleva la voz cantante: a través de esta completa confusión y este automatismo ciego, la carta, no obstante, "llega a su destino". ¿Cómo? Recordemos la novela de espionaje *El pasaje de las armas*, de Eric Ambler, la historia de un chino pobre en Malasia a comienzos de la década de 1950, después del fracaso de la insurgencia comunista: al descubrir un olvidado escondite de armas comunistas en la selva, planea venderlas para poder comprar un ómnibus y convertirse, así, en un capitalista en pequeña escala. Con lo cual pone en movimiento una cadena imprevista de

40. Mantenemos sin traducir el vocablo, adoptando el criterio del traductor al castellano del artículo de Lacan "De la estructura del '*inmixing*' del prerrequisito de alteridad de cualquiera de los otros temas", incluido en: R. Macksey y E. Donato (comps.), *Los lenguajes críticos y las ciencias del hombre*, Barcelona, Barral, 1972. [N. del T.]

sucesos que exceden en mucho su intención original: el chino rico que compra las armas las revende a una guerrilla indonesia procomunista, la transacción involucra a una "inocente" pareja de turistas estadounidenses, la historia se traslada de Malasia a Bangkok, luego a Sumatra, pero toda esta improvisada textura de encuentros accidentales nos lleva de vuelta a nuestro punto de partida: al final, el chino se convierte en propietario de un viejo y destartalado ómnibus, "la carta llega a su destino", como si alguna oculta "astucia de la razón" regulara el flujo caótico de los sucesos. Algo no diferente a esto está en juego en los cuartetos y quintetos de las grandes óperas de Mozart; basta con mencionar el final de *Las bodas de Fígaro*: los personajes hablan y cantan unos por encima de los otros, hay toda una red de malentendidos e identificaciones falsas y, no obstante, este caos de encuentros cómicos parece estar manejado por la mano oculta de un destino benévolo que se encarga de la reconciliación final. Un abismo separa esta "mixtura" de, digamos, el quinteto del tercer acto de *Los maestros cantores de Núrenberg*, de Wagner, donde todas las voces borran sus diferencias y contribuyen al mismo flujo pacificador, para no mencionar la brutal irrupción de la multitud que sigue al "llamado a los hombres (*Mánnerruf*)" de Hagen en el segundo acto de *El ocaso de los dioses*. Lo importante aquí es el vínculo entre esta multitud y el preludio de la ópera, con las sibilas que ya no son capaces de descifrar el curso futuro de los sucesos, dado que el cordón del destino se ha cortado; la multitud ingresa al escenario cuando la textura del destino simbólico ya no regula la historia, es decir, cuando la autoridad fálica del padre está rota (debería recordarse que, la noche anterior, Sigfrido quebró la lanza de Wotan). Esta multitud, la multitud *moderna*, aparece por primera vez en "El hombre de la multitud", de Edgar Allan Poe: el observador anónimo mira a través de la vidriera de un café (este marco que introduce la distancia entre "adentro" y "afuera" es crucial aquí) el torbellino de la multitud vespertina londinense y decide seguir a un anciano; al amanecer, luego de largas horas de caminata, se hace evidente que no hay nada que descubrir: "Sería en vano continuar; no me enteraré de nada más sobre él y sus actos". El anciano es, de este modo, presentado como el "hombre de la multitud", el epítome del mal, precisamente en la medida en que encarna algo que "no se deja leer", *es lässt sich nicht lesen*, como el propio Poe lo pone en alemán. Esta "resistencia a dejarse leer" de la multitud designa, por supuesto, el pasaje del registro simbólico al de lo Real[41].

41. Cuando, con el advenimiento del capitalismo, la "comunidad" simbólicamente estructurada fue reemplazada por la "multitud", aquella pasó a ser, en un sentido radical, *imaginaria*: nuestro "sentido de pertenencia" ya no se refiere a una comunidad que experimentamos como "real", sino que se transforma en un efecto performativo provocado por los medios de comunicación "abstractos" (prensa, radio, etc.). Véase Benedict Anderson, *Imagined Communities*, Londres y Nueva York, Verso Books, 1983 [ed. cast.: *Comunidades imaginadas. Reflexiones sobre el origen y la difusión del nacionalismo*, trad. de Eduardo L. Suárez, México, Fondo de Cultura Económica, 1993]. Toda comunidad, desde las tribus más "primitivas" en adelante, ya era siempre, desde luego, "puesta en escena" por los rituales simbólicos; sin embargo, fue solo con el capitalismo que la comunidad se convirtió en "imaginaria" en el sentido preciso de oponerse dialécticamente a la vida económica atomizada, "real". Lo que aquí tenemos en mente no es solo el hecho de que, en contraste con las comunidades étnicas precapitalistas, el concepto de Nación es un producto de la expansión de los medios (el papel de la prensa en los siglos XVIII y XIX, Hitler y la radio, el evangelismo televisivo de la Mayoría Moral, etc.), sino que una lógica más refinada está en juego desde la identificación política a los programas de preguntas de la televisión y la sexualidad. Recordemos el análisis de Stuart Hall del atractivo político del thatcherismo (véase su *Hard Road to Renewal*, Londres y Nueva York, Verso Books, 1988 [ed. cast.: *El largo camino de la renovación. El thatcherismo y la crisis de la izquierda*, trad. de Carlos Pott, Madrid, Lengua de Trapo, 2018]): la interpelación thatcherista tenía éxito en la medida en que el individuo se reconocía no como miembro de alguna comunidad real sino de la comunidad imaginaria de los que pueden ser "afortunados en la próxima vuelta" gracias a su capacidad de empresa individual. La esperanza de éxito, el reconocimiento de uno mismo como la persona que *puede* lograrlo, eclipsan el éxito real y funcionan ya como tal, lo mismo que en los programas de preguntas de la televisión, donde, en cierto sentido, "participar" ya es ganar: lo que verdaderamente importa no son las ganancias reales sino ser identificados como parte de la comunidad de quienes *pueden* vencer. En la actualidad, semejante lógica ha penetrado incluso en el dominio más íntimo de la sexualidad, como lo atestigua el éxito del "minitel" (la red de computadoras personales conectadas por teléfono) en Francia: al ingresar en su circuito de comunicación, elijo para mí un seudónimo y luego intercambio las fantasías sexuales más obscenas con otros a los que, del mismo modo, solo conozco por sus seudónimos... El quid es, desde luego, que, dentro de esa comunidad imaginaria de participantes anónimos, todo el mundo sabe que esas fantasías nunca se "realizarán": la gratificación la procura el flujo mismo de significantes; es como si el "minitel" hubiera sido hecho para ejemplificar la tesis de Lacan de que el goce es primariamente goce en el significante. Parece,

El encuentro real

El motivo del destino nos ha llevado al borde mismo del tercer nivel, el de lo Real; aquí, "una carta siempre llega a su destino" equivale a lo que significa "encontrarse con el propio destino": "todos moriremos". Una sensibilidad preteórica común nos permite detectar el ominoso bajo tono que se adhiere a la proposición "una carta siempre llega a su destino": la única carta a la que nadie puede escapar, que tarde o temprano nos alcanza, es decir, la que tiene a cada uno de nosotros como su destinatario infalible, es la muerte. Podemos decir que vivimos solo en la medida en que cierta carta (la que contiene nuestra orden de muerte) todavía ronda buscándonos. Recordemos la tristemente célebre declaración "poética" del presidente iraní Ali Jamenei a propósito de la sentencia de muerte dictada a Salman Rushdie: nada puede detener su ejecución, la bala ya está en camino, tarde o temprano dará en el blanco; tal es el destino de todos y cada uno de nosotros, la bala con nuestro nombre ya ha sido disparada. El mismo Derrida pone de relieve la dimensión letal de la escritura: todo trazo está destinado a su destrucción última. Adviértase la ambigüedad fundamental de la propia palabra "fin": "meta" y "aniquilación", la clausura del circuito de la carta equivale a su consumación. Lo crucial aquí es que las dimensiones imaginaria, simbólica y real de "una carta siempre llega a su destino" no son externas unas a otras: tanto al final del itinerario imaginario como del itinerario simbólico, encontramos lo Real. Como lo demostró Lacan con respecto al sueño de Freud sobre la inyección de Irma, la relación dual en espejo culmina en la horripilante confrontación con el abismo de lo Real, ejemplificado por la carne de la garganta de Irma:

> La carne que uno nunca ve, el fundamento de las cosas, el otro lado de la cabeza, del rostro, las glándulas secretorias *par excellence*, la carne de la que todo exuda, en el corazón mismo

en consecuencia, que la hoy predominante economía del goce repite la paradoja de la física cuántica, en la que la posibilidad (las trayectorias posibles de una partícula) como tal posee una especie de realidad: imaginar una posible gratificación del deseo equivale a su gratificación real.

> del misterio, la carne en cuanto sufrimiento, carece de forma, en cuanto su forma es en sí misma algo que provoca angustia[42].

La imagen fascinadora de un doble, por lo tanto, no es en última instancia otra cosa que una máscara de horror, su frente engañosa: cuando nos encontramos a nosotros mismos, encontramos la muerte. El mismo horror se manifiesta en el cumplimiento del "destino" simbólico, como lo atestigua Edipo: cuando, en Colono, cerró el circuito y pagó todas sus deudas, se encontró reducido a una especie de pompa de jabón reventada en dos, un fragmento de lo real, el residuo de un cieno informe sin ningún sostén en el orden simbólico. Edipo comprendió su destino

> hasta ese punto final que no es nada más que algo estrictamente idéntico a un abatirse, un despedazarse, una laceración de sí mismo —ya no es, ya no es nada, en absoluto—. Y es en ese momento cuando pronuncia la frase que recordé la última vez: "¿Me hago hombre en la hora en que dejo de ser?"[43].

En consecuencia, la deuda simbólica impaga es, en cierta forma, constitutiva de nuestra existencia: nuestra existencia simbólica misma es una "formación de compromiso", el demorarse de un encuentro. En el melodrama de Max Ophuls *Carta de una enamorada* [*Letter from an Unknown Woman*] se ejemplifica a la perfección este vínculo que conecta el circuito simbólico con el encuentro de lo Real. En el comienzo mismo del filme, "una carta llega a su destino", enfrentando al héroe con la verdad negada: lo que para él había sido una serie de aventuras amorosas efímeras e inconexas que solo recordaba vagamente, destruyó la vida de una mujer. Aquel asume su responsabilidad por medio de un gesto suicida: decide no huir y acude al duelo que está seguro de perder.

42. Lacan, Jacques, *The Seminar of Jacques Lacan, Book II: The Ego in Freud's Theory and in the Technique of Psychoanalysis*, Cambridge, Cambridge University Press, 1988, pp. 154-155 [ed. cast.: *El Seminario de Jacques Lacan. Libro 2. El yo en la teoría de Freud y en la técnica psicoanalítica. 1954-1955*, trad. de Irene Agoff, Buenos Aires, Paidós, 1983].

43. Ibíd., p. 226.

Sin embargo, como lo indica Lacan en la antes citada lectura del sueño de la inyección de Irma, lo Real no es solo la muerte sino también la vida: no solo la inmovilidad pálida, congelada y sin vida sino también "la carne de la que todo exuda", la sustancia vital en su palpitación mucosa. En otras palabras, la dualidad freudiana de pulsiones de vida y de muerte *no* es una oposición simbólica sino una tensión, y un antagonismo, inherentes a lo Real presimbólico. Como Lacan señala una y otra vez, la noción misma de vida es ajena al orden simbólico. Y el nombre de esta sustancia vital que resulta un impacto traumático para el universo simbólico es, por supuesto, *goce*. La variación última sobre el tema de una carta que siempre llega a su destino reza, en consecuencia: "Nunca puedes librarte de la mancha del goce"; el gesto mismo de renunciar al goce produce inevitablemente un plus de gozar que Lacan representa como el "*objeto a*". Hay ejemplos en abundancia, desde el ascético que nunca puede estar seguro de que no repudia todos los bienes terrenales a causa de la ostentosa y vana satisfacción procurada por el acto mismo del sacrificio, hasta la "sensación de cumplimiento" que nos abruma cuando nos sometemos a la apelación totalitaria: "¡Basta de goce decadente! ¡Es el momento del sacrificio y el renunciamiento!". Esta dialéctica del goce y el plus de gozar —es decir, el hecho de que no haya un goce "sustancial" que preceda al exceso de plus de gozar, de que el goce mismo sea una especie de excedente producido por la renuncia— es tal vez la que da una pista para el así llamado "masoquismo primordial"[44].

44. En otras palabras, si le quitamos al goce su plus, nos quedamos absolutamente sin nada; la analogía científica más próxima a ello es, tal vez, la noción del *fotón* en física. Cuando los físicos se refieren a la masa de una partícula, habitualmente se refieren a su masa cuando está en reposo. Todas las demás se denominan masas relativas; como la masa de una partícula aumenta con la velocidad, la partícula puede tener cualquier número de masas relativas, cuyos tamaños dependen de su velocidad. La masa total se compone, así, de la masa en reposo más el excedente agregado por la velocidad de su movimiento. La paradoja de los fotones consiste, sin embargo, en que *no tienen ninguna masa en reposo*: su masa en reposo equivale a cero. El fotón es, de este modo, un objeto que solo existe como plus, como la aceleración debida a su velocidad; en cierto modo, es "sin sustancia": si sustraemos la masa relativa que depende de su velocidad, es decir, si "lo aquietamos" e intentamos medirlo en su estado de

Sin embargo, una lectura así conduce más allá del "Seminario sobre 'La carta robada'", que se mantiene dentro de los límites de la problemática "estructuralista" de un orden simbólico carente de sentido, "mecánico", que regula la recóndita experiencia de sí del sujeto. Desde la perspectiva de los últimos años de la enseñanza de Lacan, la carta que circula entre los sujetos en el cuento de Poe, determinando su posición en la red intersubjetiva, ya no es la agencia materializada del *significante* sino, más bien, un *objeto* en el sentido estricto del goce materializado, la mancha, el exceso siniestro que los sujetos se arrebatan unos a otros, olvidados de la manera en que su posesión misma los marcará con una postura pasiva, "femenina", que atestigua la confrontación con el objeto-causa del deseo. Lo que interrumpe en última instancia el flujo continuo de palabras, lo que traba el funcionamiento fluido del circuito simbólico, es la presencia traumática de lo Real: cuando las palabras se quedan de súbito afuera, tenemos que buscar, no las resistencias imaginarias, sino el objeto que se ha aproximado en demasía.

reposo, "tal como es realmente", se disuelve. Y ocurre lo mismo con el *objeto a* como plus de gozar: solo existe en su estado distorsionado (visualmente, por ejemplo, solo en la medida en que se lo ve de costado, anamórficamente extendido o contraído); si lo contemplamos "de frente", "tal como es realmente", no hay nada para ver.

2

¿Por qué es *la mujer* un síntoma dcl hombre?

2.1 ¿POR QUÉ EL SUICIDIO ES EL ÚNICO ACTO EXITOSO?

El acto como una respuesta de lo Real

El milagro del encuentro de Roberto Rossellini con Ingrid Bergman, ese verdadero acto de gracia que avivó su creatividad e hizo que tomara otra dirección, ejemplifica de un modo casi misterioso la manera en que "una carta siempre llega a su destino". El telón de fondo de la historia es bien conocido: en 1947, en la cumbre de su fama como la principal estrella de Hollywood, Ingrid Bergman vio *Roma ciudad abierta* [*Roma città aperta*] y *Paisa*, las dos obras maestras neorrealistas de Rossellini, en un pequeño cine de Nueva York. Profundamente conmovida, le escribió una carta que atestigua su relación transferencial con él, aun antes de que se conocieran en persona: un caso de amor *antes* de la primera vista. Estaba obsesionada con la idea de ayudarlo a ganar una bien merecida fama internacional, poniendo su estrellato a disposición de él; de modo que se ofreció para cualquier papel, si es que tenía alguno para una actriz sueca que hablaba con fluidez el inglés, un poco el alemán y solo dos palabras de italiano: "Ti amo!" [¡Te amo!]. Sin embargo, una serie de accidentes estuvo a punto de impedir que su carta llegara hasta Rossellini:

> Un italiano que ella había conocido en los Estados Unidos le dijo que podía comunicarse con Rossellini escribiéndole a los Estudios Minerva. Luego, la sede del estudio se incendió, justo después de que llegara la carta; rebuscando entre las cenizas, la encontraron, pero cuando el estudio trató de ponerse en contacto con Rossellini, este cortó la comunicación, dado que en ese momento había una disputa entre ellos. Cuando, por fin, la carta se las arregló para llegar a él, el director hizo que su secretaria la tradujera del inglés, y luego le preguntó quién era Ingrid Bergman. Una vez notificado de su fama internacional, se apresuró a contestarle con un telegrama urgente el 8 de mayo, día de su cumpleaños, diciéndole que era "absolutamente cierto que había soñado hacer un filme con usted"[45]...

¿Una mentira lisa y llana, una zalamería oportunista, o no? ¿Qué pensar, entonces, del hecho de que en el filme más famoso de Rossellini, *Roma ciudad abierta*, de 1945, los dos personajes negativos centrales, la nazi lesbiana y el torturador de la Gestapo, se llamen *Ingrid* y *Bergmann*? En cierto modo, Rossellini ya *había tenido*, efectivamente, sueños sobre el tema "Ingrid Bergman"... ¿Qué pensó al recibir una carta firmada por una persona cuyo nombre condensaba dos cabales personificaciones del mal en su filme?[46] ¿No fue esta una especie de "respuesta de lo Real" a su imprudente juego con la ilusión cinematográfica, una experiencia cercana a la de Casanova cuando, como si hubiera sido una respuesta a su parloteo mágico, la naturaleza reaccionó con un violento tronar? Ingrid Bergman ingresó así en la vida de Rossellini con el impacto traumático de un acto: si bien su carta se presentó como una conmoción, su lugar dentro del espacio simbólico de Rossellini ya había sido tomado mucho tiempo antes.

45. Brunette, Peter, *Roberto Rossellini*, Oxford, Oxford University Press, 1987, p. 375.

46. Y, por el otro lado, ¿cuáles fueron los pensamientos de *ella* al ver a esta extraña "Ingrid Bergmann" en *Roma*? Esa es, sin duda, la razón por la cual respondió con tanto entusiasmo a este filme: más allá de la fascinación con la película como tal, se sintió interpelada como el puro Mal encarnado en la pareja Ingrid/Bergmann.

¿Cómo deberíamos concebir la noción de acto en juego aquí, esto es, el acto en su dimensión suicida?[47]. En la actualidad, ya forma parte del saber aceptado —un signo de buenos modales, por así decirlo— el rechazo burlón de la oposición supuestamente "ingenua", "propia del sentido común", de palabras y actos o cosas, una oposición en la que se basan expresiones del tipo "¡no haces más que hablar en vez de actuar!", "no solo en las palabras sino también en los hechos", etc. Todo el mundo sabe hoy que "podemos hacer cosas con palabras": han pasado más de cuarenta años desde que J. L. Austin escribió su clásico manual sobre el tema. Y, por cierto, ¿acaso no está el núcleo mismo del psicoanálisis inmerso en la dimensión del lenguaje como *acto* de habla? ¿No está confinado en esta dimensión por el hecho mismo de ser una *talking cure*, un intento de alcanzar y transformar lo Real del síntoma exclusivamente por medio de palabras, esto es, sin recurrir a una operación inmediata sobre el cuerpo (a través de la electroterapia, la farmacoterapia, etc.)? (Podemos, con ello, determinar el momento preciso en que Wilhelm Reich dejó de ser psicoanalista: cuando abandonó el medio de la palabra y comenzó a confiar en el masaje corporal para liberar las tensiones neuróticas). Y, más cerca de nuestro dominio, ¿no formuló Lacan, en el momento mismo de elaborar su noción del orden simbólico autónomo, una especie de teoría del acto de habla (performativo) *avant la lettre*? ¿Acaso la proposición fundamental de sus primeros seminarios no es que la realidad intersubjetiva está compuesta de aserciones que, por medio de su acto mismo de enunciación, *hacen* del sujeto lo que este afirma ser: aserciones del tipo "eres mi esposa, mi maestra", etc.; en otras palabras: interpelaciones, aserciones según las cuales el sujeto, al reconocerse en su llamado, se convierte en lo que ellas dan a entender que es? ¿Y no pone también allí el acento la concepción de Lacan sobre el papel funcional del recuerdo de los traumas pasados? El quid no está en llegar a la verdad fáctica de algún suceso largo tiempo olvidado, lo que efectivamente está en juego aquí es, de una manera completamente literal, la *evocación* del pasado, esto

47. ¿Hará falta señalar que la elección de Rossellini por parte de Ingrid Bergman atestigua la determinación "suicida" de borrar su estatus simbólico en Hollywood y (re)crearse *ex nihilo*?

es, el modo en que su rememoración se relaciona con la postura de enunciación *presente* del sujeto, la manera en que transforma el lugar mismo desde el cual el sujeto habla (es hablado). En ello reside el "efecto de verdad" propuesto por la cura psicoanalítica: cuando extraigo un trauma infantil del sombrío mundo de la "represión" y lo integro a mi conocimiento, el horizonte simbólico que determina mi "autoconocimiento" se transforma radicalmente; después de hacerlo, no soy el mismo sujeto de antes.

Sin embargo, es evidente que la tesis de Lacan sobre el suicidio como el único acto exitoso no entra en este marco: la matriz del acto que nos permite discernir el suicidio como el acto por excelencia no es, definitivamente, la de un acto de habla, un performativo. ¿Cuál *es*, entonces? En vez de arriesgar una respuesta inmediata, volvamos a Rossellini, puesto que su obsesión central fue, precisamente, la de un acto suicida, "imposible", de libertad más allá del alcance de un performativo.

Alemania, año cero: *la palabra ya no obliga*

Rossellini era perfectamente consciente del papel crucial de la dimensión performativa en la estructuración del espacio intersubjetivo: una serie entera de sus películas se centra en la dialéctica del "desempeño de un papel", en la asunción performativa de un mandato simbólico. Esta dialéctica se llevó a su punto extremo en *El general Della Rovere* [*Il Generale Della Rovere*], una historia tragicómica sobre Bertone, un ratero y estafador (interpretado por Vittorio de Sica). La historia transcurre durante la ocupación alemana de Italia; Bertone es arrestado por la Gestapo y forzado a colaborar. Debido a su parecido con el general Della Rovere, el legendario líder partisano, es obligado a hacerse pasar por él en una cárcel llena de miembros de la resistencia (sin que lo supieran los partisanos, el verdadero Della Rovere ya había sido atrapado y fusilado). La idea de los alemanes es que Bertone, presentándose como Della Rovere, haga averiguaciones entre los prisioneros acerca de la organización de la resistencia y sus otros líderes. Sin embargo, los sucesos dan un giro imprevisto cuando Bertone se acostumbra más y más a su papel y termina por insistir en él incluso al precio de su vida: en vez de entregar a los alemanes los nombres que buscan, deja que lo fusilen como "el general Della Rovere"... Como lo expresó de manera sucinta Leo Braudy, "la importancia del filme reside en su aceptación del artificio —el desempeño de un papel, la asunción del disfraz— como una vía hacia la verdad moral... [Este filme] introduce la idea de que el desempeño de un papel y el disfraz pueden conducir a una liberación y realización del yo"[48]. La dialéctica en juego aquí es la de la identificación simbólica, la de la asunción de un mandato simbólico: la insistencia en una máscara falsa nos acerca más a una verdadera y auténtica posición subjetiva que el abandono de la máscara y la exhibición de nuestro "verdadero rostro". Mientras el pobre Bertone, bajo la presión de las circunstancias, solo finge ser Della Rovere, nos encontramos ante la situación cómica de un hombrecito común que ocupa por azar el lugar del héroe; tan pronto como se muestra dispuesto a perder su propia vida por este "papel", la situación adquiere dimensiones trágicas y su misma insistencia en la máscara se convierte en una auténtica proeza ética. Semejante dialéctica —desarrollada por Rossellini aun más agudamente en su *Ascenso al poder de Luis XIV*— implica que hay más verdad en una máscara que en lo que se oculta debajo de ella: una máscara no es nunca "solo una máscara", dado que determina el lugar real que ocupamos en la red simbólica intersubjetiva; lo que es efectivamente falso y nulo es nuestra "distancia interior" respecto de la máscara que usamos (el "papel social" que desempeñamos), nuestro "verdadero yo" oculto bajo ella. El camino a una auténtica posición subjetiva, por lo tanto, va "de afuera hacia adentro": primero, simulamos ser algo, solo actuamos como si lo fuéramos, hasta que, paso a paso, nos convertimos realmente en ello; no es difícil reconocer en esta paradoja la lógica pascaliana de la "costumbre" ("Actúa como si creyeras y la creencia vendrá por sí sola"). La dimensión performativa que obra aquí radica en la eficiencia simbólica de la "máscara": el uso de una *nos hace ser* realmente lo que fingimos ser. En otras palabras, la conclusión que debe sacarse de esta dialéctica es exactamente lo contrario del saber corriente según el cual todo acto humano (logro, hecho) es, en última instancia, solo un actuar (postura, pretensión): la única autenticidad a nuestro alcance es

48. Citado en Brunette, *Roberto Rossellini*, ob. cit, p. 387.

la de la personificación, la de "tomar con seriedad nuestro actuar (postura)"[49].

Esta lPeter ógica del acto como identificación con una máscara, como asunción de un mandato simbólico, queda, sin embargo, eclipsada en los filmes de Rossellini por otra lógica radicalmente distinta que hace su aparición en los momentos de *epifanía*; por regla general, estas epifanías se leen en una perspectiva cristiana, como momentos de gracia que agitan e iluminan al héroe, pero ¿es esta, realmente, la manera correcta de abordarlas? Para observar con mayor detenimiento esta cuestión, concentrémonos en tres filmes, todos los cuales están estructurados como una preparación o una reacción al momento traumático de la epifanía: *Alemania, año cero* [*Germania, anno zero*], *Stromboli* y *Europa '51*. Cada uno de ellos se caracteriza por cierta estructura de *señuelo*: ponen una trampa que debe evitarse; esto es, si los percibimos de una manera "espontánea", inevitablemente vamos por mal camino.

Alemania, año cero es la historia de Edmund, un chico de diez años que vive con su hermana mayor y su padre enfermo en las ruinas de la Berlín ocupada, en el verano de 1945. El niño se lanza a la calle y mantiene a su familia con pequeños delitos callejeros y tráfico menudo en el mercado negro. Cae más y más bajo la influencia de su maestro nazi y homosexual, Henning, que lo atiborra de lecciones acerca de la vida como una cruel lucha por la supervivencia en la que uno debe tratar sin misericordia a los débiles que solo constituyen una carga. Edmund decide aplicar esta lección a su padre, que gime y se queja constantemente de que nunca recobrará su salud, diciendo que quiere morir, dado que no es más que una carga para su familia: accediendo a su pedido, el niño mezcla una dosis mortal de un medicam.ento en

49. El mismo término "acto" es extremadamente interesante desde la perspectiva lacaniana: la multiplicidad de sus significados condensa toda la tríada Imaginario-Real-Simbólico; *Imaginario*: falsificación, espectáculo, actuación; *Real*: hecho, ejercicio, golpe; *Simbólico*: edicto, decreto, ordenanza, promulgación. En alemán, en el que uno de los significados de *Akt* es también "pintar un cuerpo humano desnudo", podemos imaginar incluso todo un guion: primero, la imagen de una mujer desnuda nos seduce; luego, "llevamos a cabo el acto (sexual)"; por último, inscribimos nuestra conquista en la lista, esto es, en un acta (la etapa que fue crucial para don Giovanni).

el vaso de leche del padre. Después de la muerte de este, vaga sin rumbo entre las ruinas de las calles de Berlín; un grupo de niños se niega a dejarlo participar de su juego, como si, en cierto modo, hubieran adivinado su horrible acción, de manera que durante unos momentos juega solo, y con torpeza, a la rayuela, pero es incapaz de entusiasmarse con el juego: la infancia se ha perdido para él, está amputado de la comunidad humana. Su hermana lo llama, pero Edmund ya no puede aceptar su consuelo, por lo que se esconde de ella en una casa de departamentos abandonada y medio en ruinas, sube hasta el segundo piso, cierra los ojos y salta. La última toma muestra su cuerpo diminuto yacente entre las ruinas de hormigón. La escena para la cual fue rodado todo el filme es, desde luego, la del vagabundeo final de Edmund por las ruinas de Berlín y su suicidio. ¿Dónde se encuentra el significado de este acto? La lectura que se propone de inmediato es completamente obvia: el filme es una historia acerca de la manera en que la moralmente corrupta ideología nazi puede arruinar incluso la inocencia de un niño e inducirlo a cometer un parricidio. Cuando toma conciencia de la verdadera dimensión de su acción, el chico se mata, bajo la presión de una culpa insoportable.

¿Es esta lectura la única posible? Un examen más detenido revela con rapidez una serie de detalles inquietantes que perturban esta imagen. Es cierto, Edmund actúa, pasa al acto, mientras que el maestro solo parlotea patéticamente acerca del derecho de los fuertes, de modo que cuando aquel le cuenta su parricidio, el hombre retrocede horrorizado. No obstante, a pesar de eso, ¿es lícito afirmar que Edmund sencillamente tomó al pie de la letra la lección de su maestro y, por consiguiente, actuó conforme a ella? Su acto, ¿fue *provocado* realmente por la palabra del maestro, de modo que nos encontramos ante una cadena causal que vincula palabras y acciones? Lo menos que podemos agregar es que, por medio de su acto, Edmund no solo cumple con la lección del maestro, "aplicándola" a su propia familia, sino que, al mismo tiempo, acata la voluntad explícita de morir de su padre. En consecuencia, su acto es, en cierto modo, indeterminable, no es posible situarlo de manera apropiada, por tratarse al mismo tiempo de un acto de crueldad suprema y frialdad distante y de amor y ternura sin límites, que atestigua que Edmund está dispuesto a tomar medidas extremas para cumplir con los deseos de su padre. Esta coincidencia de opuestos (crueldad fría y metódica y amor sin límites) es *un punto en el cual fracasa todo "fundamento" de los actos en palabras, en ideologías*: sencillamente, este "fundamento" no salva el abismo en él proclamado. El acto de Edmund, lejos de "tomar al pie de la letra" y dar realidad a la ideología más corrupta y cruel, implica cierto excedente que escapa al dominio de la ideología como tal; se trata de un acto de "libertad absoluta" que deja momentáneamente en suspenso el campo del sentido ideológico, es decir, que interrumpe el vínculo entre "palabras" y "acciones". Precisamente por estar vacío de todo contenido (ideológico, psicológico) "positivo", el acto de Edmund es un acto de libertad según lo definiera F. W. J. Schelling: un acto fundado solo en sí mismo, no en algún tipo de "cimiento [ideológico] adecuado"[50]. Por esta razón, en el parricidio de Edmund el mal puro coincide con la más perfecta inocencia infantil: en el preciso acto de asesinar a su padre, Edmund se convierte en un santo. El uso de este término, "santo", no es indiferente: un par de años después de *Alemania, año cero*, Rossellini rodó *Francisco, juglar de Dios* [*Francesco, giullare di Dio*], un filme sobre san Francisco, en el cual puso la ruptura de este con todas las ataduras institucionales mundanas, su regreso al estado de inocencia bendita en que "tenemos todo" precisamente en cuanto hemos "perdido todo", en línea con la evitación y el aislamiento de Edmund de la comunidad humana corriente[51]. El "vaciamiento"

50. Véase F. W. J. Schelling, *Über das Wesen der menschlichen Freiheit*, Frankfurt, Suhrkamp Verlag, 1978 [ed. cast.: *La esencia de la libertad humana*, trad. de José Rovira Armengol, Buenos Aires, Universidad de Buenos Aires, Instituto de Filosofía, 1950].

51. La homología entre la posición subjetiva del psicoanalista y la del santo recorre como un hilo los últimos años de la enseñanza de Lacan: en ambos casos, asumimos la posición de un objeto-excremento, de un residuo que encarna la inconsistencia del orden simbólico, es decir, de un elemento que no puede integrarse a la maquinaria de la *utilidad* social, de un punto de puro consumo. Es cierto, con frecuencia damos también con afirmaciones de Lacan que apuntan en la dirección opuesta, como las que incluyen a las asociaciones psicoanalíticas en la misma serie que los campos de concentración; pero, ¿es aquí la oposición realmente infranqueable? ¿No se trata, más bien, de que en el momento en que los "santos" se esfuerzan por "socializarse", por "venir

radical de este lo revela su manera muy reticente de actuar, en especial en la escena en que le da al padre el vaso de leche envenenada. Edmund lo contempla con una mirada inexpresiva, cansada, apagada, sin huellas de miedo, compasión, pena o ningún otro sentimiento. Se frustra, con ello, cualquier tipo de identificación con él; nosotros, los observadores, no podemos estremecernos con Edmund, sentir su tensión, pena u horror ante su acto: "Edmund, que en un filme más convencional sería el foco de la identificación del público, aquí parece más bien una especie de conjunto nulo, un número entero vacío, un punto focal de efectos"[52]. Conjunto nulo, número entero vacío, estos son nombres lacanianos para el sujeto del significante, vale decir, para el sujeto en la medida en que está reducido a un lugar vacío sin sostén en la identificación imaginaria o simbólica[53]. Edmund es, de hecho, el mal puro, "demoníaco", pero lo que debemos tener presente es que, precisamente por esta razón, encarna la pura espiritualidad de una voluntad liberada de toda motivación "patológica".

Edmund está excluido de la comunidad, "simbólicamente muerto": no solo se encuentra efectivamente excluido de la comunidad humana concreta, lo que aquí está en juego es una experiencia mucho más radical de exclusión del —de afirmación de

marchando" y organizarse como orden social lo que obtenemos son *monasterios*: un mundo totalmente regulado que puede servir como modelo a los campos de concentración, con la salvedad de que, en vez de torturar a sus víctimas, los monjes se torturan *a sí mismos*, asumiendo la pesada carga de la abstinencia? ¿No eran las misiones jesuíticas del Paraguay, en el siglo XVII ("reducciones" [en castellano en el original, N. del T.], como se las llamaba en ese momento), una especie de campos de concentración con la más exhaustiva regulación de la vida entera de cada uno, incluyendo sus más íntimos detalles (Hegel recuerda irónicamente que los jesuitas llegaban al extremo de hacer sonar una campana a la medianoche para recordar a sus indios los deberes conyugales)?

52. Brunette, Peter, *Roberto Rossellini*, ob. cit., p. 84.

53. El problema de cómo puede Rossellini presentar el momento más íntimo, de abandono absoluto, del acto de libertad es, por lo tanto, un pseudoproblema: puede hacerlo precisamente en cuanto es un acto "vacío" por completo, que "no esconde nada", no un acto de plenitud indescriptible. En otras palabras, no podemos identificarnos con Edmund, no a causa de la profundidad inaccesible de su "lucha interior", sino porque, simplemente, no hay *nada con que identificarse.*

una distancia con respecto al— gran Otro, el orden simbólico. Lo que lo impulsa al acto es la conciencia de la insuficiencia y nulidad últimas de todo fundamento ideológico: logra ocupar ese lugar vacío imposible/real en el que *las palabras ya no obligan*, donde su facultad performativa queda en suspenso. Esto es "Alemania, año cero": Alemania en el año de la libertad absoluta, cuando el lazo intersubjetivo, el compromiso con la Palabra, está roto. Es cierto, también podemos llamarla —la distancia puesta con el Otro— "psicosis" pero ¿qué es aquí "psicosis" sino otro nombre de la libertad?[54]. De modo que, cuando, después del parricidio, Edmund le dice a su maestro: "Usted solo habló de eso, ¡yo lo hice!", esta aserción no sugiere, de ninguna forma, una atribución de responsabilidad al maestro, es decir, un argumento al estilo de "no me culpe, fue usted quien me dijo que procediera así", sino todo lo contrario, una comprobación, fría y desapasionada, de la antes mencionada *brecha* absoluta que separa palabras y acciones. Y, siguiendo la lógica inmanente del filme, la aceptación de esta brecha es precisamente lo opuesto al mal encarnado, con el máximo vigor, en una voz corruptora y que todo lo penetra, en la famosa escena en que Edmund trata de vender el disco con uno de los discursos de Hitler a dos soldados británicos: lo pone en un tocadiscos portátil y, de repente, la voz de aquel resuena a través de los pasillos llenos de escombros; los transeúntes accidentales se quedan duros, asombrados ante la súbita reaparición de esta voz misteriosamente familiar... Es una voz así descarnada la que materializa la penetración invisible de la corrupta ideología nazi, mientras que todo el énfasis de la escena está puesto precisamente en el hecho de que Edmund *no* está hechizado por esta ni por ninguna otra de las voces ideológicas que lo bombardean desde todos lados: no solo la del maestro, sino también la de la

54. Esta libertad, desde luego, no debe concebirse en el sentido corriente de "comportamiento sin principios", como cuando "ignoramos nuestros compromisos": son precisamente esos "impostores sin principios" los que se mantienen exhaustivamente atados al poder de la palabra; por el propio acto de la impostura, cuentan con la integridad de la palabra y, con ello, permanecen dentro de su campo. Su posición está, sencillamente, dividida, es inconsistente, en contraste con Edmund, en quien no encontramos huellas de división, esto es, en quien la firmeza fría coincide de inmediato con la inocencia infantil.

hermana, ofreciéndole el refugio de la familia justo antes de su suicidio. Lo que lo impulsa a actuar no es ninguna voz, ningún imperativo del superyó sino, precisamente, la distancia aceptada respecto de todas las voces[55].

En este sentido, *Alemania, año cero* es exactamente lo opuesto a *Festín diabólico*, de Hitchcock (rodada solo un año después). El problema fundamental de ambas películas es el mismo: el de la relación entre las palabras y las acciones, como lo ejemplifica la materialización de una ideología espantosa; las dos películas aparecen como una reacción a la traumática experiencia del nazismo: ¿cómo fue posible la materialización de una ideología monstruosa como esa? Al menos en *Festín diabólico*, Hitchcock rehúye el abismo que Rossellini fue capaz de afrontar (razón por la cual ese filme debe contarse entre los fracasos de Hitchcock): lo que se atribuye equivocadamente a *Alemania, año cero* es, efectivamente, la tesis de *Festín diabólico*. Cuando la pareja de homosexuales estrangula a su mejor amigo, lo hacen para obtener el reconocimiento del profesor Caddell, su maestro, que predica el derecho de los Superhombres de disponer de los inútiles y los débiles (lo mismo que Henning en *Alemania*); cuando el profesor se enfrenta a la materialización al pie de la letra de su doctrina —cuando, siguiendo la definición lacaniana de la comunicación, recupera del otro su propio mensaje en su forma invertida y verdadera— se estremece y rehúye la consecuencia de sus palabras, es decir, no está dispuesto a reconocer en ellas su propia verdad (otra vez, lo mismo que Henning en *Alemania*); Hitchcock, sin embargo, se queda en este *insight*: la "soga" [*rope*] del título del filme es la que ata palabras y acciones, y la película resulta ser una admonición contra el "jugar con palabras" —nunca juegues con ideas peligrosas puesto que nunca podrás estar seguro de que no habrá un psicótico que las tome "al pie de la letra"—; en el filme,

55. Véase Jacques Rancière, "La chute des corps", en: Alain Bergala y Jean Narboni (comps.), *Roberto Rossellini*, París, Cahiers du cinéma/La Cinémathèque française, 1989, pp. 70-79 [ed. cast.: "La caída de los cuerpos: física de Rossellini", en: *La fábula cinematográfica. Reflexiones sobre la ficción en el cine*, trad. de Carles Roche, Buenos Aires, Paidós, 2005, pp. 147-166].

nadie, ni el profesor ni los asesinos, es capaz de romper este lazo y alcanzar el momento de la libertad[56].

Europa '51: *escape hacia la culpa*

El suicidio de Edmund no tiene, por lo tanto, absolutamente nada que ver con el remordimiento: el niño solo se deja atraer por el vertiginoso abismo que descubrió al cometer el parricidio. Y se trata del mismo abismo que traga al niño en *Europa '51*, un filme que, en muchos aspectos, es complementario de *Alemania: año cero* en este, el momento de la epifanía llega al final, funciona como el desenlace, mientras que toda la historia de *Europa* consiste en el despliegue de las consecuencias que, para sus personajes, tiene un traumático "encuentro con lo Real" que ocurre en el comienzo mismo.

Europa '51 es la historia de Irene, esposa en una rica familia romana, con quien su hijo busca con desesperación un contacto, mientras ella está más interesada en las recepciones y la vida social. Repentinamente, el hijo intenta suicidarse (arrojándose al vacío en medio de una escalera caracol) y poco después muere a causa de un coágulo sanguíneo. Su muerte provoca en Irene un penetrante sentimiento de culpa, como si hubieran sido su insípida vida y el abandono de su hijo los que llevaron a este a la muerte; se aparta por completo de su anterior modo de vida y comienza a buscar un nuevo sentido en el sacrificio y la ayuda a la gente: siguiendo el consejo de su primo, un comunista, consigue un trabajo mal pago en una fábrica; busca una respuesta en la

56. De acuerdo con Lesley Brill (véase su *The Hitchcock Romance. Love and Irony in Hitchcock's Films*, Princeton, Princeton University Press, 1988), la *oeuvre* de Hitchcock se divide en dos series, "romances" y filmes "irónicos", precisamente en referencia a la relación entre palabras y acciones. En los "romances", el movimiento tiene una dirección "desde afuera hacia adentro", que es la razón por la cual están dominados por la fuerza performativa de la palabra: en un principio, la pareja, vinculada por una contingencia externa, simula estar enamorada, tras lo cual, paso a paso, el vínculo crece hasta convertirse en un auténtico amor; en consecuencia, estos filmes terminan con una comunicación exitosa, con el establecimiento de un auténtico lazo intersubjetivo. Su opuesto lo constituyen los filmes "irónicos", que tienen su culminación en *Psicosis* [*Psycho*]: aquí, una máscara sigue siendo solo una máscara, la palabra fracasa en su imposición performativa, de modo que, en vez de una comunicación, nos encontramos ante una disolución psicótica del vínculo social.

Iglesia y trata de ayudar a los pobres trabajando con ellos, pero nada puede satisfacerla o apaciguarla. Cuando intenta convencer a un ladronzuelo del barrio de que se entregue a la policía en vez de denunciarlo ella misma, termina por violar la ley; el tribunal la considera irresponsable a causa de la conmoción provocada por la muerte de su hijo y la envía en observación a un pabellón psiquiátrico. Después de una serie de pruebas, un psiquiatra frío y distante la declara insana; la familia la abandona y, en el final del filme, la vemos sola en una celda de aislamiento mientras que, frente al hospital, los pobres a los que ha tratado de ayudar se congregan y la saludan como a una nueva santa[57]...

La trampa tendida por el filme es la muy "obvia" lectura según la cual Irene se quiebra a causa de la insoportable presión de la culpa que se abate sobre ella tan pronto como toma conciencia de que ha sido sorda al desesperado llamado de su hijo. Leída de esta manera, la película se reduce a la crítica habitual de la así llamada "alienación de la sociedad contemporánea", en la que el bullicio de la apremiante vida social nos deja sordos ante el grito desesperado de nuestro prójimo. Empero, si el final del filme, cuando Irene rompe todos los lazos familiares mundanos y asume una "santa" actitud de abandono, tiene algún sentido, entonces debemos cuestionar la autenticidad de la propia culpa que surge en relación con el suicidio del hijo: lejos de ser auténtica, esa culpa funciona ya como una huida, esto es, oculta un trauma mucho más radical. En la teoría psicoanalítica se habla mucho de la transferencia o la "proyección" de la culpa, es decir, acerca del modo en que el sujeto se libera de su responsabilidad a través de una "proyección" paranoica de la culpa en el Otro (el judío, por

57. Es esta nueva comunidad de creyentes que surge como un subproducto del acto de Irene la que nos permite asignar un lugar adecuado al comentario en apariencia ininteligible, e incluso cínico, de Rossellini sobre el suicidio de Edmund en *Alemania, año cero* como "una verdadera luz de esperanza": "De allí nace una nueva manera de vivir y de ver, el énfasis de la esperanza y la fe en el futuro y en los hombres" (citado en Peter Brunette, *Roberto Rossellini*, ob. cit., p. 86). Rossellini es del todo consciente del carácter ilusorio de esta nueva comunidad de esperanza y fe; lo que le interesa, en realidad, es el acto suicida de retirada radical sobre el cual solo es posible fundar una nueva comunidad: la experiencia de abandono total, el pasaje a través del "punto cero" que cae en el olvido una vez que nos encontramos *dentro* de la nueva comunidad.

ejemplo); tal vez, deberíamos más bien invertir la relación y concebir el acto mismo de asunción de la culpa como una huida del traumatismo real: no solo huimos *de* la culpa sino también *hacia* la culpa, nos refugiamos en ella. Para captar esta paradoja, debemos relacionar la experiencia subjetiva de la culpa con la inconsistencia del gran Otro (el orden simbólico), esto es, con el hecho de que el gran Otro "ya [sea] siempre terrible". Deberíamos interpretar en este sentido el famoso sueño freudiano acerca del padre que no sabe que está muerto: su figura persiste, mantiene su consistencia, hasta que se le dice la verdad. De allí la típica compulsión obsesiva: debe impedir a cualquier precio que el Otro se entere (de que está muerto, de que es impotente); sería preferible morir antes de que el Otro llegara a conocer la horrible verdad... En síntesis, el sujeto carga con la culpa: la medida en que la asume y, así, se sacrifica, el Otro se salva del devastador conocimiento de su inconsistencia, su impotencia, su inexistencia. Quién de nosotros no ha pasado por esta experiencia con respecto a una persona con la cual estamos en una relación de transferencia: es mejor que yo asuma rápidamente la culpa antes de que la estupidez, la impotencia del otro (el padre, la mujer amada) se divulguen —el amor se reconoce con facilidad precisamente por medio de esta prontitud para asumir el papel de chivo expiatorio—[58]. La manera adecuada de determinar más cuidadosamente esta lógica de la culpa en su relación con la inconsistencia del gran Otro es hacerlo a través de la naturaleza contradictoria de la noción misma del gran Otro. Es decir: en el discurso ideológico, la agencia del gran Otro está presente en dos modalidades recíprocamente excluyentes.

58. Aquí, deberíamos complementar la interpretación psicoanalítica clásica del sentimiento de culpa del hijo hacia su padre, según la cual el deseo parricida reprimido retorna en la forma invertida de la culpa: una de las experiencias más traumáticas para el hijo es el momento en que se ve obligado a admitir el hecho de que el padre está "muerto" (un impostor impotente cuya máscara de autoridad oculta una completa indefensión); al asumir la culpa, el hijo se esfuerza por conservar inmaculada la imagen del padre como representante de la Ley. En otras palabras, el propio deseo parricida ya es un señuelo destinado a oscurecer la impotencia del padre.

Antes que nada, el "gran Otro" aparece como una agencia oculta "que mueve los hilos", que maneja el espectáculo entre bastidores: la "Divina Providencia" en la ideología cristiana, la "astucia de la Razón" hegeliana (o, más bien, su versión popular), la "mano invisible del mercado" en la economía mercantil, la "lógica objetiva de la Historia" en el marxismo-leninismo, la "conspiración judía" en el nazismo, etc. En resumen, la distancia entre lo que queríamos lograr y el resultado concreto de nuestra actividad, el excedente del resultado respecto de la intención del sujeto, se encarna de nuevo en otro agente, en una especie de metasujeto (Dios, la Razón, la Historia, el Judío). Esta referencia al gran Otro, desde luego, es en sí misma radicalmente ambivalente. Puede funcionar como un reaseguro tranquilizador y tonificante (la confianza religiosa en la voluntad de Dios; la convicción del estalinista de que es un instrumento de la necesidad histórica) o como una aterradora agencia paranoica (como en el caso de la ideología nazi que reconoce, detrás de las crisis económicas, la humillación nacional, la degeneración moral, etc., la misma mano oculta del judío). Estos dos aspectos contradictorios se unen en la figura del psicoanalista como "sujeto supuesto al saber" (Lacan): en la cura psicoanalítica, su presencia misma funciona como una especie de prenda, garantía de que la retahíla incoherente de "asociaciones libres" recibirá retroactivamente un significado. Al mismo tiempo, sin embargo, la presencia del analista materializa una amenaza al goce del analizante, amenaza robarle su goce a través de la disolución de sus síntomas: cuando la cura psicoanalítica se acerca a su estadio final, habitualmente provoca en el analizante un miedo paranoico de que el analista esté en busca de su tesoro más íntimo, el núcleo de su goce secreto... Como podrá advertirse de inmediato, los aspectos tranquilizadores y amenazantes no se disponen simétricamente: el sujeto supuesto *da seguridad* sobre el sentido al analizante y *amenaza* su goce. Ambos aspectos están ya realmente presentes en la figura antisemita del judío que, *al mismo tiempo*, garantiza el sentido —si aceptamos la premisa de la conspiración judía, las cosas "se aclaran" súbitamente— y nos priva de nuestro legítimo goce.

El punto crucial que no debe pasarse por alto es, sin embargo, que el "gran Otro" ideológico funciona al mismo tiempo como el opuesto exacto del agente oculto que mueve los hilos: la agencia del puro aspecto exterior, de una apariencia que es, no obstante, *esencial*, es decir, que debería preservarse a cualquier precio. Esta lógica de la apariencia esencial se llevó hasta su extremo en el "socialismo real", en el cual todo el sistema apuntaba a mantener la apariencia del pueblo unido en su respaldo al Partido y en la entusiasta construcción del Socialismo, espectáculos ritualizados que se seguían uno a otro y en los cuales nadie "creía realmente" y todos sabían que nadie creía, pero los burócratas partidarios estaban, no obstante, extraordinariamente atemorizados ante la posibilidad de que la apariencia de creencia se desintegrara. Percibían esta desintegración como una catástrofe total, la disolución de todo el orden social. La pregunta que debe formularse aquí es, sencillamente: si nadie "creía realmente" y todos sabían que nadie creía, ¿cuál era entonces la agencia, la mirada para la cual se ponía en escena el espectáculo de la creencia? Es aquí donde encontramos la función del "gran Otro" en su máximo grado de pureza. En la realidad cotidiana, la vida puede ser espantosa y estúpida, pero todo estará bien mientras todo esto permanezca oculto a la mirada del "gran Otro". Es para *su* mirada que el espectáculo del pueblo feliz y entusiasta debe ponerse en escena una y otra vez. Si el "gran Otro", en el primer sentido de la expresión, funciona como un "sujeto supuesto al saber", aquí lo hace, por el contrario, como el "sujeto supuesto al *no* saber", como la agencia a la cual debe ocultarse la vulgar realidad cotidiana[59]. En síntesis, para recordar una vez más

59. Una de las formas asumidas por el "sujeto supuesto al saber" en la ideología es también el mito del "buen salvaje" que vive en un mundo aún no arruinado por nuestra corrupta civilización. Los occidentales ilustrados siguen aquí una típica economía obsesiva: el "buen salvaje" debería ser mantenido a cualquier precio en la ignorancia, deberíamos impedirle el acceso a nuestro degenerado conocimiento, capaz, al parecer, de socavar su dichosa forma de vida. La ambigüedad de esta tutela ya fue advertida por Aldous Huxley en su *Jesting Pilate*, donde observó de qué manera los ingleses se llenan de admiración por la sabiduría de los indios que preservan sus antiguas tradiciones y resisten la presión de nuestro modo de vida, y se muestran dispuestos a admitir su insondable profundidad espiritual, inaccesible para nosotros, vulgares materialistas y utilitarios; sin embargo, si hay algo que provoca una inquietud

el sueño freudiano del padre que no sabe que está muerto, lo que se le debe ocultar al gran Otro (encarnado en la mirada del líder) es el simple hecho de que está muerto.

El último ejemplo aterrador y espectacular de esta lógica compulsiva de la pura apariencia es la caída de Ceaucescu. Su error crucial, probablemente la causa inmediata de su derrocamiento, fue su decisión, después de la matanza de Timisoara, de organizar en Bucarest, al viejo estilo, una gigantesca concentración popular de apoyo para demostrar al "gran Otro" que la apariencia aún se mantenía. La multitud, sin embargo, ya no estaba dispuesta a jugar el juego, y el hechizo se rompió... La explicación habitual, según la cual Ceaucescu era un megalomaníaco que había perdido contacto con la realidad, que estaba sinceramente convencido del respaldo popular a su régimen y que, *por lo tanto*, organizó la concentración, resulta obviamente insuficiente. ¡Como si la ramificada red de la Securitate no fuera prueba suficiente de que, durante años, se había preparado sistemáticamente para aplastar la revuelta popular contra su gobierno! Ceaucescu, definitivamente, no creía en el apoyo del pueblo. En lo que sí creía era en el gran Otro[60]. Momentos como la concentración de masas en Bucarest en la que "se rompió el hechizo", es decir, cuando se desintegró el gran Otro, ejemplifican a la perfección la manera en que podemos

y una resistencia casi insoportables, es *un indio que domine nuestro propio conocimiento y tecnología mejor que nosotros...* En síntesis, uno está siempre presto a reconocer en el indio su "alteridad radical"; lo que despierta un verdadero pánico es su parecido excesivo, el momento en que se vuelve "más parecido a nosotros que nosotros mismos".

60. ¿Cómo, entonces, deberíamos combinar estos dos aspectos del gran Otro ideológico? La solución es más sencilla de lo que puede parecer. La apariencia que debe mantenerse a cualquier precio por medio del espectáculo totalitario es, precisamente, la de que el Partido es un instrumento de la necesidad histórica, que cumple una noble misión, la apariencia de que sus decisiones son autorizadas por el gran Otro del sentido de la Historia. En otras palabras, *la apariencia que debe mantenerse a cualquier precio no es otra que la de que hay un sentido oculto detrás de la apariencia*, detrás de la contingencia histórica aparente: la apariencia del "gran Otro" en la primera acepción del término. Por esa razón, la ideología del "socialismo real" acentuó de manera incesante el profundo *amor* del pueblo por el Partido y su líder: el "amor" debe concebirse aquí en un sentido estrictamente psicoanalítico, como una relación de transferencia con el "sujeto supuesto al saber".

perder algo que nunca poseímos. ¿El punto crucial de inflexión en la descomposición del "socialismo realmente existente" de Europa Oriental no fue acaso la súbita conciencia de los sujetos de que, a pesar de la tremenda fuerza de los aparatos represivos, el Partido Comunista era en realidad *impotente*; de que solo era tan fuerte como ellos, los sujetos, lo hacían; de que su fortaleza era la creencia de estos en ella? ¿Y la mejor manera de presentar ese punto de inflexión no es señalar la paradoja de que el Partido perdió así lo que nunca había tenido? Es decir, la paradoja que debe explicarse es la siguiente: los sujetos, desde luego, nunca creyeron realmente en el Partido, en el comunismo, etc.; el gobierno de aquel se sufrió, desde el comienzo mismo, como una dictadura impuesta; sin embargo, si el Partido *nunca tuvo legitimidad* a los ojos del pueblo, ¿cómo dar cuenta del hecho de que el antes mencionado momento en que "se rompió el hechizo" se vivió, no obstante, como una *pérdida de legitimidad*? La clave se encuentra en el estatus del "gran Otro" como orden de la "apariencia esencial": si bien los sujetos "nunca creyeron realmente en él", actuaron empero *como si* creyeran, *como si* el Partido gobernara con legitimidad plena, siguieron el ritual "externo", pronunciaron las aclamaciones adecuadas cuando era necesario, etc. En otras palabras, lo que se pierde en la pérdida de lo que nunca poseímos es la "apariencia esencial" que gobernó nuestra vida.

Por lo tanto, es aquí, en la relación con el líder comunista, donde encontramos el vínculo que conecta la culpa con la inconsistencia del Otro en su máximo grado de pureza: si algo va mal, podemos dar fe de nuestra devoción a la causa asumiendo con prontitud la responsabilidad por el fracaso, y salvar así la pureza del propio proyecto revolucionario. Tal vez en eso consistió también la lógica de las purgas estalinistas, es decir, el misterio de los devotos comunistas que, sin vacilar, confesaron los más horrendos delitos contrarrevolucionarios: su maniobra era conservar intacta la idea comunista, impedir que el Otro se enterara de la verdad y se desintegrara. Según Lacan, el mismo mecanismo está en juego en la experiencia del "pecado original": Dios no solo murió, siempre estuvo muerto, pero no siempre lo supo, y el sentido del "pecado original" del hombre es precisamente ahorrarle la experiencia de Su "inexistencia" (inconsistencia, impotencia) mediante la asunción de la culpa. La lógica del "pecado original" es, en consecuencia y una vez más: lo mejor es que yo sea completamente culpable y no que Él se entere de Su muerte[61].

Esta "inexistencia del Otro" que ocultamos asumiendo la culpa de manera completamente voluntaria está en juego en *Europa '51*: al final del filme, Irene no se libera simplemente de su culpa sino que, más bien, la experimenta como una especie de maniobra engañosa destinada a ocultar el vacío ontológico que devoró a su hijo. De este modo, el intento de buscar refugio en el comunismo y el cristianismo, las dos ideologías principales de *Europa '51*, no es sino un intento desesperado de recuperar el traumático encuentro con lo Real (el acto suicida de su hijo) mediante su integración a un universo simbólico de la culpa, situándolo dentro de un campo ideológico y confiriéndole, con ello, significado: "Irene se siente, por lo tanto, atraída por constelaciones ideológicas que la fascinan en la medida en que, al menos por el momento, le permiten integrar el escándalo de la muerte de su hijo en una lógica trascendente"[62]. Y lo que ocurre hacia el final del filme, cuando Irene asume la posición subjetiva de la santa, es decir, de un residuo-excremento objetivo, es precisamente una *separación* en el sentido estrictamente lacaniano del término: separación de *a* (objeto) respecto de I (identidad simbólica), un

61. El imperativo ético en el cual se funda esta actitud es, por supuesto, el de "salvar las apariencias del otro": hacerlo todo, antes morir que dejar que el otro quede mal. En ello consiste la dimensión más elemental de lo que llamamos "tacto" o "consideración": cómo estar en desacuerdo con el otro, cómo *rechazar su demanda*, sin hacerlo quedar mal. En contra de la primera impresión, la "apariencia" a la que se hace referencia aquí no es imaginaria, sino que concierne al nivel de la identidad simbólica: define el lugar que se asigna al sujeto dentro de la red simbólica intersubjetiva; el vértigo que se apodera de nosotros cuando "quedamos mal" en público manifiesta nuestra pérdida de sostén en el "gran Otro". (Lo que constituye la razón por la cual encontramos la versión más clara de la ética del "salvar las apariencias del otro" en Japón, es decir, en una sociedad con la estructura más rígidamente definida de mandatos simbólicos).

62. Bergala, Alain, "Celle par qui le scandale arrive", en: *Cahiers du cinéma*, nº 356, febrero de 1984, pp. 8-12.

apartamiento del objeto de la red simbólica, la toma de distancia respecto del universo simbólico.

Stromboli: *el acto de libertad*

La separación también se representa hacia el final de *Stromboli*, la primera de las películas de Rossellini con Ingrid Bergman. Se trata de la historia de Karin, una emigrada de Estonia que, al finalizar la Segunda Guerra Mundial, se encuentra en un campo de refugiados en Italia. Después de repetidos fracasos en obtener una visa argentina, se casa con un pobre pescador italiano de la isla volcánica de Stromboli, como un último y desesperado intento por escapar del campo. En la isla, la vida transcurre dentro de los límites de una comunidad cerrada en la que reina una primitiva atmósfera patriarcal: hay un contacto "auténtico" con la naturaleza, pero también existe la costumbre de golpear a las mujeres... Karin pronto se asfixia con su nueva vida y resuelve huir: emprende una larga caminata a través de la montaña con el cráter hasta la otra costa de la isla, de donde parte un barco hacia tierra firme. Sin embargo, mientras sube por el volcán, el humo y los vapores del cráter la rodean y sofocan, y su figura se desvanece. Después de este aterrador "encuentro con lo Real", las versiones estadounidense e italiana del filme se diferencian de manera distintiva. En la estadounidense (montada por la RKO en contra de los deseos de Rossellini), Karin despierta más tarde en una mañana brillante y vuelve a descender hacia la aldea, mientras que una inoportuna voz superpuesta nos dice exactamente qué pensar: "En su terror y sufrimiento, Karin había descubierto una gran necesidad de Dios. Y ahora sabía que solo en su regreso a la aldea podía esperar la paz". La versión italiana, sin embargo, en la que Rossellini tuvo la última palabra, deja abierto el dilema: el filme termina con Karin fuera de campo, que exclama varias veces: "¡Dios mío! ¡Oh, Dios misericordioso!", mientras la imagen muestra las nubes de humo expulsadas por el volcán. Cuando se le preguntó si, al final, Karin está dejando la aldea o regresa a ella, Rossellini replicó:

> No lo sé. Eso sería el comienzo de otro filme... En la vida hay un punto de inflexión en toda experiencia humana, que no es el fin

de la experiencia ni del hombre, sino un punto de inflexión. Mis finales son puntos de inflexión. Luego la cosa vuelve a comenzar; pero en cuanto a qué es lo que comienza, no lo sé[63].

Mediante esta misma irresolución de su final, *Stromboli* señala la dimensión adecuada del acto: termina en el punto preciso en que el *acto* ya está cumplido, si bien todavía no se ha efectuado ninguna *acción*. El acto realizado (o, más apropiadamente: sobrellevado) por Karin es el del *suicidio simbólico*: un acto de "perderlo todo", Peter de rse de la realidad simbólica, que nos permite comenzar de nuevo desde el "punto cero", desde el punto de absoluta libertad llamado por Hegel "negatividad abstracta". El momento de este suicidio simbólico puede situarse de manera precisa: tiene lugar entre las dos menciones de Dios. Karin alcanza su punto más bajo de desesperación y abatimiento cuando, al escapar de la aldea (el vínculo social), se encuentra rodeada por el humo y los vapores del volcán. Frente al poder primordial de este, todas las ataduras sociales palidecen hasta la insignificancia, y ella queda reducida a su desnudo "ser ahí": huyendo de la opresiva *realidad* social, encuentra algo incomparablemente más horroroso, lo *Real*. Sollozando salvajemente, grita: "Voy a terminarlo, pero me falta el valor; tengo miedo". Luego grita dos veces el nombre de Dios, pero como expresión de una frustración y un agotamiento extremos, y se quiebra. Fundido a una toma de una mañana calma y soleada; Karin, que se ha dormido al borde del cráter, se despierta y vuelve a decir dos veces: "¡Oh Dios!", pero las mismas palabras ahora "se transforman en un acto de homenaje a la magnífica quietud que la rodea"[64]. Para usar términos hegelianos: la experiencia anterior de una pérdida se convierte en la *pérdida de una pérdida*; ahora ella sabe que lo que hace un momento temía perder es una completa nulidad, es decir, ya es en sí mismo una especie de pérdida. Podríamos decir también que Karin experimenta el sentido de la tautología de Dios: toda su experiencia puede ser transcripta como "Dios es... Dios", denotando la coincidencia última de Dios como furia que todo lo destruye y Dios como serenidad

63. Citado en Brunette, Peter, *Roberto Rossellini*, ob. cit., p. 126.

64. Ibíd., p. 124.

dichosa. Después de que atravesamos el "punto cero" del suicidio simbólico, lo que un momento antes se presentaba como la vorágine furiosa que arrebata toda existencia determinada se transforma milagrosamente en dicha suprema, *tan pronto como renunciamos a todos los lazos simbólicos*. Y el acto en el sentido lacaniano no es sino esta retirada por medio de la cual *renunciamos al renunciamiento mismo*, al tomar conciencia de que no tenemos nada que perder en una pérdida[65]. Lo que Karin no tuvo el valor de terminar la noche anterior es precisamente el acto de suicidio simbólico, la retirada *de* la realidad simbólica que debe oponerse estrictamente al suicidio "*en* la realidad". Este último sigue atrapado en la red de la comunicación simbólica: al matarse, el sujeto intenta enviar un mensaje al Otro, esto es, se trata de un acto que funciona como un reconocimiento de la culpa, una advertencia tranquilizante, un llamado patético (como las recientes autoincineraciones políticas lituanas), mientras que el suicidio simbólico aspira a excluir al sujeto del propio circuito intersubjetivo.

La trampa tendida por *Stromboli* consiste, en consecuencia, en la lectura de su final que se propone como "obvia": a través de la experiencia de la epifanía, Karin toma conciencia de la frivolidad y la inutilidad de su aversión a la deslucida vida de la aldea; renacida, acepta calmosamente su destino... Sin embargo, como hemos visto, toda la importancia del final de Rossellini reside en que se detiene antes de esta conclusión. Lo que Karin tiene por delante es, sin duda, lo que llamamos, de una manera vulgarmente patética, "una nueva vida": tarde o temprano, regresará a la aldea, hará las paces con su esposo o retornará a tierra firme y asumirá nuevos mandatos simbólicos, un nuevo lugar en la comunidad; de una u otra forma, volverá a ser activa, pero el filme termina *antes* de que encuentre su lugar en una nueva identidad simbólica (o vuelva a asumir la antigua), *antes* de la nueva palabra

65. ¿No está la misma conversión en juego en el famoso sueño de Freud acerca de la inyección de Irma? El diálogo dual e imaginario con esta, dominado por los intereses narcisistas de Freud, culmina en una mirada a su boca abierta; de súbito, este horror (en el que la apertura de la garganta corresponde sin duda al cráter en *Stromboli*) se transforma milagrosamente en una especie de ataraxia, y el sujeto flota libremente en una dicha simbólica, tan pronto como el soñador (Freud) renuncia a su perspectiva narcisista.

performativa, la nueva "palabra fundante"[66]. Hay, por supuesto, algo excepcional, incluso excesivo, en semejante encuentro con lo Real, con el abismo de la "libertad abstracta": solo tiene lugar en la máxima intimidad de lo que algunos llaman la "experiencia mística". El énfasis de Lacan, sin embargo, está puesto en que semejante pasaje a través del "punto cero" del suicidio simbólico está en juego en todo acto digno de este nombre. ¿Qué es, a saber, un acto?[67] ¿Por qué el suicidio es el acto por excelencia? El acto difiere de una intervención activa (acción) en que transforma radicalmente a su portador (agente): el acto no es simplemente algo que "llevo a cabo"; después de un acto, literalmente, "no soy el mismo que antes". En este sentido, podríamos decir que el sujeto "sufre" el acto ("pasa a través" de él) más que "llevarlo a cabo": en él, el sujeto es aniquilado y posteriormente renace (o no), es decir, el acto implica una especie de eclipse, *aphanisis*, temporal del sujeto. Razón por la cual todo acto digno de este nombre es "loco" en el sentido de una *inexplicabilidad* radical: por su intermedio, pongo en juego todo, incluyéndome a mí mismo, mi identidad simbólica; el acto siempre es, por lo tanto, un "delito", una "transgresión", específicamente, del límite de la comunidad simbólica a la que pertenezco. El acto se define por este *riesgo* irreductible: en su dimensión más fundamental, es siempre *negativo*, es decir, un acto de aniquilación, de extirpación; no solo no sabemos qué saldrá de ello, sino que su resultado final es, en última instancia, hasta insignificante, estrictamente secundario en relación con el ¡NO! del acto puro[68].

66. Ya en relación con el suicidio de Edmund en *Alemania, año cero*, Rossellini habla sobre una "especie de abandono al reposo que tiene que ocurrir antes de cualquier nueva acción" (Brunette, Peter, *Roberto Rossellini*, ob. cit., p. 86): este es el acto en el sentido lacaniano del término, la retirada que, por decirlo así, despeja el espacio para una nueva acción.

67. Véase Jacques-Alain Miller, "Jacques Lacan: Bemerkungen über sein Konzept des passage à l'acte", en: *Wo es war*, nº 7-8, 1990, pp. 39-49 [ed. cast.: "Jacques Lacan: observaciones sobre su concepto de pasaje al acto", en: Gabriel Lombardi (comp.), *Infortunios del acto analítico*, Buenos Aires, Atuel, 1993, pp. 39-55].

68. Podríamos establecer aquí un vínculo con la noción de acto según la elaboró recientemente Ernesto Laclau: el acto situado en el punto de indecidibilidad

Hoy, cuando el comunismo se cae a pedazos en todos lados, vale la pena recordar el *acto* con el que todo empezó, un acto contemporáneo de *Alemania, año cero* y *Stromboli*: el "¡no!" de Tito a Stalin en 1948, es decir, el apartamiento de los comunistas yugoslavos del movimiento comunista internacional dominado por Moscú. La dimensión negativa fue en este caso mucho más decisiva que su resultado o motivación positiva; lo que en realidad contó fue sencillamente el hecho de que un partido comunista en el poder dijera "¡no!" a la hegemonía de Stalin. Las razones positivas

de una estructura simbólica (véase su introducción a *New Reflections on the Revolution of Our Time*, Londres, Verso, 1990 [ed. cast.: "Prefacio", en: *Nuevas reflexiones sobre la revolución de nuestro tiempo*, trad. de Ernesto Laclau, Buenos Aires, Nueva Visión, 1993, pp. 11-16]). La "inexplicabilidad" irreductible de un acto atestigua el hecho de que lo define una temporalidad irreductible al espacio: el acto introduce un corte que separa el "después" del "antes", una discontinuidad de la que no puede darse cuenta dentro de una disposición espacial de los elementos. En este sentido, el acto se contrapone a la tendencia a reducir el tiempo al espacio, es decir, la sucesión temporal a la coexistencia espacial y sincrónica, en juego en el arte, lo mismo que en la práctica científica de nuestro siglo. ¿Qué es el cubismo en la pintura, por ejemplo, en el que el objeto se pinta simultáneamente desde distintos puntos de vista, sino un intento de traducir la sucesión temporal de la mirada que circula en torno al *objeto a* en la coexistencia espacial de diferentes perspectivas dentro de la unidad sincrónica de un cuadro? Y, probablemente, sea más que una coincidencia que, al mismo tiempo, la teoría de la relatividad prepare el camino para una noción del universo como un continuo espacio-temporal, es decir, para un cuadro "estático" del universo en el que el tiempo se concibe como la cuarta dimensión del espacio que puede recorrerse en ambas direcciones, lo mismo que sus primeras tres dimensiones. A causa de ello, el universo ya no "se desarrolla en el tiempo": ya está siempre dado *in toto*. En contraste con esta concepción, la temporalidad irreductible del acto presupone la ontología paradójica de un espacio en el que siempre hay, constitutivamente, algo "impropio", "fuera de quicio", "no en su propio lugar". El famoso verso de *Hamlet* de que el tiempo está "fuera de quicio" debería "reflejarse en sí mismo", como diría Hegel: de la experiencia de cierto período de tiempo como "fuera de quicio", corrompido, anormal, patológico, deberíamos pasar a un "descarrilamiento", desequilibrio, que corresponde a la *forma* misma del tiempo: como tal, este implica un desequilibrio espacial, un universo en donde la cosa está siempre "anhelando (en) su propio lugar". Deberíamos concebir contra este telón de fondo el "ser arrojado en el mundo" (*Geworfenheit*) como la determinación fundamental del "ser ahí" (*Dasein*) en Heidegger: el tiempo es el horizonte irreductible de nuestra comprensión del ser precisamente porque el "ser ahí" (el "hombre") está, de una manera ontológicamente constitutiva, "fuera de su lugar", es decir, se encuentra arrojado en un lugar que no es el "suyo propio".

en nombre de las cuales se llevó a cabo esta ruptura probablemente no eran claras ni siquiera para sus propios portadores; podríamos incluso arriesgar una hipótesis cínica en el sentido de que todas las invenciones posteriores a causa de las cuales Yugoslavia se encuentra hoy en tal desastre (autogestión de los trabajadores) surgieron de los desesperados intentos de los ideólogos del partido por "racionalizar" el "¡no!" del acto puro, por fundarlo en algún proyecto ideológico positivo. Lo que debemos tener en cuenta aquí es este hiato: la ruptura con Stalin no se realizó en nombre de la autogestión de los trabajadores (como lo afirmaron apologistas posteriores), se trató de un acto de riesgo puro, de negativa, de "persistencia en la propia responsabilidad", y solo fue más tarde cuando esta negativa asumió una existencia positiva, determinada, en el proyecto ideológico de la autogestión. Con su "¡no!" a Stalin, Tito y sus compañeros cruzaron su Rubicón sin estar seguros de lo que les esperaba en la otra orilla, de lo que sería de ellos. También debería ser claro, ahora, por qué un acto, si bien pertenece a lo Real, solo es posible contra el telón de fondo del orden simbólico: la grandeza de un acto depende estrictamente del lugar *desde el cual* se ha llevado a cabo. En otras palabras, como ya lo han señalado numerosos historiadores políticos, el "¡no!" de Tito tuvo un impacto tan subversivo solo porque lo pronunció *un comunista*, solo porque Tito se resistió a Stalin *como comunista*. (Por esta razón, no hubo grandes presiones para que Yugoslavia se convirtiera en parte de las alianzas políticas o militares occidentales). Si Tito hubiera "cambiado de lado", si se hubiera pasado a Occidente y "restaurado el capitalismo", no habría ocurrido nada realmente subversivo: habríamos tenido, sencillamente, un ejemplo de derrota comunista en la Guerra Fría, Occidente se habría adueñado de una parte del imperio de Stalin; fue precisamente por su insistencia en decir que estaba actuando *como comunista* que Tito abrió una brecha en el monolitismo comunista[69]. Uno de los habituales reproches habermasianos a la ética lacaniana se refiere a su supuesta incompatibilidad con el espíritu de la *polis*, de la comunidad: ¿acaso no es, a los ojos de Lacan, el logro ético último el éxtasis suicida, la aceptación

69. Que es la razón por la cual la desintegración actual del comunismo, a despecho de las consecuencias tremendas de lo que está sucediendo, no produce *actos*.

plena de nuestro "ser para la muerte" que evidentemente deja en suspenso la dimensión social? ¿No es toda acción pública como tal una especie de traición al deseo "auténtico" del sujeto, esto es, la pulsión de muerte? Ahora podemos ver dónde falla este reproche: el gesto suicida "auténtico" y la acción pública no deben oponerse de una manera externa, dado que un gesto "suicida", un *acto*, está en el fundamento mismo de un nuevo vínculo social.

En el caso de un acto, *stricto sensu*, nunca podemos, entonces, prever plenamente sus consecuencias, esto es, el modo en que transformará el espacio simbólico existente: el acto es una ruptura después de la cual "nada sigue siendo igual". Razón por la cual, si bien la historia siempre puede explicarse, dilucidarse *a posteriori*, nunca podemos, como sus agentes, atrapados en su fluir, prever su curso por anticipado: no podemos hacerlo en la medida en que no se trata de un "proceso objetivo" sino de un proceso constantemente interrumpido por la escansión de los actos. Lo nuevo (la realidad simbólica que surge como la consecuencia de un acto) es siempre un "estado que es esencialmente un subproducto"[70], nunca el resultado de una planificación anticipada. Hay numerosos ejemplos de tales actos: desde el "¡no!" de De Gaulle a Pétain y a la capitulación francesa de 1940, desde la disolución por parte de Lacan de la École freudienne de Paris en 1980, hasta el caso mítico del acto transgresor, el cruce del Rubicón por César, todos ellos gestos de un líder masculino. Sin embargo, no deberíamos olvidar que el ejemplo paradigmático de un acto semejante es *femenino*: el "¡no!" de Antígona a Creonte, al poder estatal; su acto es literalmente suicida, se excluye de la comunidad, no propone nada nuevo, ningún programa positivo, solo insiste en su exigencia incondicional. Tal vez deberíamos entonces arriesgar la hipótesis de que, según su lógica intrínseca, el acto como real es "femenino", en contraste con lo performativo "masculino", es decir, el gran gesto fundador de un nuevo orden; en el caso de Lacan, la disolución de la École freudienne sería "femenina" y solo pasaría al lado "masculino" con

70. Véase Jon Elster, *Sour Grapes. Studies in the Subversion of Rationality*, Cambridge, Cambridge University Press, 1983 [ed. cast.: *Uvas amargas. Sobre la subversión de la racionalidad*, trad. de Enrique Lynch, Barcelona, Península, 1988].

su gesto de fundar la nueva École de la Cause. Debería trazarse una línea desde Antígona hasta Simone Weil, mística católica y combatiente de la Resistencia francesa que terminó sus días en Londres por obra del suicidio por hambre, y a quien Rossellini utilizó como modelo de Irene en *Europa '51*. En esta perspectiva, la diferencia masculino/femenino ya no coincide con la de activo/pasivo, espiritual/sensual, cultura/naturaleza, etc. La propia *actividad* masculina ya es una huida de la dimensión abismal del *acto* femenino. La "ruptura con la naturaleza" está del lado de la mujer, y la actividad compulsiva del hombre no es, en última instancia, sino un intento desesperado de reparar la incisión traumática de esta ruptura.

2.2 LA "NOCHE DEL MUNDO"

Psicoanálisis e idealismo alemán

Al identificar el acto como una suspensión de la realidad constituida, como la retirada del sujeto de esta, alcanzamos el nivel en el cual se hace posible elaborar el vínculo que conecta la teoría psicoanalítica de las pulsiones y la filosofía del idealismo alemán (Fichte, Schelling, Hegel), la noción que esta última plantea de la realidad como algo constituido, "postulado" por el sujeto.

La dimensión de la teoría psicoanalítica perdida con el ascenso de la *psicología del yo* positivista es la oposición de la primera al enfoque del sentido común (y al mismo tiempo científico) que acepta la así llamada "realidad externa" como tal, como algo *dado* de antemano, y reduce el problema del "aparato psíquico" a la cuestión de la manera en que este logra (si es que logra) adaptarse a la realidad, conectarse, "acoplarse" con ella. En esta perspectiva, la definición de "normalidad" es un aparato psíquico abierto a la realidad, mientras que la psique es "patogénica" si, en vez de establecer un contacto adecuado con ella, construye su propio universo "desarticulado". Fue, desde luego, la crítica marxista clásica del psicoanálisis "conformista" la que se opuso a ese tipo de noción de la realidad: la "realidad" a la cual el psicoanálisis conformista se refiere como una norma de "sanidad" psíquica no es la realidad neutral como tal, sino la forma históricamente especificada de la realidad *social*. Al proponer como su ideal al sujeto "adaptado a la realidad", el psicoanálisis conformista se subordina a la realidad social existente, a sus relaciones de dominación, y categoriza como "patológica" la distancia crítica respecto a ella misma.

El alcance de esta crítica, sin embargo, está limitado por el hecho de que aún mantiene la noción del acuerdo del aparato psíquico con la realidad, si bien solo como una "idea reguladora" que debe realizarse en la futura sociedad no alienada. Un paso adelante (o un paso atrás hacia una absolutización no histórica de la división, si lo observamos con los ojos de la antes mencionada crítica marxista) fue dado ya por el propio Freud, cuyo punto de partida teórico era una *discordancia* original, irreductible y, por así decirlo, constitutiva entre la lógica del aparato psíquico y las exigencias de la realidad: es a causa de esta discordancia que el "malestar en la cultura" es algo que define la *condition humaine* como tal. "Por su propia naturaleza", el aparato psíquico no está adaptado a la realidad: funciona siguiendo el "principio del placer", al que no le importan nada las limitaciones impuestas por la realidad; luego, las condiciones de autopreservación exigen al aparato psíquico un renunciamiento al predominio absoluto del "principio del placer", su transformación en el "principio de realidad". Lo que no debe pasarse por alto aquí es que el reino del "principio de realidad" no es algo a lo que el aparato psíquico pueda llegar siguiendo el camino inmanente y espontáneo de la "maduración", sino algo impuesto, arrancado por medio de una serie de cortes traumáticos ("complejos", integraciones de pérdidas): nuestra apertura más "natural" a la realidad implica que las prohibiciones que ejercen presión sobre la lógica inherente del aparato psíquico han logrado quebrarlo y se han transformado en nuestra "segunda naturaleza".

Sin embargo, incluso una noción tal de la discordancia irreductible entre el aparato psíquico que se empeña en la búsqueda del reino del "principio del placer" puro y las exigencias de la realidad, aún acepta la "realidad" como algo simplemente dado de antemano, una entidad positiva independiente del aparato psíquico que, *desde afuera*, ejerce su presión y perturba el funcionamiento equilibrado de la psique. Es cierto, así estamos lejos de cualquier tipo de armonía preestablecida entre el aparato psíquico y la realidad: el objeto focal de la teoría psicoanalítica es el proceso traumático que empuja al aparato psíquico a salir del circuito cerrado del "principio del placer" y buscar su conexión con la realidad; empero, aquí la "realidad" todavía está simplemente dada de antemano como aquello a lo que la psique debe adaptarse. Al introducir la dimensión de "más allá del principio del placer", el Freud tardío da aquí otros dos pasos que —en la medida en que consideremos con cuidado todas sus consecuencias, como lo hizo Lacan— modifican por completo el cuadro antes presentado. La hipótesis de una "pulsión de muerte" se refiere directamente a este punto: su implicancia es que el cuerpo extraño, el intruso que perturba el armonioso circuito del aparato psíquico manejado por el "principio del placer", no es algo externo sino estrictamente *inherente* a él: en el propio funcionamiento inmanente de la psique, no obstante la presión de la "realidad externa", hay algo que se resiste a la satisfacción plena. En otras palabras, aun cuando se lo deje totalmente librado a sí mismo, el aparato psíquico no alcanzará el equilibrio por el cual se esfuerza el "principio del placer", sino que continuará circulando alrededor de un intruso traumático en su interior; el límite con el cual tropieza el "principio del placer" es interno a él[71]. El matema

71. El mejor indicador de este *impasse* inherente al "principio del placer" es el estado real de la ideología popular en los Estados Unidos, el así llamado "nonismo", es decir, NO-ideología: la actitud de renunciamiento radical (a la polución, a las grasas y el colesterol en los alimentos, a las situaciones estresantes...). En síntesis, el precio final de una vida orientada hacia el placer es que el sujeto es bombardeado desde todos lados por prohibiciones superyoicas: no coma ni grasas ni carne vacuna, evite los alimentos con pesticidas, no fume, no contamine; una nueva confirmación empírica de la inversión paradójica que hace Lacan de la famosa proposición de Dostoievski en *Los hermanos Karamazov*: "Si Dios no existe, entonces todo está permitido": nada en absoluto está permitido, ni siquiera los placeres más inocentes del comer, el beber y el fumar. Más precisamente, podemos conseguir cualquier cosa, pero en una forma aséptica y sin sustancia; cualquier cosa, incluyendo las fantasías más crueles, como la del Hombre de las Ratas, el famoso paciente de Freud (la de ser torturado por una rata que penetrara por su ano). Un reciente y acallado escándalo con una estrella de cine reveló que la puesta en escena de

lacaniano para este cuerpo extraño, para este "límite interno" es, por supuesto, el *objeto a*: el *objeto a* es el escollo, el obstáculo que interrumpe el circuito cerrado del "principio del placer" y desbarata su movimiento equilibrado, o, para referirse al esquema elemental de Lacan:

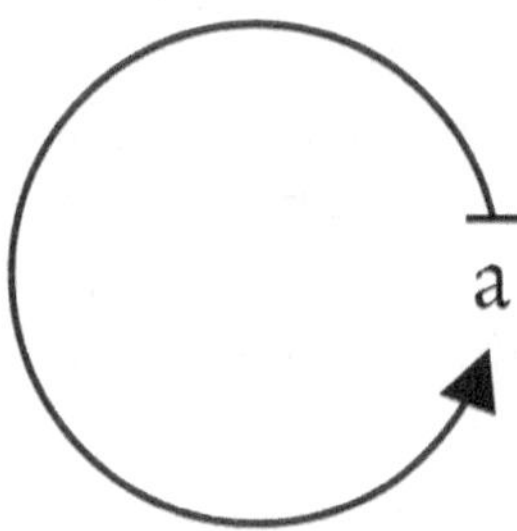

Y el paso final que debe darse es captar este impedimento inherente en su dimensión *positiva*: es cierto, el *objeto a* impide que el círculo del placer se cierre, introduce un displacer irreductible, pero el aparato psíquico encuentra una especie de placer perverso *en este mismo displacer*, en la interminable y repetida circulación en torno al objeto inalcanzable y siempre perdido. El nombre lacaniano para este "placer en el dolor" es, desde luego, goce (*jouissance*), y el movimiento circular que encuentra satisfacción una y otra vez en su imposibilidad de alcanzar el objeto, el movimiento cuyo verdadero objetivo coincide por lo tanto con su propio camino hacia la meta, es la *pulsión* freudiana. El espacio de la pulsión es así un espacio paradójico, curvo: el *objeto a* no es una entidad positiva existente en el espacio; en última instancia no es sino cierta *curvatura del propio espacio* que provoca que demos

este fantasma está en la actualidad de moda en Hollywood: un veterinario le arranca los dientes y las uñas a un ratón; este es puesto entonces en una bolsa, y se le ata una cuerda a la cola; cuando la bolsa está bien adentro del ano, la excitación es provocada por los desesperados movimientos del animal, que termina por ahogarse, tras lo cual lo sacan tirando de la cola... (El problema del actor de Hollywood fue que tiró de la cuerda con demasiada fuerza, por lo que el ratón muerto permaneció adentro y la estrella tuvo que procurarse asistencia médica). Aquí tenemos la paradoja del "nonismo" del consumo: podemos conseguir de todo, pero en una forma vaciada de sustancia: tortas sin azúcar ni manteca, cerveza sin alcohol, café sin cafeína, ratones sin uñas ni dientes...

una vuelta cuando queremos alcanzar directamente el objeto. Esa es la razón por la que Lacan estaba tan fascinado con las paradojas del amor cortés: la dama es el objeto paradójico que curva el espacio del deseo, es decir que, como camino para alcanzarlo, nos ofrece únicamente rodeos y ordalías inacabables; más precisamente, la dama no es, en sí misma, nada en absoluto, apenas una pura aparición que solo materializa la curvatura del espacio del deseo[72]. El parecido del esquema lacaniano descripto con el corte transversal de un ojo no es en modo alguno accidental: el *objeto a* funciona efectivamente como una hendidura en el círculo cerrado del aparato psíquico gobernado por el "principio del placer", una hendidura que lo "desbarata" y lo obliga a "echar una 'mirada' al mundo", a tener en cuenta la realidad. Así es como debemos concebir la tesis de Lacan de que el *objeto a* sirve como sostén a la realidad: el acceso a lo que llamamos "realidad" se abre al sujeto a través de la hendidura en el circuito cerrado del "principio del placer", a través del molesto intruso en medio de él. El lugar de la "realidad" dentro de la economía psíquica es el de un "exceso", un excedente que perturba y bloquea desde adentro la autarquía del equilibrio autónomo del aparato psíquico; la "realidad" como la necesidad externa que obliga al aparato psíquico a renunciar al gobierno exclusivo del "principio del placer", es correlativa de este obstáculo interno[73].

¿Cómo deberíamos, entonces, concebir la relación entre el *objeto a*, ese cuerpo extraño en el corazón mismo del aparato

72. Todos conocemos el paso decisivo dado por la teoría de la relatividad, el que va de la tesis de que la materia "curva", "dobla" el espacio a la de que lo que llamamos "materia" *no es sino* la curvatura del espacio; tal vez, esta homología nos permita captar la proposición lacaniana sobre el estatus puramente formal del *objeto a*: lejos de ser la causa positiva, material, de la curvatura, del descarrilamiento en el camino del deseo, el *objeto a* —en cuanto se lo percibe como una entidad positiva (la dama en el amor cortés, por ejemplo)— no es sino una materialización quimérica de la estructura curva del mismo espacio del deseo. Y como la única "sustancia" ("materia") admitida por el psicoanálisis es el goce, también podemos decir que este, en última instancia, no es sino cierta curvatura puramente formal del espacio del placer/displacer, una curvatura que nos hace experimentar placer en el propio displacer.

73. En cuanto a las paradojas de "más allá del principio del placer", véanse los incisivos planteamientos de Joan Copjec en "The Sartorial Superego", en: *October*, nº 50, otoño de 1989, pp. 56-95.

psíquico, y la así llamada "realidad externa"? El punto crucial que no debe pasarse por alto es que el *objeto a* funciona como el "exceso" inherente, interno, que impide *desde adentro* la "marcha fluida" del aparato psíquico, como su antagonismo inmanente, mientras que la realidad, por definición, siempre aparece como un límite *externo*; el nombre lacaniano para tal autoimpedimento interno es, desde luego, lo *Real*.

La conclusión radical que debe extraerse de ello es que —al contrario de la oposición externa propia del sentido común entre el "principio del placer" y el "principio de realidad" (también defendida por el primer Freud)— la "realidad" no es algo dado de antemano, sino algo cuyo estatus ontológico es, en cierta forma, secundario; en otras palabras: algo *constituido* en el significado preciso que este término adquirió en el idealismo alemán. Lo que llamamos "realidad (externa)" *se constituye* por medio de un acto primordial de "rechazo": el sujeto "rechaza", "externaliza" su autoimpedimento inmanente, el círculo vicioso del antagonismo pulsional, hacia la oposición "externa" entre la demanda de sus pulsiones y las de la realidad opuesta. Es aquí donde, dentro del psicoanálisis, el logro del idealismo alemán "retorna" lo "reprimido" en el pensamiento posthegeliano: el proceso de constitución como *prehistoria* del sujeto, es decir, lo que debe haber sucedido *antes* de que el sujeto pudiera establecer una relación con la "realidad externa"; el proceso que, con Fichte, adquiere la forma del acto absoluto del yo de postular(se como) el objeto, y que, con Schelling, aparece como el antagonismo de la prehistoria de Dios, resuelto cuando Este pronuncia Su Palabra.

La ficción de la realidad

De este modo, el psicoanálisis concibe la "realidad" como algo constituido, "postulado" por el sujeto, en el sentido preciso que este término adquirió en el idealismo alemán. El "año cero" del título del filme de Rossellini es el "pasaje oscuro" a través del punto cero, el "eclipse de la realidad (constituida)", la retirada del sujeto hacia sí mismo, la "noche del mundo", la experiencia del puro sí mismo como "negatividad abstracta", acerca de la cual habla Hegel en un manuscrito de la *Realphilosophie* de 1805-1806:

> El ser humano es esta noche, esta nada vacía, que en su simplicidad contiene todo, una riqueza interminable de muchas manifestaciones, imágenes que no se le ocurren actualmente o no tiene presentes. Esta noche, lo interior de la naturaleza, que existe aquí —puro uno mismo— en manifestaciones fantasmagóricas, es toda noche en derredor; arroja aquí una cabeza ensangrentada, allí otra forma blanca, súbitamente presente ante ella, y del mismo modo desaparece. Esta noche es lo percibido cuando se mira al hombre a los ojos, una noche que se torna atroz[74].

Y el orden simbólico, el universo de la Palabra, solo surge contra el telón de fondo de la experiencia de este abismo, como Hegel lo demuestra en los mismos manuscritos, cuando señala que la interioridad del puro uno mismo "debe también participar de la existencia, hacerse objeto, esa interioridad tiene que invertirse tornándose externa: retorno al ser. Esto es el lenguaje como poder de dar nombre. [...] A través del nombre, el objeto, como ser individual, nace del Yo"[75].

La primera asociación que viene a la mente a propósito de estos fragmentos es, por supuesto, la tradicional crítica "deconstruccionista" de Hegel: es cierto, este reconoce esa retirada radical del sujeto hacia sí mismo, esa "noche del mundo", pero solo como un momento transitorio que es rápidamente negado-superado (*aufgehoben*) en una nueva realidad espiritual de nombres; con ello, la negatividad se reduce una vez más a un punto de fuga dentro de la automediación del Espíritu... Sin embargo, tal lectura, a pesar de su carácter convincente, y hasta evidente por sí mismo —en una serie de enunciados Hegel parece darla a entender de manera inequívoca—, no acierta en el énfasis decisivo de aquel: la experiencia de la "negatividad abstracta", la retirada "psicótica" del sujeto hacia sí mismo (la "noche del mundo"), no es un momento transitorio, negado en el resultado final del movimiento dialéctico, la articulación positiva del contenido concreto; el quid es, más bien, que esta misma articulación concreta del contenido espiritual positivo no es sino *una forma*

74. Citado en Donald Phillip Verene, *Hegel's Recollection. A Study of Images in the Phenomenology of Spirit*, Albany, SUNY Press, 1985, pp. 7-8.

75. Ibíd., p. 8.

en la cual la negatividad radical (la "noche del mundo") asume un ser determinado. En el famoso parágrafo 32 del prefacio a la *Fenomenología del espíritu*, Hegel dice precisamente esto cuando elogia el poder del Entendimiento:

> El más asombroso y potente de los poderes o, más bien, el poder absoluto. El círculo que permanece encerrado en sí mismo y que, como sustancia, mantiene reunidos sus momentos, es una relación inmediata, en la que, por lo tanto, no hay nada asombroso. Pero que un accidente como ese, apartado de lo que lo circunscribe, de lo que está ligado y es real solo en su contexto con otros, deba alcanzar una existencia propia y una libertad separada, tal es el tremendo poder de lo negativo; es la energía del pensamiento, del puro "Yo". La muerte, si es así como queremos llamar a esta no-realidad, es, de todas las cosas, la más espantosa, y mantener firme lo que está muerto exige la más grande de las fortalezas. [...] [La vida del Espíritu] es este positivo, que cierra los ojos a lo negativo, como cuando decimos de algo que no es nada o que es falso, y luego, habiéndolo entendido, nos apartamos y pasamos a otra cosa; por el contrario, el Espíritu es este poder solo cuando mira lo negativo a la cara, demorándose en él. Este demorarse en lo negativo es el poder mágico que lo convierte en ser[76].

Ya sabemos de qué manera lo negativo se convierte en ser: a través del lenguaje como poder de dar nombres, es decir, a través de la emergencia del orden simbólico. Los enunciados de Hegel acerca del entendimiento que divide el todo orgánico viviente y confiere existencia autónoma a lo que es efectivo solo como un momento de la totalidad concreta deben leerse contra el telón de fondo de la noción lacaniana fundamental del significante como el poder que mortifica/desencarna la sustancia vital, "disecciona" el cuerpo y lo subordina a la coacción de la red significadora. La palabra es el asesinato de una cosa, no solo en el sentido elemental de implicar su ausencia —al darle nombre, la tratamos como ausente, como muerta, aunque todavía esté presente— sino, sobre todo, en el de su *disección* radical: la palabra "descuartiza" la cosa,

76. Hegel, G. W. F., *Phenomenology of Spirit*, Oxford, Oxford University Press, 1977, pp. 18-19 [ed. cast.: *Fenomenología del espíritu*, trad. de Wenceslao Roces, México, Fondo de Cultura Económica, 1966].

la arranca de su fijación a su contexto concreto, trata sus partes componentes como entidades con una existencia autónoma: hablamos del color, la forma, el aspecto, etc., como si tuvieran un ser autosuficiente. El poder del entendimiento reside en esta capacidad de reducir el todo orgánico de la experiencia a un apéndice de la clasificación simbólica "muerta". En nuestras actitudes cotidianas, somos "bergsonianos espontáneos": lamentamos el destino de la experiencia de vida inmediata, señalamos de qué manera la plenitud del flujo vital escapa para siempre de la red de las categorías del lenguaje, nos reímos de quienes se enredan tanto en el mundo ficticio de los símbolos que pierden el sabor de la vida real. Hegel, al contrario, está lleno de asombro por esta facultad mortificante del entendimiento ante la cual la sustancia vital se encuentra completamente indefensa, por este poder tremendo que separa lo que "naturalmente" debe permanecer unido y que, de ese modo, puede subordinar la realidad misma del proceso vital a "ficciones" simbólicas; para él, esta inversión en la que la ficción subyuga a la realidad demuestra, más bien, *la nulidad ontológica inherente a lo que llamamos "realidad"*. En efecto, ¿qué es la "vida del Espíritu" sino un proceso vital gobernado por (lo que ante nuestra visión cotidiana se manifiesta como) inexistencias ficticias? Bástenos con considerar el caso de la disposición ético-política de una comunidad dada: se le confiere identidad simbólica mediante una serie de valores legales, religiosos y de otros tipos que regulan su vida; estos valores son, literalmente, "ficciones", no existen en ninguna parte, no poseen ninguna consistencia ontológica sustancial, solo están presentes en la forma de rituales simbólicos que los ponen en vigor. Todo el orden legal, por ejemplo, se funda en ficciones que se refieren a personas "morales", físicamente no existentes, que aparecen como entidades con una voluntad propia y con derechos, entidades que declaran la guerra, firman tratados, etc. ("nuestro Estado firmó la paz con su vecino", "la compañía compró materia prima", "la Patria ha sido humillada"...). Lo que aquí importa no es la insipidez cínica de que "todas estas son solo ficciones", sino el hecho de que, a causa de esas "ficciones", miles de personas mueren en las guerras, pierden sus trabajos... En otras palabras, si bien una "ficción" tal solo existe verdaderamente en sus efectos reales (el Estado solo es real en la actividad real de sus ciudadanos, la Patria solo en el sentimiento y el accionar patrióticos de quienes se reconocen en su llamado), no podemos *reducirla* a estos efectos y dar a entender que, por ejemplo, "la Patria *no es sino* la suma de estas acciones individuales reales"; al contrario, estas mismas acciones asumen su consistencia ontológica únicamente por medio de su referencia a la ficción simbólica "Patria". La Patria como causa por la cual combatimos "no está en ninguna parte en la realidad" pero, a pesar de eso, no podemos explicar la propia realidad "material" de los combates y los sufrimientos sin referencia a ella. Para recurrir a los términos filosóficos tradicionales, Lacan evita aquí tanto la trampa idealista como la nominalista: el "gran Otro" (el orden simbólico) no tiene, desde luego, realidad sustancial, no existe como un mundo platónico aparte, pero, sin embargo, tampoco puede reducírselo a una "abreviatura" nominalistamente concebida de la multitud de entidades individuales realmente existentes. Precisamente en cuanto es un "esquema sin vida", debemos presuponerlo como un punto de referencia ideal que, a pesar de su inexistencia, es "válido", es decir, domina y regula nuestra vida real. De una manera un tanto poética, podríamos decir que el hombre es el animal cuya vida es gobernada por ficciones simbólicas. *Este es el modo en que tiene lugar el "demorarse en lo negativo", en que la negatividad como tal adquiere un ser positivo, determinado: cuando la misma vida real de una comunidad se estructura en referencia a ficciones simbólicas*. En nuestra vida cotidiana damos esto a tal punto por descontado que ni siquiera advertimos la singularidad de lo que está sucediendo; para tomar plena conciencia de ello, es necesaria una experiencia filosófica de "asombro".

Una de las lecciones del psicoanálisis lacaniano —y, al mismo tiempo, el punto en que Lacan vuelve a unirse con Hegel— es la discontinuidad radical entre la inmediatez orgánica de la "vida" y el universo simbólico: la "simbolización de la realidad" implica el pasaje a través del punto cero de la "noche del mundo". Lo que olvidamos en el transcurso de nuestra vida cotidiana es que nuestro universo humano no es sino una encarnación de la radicalmente inhumana "negatividad abstracta", del abismo que experimentamos cuando nos enfrentamos a la "noche del mundo".

¿Y qué es el *acto* sino el momento en que el sujeto que lo porta *deja en suspenso* la red de ficciones simbólicas que sirven como sostén de su vida diaria y se enfrenta una vez más con la negatividad radical en que están fundadas?[77]

En otras palabras, la "negatividad absoluta" hegeliana *coincide cabalmente* con el abismo que separa la experiencia fenoménica del sujeto kantiano de la Cosa en sí. El objetivo de Hegel no es demostrar que podemos alcanzar la Cosa en sí, que podemos superar la barrera que para Kant parecía infranqueable; lo que lleva a cabo es solo una especie de cambio de perspectiva por medio del cual este abismo ya no se concibe como una barrera que limita nuestras facultades, que nos separa de la Cosa en sí, sino como el poder mismo de la separación, el de introducir una división radical en la Cosa en sí. Otra manera de enfocar el mismo problema es mediante la relación lenguaje/realidad. Para la filosofía tradicional, su disyunción es tácita: hablar acerca de algo no es lo mismo que hacerlo. Uno de los principales afanes de la filosofía contemporánea es socavar el carácter autoevidente de esta disyunción, mediante la demostración de que el discurso es en sí mismo un tipo de actividad, incluso privilegiada. La tesis principal de la hermenéutica filosófica, por ejemplo, es que la "realidad" con la que nos topamos en nuestra relación práctica y activa con los objetos que nos rodean ya se revela siempre a través del medio simbólico: la realidad "es" únicamente como la interpreta el lenguaje, este es su horizonte ontológico último. Por otro lado, el enfoque del último Wittgenstein concibe directamente el lenguaje como una forma de actividad, de "comportamiento expresivo" enmarcado en una forma específica de vida: "hacemos cosas con palabras", etc. El mérito de estas orientaciones consiste en que invalidan la actitud propia del sentido común que tiene su mejor expresión en frases como "las palabras vacías no bastan", "debemos poner manos a la obra", "hazlo en vez de hablar sobre ello"; contra tales

77. En eso consiste, en última instancia, la teoría de Hegel sobre la necesidad de la guerra: las guerras son necesarias para que los individuos no se ahoguen en el circuito cerrado de su vida cotidiana, esto es, para recordarles el abismo de negatividad sobre el cual se funda su vida, una prueba clara de cómo, dentro del movimiento del proceso dialéctico, la negatividad no es simplemente "negada" en su resultado positivo.

lugares comunes, uno siente la tentación de proponer la consigna opuesta: "¡basta de actos vacíos, es hora de pasar de los hechos a las palabras!". Es decir, toda actividad se sitúa en algún horizonte de significado que es el único que la hace posible, de modo que "al pronunciar la palabra justa" que produce una ruptura en este trasfondo simbólico, no se puede seguir actuando de la misma forma que antes. Empero, lo que todas estas orientaciones tienen en común es que perciben el abismo que separa "cosas" y "palabras" como un *problema*, algo que tiene que superarse; Hegel, en cambio, lo percibe como la suprema realización del Espíritu, ve en él el poder "infinito" del Espíritu de desembarazarse de la inmediatez de lo que es simplemente dado, de quebrar su unidad orgánica. Para él, el verdadero problema teórico no es cómo salvar el abismo que separa los actos de las palabras, sino cómo concebir el propio abismo: el acto absoluto, el acto más fuerte que todas las intervenciones en la realidad, es aquel por medio del cual nos separamos de la "gran cadena del ser" y tomamos distancia con respecto a ella. El único medio de "superar" el abismo que separa actos de palabras es tematizar el *acto* que lo abre, es decir, hacer visible la *violencia* radical, la brecha en lo Real, que constituye el reverso oculto de la serena distancia contemplativa respecto de la realidad. La actitud contemplativa tradicional pasa por alto *ese* acto, y lo mismo hacen los intentos posthegelianos de superar dicha distancia concibiendo el discurso como una modalidad del actuar. O, para expresarlo en términos kierkegaardianos: solo "superamos" efectivamente el abismo que separa palabras y actos cuando experimentamos la palabra en su violento y contingente "devenir", antes de que adquiera los rasgos del *logos*, el universo de la necesidad simbólica[78].

78. En otro nivel, ocurre lo mismo con el psicoanálisis. Es decir, uno conoce el trillado reproche según el cual este solo es capaz de descomponer la estructura de la personalidad y no puede ofrecer una alternativa positiva a la estructura patológica que ha demolido. Por más tonto que parezca, hay en él una especie de lógica: ¿por qué, en verdad, el "psicoanálisis" no es seguido por la "psicosíntesis"? La respuesta, desde luego, es que, como tal, un psicoanálisis exitoso ya es la "síntesis" requerida, en la medida en que explica la génesis de la división, es decir, la concibe "en su devenir". En esto radica también la relevancia de la teoría de Lacan sobre el "estadio del espejo" para el campo de la filosofía;

Por lo tanto, lo que llamamos "cultura" es, en su mismo estatus ontológico, *el reino de lo muerto sobre la vida*, es decir, la forma en que la "pulsión de muerte" cobra una existencia positiva. En ello consiste también la lección "hegeliana" fundamental de los filmes de Rossellini: el acto como real, transgresión de un límite simbólico, no nos permite (re)establecer una especie de contacto inmediato con la sustancia vital presimbólica; al contrario, nos vuelve a arrojar al abismo de lo Real del cual emergió nuestra realidad simbólica. Ahora podemos especificar aun más el señuelo de los filmes de Rossellini con Ingrid Bergman: siempre contienen alguna pintura de la vida "auténtica", sustancial, y parece como si la salvación de la heroína dependiera de su capacidad de sumergirse en esta "autenticidad" sustancial: Karin, en *Stromboli*, debe aceptar la vida en la cerrada comunidad isleña; Irene, en *Europa '51*, debería encontrarse a sí misma en la ingenua pero auténtica fe de los pobres que, al final, la proclaman santa; la pareja inglesa de *Viaje a Italia* supera la reserva de su relación mediante el contacto con el espontáneo sentimiento vital de la multitud italiana... La estrategia de estos filmes consiste precisamente en denunciar ese señuelo como tal, presentarlo en su falsedad: en *Stromboli*, Karin "renace" al experimentar un horror ante el cual palidece el misterio de la comunidad isleña; con ello, la vida de los pescadores queda expuesta en toda su nulidad; al final de *Europa '51*, Irene renuncia definitivamente a la ideología religiosa; su beatificación por los pobres marginales es solo una ironía cruel, la prueba de

como él señala, los sentimientos paranoicos de persecución que caracterizan el estadio del espejo están constituidos por una paralización semejante a "los rostros de los actores cuando un filme se detiene súbitamente en medio de la acción": "Ahora bien, esa paralización formal está emparentada con la estructura más general del conocimiento humano: la que constituye el yo y sus objetos con atributos de permanencia, identidad y sustancialidad, en síntesis, con entidades o 'cosas' que son muy diferentes a las *Gestalten* que la experiencia nos permite aislar en el campo cambiante, tendido según las líneas del deseo animal" (Lacan, Jacques, "Aggressivity in Psychoanalysis", en: *Ecrits: A Selection*, Nueva York, Norton, 1977, pp. 7-22 [ed. cast.: "La agresividad en psicoanálisis", en: *Escritos 1*, ed. rev., trad. de Tomás Segovia y Armando Suárez, México, Siglo XXI, 2009, pp. 107-127]). Lo que Lacan hace visible aquí es el "platonismo en su devenir": no refuta al platonismo mediante la denuncia directa de la naturaleza ilusoria del *eidos* sino a través de la exposición de la génesis de la fijación del sujeto en el *eidos* inmóvil.

un encuentro fallido entre estos y ella; lo que la pareja inglesa que pasea por Italia encuentra tras la vivaz multitud italiana es la presencia inerte de estatuas y ruinas antiguas. En estos tres casos, nos encontramos entonces ante un movimiento *desde la realidad a lo Real*, a aquello que, en la propia realidad, es "más que realidad": el volcán es lo que "en la isla [es] más que la isla misma", su exceso de lo Real, así como la santidad es lo que "en la ideología religiosa [es] más que la ideología", el núcleo no ideológico en el corazón de esta, y, por último, lo mismo que las antiguas ruinas, que son lo que "en Italia [es] más que Italia", un mudo testigo de algún goce pasado y hace mucho tiempo perdido[79]. En los tres casos, la heroína es capaz de percibir esta fisura en la "sustancia" en la medida en que ocupa la posición de un *extraño*, es decir, en cuanto su mirada es *externa*: quienes se encuentran *dentro* de la sustancia son, por necesidad, ciegos. El mecanismo que los ciega es el del *sacrificio*: la función elemental de este es *sanar la fisura del Otro*. Lo que mantiene unida a una comunidad "sustancial" ("primordial") es su rito de sacrificio, y la posición de un "extraño" se define, precisamente, por su negativa a tomar parte en él.

La fascinación del sacrificio

En las últimas páginas de *Los cuatro conceptos fundamentales del psicoanálisis*, Lacan contrapone directamente la experiencia psicoanalítica a la fascinación del sacrificio: el heroísmo exigido por el psicoanálisis no es el gesto heroico de asumir uno mismo

79. Según Alain Bergala, el rasgo fundamental de los filmes de Rossellini protagonizados por Ingrid Bergman radica en el hecho de que el tercer elemento que perturba la relación armoniosa de la pareja no es el habitual tercer miembro de un triángulo amoroso sino algún elemento radicalmente heterogéneo cuya naturaleza no es en modo alguno psicológica: el volcán en *Stromboli*, las ideologías (comunismo y catolicismo) en *Europa '51*, las estatuas y ruinas de Nápoles en *Viaje a Italia* (véase Alain Bergala, "Celle par qui le scandale arrive", ob. cit., p. 10). Lo que deberíamos agregar a ello es que en cada uno de los tres casos, el elemento perturbador es de naturaleza diferente: el volcán de *Stromboli* es *real* (el propio Bergala lo identifica como una "Cosa en sí" frente a la cual toda experiencia de sentido se desmorona), en *Europa '51* tenemos ideologías *simbólicas*, mientras que las ruinas de *Viaje a Italia* funcionan claramente como *sinthome*, fragmentos significantes, fragmentos de una cultura, que son al mismo tiempo el congelamiento de un goce perdido.

el sacrificio, de aceptar el papel de víctima sacrificial sino, por el contrario, el de *resistir la tentación del sacrificio*, enfrentar lo que la imagen fascinante de este *oculta*. El mismo Lacan nos llama la atención sobre la dimensión política de la lógica sacrificial, al señalar la forma en que vuelve a representarse el drama del nazismo:

> Las formas más monstruosas y supuestamente superadas del holocausto. [...] la ofrenda a oscuros dioses de un objeto de sacrificio es algo a lo que pocos sujetos son capaces de no sucumbir, como si se encontraran sometidos a algún hechizo monstruoso. [...] Pero, para cualquiera que sea capaz de dirigir una mirada valerosa a este fenómeno —y, una vez más, son por cierto pocos los que no sucumben a la fascinación del sacrificio en sí mismo—, el sacrificio significa que, en el objeto de nuestros deseos, tratamos de encontrar la evidencia de la presencia del deseo de ese Otro al que aquí llamo el *Dios oscuro*[80].

¿Qué es, entonces, lo que oculta el fascinante espectáculo del sacrificio? Lacan relaciona a este con el *deseo del Otro*, el enigmático *Che voui?* ¿Qué quiere el Otro de mí? En su dimensión más fundamental, el sacrificio es un "don de reconciliación" al Otro, destinado a apaciguar su deseo. El sacrificio oculta el abismo del deseo del Otro, y más precisamente: oculta la falta, la inconsistencia, la "inexistencia" del Otro que se trasluce en ese deseo. *El sacrificio es una garantía de que "el Otro existe"*: de que *hay* Otro al que puede apaciguarse por medio del sacrificio. El truco de este consiste, por lo tanto, en lo que los teóricos del acto de habla llamarían su "presupuesto pragmático": *mediante el acto mismo del sacrificio, postulamos (suponemos) la existencia de su destinatario* que garantiza la consistencia y la plenitud del sentido de nuestra experiencia, de modo que, aun cuando el acto no alcance su meta proclamada, este mismo fracaso puede leerse dentro de la lógica del sacrificio como *nuestra* incapacidad para apaciguar al Otro. Habida cuenta de que ese abismo del deseo del

80. Lacan, Jacques, *The Four Fundamental Concepts of Psycho-Analysis*, Londres, The Hogarth Press, 1977, p. 275 [ed. cast.: *El Seminario de Jacques Lacan. Libro 11. Los cuatro conceptos fundamentales del psicoanálisis. 1964*, trad. de Juan Luis Delmont-Mauri y Julieta Sucre, Buenos Aires, Paidós, 1986].

Otro surgió con toda su violencia con la religión judía —es decir, habida cuenta de que la posición fundamental del creyente judío es la de un perplejo *Che vuoi?*, ¿Qué quiere Él de mí?—, era inevitable que esta rompiera con la lógica del sacrificio: este significaría nuestra traición al abismo del *Che vuoi?* y la traducción del deseo de Dios en una demanda que pudiera ser apaciguada por medio de un sacrificio. Y —en este punto podemos seguir a René Girard—[81] es precisamente por esa razón que encontramos en la religión judía la primera aparición de un sujeto que *se resiste* a asumir el papel de un chivo expiatorio/víctima: Job. Su negativa a desempeñar su parte en el rito sacrificial es el reverso exacto de su perplejidad frente a sus calamidades: en vez de identificarse heroicamente con su maligno destino, sigue preguntándose cuál es el sentido de este y qué quiere Dios de él al enviárselo. Somos testigos aquí de lo que es, tal vez, la revolución ética más grande de la historia de la humanidad: el momento en que el sujeto rechaza el papel de víctima que se le ha asignado, el momento en que la perspectiva social de sacrificar al chivo expiatorio se enfrenta con la perspectiva de la propia víctima; lo que hay aquí de tan subversivo y rupturista, lo que confiere a la historia de Job su tensión dramática y, al mismo tiempo, su verdad, es justamente la *confrontación* de las dos perspectivas. Es decir, si solo dispusiéramos del punto de vista de la comunidad que exige el sacrificio, permaneceríamos dentro del universo "totalitario"; si, por el otro lado, nos limitáramos a la voz de la víctima, tendríamos un punto de vista subjetivo y nada que atestiguara su verdad. El efecto de verdad resulta exclusivamente de la confrontación de las dos perspectivas: primero, el discurso sacrificial coloca al sujeto en la posición de víctima sagrada, describiéndolo como una entidad intocable y horrenda, en síntesis, como un *objeto* en el sentido psicoanalítico, con toda la energía transferencial investida en él; luego, de súbito, se nos traslada a su propia perspectiva y quedamos cara a cara con la misteriosa escena en la que no es simplemente un sujeto sino la cosa misma la que comienza a hablar.

81. Véase René Girard, *Job: The Victim of His People*, Londres, Athlone Press, 1987 [ed. cast.: *El chivo expiatorio*, trad. de Joaquín Jordá, Barcelona, Anagrama, 1986].

Hoy, en nuestro universo de la cultura de masas, la figura que más se aproxima a este papel de chivo expiatorio que encarna la violencia sagrada es el "asesino en serie", el loco que, sin ningún "fundamento racional", repite compulsivamente actos criminales[82]. Por esta razón, *Cuando llama un extraño* [*When a Stranger Calls*], de Fred Walton, tal vez la mejor variación sobre el tema de las amenazas telefónicas anónimas, es de especial interés. La primera parte de la película se narra desde el punto de vista de una muchacha que está cuidando a unos chicos en una residencia familiar suburbana: los niños duermen en el primer piso, mientras ella mira televisión en la sala de estar. Después de las primeras llamadas amenazadoras que repiten la pregunta "¿fuiste a ver a los niños?", alerta a la policía, que le aconseja cerrar con llave todas las puertas, no dejar que nadie entre a la casa y tratar de entablar una larga conversación con el importunador para permitir el rastreo de la llamada. Poco después, la policía ubica su fuente: otro teléfono dentro de la misma casa... El importunador estuvo todo el tiempo allí, y ya había asesinado a los niños. El asesino aparece, así, como un objeto insondable con el cual ninguna identificación es posible, un puro Real que provoca un terror inefable. En este momento de la historia, sin embargo, el filme da un vuelco inesperado: nos traslada repentinamente a la perspectiva del propio asesino, y somos testigos de la miserable existencia cotidiana de este individuo solitario y desesperado; duerme en un asilo, vagabundea en torno a cafés decrépitos e intenta, en vano, establecer contacto con sus vecinos; de modo que, cuando el detective contratado por el padre de los niños asesinados se dispone a apuñalarlo, todas nuestras simpatías están del lado del pobre asesino.

Reiterémoslo, en sí mismos los dos puntos de vista no tienen nada de subversivo: si la historia se narrara exclusivamente desde la perspectiva de la joven *babysitter*, nos encontraríamos ante el caso clásico de una víctima amenazada por una asechanza fantasmal, incorpórea y, por esa razón, tanto más horrorosa; si

82. Que es la razón por la cual Hannibal Lecter, el psiquiatra sádico/genial de las novelas sobre asesinos en serie de Thomas Harris (*Dragón rojo*, *El silencio de los inocentes*), es lo más cercano a la figura del analista lacaniano que la cultura de masas puede presentar.

nos limitáramos a la experiencia propia del asesino, estaríamos ante la representación clásica del universo patológico de este. Todo el efecto subversivo depende de la ruptura, el paso de una perspectiva a la otra, el cambio que confiere al hasta entonces imposible/inalcanzable objeto un cuerpo, que da a la cosa intocable una voz y la hace hablar; en síntesis, que la *subjetiviza*[83].

Girard, sin embargo, es infiel a su propia concepción cuando reduce a Job a una especie de precursor, anunciador de Cristo, el verdadero paradigma de la víctima que habla claro y se subjetiviza: el gesto de Jesucristo, como gesto de amor, *oculta* el abismo angustiante de la inconsistencia del Otro, con lo cual efectúa el giro de la religión de la angustia (el judaísmo) a la del amor (el cristianismo). Es decir, ¿en qué consiste el señuelo del amor? Cuando estoy enamorado, amo a alguien a causa del *objeto a* en él, a causa de lo que "en él [es] más que él mismo"; en síntesis, el objeto del amor no puede darme lo que demando de él porque no lo tiene, porque, en lo más íntimo, se trata de un exceso. Lo que define al amor es esta discordancia o brecha básica (elaborada por Lacan a propósito de la relación de Alcibíades con Sócrates en el *Banquete* de Platón)[84]: el amante [*erastés*] busca en el amado [*éromenos*] lo que a él le falta, pero, como señala Lacan, "lo que a uno le falta no es lo que está escondido dentro del otro", y de este modo, lo único que le queda por hacer al amado es proceder a una especie de intercambio de lugares, pasar de objeto a sujeto del amor; en síntesis: *devolver amor*. En esto consiste, según Lacan, el momento más sublime del amor: en esa inversión en que el objeto amado se esfuerza por

83. Encontramos una inversión homologa en las principales novelas y películas *hard-boiled*: el momento en que la *femme fatale* se subjetiviza. En primer lugar, se la presenta desde la perspectiva de su medio ambiente social (masculino) y aparece como un objeto fatal de fascinación que acarrea la perdición y deja tras ella vidas arruinadas, "cáscaras vacías"; cuando finalmente se nos traspone a su punto de vista, se hace patente que ella misma no puede dominar los efectos de "lo que en ella es más que ella misma", del *objeto* en sí mismo, sobre su medio ambiente: al igual que los hombres que la rodean, es una víctima indefensa del destino.

84. Véase Jacques Lacan, *Le Séminaire, livre VIII: Le Transfert*, París, Éditions du Seuil, 1991, caps. 2 a 11 [ed. cast.: *El Seminario de Jacques Lacan. Libro 8. La transferencia. 1960-1961*, trad. de Enric Berenguer, Buenos Aires, Paidós, 2003].

librarse del callejón sin salida de su posición, de la imposibilidad de cumplir con la demanda del amante, volviendo a tender su mano a este y respondiendo, así, a la falta/deseo del amante con su propia falta. El amor se basa en la ilusión de que este encuentro de dos faltas puede tener éxito y engendrar una "nueva armonía". En ello consiste también la suprema sublimidad del gesto de Cristo: ¿qué es, sino un *signo del amor de Dios por el hombre*? En respuesta al amor del creyente por Él, en respuesta a las manos que el creyente Le tiende, el propio Dios se transforma en amante y se extiende hacia el hombre, ocultando con ello el abismo de la Otredad que ningún sacrificio podría apaciguar, es decir, con el cual no es posible ninguna relación de intercambio[85].

Considerando que la voz a la que el psicoanálisis, al prestarle oído, abre el espacio para que se articule, es precisamente la de la víctima como objeto de fascinación (histérica femenina), uno no puede sino maravillarse ante el hecho de que incluso algunos lacanianos reduzcan el psicoanálisis a una suerte de asunción heroica de un sacrificio necesario y constitutivo: aquellos para quienes el psicoanálisis termina cuando el analizante es capaz de aceptar un renunciamiento fundamental como condición de acceso al deseo ("castración simbólica"). Lacan está lo más lejos posible de tal ética del sacrificio heroico: la falta que el sujeto debe asumir no es la suya propia sino la del Otro, lo cual es algo incomparablemente más insoportable. El Otro no posee lo que al sujeto le falta, y ningún sacrificio puede compensar esta falta de aquel. Ahora podemos ver también cuán ajena a Lacan es cualquier glorificación del "gran Otro" como el orden estructural que "mueve los hilos" y regula la autoexperiencia del sujeto, esto es, la tesis "estructuralista" clásica de que el sujeto, en su autoexperiencia imaginaria, desconoce el mecanismo significador que efectivamente "mueve las riendas": la ilusión suprema consiste, precisamente, en esta dependencia de la consistencia del "gran

85. Razón por la cual, en el proceso psicoanalítico, el analista *no* debería tender su mano al analizante, es decir, responder al amor transferencial con su propio amor: solo por medio de este rechazo de la demanda de amor del analizante, solo si persiste en la posición muda de la muerte, puede inducirlo a asumir la verdad de su deseo más allá de la transferencia.

Otro". El "gran Otro no existe", como dice Lacan: es solo una presuposición del sujeto, la (presu)posición de un orden inmaterial e ideal, esto es, de Otro Lugar que garantice el sentido y la consistencia últimos de la experiencia del sujeto[86].

En esto consiste la diferencia crucial entre el gran Otro lacaniano y el gran Otro althusseriano, materializado en los aparatos ideológicos de Estado: el modo en que Althusser, de manera casi compulsiva, nos recuerda una y otra vez la *materialidad* de la ideología, su existencia material en las instituciones y los rituales ideológicos, es profundamente sintomático y funciona como una especie de rechazo teórico. Da testimonio del hecho de que Althusser desconoce la agencia específica del gran Otro "ideal", "inmaterial", bajo la forma del orden simbólico que atribuye significado a la contingencia histórica. Este "gran Otro" es postulado retroactivamente, es decir, presupuesto, por el sujeto en el acto mismo en virtud del cual queda atrapado en la telaraña de una ideología. El sujeto, por ejemplo, *(presu)pone* al gran Otro disfrazado de Razón Histórica o Divina Providencia en el momento y el gesto mismos de concebirse como su ejecutor, su herramienta inconsciente. Este acto de (presu)posición que da existencia al gran Otro es tal vez el gesto elemental de la ideología, y es justamente en este lugar donde deberíamos situar la diferencia antes mencionada entre el suicidio como acto "demostrativo" y el suicidio como suspensión del orden simbólico: el suicidio "demostrativo" aún se dirige al gran Otro, mientras que el "simbólico" cancela la presuposición misma de este; en cierta forma, es el negativo, el reverso, el "deshacer" del gesto ideológico fundante de (presu)poner al Otro. En este preciso sentido, es decir, en la medida en que se esfuerzan por representar esta suspensión, los filmes de Rossellini son no ideológicos, nos permiten escapar de la clausura ideológica.

Esta "retirada" del sujeto respecto del Otro es lo que Lacan llama "destitución subjetiva": no un acto de sacrificio (que siempre implica al Otro como su destinatario) sino un acto de abandono que sacrifica el sacrificio mismo. La libertad así alcanzada

86. Otra razón para que el psicoanalista permanezca callado: al no demandar nada del analizante, su silencio suspende la ilusión de interpelación, obligando así a aquel a enfrentar su propio acto de postulación del Otro.

es un punto en que nos encontramos no solo sin el otro como nuestro prójimo, sino sin sostén en el mismo Otro[87], como tal, es insoportablemente sofocante, el opuesto exacto del alivio, de la "liberación". Es decir, la "liberación" siempre implica una referencia al Otro como Amo: en última instancia, nada libera tan bien como un buen Amo, puesto que la "liberación" consiste precisamente en pasarle la carga al Otro/Amo. Las así llamadas "asociaciones libres" de una cura psicoanalítica son la prueba máxima de ello: por su intermedio, el analizante se libera de las presiones y las coacciones de la censura, puede charlar libremente, pero solo porque puede confiar en el analista, el "sujeto supuesto al saber", el "amo de la significación" (como Lacan lo expresó en la década de 1950), cuya presencia misma le garantiza que, retroactivamente, al final, su charla alcanzará sentido y consistencia. La libertad alcanzada por el acto es exactamente lo opuesto a esa libertad: al sufrirla, todo el peso vuelve a caer sobre el sujeto, dado que este renuncia a todo sostén en el Otro.

En conclusión, ahora podemos también definir la trampa tendida por los filmes de Rossellini en el nivel de su forma. Ya constituye un lugar común entre los teóricos del cine contraponerlo a los "manipuladores" que crean sentido mediante intervenciones artificiales en el material cinematográfico (por ejemplo, el montaje): en contraste con ese procedimiento, se supone que Rossellini dejaba que el material no organizado hablara por sí mismo, es decir, renunciaba a la posición del artista como Amo que mueve los hilos y limitaba su papel al de recolector/observador del material cinematográfico, con la mente siempre abierta a la contingencia de lo Real. En sus películas, el sentido no resulta de la manipulación consciente del autor, sino que surge del propio material por medio de actos de gracia milagrosos e impredecibles (André

87. La dimensión "psicótica" de esta retirada con respecto al Otro alcanza su mejor manifestación en la actitud fundamental del psicótico de *Un-Glauben*, descreencia en el orden simbólico que garantiza la coherencia de la realidad: esta descreencia engendra la típica idea psicótica de que el "mundo" es solo mi alucinación inducida por algún Maligno Manipulador.

Bazin[88] intentó de este modo detectar las raíces de su cristianismo precisamente en las cualidades formales de sus filmes). Pero si esto fuera así, Rossellini procedería, en cierta forma, a la manera del analizante en las asociaciones libres: hilando fragmentos de lo Real y contando con la presencia del gran Otro (Dios) para producir sentido, es decir, implicando aún al Otro como garantía del sentido. En realidad, lo que hace es más bien exactamente lo contrario: todo el tiempo podemos sentir en sus filmes un tremendo esfuerzo de "manipulación", de puesta bajo control del exceso de lo Real, y los rasgos que suelen considerarse como pruebas de su "modernismo" (por ejemplo, el "tiempo vacío" que subvierte la narración lineal) son precisamente mojones del *fracaso* en alcanzar su meta; la grandeza de Rossellini radica en el hecho de que incluyó en sus películas, de manera intencional, huellas de su propio fracaso: lo "moderno", en ellos, es que la tensión entre "manipulación" y material se reconoce como parte del propio empeño artístico.

Cada uno de sus filmes es, en última instancia, un intento fallido de llegar a un acuerdo con lo Real de algún encuentro traumático. ¿Qué son *Roma ciudad abierta*, *Paisa* y *Alemania, año cero* sino tres intentos de llegar a un acuerdo con el trauma del fascismo? ¿Qué son *Stromboli*, *Europa '51* y *Viaje a Italia* sino intentos de integrar, de superar, el encuentro traumático con Ingrid Bergman, el *acto* de esta de decir "¡no!" a Hollywood y unirse a Rossellini en la cumbre de su estrellato, esa tremenda decisión, un verdadero acto de "locura" con el que nada en la propia vida de aquel, llena de maniobras oportunistas, puede equipararse?.[89] Es cierto, todos sus filmes que la tienen de protagonista despliegan una actividad frenética para equilibrar la dignidad de su acto, para compensarlo, pero *el acto fue de ella*.

88. Véanse sus artículos sobre Rossellini en *Qu'est-ce que le cinéma?*, vol. IV, París, Les Éditions du Cerf, 1962.

89. En otras palabras, sus filmes con Ingrid Bergman son *alegóricos*: su contenido diegético (su "enunciado") es una alegoría de las condiciones intersubjetivas de su proceso de producción. En cuanto a esta noción de la alegoría, véase Fredric Jameson, "Allegorizing Hitchcock", en: *Signatures of the Visible*, Nueva York y Londres, Routledge, 1990, pp. 99-127 [ed. cast.: "Alegorizando a Hitchcock", en: *Signaturas de lo visible*, trad. de Margarita Costa y Marcelo G. Burello, Buenos Aires, Prometeo Libros, 2012, pp. 171-212].

3
¿Por qué todo acto es una *repetición*?

3.1 MÁS ALLÁ DE LA "JUSTICIA DISTRIBUTIVA"

¿Por qué fue un fracaso Playback, *de Chandler?*

El evidente fracaso de la última novela de Chandler, *Playback* (1958), se explica habitualmente por la declinación de su ímpetu creativo, cuyo origen se busca entonces en el alcoholismo, nacido de la desesperación causada por la muerte de su esposa; empero, la función de esta huida hacia la psicología consiste, como siempre, en permitirnos eludir la lógica inherente del fracaso. A fin de detectarla, hay que tener en cuenta que *Playback* se desarrolló a partir de un guion escrito en 1947-1948 que, debido a una serie de circunstancias desafortunadas, nunca se rodó; aquí está el tratamiento inicial que Chandler hizo de él:

> La semana crucial en la vida de una muchacha, quien decide pasarla en una *suite* de la torre de un hotel, bajo un nombre supuesto, con su identidad totalmente oculta con gran cuidado, dispuesta a aceptar lo que venga y, al final de la semana, a matarse saltando por la ventana.
>
> Durante esa semana, las frustraciones y tragedias de su vida se repiten de forma condensada, de modo que es casi como si hubiera llevado consigo su destino y que, fuera donde fuese, le pasara el mismo tipo de cosas[90].

90. Chandler, Raymond, *Raymond Chandler's Unknown Thriller. The Screenplay of* Playback, Nueva York, The Mysterious Press, 1987, p. xix.

Nos encontramos aquí ante el esqueleto de toda una narración ética: al principio, hay una *elección obligada* que marca la existencia del sujeto con la *culpa* (la muerte traumática del esposo de la muchacha en *Playback*); esta situación traumática luego se *repite*, "vuelve a representarse", dejando abierta la posibilidad de que el sujeto se "redima" por medio de un acto suicida. El cambio crucial provocado por la novelización fue, desde luego, la introducción de la narración en primera persona: la historia se relata ahora según es vista a través de los ojos de Philip Marlowe y, con ello, se transforma en una novela policial *hard-boiled* "normal". En esto consiste la razón última de su fracaso: se empeña por incorporar al universo *hard-boiled* una posición subjetiva (una actitud ética) que está formalmente excluida de él, esto es, la presencia de lo que hace visible la falsedad de la propia perspectiva desde la que se relata la historia. Para decirlo brevemente, la posición subjetiva de Marlowe —un romántico cínico adherido a sus valores contra el mundo malvado cuya corrupción se encarna en la *femme fatale*— se funda en el desconocimiento de la actitud ética encarnada en el acto suicida de la muchacha. Y por eso, el interés de *Playback* (la novela) reside en su fracaso mismo: como confrontación de dos lógicas incompatibles (incompatibles dado que una de ellas implica la "represión" de la otra), revela la limitación inherente al universo *hard-boiled*.

Encontramos la misma narración ética del acto como repetición suicida de una elección obligada en *La decisión de Sophie*, de William Styron. La situación traumática original ocurre en un campo de concentración alemán en el que un oficial nazi enfrenta a Sophie con una elección imposible: tiene que decidir cuál de sus dos hijos ha de sobrevivir, mientras que el otro será enviado a una cámara de gas; si se niega a elegir, ambos morirán. Arrinconada, Sophie elige al hijo menor, y se carga así con una culpa que la llevará a la locura. Al final de la novela, se exculpa a sí misma por medio de un gesto suicida: desgarrada entre dos amores, un artista psicótico fracasado con quien está en deuda por haberle salvado la vida después de su llegada a los Estados Unidos y un joven escritor principiante, escoge al primero y ambos se suicidan[91]. Si bien la "decisión de Sophie" funciona en la actualidad como un verdadero *casum* mencionado en numerosos tratados éticos, debería advertirse que, por regla general, la atención se concentra en la situación original de la elección obligada y en sus perturbadoras implicaciones éticas (¿cómo debería uno actuar en una situación semejante? ¿La actitud adecuada no es rechazar la elección, no importa cuál sea el precio?), mientras que el problema de la *repetición*, esto es, del acto suicida por medio del cual el sujeto puede, más tarde, exculparse, está singularmente ausente del debate.

La "justicia distributiva" y su excepción

Este desasosiego delata el hecho de que la "decisión de Sophie" subvierte mucho más que el universo *hard-boiled*: socava los fundamentos mismos de la noción de justicia que regula nuestro trato cotidiano, a saber, la noción de "justicia distributiva". Recordemos su articulación más elaborada, *Teoría de la justicia*[92], de John Rawls, un intento de dar a la ética liberal un giro antiutilitario y kantiano radical. De un modo cabalmente kantiano, Rawls "evacúa" el dominio ético, es decir, lo vacía de todos los objetos "patológicos" (contingentes, empíricos). En otras palabras, su tesis crucial es la afirmación de la primacía de la justicia sobre el bien: aquella tiene que ser definida previa e independien-

91. Se encuentra una repetición homóloga de la elección obligada en una serie de filmes de Hollywood, desde *La extraña pasajera* a *El francotirador* [*Deerhunter*]: en una escena primordial, el héroe se ve obligado a elegir, y esa elección, si bien forzada, marca su existencia con un estigma permanente de culpa que se borra cuando, en una repetición de la escena de la elección, "elige lo imposible" mediante un gesto de renunciamiento suicida (Christopher Walken, en *El francotirador*, vuelve a jugar con De Niro a la ruleta rusa en los últimos días del Saigón precomunista y salda su deuda con la muerte; Bette Davis, en *La extraña pasajera*, renuncia a su gran amor cuando advierte que está ocupando el lugar que antes fue de su madre, dado que este es para ella el único modo de cancelar la deuda materna).

92. Véase John Rawls, *A Theory of Justice*, Cambridge, Mass., Harvard University Press, 1971 [ed. cast.: *Teoría de la justicia*, trad. de María Dolores González, México, Fondo de Cultura Económica, 1979].

temente de lo que consideramos como bien, no puede deducirse de la noción del bien. En las sociedades seculares contemporáneas en las que coexiste una multitud de visiones del mundo, cada noción particular y determinada del bien supremo se experimenta, en última instancia, como una "contingente"; por consiguiente, ninguna unidad —el "cemento" ideológico que las mantiene unidas— puede definirse en los términos de un bien común. Lo que se refuta con ello es también toda forma de utilitarismo que haga a la justicia dependiente del "cálculo de los placeres"; para referirnos a la terminología psicoanalítica, Rawls asume una posición "más allá del principio del placer", así como más allá de su prolongación evidente, el principio de realidad. Es esto lo que está en juego en la distinción que él elabora entre lo racional y lo razonable: lo racional consiste en el "cálculo de los placeres", la economía de gastos y ganancias en el nivel del principio de realidad; es la agencia que nos dice cuándo es provechoso renunciar al placer presente en pro de una ganancia en el largo plazo, esto es, obedecer una norma social aunque esta obediencia vaya en detrimento de nuestros intereses en el corto plazo; mientras que a la justicia le incumben los principios éticos que deben observarse con prescindencia de la consideración racional de nuestros intereses "patológicos" y contingentes. La noción de "velo de ignorancia", central en Rawls, apunta precisamente a esta eliminación de las consideraciones "patológicas" del sujeto: el sujeto ético actúa *como si no supiera desde dónde (desde qué posición dentro de la sociedad) habla*, se constituye por medio de esta abstracción de su posición de enunciación.

La paradoja del sujeto de la justicia consiste, de ese modo, en que la transparencia total de su objeto entraña la impenetrabilidad total del lugar desde el cual habla: por un lado, se supone que tiene una información completa acerca de la sociedad sobre la que está llamado a emitir un juicio, acerca de la posición de todos sus sujetos, acerca de sus intereses y perspectivas; por otro, el reverso de esta suposición de conocimiento total es una ignorancia radical de la manera en que el propio sujeto está "inmerso" en el universo social: un juicio "razonable" debe expresar un punto de vista con el cual el sujeto acordaría aun si su posición en la escala social fuera la más baja[93]. Esta eliminación del contenido "pato-lógico" de la posición de enunciación del sujeto puede escribirse en los matemas lacanianos como $\$ \rightarrow S$, es decir, el pasaje del sujeto "patológico" lleno de intereses particulares al sujeto vaciado, "barrado", de la justicia; en otras palabras, el sujeto está irreductiblemente *escindido* entre el sujeto "patológico" hecho de "carne y hueso" y el sujeto ético, una especie de ficción simbólica, un participante abstracto de la "situación original" en la cual se firmó el contrato social. El estatus de este contrato social —el pacto simbólico como hecho social original previo a cualquier "cálculo de intereses" utilitario— es también el de una ficción simbólica: la única manera de emitir un juicio ético coherente sobre el estado presente de la sociedad real es proceder desde la ficción de la "situación original" en la cual los sujetos concluyeron el contrato social, cubriendo con el "velo de ignorancia" la determinación "patológica" de sí mismos como seres de carne y hueso. La noción lacaniana del Ideal del Yo (en oposición al yo ideal) debe ubicarse precisamente en ese lugar ficticio de la "situación original", el lugar desde el cual el sujeto se mira a sí mismo a fin de ser capaz de emitir un juicio ético, es decir, un juicio sobre la distribución de los bienes, ya que, según Rawls, en última instancia la justicia tiene que ver con ello: es, en consecuencia, una justicia distributiva.

Sin embargo, como lo demostró Jean-Pierre Dupuy[94], la "decisión de Sophie" expone un caso límite que, como el grano de arena apócrifo, altera el mecanismo lógico de la justicia distributiva. El aspecto crucial es que la "decisión de Sophie" *no* es solo otro ejemplo de la situación sacrificial clásica en la que sacrificamos los derechos del individuo para mayor beneficio de la comunidad (como en una situación de tensiones interétnicas extremas en la cual la lógica utilitaria nos dice que es "racional" ejecutar a algunos individuos inocentes, dado que sabemos que

93. Lo que Rawls hace aquí es, sencillamente, dar expresión teórica a la intuición cotidiana según la cual no es ético modificar nuestro criterio cuando percibimos que afecta uno de nuestros intereses particulares.

94. Véase Jean-Pierre Dupuy, "La Theorie de la justice. Une machine anti-sacrificielle", en: *Critique*, vol. 45, nº 505-506, 1989, pp. 466-480.

este sacrificio aquietará las pasiones y, con ello, salvará un número mucho más grande de vidas). Es fácil defender el punto de vista liberal antiutilitario contra esa lógica del chivo expiatorio en el cual se proyecta la culpa colectiva: hay que afirmar, simplemente, el derecho del individuo a no ser perjudicado en favor de los intereses presuntamente más elevados de la comunidad. Sin embargo, en la "decisión de Sophie" nadie es menos dañado si ella rechaza la elección: de ser así, ambos niños mueren. En otras palabras, esta situación *sí* pasa la prueba de Rawls del "velo de ignorancia": aun cuando uno ocupe la posición del niño sacrificado, lo "razonable" es aceptar el sacrificio, dado que la víctima no pierde nada con ello, mientras que los otros ganan. Como señaló Dupuy, lo que enfrentamos aquí no es solo el límite del utilitarismo sino el de la razón como tal: la "decisión de Sophie" no es solo "racional" sino también "razonable" en el sentido rawlsiano pero, no obstante, nuestra intuición ética nos dice inequívocamente que en ella hay algo que anda mal... Por ende, la paradoja que plantea para la teoría de Rawls es la siguiente: la actitud fundamental de esta teoría es "antisacrificial", esto es, su objetivo último es socavar la ética tradicional del sacrificio del individuo en beneficio de la comunidad y reemplazarla por la ética de la tolerancia, de los derechos individuales, etc.; empero, sus propios axiomas, cuando se aplican a la "decisión de Sophie", legitiman la elección sacrificial. En este sentido, podemos decir que esta versión de la situación sacrificial expone un "punto ciego" de su teoría; un cuerpo extraño que, en última instancia, es incompatible con ella, pero que, al mismo tiempo, no puede refutarse de manera inherente y, por lo tanto, tiene que excluirse (¿sacrificarse?) por anticipado si la teoría pretende conservar su coherencia. Con una fórmula en cierto modo ingenua, podríamos decir que la ética de Rawls "no está hecha para situaciones sacrificiales": no ofrece una mejor respuesta a cómo actuar en una de ellas, lo que propone son, antes bien, principios que, si se los sigue, impiden el surgimiento mismo de situaciones sacrificiales[95].

95. Lo que tenemos aquí son, por supuesto, paradojas de la lógica lacaniana del "no todo (*pas-tout*)": el argumento antisacrificial se funda en principios

Sacrificio tradicional y utilitario

Acaso parezca que hemos condensado en la figura de la "lógica sacrificial" dos actitudes éticas incompatibles, la comunitaria tradicional y la utilitaria; sin embargo, puede demostrarse que nos enfrentamos aquí a una escisión inherente a la lógica sacrificial que concierne a un cambio en el estatus del conocimiento. La lógica sacrificial tradicional fue descripta de manera paradigmática por René Girard[96]: la culpa se proyecta en el chivo expiatorio cuyo sacrificio nos permite establecer la paz social mediante la localización de la violencia; como si se tratara de un reconocimiento por el papel benéfico que desempeña, la víctima obtiene de este modo el aura de la santidad. El componente crucial de esta "utilización generativa del chivo expiatorio" es, desde luego, que la sociedad "cree realmente" en su culpa: la "función social" de su utilización radica en su subproducto, el modo en que este garantiza el pacto social, aunque solo puede desempeñar esa función en la medida en que no se la postule directamente como su objetivo. El sacrificio utilitario implica, por el contrario, una actitud cínico-manipuladora: el organizador de la utilización del chivo expiatorio no cree en modo alguno en la culpa de la víctima, su opinión es, sencillamente, que hay que dar preferencia a los intereses de la comunidad sobre los derechos del individuo; el sacrificio de este es aceptable en tanto impide la desintegración del tejido social. El problema de esta lógica cínico-"ilustrada" del sacrificio es que presupone y necesita al "otro" (la "gente común") en el papel del simplón que "cree realmente" en la culpa del chivo expiatorio; si no, el sacrificio carece de motivo. Para hacer visible la naturaleza dudosa de este presupuesto, basta con que pensemos en los monstruosos procesos estalinistas como la forma más explícita de lógica sacrificial cínico-utilitaria (aparte del antisemitismo fascista): la respuesta a la pregunta "¿creían

que —cuando se toman como determinaciones positivas y se aplican a todas las situaciones posibles— en una situación sacrificial justifican el sacrificio.

96. Véase René Girard, *Violence and the Sacred*, Baltimore, Johns Hopkins University Press, 1977 [ed. cast.: *La violencia y lo sagrado*, trad. de Joaquín Jordá, Barcelona, Anagrama, 1983].

los acusadores realmente en la culpa de su víctima?" es mucho más difícil y ambigua de lo que puede parecer. Un "verdadero" estalinista probablemente diría: aun cuando, en el nivel de los hechos inmediatos, los acusados sean inocentes, son tanto más culpables en un nivel más profundo de responsabilidad histórica; mediante la insistencia misma en su inocencia abstracta-legal, han dado preferencia a su individualidad sobre los intereses históricos más generales de la clase obrera expresados en la voluntad del Partido... Este argumento resume con claridad la paradoja del espacio sagrado que actúa en la lógica sacrificial tradicional: tan pronto como un hombre ocupa el lugar de la víctima sagrada, su propio ser es estigmatizado, y cuanto más proclama su inocencia, más culpable es, ya que la culpa reside en su resistencia misma a la asunción de la "culpa", esto es, el mandato simbólico de la víctima a él conferido por la comunidad. Lo que la víctima tiene que hacer a fin de estar "a la altura de su tarea" es, por lo tanto, asumir la carga de la culpa con plena conciencia de su inocencia: cuanto más inocente es, mayor es el peso de su sacrificio.

En otras palabras, la referencia a los simplones, a quienes se atribuye "creer realmente" en la culpa de la víctima y en beneficio de los cuales se pone en escena todo el espectáculo del chivo expiatorio, es profundamente ambigua: por medio de ella, el manipulador utilitario *traslada al otro su propia creencia (inconsciente)*, como los padres que, "por supuesto, no creemos en Santa Claus, solo simulamos creer para no desilusionar a nuestros hijos...". La ruptura por la que el utilitario manipulador que justifica la utilización del chivo expiatorio por sus beneficios sociales se aparta de la lógica sacrificial tradicional es, en consecuencia, mucho menos definida de lo que parece: se trata, más bien, de un caso de gradación continua: la misma manipulación puede respaldarse por el presupuesto de un creyente ingenuo, y el sacrificio tradicional nunca es "puro", sino que siempre contiene un elemento de "manipulación". Para expresarlo sucintamente, la escisión es inherente a ambas versiones del sacrificio, ambas recurren a la lógica fetichista de "sé muy bien (que la víctima es inocente), pero, no obstante...". Este pasaje continuo es posible por su rasgo común: el supuesto de que el "sacrificio paga", que es el resultado del fundamento de la ética en el bien común. Por otro lado, la revolución kantiana, al repudiar este fundamento (y su corolario, la valoración ética de un acto por sus consecuencias reales)[97], rompe sin reservas con la lógica sacrificial en sus versiones tanto tradicional como utilitaria; ¿de dónde surgen, entonces, las paradojas con las cuales se enreda Rawls en su empeño por elaborar los perfiles de una ética antisacrificial?

Le père...

En este preciso momento, viene en nuestra ayuda una referencia a la teoría psicoanalítica: el *insight* fundamental que subyace a las nociones del complejo de Edipo, la prohibición del incesto, la castración simbólica, el advenimiento del Nombre del Padre, etc., consiste en que cierta "situación sacrificial" define el estatus mismo del hombre como "*parlêtre*", "ser de lenguaje". Vale decir, ¿qué es toda la teoría psicoanalítica de la "socialización", de la emergencia del sujeto a partir del encuentro de una sustancia vital presimbólica de "goce" con el orden simbólico, sino la descripción de una situación sacrificial que, lejos de ser excepcional, es la historia de cada uno y, como tal, *constitutiva*? Este carácter constitutivo significa que el "contrato social", la inclusión del sujeto en la comunidad simbólica, tiene la estructura de una *elección obligada*: el sujeto del que se supone que escoge libremente su comunidad (dado que solo una elección libre es moralmente vinculante) no existe con anterioridad a esa elección, sino que se constituye por su intermedio. La elección de comunidad, el "contrato social", es una elección paradójica en la que conservo la libertad de elegir solo si "hago la elección correcta": si escojo al "otro" de la comunidad, me dispongo a perder la libertad misma, la posibilidad misma de elección (en términos clínicos: elijo la psicosis). Lo que se sacrifica en el acto de elegir es, desde luego, la Cosa, el Objeto incestuoso que

97. El argumento que la ética kantiana puede ofrecer en cuanto a sus consecuencias reales es una nueva versión de la lógica de los "subproductos": los costos a corto plazo del rechazo radical de la utilización del chivo expiatorio pueden parecer exorbitantes, pero son superados por los beneficios a largo plazo, dado que *el subproducto esencial de este rechazo radica en que impide la aparición de situaciones que requieran una solución sacrificial.*

encarna el goce imposible, y la paradoja radica en el hecho de que el Objeto incestuoso *llega a ser gracias a ser perdido*, es decir, que no es dado con anterioridad a su pérdida. Por *esa* razón, la elección es obligada: sus términos son incomparables, lo que cedo a fin de lograr la inclusión en la comunidad del intercambio simbólico y la distribución de bienes es, en un sentido, "todo" (el Objeto del deseo) y en otro sentido "nada en absoluto" (dado que, en sí mismo, es imposible, esto es, dado que, en el caso de su elección, lo pierdo todo). Este es el aspecto que indica con claridad la especificidad del psicoanálisis: todas las otras teorías conciben la prohibición del incesto como un término en un acto de intercambio que, en última instancia, "paga", por medio del cual el sujeto obtiene algo como retribución (progreso cultural, otras mujeres, etc.), mientras que el psicoanálisis insiste en que el sujeto no consigue nada a cambio (y tampoco da nada)[98]. En síntesis, este renunciamiento es "puro", un puro gesto negativo de retirada que constituye el espacio de las ganancias y las pérdidas posibles, es decir, de la distribución de bienes: las mujeres se transforman en un objeto de intercambio y distribución solo después de que la "cosa madre" se postula como prohibida. En ello consiste la lectura psicoanalítica de Kant: la primacía de la Justicia sobre el Bien implica que el Bien supremo (la Cosa en sí como Objeto incestuoso) se postule como imposible/inalcanzable.

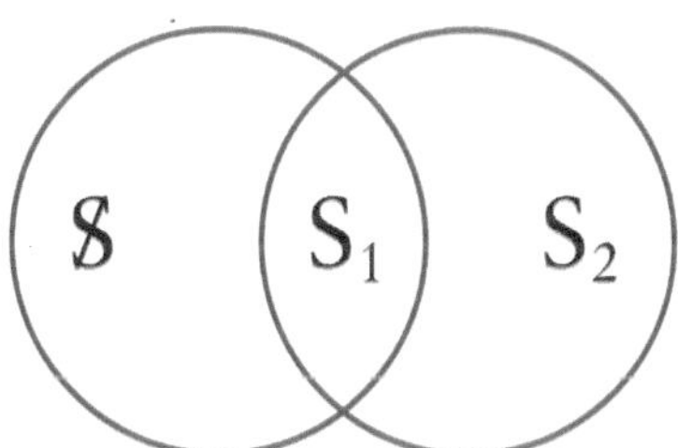

En los últimos años de su enseñanza, Lacan formuló esta opción como la alternativa de "*le père ou pire*", "el padre o peor": la elección no es entre bueno y malo sino entre malo y peor. La elección obligada de la comunidad, es decir, la subordinación a la

98. Véase Joan Copjec, "The Sartorial Superego", en: *October*, nº 50, otoño de 1989, pp. 56-95.

autoridad del Nombre del Padre, es "mala" ya que, por su intermedio, el sujeto "cede en cuanto a su deseo", contrayendo con ello una culpa indeleble (como dice Lacan, lo único de lo que el sujeto puede ser culpable en psicoanálisis es de ceder en cuanto a su deseo)[99]. Esta culpa constitutiva del sujeto, que está en la raíz de lo que Freud llama el "malestar" que es privativo de la cultura, puede ayudarnos a explicar por qué el matema lacaniano para el sujeto es $\$$, es decir, el sujeto tachado, evacuado, reducido al gesto vacío de una elección obligada. Que es la razón por la cual el tiempo del sujeto nunca es el presente: el sujeto se constituye cuando, de improviso, el X presubjetivo se postula como el único que *ya ha elegido*; la realidad social es "subjetivada" cuando, de improviso, se la imputa al sujeto como algo que este ha escogido libremente[100]. Por consiguiente, el esquema de la alienación que Lacan propone en *Los cuatro conceptos fundamentales del psicoanálisis* debe tomarse en su totalidad al pie de la letra, como una elección entre los dos significantes: el sujeto no puede "tenerlo todo" y elegirse como no barrado, lo único que puede hacer es elegir una marca parcial, uno de los dos significantes, el mandato simbólico que lo representará, designará su lugar en la red intersubjetiva, funcionará como su doble en el Otro; en otras palabras, en el cual estará *alienado*. En el caso de la "decisión de Sophie", la díada S1-S2 puede leerse como los dos niños entre los cuales ella está obligada a elegir uno; en *Romeo y Julieta*, S1-S2 es la pareja de dos Nombres del Padre, Montesco y Capuleto: si Romeo y Julieta prefirieran seguir siendo miembros de una comunidad, uno de ellos tendría que renunciar a su Nombre y unirse al del otro. Sin embargo, ninguno de los dos "cede en cuanto a su deseo": por medio de su gesto suicida, repiten la elección fundamental en la cual nacieron, al desposeerse de sus Nombres respectivos, *separarse* de la totalidad de S1-S2 y, con ello, elegirse

99. Por consiguiente, la agencia superyoica obscena es el reverso necesario de la elección del Nombre del Padre: fue Freud quien dijo que el superyó extrae su energía de la pulsión a la que se renuncia.

100. En cuanto a este mecanismo, véase Slavoj Žižek, *The Sublime Object of Ideology*, Londres, Verso Books, 1989, caps. 5 y 6 [ed. cast.: *El sublime objeto de la ideología*, trad. de Isabel Vericat Núñez, Buenos Aires, Siglo XXI, 2009].

como "peores"; lo mismo que Sophie que, en su elección repetida, se escoge como "peor", como *objeto* no simbolizable.

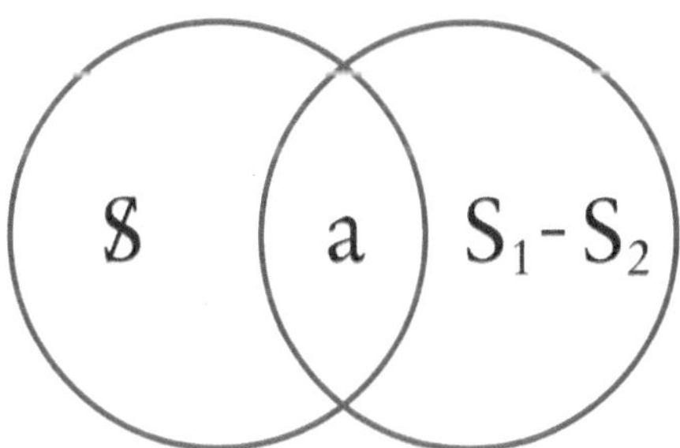

El matema lacaniano para este elemento "peor" que plantea la única alternativa a la "mala" elección del Padre es, como se sabe, el *objeto a*: "*le père ou pire*" equivale, en última instancia, a la alternativa "Padre o el *objeto a*". La tesis de Lacan de que "el loco es el único hombre libre" tiene que discernirse contra este telón de fondo: el "loco" (el psicótico) es el sujeto que se ha negado a caminar hacia la trampa de la elección obligada y a aceptar que "ya ha sido siempre elegido"; ha tomado la elección "con seriedad" y escogido el opuesto imposible del Nombre del Padre, es decir, de la identificación simbólica que nos confiere un lugar en el espacio intersubjetivo. Lo cual constituye la razón por la cual Lacan insiste en que la psicosis debe "situarse en el registro de la ética": es un modo de "no ceder en cuanto a nuestro deseo", y señala nuestro rechazo a cambiar el goce por el Nombre del Padre[101].

… ou pire

De tal modo, ya hemos indicado que la última palabra de Lacan no es la elección obligada. La posición original del hombre como ser de lenguaje es decididamente la de la *alienación* en el significante (en el orden simbólico): la primera elección es, por necesidad,

101. Véase Jacques-Alain Miller, "Die Lektion der Psychosen", en: *Wo es war*, nº 5-6, 1989, pp. 28-35 [ed. cast.: "Sobre la lección de las psicosis", en: *El Psicoanálisis*, nº 30-31, octubre de 2017].

la del Padre, que marca al sujeto con la culpa indeleble correspondiente a su existencia (simbólica) misma. El mejor ejemplo de esta alienación es el sujeto moral kantiano: el sujeto escindido, subordinado al imperativo moral, atrapado en el círculo vicioso del superyó donde es tanto más culpable cuanto más obedece su orden. Empero, la apuesta de Lacan es que es posible que el sujeto se libere de la presión del superyó *repitiendo* la elección y exculpándose, de ese modo, de su culpa constitutiva. El precio de ello es exorbitante: si la primera elección es "mala", su repetición es, en su propia estructura formal, "peor", porque se trata de un acto de *separación* de la comunidad simbólica: aquí, el ejemplo máximo de Lacan es, por supuesto, el "¡no!" suicida de Antígona a Creonte.

En eso consiste la definición lacaniana del auténtico acto ético: un acto que alcanza el límite absoluto de la elección obligada primordial y la repite en sentido inverso. Un acto tal expone el único momento en que somos efectivamente "libres": Antígona es "libre" después de haber sido excomulgada de la comunidad. En nuestro tiempo, esos actos parecen casi impensables: sus equivalentes son, por lo habitual, descalificados como "terrorismo", como el gesto de Gudrun Ensslin, líder de la Fracción del Ejército Rojo (FER), una organización "terrorista" maoísta, que se mató en 1978 en una prisión de máxima seguridad. Su historia se narró en el filme de Margaretha von Trotta *Las hermanas alemanas* (el paralelo entre su destino y el de Antígona ya había sido trazado en el episodio de Volker Schlöndorf del colectivo *Alemania en otoño*). Hoy, que Antígona, por regla general, es "domesticada", convertida en un patético guardián de la comunidad contra el tiránico poder estatal, es tanto más necesario insistir en el carácter escandaloso de su "¡no!" a Creonte: quienes no quieren hablar sobre la "terrorista" Gudrun deberían también quedarse callados con respecto a Antígona. ¿No repitieron el gesto de esta los simpatizantes de la FER que participaron en el funeral de Gudrun, enmascarados, ya que sabían que la policía los estaba filmando? Lo realmente perturbador en el "terrorismo" de la FER no eran las bombas sino el rechazo de la elección obligada, del pacto social fundamental implícito en su actitud. ¿Cómo, entonces, debería responderse a la crítica de que sus miembros "fueron demasiado lejos" cuando, en nombre de su "loca" elección, dejaron en suspenso la ética más elemental? Habría que asumirla plenamente, con la condición de que la "suspensión de lo ético" se comprenda aquí en su sentido kierkegaardiano preciso (la obvia alusión "kierkegaardiana" de los términos que usamos para determinar el acto —"repetición", "libertad de elección", "culpa"— debería bastar para legitimizar este giro). El gesto ético fundamental es la alienación del sujeto en la universalidad del pacto simbólico, mientras que lo religioso marca la suspensión de lo ético, esto es, el momento de la decisión "loca" en que, en vez de la I de la identidad simbólica, de la ley universal, elegimos *a*, la excepción, el objeto particular que se desprende del orden simbólico. En síntesis, el salto hacia lo religioso *repite* la elección obligada ética y con ello nos dispensa de la culpa implícita en esta.

Repetición: Imaginario, Simbólico, Real

La repetición como acto debe distinguirse de sus otras modalidades; es decir, su estatus en Kierkegaard es triple, de acuerdo con su tríada de las etapas *estética*, ética y *religiosa* (o, para mencionar sus equivalentes lacanianos, Imaginario, Simbólico y Real)[102].

En la etapa *estética*, la imposibilidad de la repetición se experimenta bajo el aspecto de las paralizaciones imaginarias que el sujeto encuentra cuando se esfuerza por resucitar la plenitud de placeres pasados. En *La repetición*, Kierkegaard ejemplifica este atolladero por medio del fracaso de su regreso (es decir, el del narrador) a Berlín: todo intento de recuperar alguna intensa experiencia pasada está condenado a terminar en un anticlímax; aun si, en el nivel de la "realidad", la cosa es exactamente la misma (Kierkegaard va a los mismos restaurantes y teatros, visita a los mismos amigos), ahora lo deja frío e indiferente...

En la etapa *ética*, la repetición asume la forma de las normas universales de conducta: en vez de perseguir los elusivos momentos de placer estético, confiamos en la certeza de la repetición.

102. Esta congruencia de lo religioso con lo Real vuelve a dar testimonio de la tesis de Lacan de que los dioses pertenecen a lo Real.

Esta es un signo de madurez cuando el sujeto ha aprendido a evitar las trampas gemelas de la esperanza impaciente en lo Nuevo y del recuerdo nostálgico de lo Viejo: encontramos satisfacción en el retorno de lo Mismo, como la dichosa pareja conyugal que ha superado el anhelo de aventuras exóticas y, no obstante, aún es capaz de evitar la rememoración melancólica de pasadas pasiones. El atolladero que empuja a Kierkegaard hacia la siguiente etapa (*religiosa*) es, desde luego, la experiencia de que, también en esta etapa, la repetición es imposible: el momento ideal en el cual superamos el fútil anhelo de lo Nuevo sin caer en una actitud nostálgica dirigida hacia el pasado nunca se presenta como tal. La estructura del tiempo subjetivo es tal que, de las expectativas esperanzadas, del "demasiado pronto", somos arrojados súbitamente a la rememoración melancólica, al "demasiado tarde". En otras palabras, la paradoja autorreferencial consiste en el hecho de que el momento ideal entre la esperanza y el recuerdo *está presente precisa y únicamente en el modo de la esperanza o el recuerdo*: en el ardor juvenil tenemos la esperanza de encontrar la paz en una esposa amada de la que nunca nos cansemos; en la vejez recordamos la época dichosa consumada con el ritmo confiable de la repetición...

La determinación más sucinta del estatus de la repetición en la etapa *religiosa* es, desde luego, su *reflejo en sí misma*: mientras que la repetición no es posible, *sí lo es* repetir la experiencia misma de la imposibilidad, esto es, el fracaso en asistir al Objeto. Es así como Lacan concibe la diferencia entre la repetición de un significante y la repetición como encuentro traumático con lo Real: la de un significante repite el *trait unaire* simbólico, la marca a la que se reduce el objeto, constituyendo así el orden ideal de la Ley, mientras que el "trauma" designa precisamente la reaparición de la incapacidad para integrar algún núcleo "imposible" de lo Real. Lo que Kierkegaard tiene en mente aquí es, en última instancia, la bien conocida oposición de dos actitudes ante la historia: cuando somos arrojados en el "devenir" histórico, atrapados en su flujo, experimentamos el abismo de la "apertura" de la historia, somos obligados a elegir; después, cuando echamos una mirada retrospectiva sobre ella, su curso pierde el carácter de "devenir" y aparece como la manifestación de alguna necesidad "eterna". Es por lo tanto en nombre de este abismo de libre decisión que Kierkegaard se vuelve contra la "comprensión retrospectiva de la historia" que se esfuerza por explicar la necesidad de lo ocurrido: quienes "comprenden la historia" no son sino "profetas vueltos hacia el pasado", no mejores que quienes emiten profecías sobre lo por venir; unos y otros olvidan la libre decisión implícita en el acto del devenir: si contemplamos el pasado como necesario, olvidamos que es algo que advino a la existencia[103]. Por medio de la repetición del pasado, socavamos esta imagen de la historia como el proceso lineal de despliegue de una necesidad subyacente y sacamos a la luz su proceso de devenir: "repetir" la Revolución de Octubre, por ejemplo, no significa observarla como un eslabón en la cadena de la necesidad histórica sino hacer visible el atolladero existencial de sus participantes, el peso de las decisiones que se vieron obligados a asumir dentro de esa constelación única.

El punto crucial de Kierkegaard es que aquí estamos, precisamente, frente a una repetición, *no* a una rememoración: no "nos trasponemos al espíritu del pasado" desde el punto de vista de una mirada externa, neutral; el pasado aparece en su "apertura", en su posibilidad, solo ante aquellos cuya situación presente es amenazada por el mismo abismo, aquellos que están atrapados en el mismo atolladero. En este sentido, Kierkegaard concibe la actitud cristiana como la experiencia de nuestra "simultaneidad con el Cristo humillado del Evangelio": en el acto de la repetición por medio del cual nos convertimos en cristianos no nos identificamos con Cristo como Amo sino con el humillado originador de un acto escandaloso. Walter Benjamin hace referencia a la misma "simultaneidad" con el pasado de fracasos y humillaciones catastróficas en las "Tesis sobre la filosofía de la historia", en las que presenta la revolución como una repetición que suspende el progreso histórico lineal: cuando una revolución se concibe a sí misma como una repetición de pasados intentos revolucionarios

103. Véase "Interlude", en: *Philosophical Fragments*, vol. 7 de *Kierkegaard's Writings*, Princeton, N. J., Princeton University Press, 1985, pp. 73-88 [ed. cast.: *Migajas filosóficas*, en: *Migajas filosóficas - El concepto de angustia - Prólogos*, trad. de Darío González y Óscar Parcero, Madrid, Trotta, 2016].

fracasados, estos se hacen visibles en su misma "apertura", como actos desesperados para romper la "gran cadena del ser (histórico)". La revolución "rescata" los intentos fracasados del pasado *repitiéndolos en su "posibilidad"*, realiza retroactivamente sus potenciales que fueron aplastados en el curso victorioso de la historia "oficial"[104]. La dimensión específica de esta repetición en la cual, para la mirada de aquellos estigmatizados por la máxima amenaza real, el pasado aparece en su "posibilidad" es la de la ideología: tal vez sea un poco más fácil entender de este modo por qué el concepto de repetición era, para Kierkegaard, eminentemente teológico.

Repetición y posmodernidad

Ahora también podemos enfocar desde una nueva perspectiva el mal afamado problema de la pérdida posmoderna del sentido histórico adecuado, es decir, su falta de aprecio por la tradición común que nos une a nuestro pasado. Al parecer, nuestra experiencia de "inmersión" en un continuo histórico es sustituida por la lógica de la *nostalgia*, la fascinación por una imagen etérea del pasado arrancado de su contexto histórico. El concepto de repetición de Benjamin como estasis, suspensión del continuo histórico, constituye un antídoto apropiado para esta crítica dado que en él los dos términos intercambian sus respectivos "valores": para Benjamin, la "verdad" se encuentra del lado de la estasis antihistórica, en tanto que la Historia es siempre "falsa", un relato del vencedor que legitima su victoria al presentar el desarrollo previo como el continuo lineal que condujo a su propio triunfo final. ¿Cómo deberíamos, entonces, tratar este antagonismo de las dos perspectivas de la historia, la de los partidarios de la

104. Con respecto a la noción del "mediador evanescente" que se vuelve invisible (esto es, un "vínculo faltante") una vez que el cambio que pone en movimiento retrocede hacia un nuevo equilibrio, podríamos decir que la repetición en el sentido kierkegaardiano-benjaminiano *vuelve a hacer visible el "vínculo faltante"*. Para las nociones de "mediador evanescente" y "vínculo faltante", véase el cap. 5 de Slavoj Žižek, *For They Know Not What They Do*, Londres y Nueva York, Verso Books, 1991 [ed. cast.: *Porque no saben lo que hacen. El goce como un factor político*, trad. de Jorge Piatigorsky, Barcelona, Paidós, 2000].

historicidad que deploran la pérdida de sensibilidad histórica en la nostalgia posmoderna y la de la confianza benjaminiana en el poder liberador de la repetición "antihistórica" que interrumpe el continuo histórico? El primer paso es, desde luego, discernir que ese antagonismo es inherente a cada uno de los dos términos, historicidad y repetición antihistórica. El "sentido histórico" está, de manera intrínseca, desgarrado entre la conciencia de que el lugar mismo desde donde hablamos está determinado por una tradición histórica "descentrada", y el "historicismo", es decir, la mirada del Amo que, contemplando la historia desde una distancia metalingüística segura, construye el relato lineal de la "evolución histórica". La estasis antihistórica posmoderna, por otro lado, está desgarrada entre la repetición como suspensión del movimiento por medio del cual "sincronizamos" nuestra posición amenazada con la de nuestros predecesores, y la repetición como nostalgia, cuyo objeto adecuado no es la imagen del pasado sino, más bien, la mirada misma embelesada con esta imagen: la nostalgia siempre depende de un giro reflexivo de ese tipo, lo que en realidad nos fascina en ella es la mirada aún capaz de sumergirse "ingenuamente" en la imagen etérea del pasado perdido. En ambos casos, la lógica de la "caída" (de la conciencia histórica en el historicismo; de la repetición como estasis en la nostalgia) es la misma, implica nuestra exclusión del proceso, nuestra toma de distancia externa; empero, lo decisivo es que, en la forma doble en que se experimenta este antagonismo, los términos se vinculan en diagonal (la historicidad propiamente dicha se opone a la nostalgia y el historicismo a la repetición), de modo que obtenemos una especie de cuadrado semiótico greimasiano.

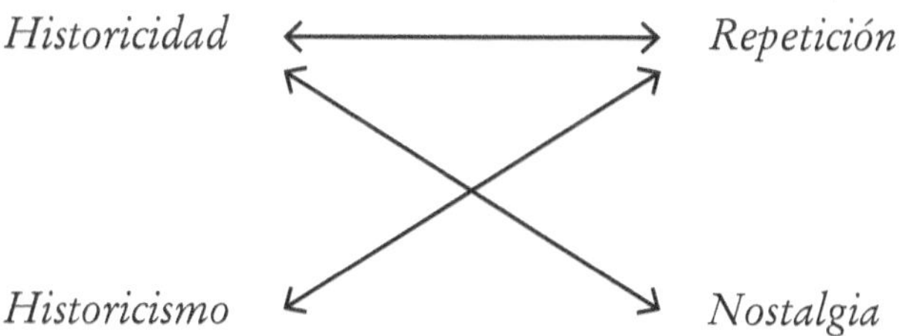

La clave de este enigma consiste en la paradoja básica de la historicidad como opuesta al historicismo: lo que la distingue es precisamente la presencia de un *núcleo ahistórico*. Es decir, la única manera de salvar la historicidad de su caída en el historicismo, en la noción de la sucesión lineal de "épocas históricas", es concebir estas épocas como una serie de intentos, en última instancia fracasados, de enfrentarse con el mismo núcleo traumático "ahistórico" (en el marxismo, este núcleo es, por supuesto, la lucha de clases, el antagonismo clasista); en síntesis, concebir el gesto fundante de cada nueva época como *repetición* en el preciso sentido kierkegaardiano-benjaminiano. La definición más sucinta del historicismo es, por lo tanto: historicidad *menos* el núcleo ahistórico de lo Real, y la función de la imagen nostálgica es precisamente completar el lugar vacío de esa exclusión, es decir, el punto ciego del historicismo. En otras palabras, lo que oculta la imagen nostálgica no es la mediación histórica sino, por el contrario, el núcleo traumático ahistórico que retorna como lo Mismo a través de todas las épocas históricas (en términos marxistas, la imagen nostálgica de una idílica sociedad precapitalista en oposición al antagonismo capitalista esconde, en última instancia, la lucha de clases que es lo que *sigue siendo lo mismo* en el pasaje del feudalismo al capitalismo).

"O/o" duplicado

La doble oposición (historicidad *versus* nostalgia, historicismo *versus* repetición) puede ser dispuesta en una sucesión narrativa: en un primer momento, rechazamos la estasis nostálgica en nombre del sentido histórico; en un segundo momento, tomamos conciencia de la forma en que este sentido histórico se convierte en su opuesto, el historicismo, si no tenemos en cuenta el núcleo ahistórico en su centro: la afirmación del sentido histórico propiamente dicho implica su suspensión puntual. Esta sucesión narrativa nos ofrece también la matriz de la tríada kierkegaardiana de lo *estético*, lo *ético* y lo *religioso*, en la que el término medio (lo *ético*) sufre la misma escisión, razón por la cual la afirmación misma de una actitud ética apropiada entraña su suspensión puntual. Lo crucial es que los tres momentos no pueden "sincronizarse":

nunca elegimos entre las tres posiciones simultáneamente, escogemos ya dentro del primer "o/o", es decir, entre lo *estético* y lo *ético*, ya dentro del segundo, es decir, entre lo *ético* y lo *religioso*. En primer lugar, hay que elegir entre rendirse al placer del momento u optar por la universalidad de la ley moral; luego, entre aceptar la universalidad de la ley moral como horizonte último o estar dispuesto a dejarla en suspenso en favor de la demanda religiosa. Es decir, el problema de la suspensión *religiosa* de lo *ético* solo surge *después de haber elegido ya lo ético*[105].

El cambio de perspectiva aquí en juego puede ejemplificarse por medio de la dialéctica de la ley y la violencia: primero, la ley aparece como opuesta a los actos particulares de violencia que la subvierten, el sujeto está desgarrado entre los impulsos "patológicos" de transgredir la ley y el mandato ético de obedecerla; luego, el suelo desaparece de improviso bajo sus pies cuando experimenta de qué manera el propio imperio de la ley está fundado en la violencia, esto es, de qué manera la imposición de aquel consiste en la universalización de una violencia que con ello se convierte en "legal". Esta inversión violenta de la ley es —para expresarlo en términos de Kierkegaard— "la ley en el devenir". La experiencia de esta inversión puede hoy hacerse palpable en relación con la percepción ideológica espontánea de las amenazas al orden mundial vigente: en la actualidad, con la desintegración del "socialismo realmente existente", el medio neutral, universal, la supuesta medida del estado "normal" de las cosas, se organiza en torno de la noción de la democracia capitalista (el mercado, el pluralismo, etc.), mientras que quienes se oponen a ella quedan cada vez más reducidos a posiciones "irracionales", marginales ("terroristas", "fanáticos fundamentalistas"). No bien alguna fuerza política amenaza en exceso la circulación del capital —aun cuando se trate, por ejemplo, de una benigna protesta contra la tala de árboles—, se la etiqueta al instante como "terrorista",

105. Lo mismo vale también para la tríada lacaniana Imaginario-Simbólico-Real: la elección es siempre entre los dos, es decir, tenemos que elegir entre Imaginario y Simbólico (la fascinación por la forma imaginaria *versus* la estructura simbólica vacía: uno de los grandes motivos del Lacan de la década de 1950) o entre Simbólico y Real (la red simbólica *versus* el núcleo traumático de lo Real que elude su aprehensión: el foco del último Lacan).

"irracional", etc. Tal vez, nuestra propia supervivencia dependa de nuestra capacidad de ejecutar la inversión antes mencionada y de situar la verdadera fuente de la locura en la medida supuestamente neutral de la "normalidad" que nos autoriza a percibir toda oposición a ella como "irracional". Hoy, cuando los medios nos bombardean con impactantes revelaciones acerca de diferentes versiones de la "locura" que amenaza el circuito "normal" de nuestra vida cotidiana, desde los asesinos en serie hasta los fundamentalistas religiosos, desde Saddam Hussein hasta los carteles de narcotraficantes, hay que confiar más que nunca en la sentencia de Hegel de que la verdadera fuente del mal es la misma mirada neutral que ve al Mal en todo lo que nos rodea.

En una primera aproximación, todo esto no tiene nada que ver con la idea de Kierkegaard de lo *religioso*; sin embargo, las cosas se tornan más claras tan pronto como consideramos que su aspiración era reafirmar la actitud cristiana en su reverso "escandaloso", antes de que se formalizara como una fuerza de la ley y el orden, es decir, reafirmarla como un *acto*, como lo fue la apariencia misma de Cristo ante los ojos de los guardianes de la vieja ley, antes de que lo "cristianizaran" y lo convirtieran en parte de la nueva ley de la tradición cristiana. Esta escandalosa "suspensión de lo Ético" (de la vieja ley judía) inherente a la actitud cristiana es lo que Kierkegaard quiere resucitar en la furiosa polémica contra la cristiandad institucionalizada (el "cristianismo") que ocupó los últimos años de su vida. En este punto es tentador releer su insistencia en que todo creyente debe "repetir" el escándalo de Cristo —es decir, la cristiandad en su "devenir", antes de que se convirtiera en una necesidad establecida— a través de la perspectiva de la perspicaz observación de G. K. Chesterton acerca de la forma en que el cuento policial, "en cierto sentido, mantiene presente ante nuestros ojos el hecho de que la propia civilización es la más sensacional de las partidas y la más romántica de las rebeliones. [...] Se basa en el hecho de que la moralidad es la más oscura y osada de las conspiraciones"[106]. Es esto, en última instancia, lo que está en juego en el *segundo* "o/o": la

106. Chesterton, G. K., "A Defence of Detective Stories", en: Howard Haycraft (comp.), *The Art of the Mystery Story*, Nueva York, Grosset & Dunlap, 1946, col.

experiencia de que la actitud *ética* es la única subversión verdadera. Parafraseando a Chesterton, cuando el verdadero creyente cristiano se yergue solo y sin miedo ante los cuchillos y los puños de los sirvientes de la necesidad establecida, esto sirve, sin duda, para recordarnos que es el agente de la creencia quien constituye la figura original y subversiva, mientras que los salteadores de caminos estéticos entregados a los placeres son meramente plácidos y viejos conservadores cósmicos, dichosos en la respetabilidad inmemorial de los simios y los lobos. O bien, parafraseando al Brecht de la *Ópera de tres centavos*: ingresamos a lo religioso cuando nos decimos a nosotros mismos: "¿Qué es una transgresión de la ley frente a la transgresión que atañe a la propia ley? ¿Qué son los pequeños delitos humanos frente a la palabra de Dios cuando ordena a Abraham el absurdo sacrificio de su hijo? ¿Qué delito humano puede compararse a la crueldad del jugueteo de Dios con el destino del hombre?"[107].

"Universal Library", p. 6 [ed. cast.: "En defensa de las historias de detectives", en: Román Gubern (comp.), *La novela criminal*, Barcelona, Tusquets, 1979].

107. En otro nivel, debe realizarse la misma inversión en relación con la antigua Grecia, ese objeto por excelencia de la nostalgia, el momento de origen de lo que llamamos la "civilización occidental". La hermenéutica clásica en sus diferentes formas, desde el Renacimiento a través del ideal clasicista de la armonía y la belleza temperada griegas hasta los temas heideggerianos de Grecia como el lugar de la revelación original de la verdad del ser, trata a los griegos como parte de nuestro propio continuo histórico, el punto de partida de la tradición en la cual se desarrolló el lugar mismo desde el que hablamos, en oposición a, digamos, los esquimales o los polinesios, a quienes debe tratarse desde una perspectiva "antropológica", como culturas que no son parte de nuestra tradición, tierras extranjeras hacia las cuales aún restan construirse puentes. Aquí, la historiografía francesa reciente llevó a cabo una verdadera revolución cuando asumió con respecto a los antiguos griegos la actitud "antropológica" y comenzó a tratarlos como parte de una tradición extranjera, tal cual se hace con los esquimales o los polinesios. Los resultados de una lectura tan novedosa de las fuentes griegas han sido fascinantes: en vez de la Grecia "clásica" de la *polis*, de la armonía entre el individuo y la comunidad, de la unidad orgánica trágica pero bien temperada de la vida en oposición a la barbarie oriental, hemos obtenido una imagen "exótica" de una Grecia plenamente integrada a su contexto mediterráneo, una Grecia de rituales, sacrificios, violencia y mitos salvajes... En síntesis, los antiguos griegos no supieron que estaban iniciando una nueva era de la razón, no se convirtieron en la "aurora de la civilización occidental", ¿hasta cuándo? Para situar ese momento, hay que traer a colación la oposición entre Atenas y Roma; sus posiciones respectivas dentro

3.2 IDENTIDAD Y AUTORIDAD

La "excepción reconciliada en lo universal"

Lo que no debería pasarse por alto aquí es el vínculo inherente entre esa suspensión de lo Ético y la noción de autoridad de Kierkegaard: por obra de su disposición a sacrificar a su amado hijo, Abraham atestigua su sometimiento incondicional a la autoridad de Dios; si juzgara Su demanda por su contenido ("¿Cómo puede Él exigir de mí algo tan atroz?"), la autoridad de Dios estaría sometida a su juicio y, con ello, desvalorizada. En otras palabras, la autoridad propia de Dios solo se experimenta en la suspensión religiosa de lo Ético: si Él solo fuera un poder que confiere autoridad complementaria a las demandas éticas, perdería su propia autoridad y funcionaría como un *complemento estético de la ética*, es decir, como una especie de criatura imaginaria que procura que la gente común, esclavizada a la imaginación, obedezca los imperativos éticos abstractos. Como ya lo hemos señalado, esta suspensión religiosa de lo Ético no es su simple abolición externa sino su condición inherente de posibilidad, es decir, precisamente lo que confiere a lo Ético su *identidad*. La misma observación puede traducirse también en términos de lo universal y su excepción constitutiva: la "suspensión [religiosa]

de la mitología teórica son fáciles de determinar por medio de la oposición derrideana de la voz y la escritura: Grecia ejemplifica la experiencia de los orígenes, la armonía y la autenticidad trágica de la *polis*, mientras que Roma representa su desintegración, el entendimiento externo en contraposición a la razón intrínseca, etc. Empero, es crucial que la lengua universal de la civilización occidental fuera el latín, la lengua del olvido, y no el griego, la lengua de las raíces y los orígenes auténticos; ¿por qué? Hay una sola respuesta posible: porque Grecia, como imagen de los auténticos orígenes, *llegó a serlo en el momento mismo de su pérdida*. En otras palabras, los "antiguos griegos" nunca existieron: eran "bárbaros" mediterráneos que, retrospectivamente, para la mirada romana, se convirtieron en "antiguos griegos". Sin duda, los griegos no eran "bárbaros" como el resto, *hubo* una ruptura radical efectuada por ellos, aunque *no* es la ruptura entre los "bárbaros" y nuestra figura nostálgica de los "antiguos griegos" heredada de Roma; si vamos a concebir a los griegos "en su devenir", "en su posibilidad", tenemos que exhumar los perfiles de un acto sin precedentes que es el reverso oculto de la figura de los "antiguos griegos" inherente a nuestra tradición histórica.

de lo Ético" se refiere a una excepción que no se relaciona con lo universal como su transgresión externa sino que, precisamente como excepción, lo funda:

> La excepción rigurosa y determinada que, vástago de lo universal, aunque en conflicto con él, mantiene su posición. [...] La excepción que piensa lo universal al pensarse a fondo; que explica lo universal al explicarse a sí misma. Por consiguiente, la excepción explica lo universal y a sí misma, y si se quiere realmente estudiar lo universal, solo hace falta mirar en torno en busca de una excepción legítima. La excepción legítima se reconcilia en lo universal[108].

En el momento mismo en que Kierkegaard se opone con la máxima violencia a la supuesta "tiranía [hegeliana] de lo Universal", está, por supuesto, en la mayor cercanía con Hegel: ¿qué es lo "Universal concreto" hegeliano sino la "excepción reconciliada en lo universal", es decir, la unidad de lo Universal abstracto con su excepción constitutiva? Aquí, el ejemplo hegeliano de peor fama es, desde luego, el del Estado como una totalidad racional de individuos que "se han hecho" a sí mismos por medio de su trabajo: el Estado alcanza su realidad en la persona del monarca que es inmediatamente, esto es, en su naturaleza misma, lo que es en su determinación simbólica (se llega a ser rey por nacimiento, no por los propios méritos). La excepción del rey es por lo tanto una excepción "reconciliada en lo Universal" dado que este la funda; el republicanismo ético abstracto y prerreligioso *à la* Fichte protestaría, por supuesto, contra esta excepción real, condenándola como una afrenta insoportable a los principios republicanos, y nos llamaría a tratar al rey de la misma manera que tratamos a otros ciudadanos, mientras que la especulación hegeliana demuestra que la propia universalidad ética, a fin de sostenerse, requiere una excepción, un punto en el cual quede

108. Kierkegaard, Søren, *Repetition*, vol. 6 de *Kierkegaard's Writings*, Princeton N. J., Princeton University Press, 1983, p. 227 [ed. cast.: *La repetición*, en: *La repetición - Temor y temblor*, trad. de Darío González y Óscar Parcero, Madrid, Trotta, 2019].

suspendida[109]. Sin embargo, para evitar repetir una vez más semejantes lugares comunes, remitámonos a un dominio enteramente diferente, cierta peculiaridad del estilo de Theodor W. Adorno. Como lo señaló Fredric Jameson, el ritmo de sus ensayos siempre contiene una detención repentina, y el refinado análisis dialéctico es abruptamente interrumpido por una proposición que recuerda con claridad las buenas y viejas invectivas marxistas ("la ideología del capitalismo tardío", "la expresión de la posición de clase del gran capital", etc.). ¿De dónde proviene la necesidad de estas repetidas caídas en el "sociologismo vulgar"? Lejos de dar testimonio de la debilidad teórica de Adorno, exponen la forma en que el límite constitutivo del pensamiento se inscribe dentro del propio pensamiento; es decir, tal referencia "de la sociología vulgar"

> hace gestos hacia un afuera del pensar —ya al sistema mismo en la forma de racionalización, o a la totalidad como un mecanismo socioeconómico de dominación y explotación— que elude la representación por parte del pensador o el pensamiento individuales. La función de la referencia impura y extrínseca es menos interpretar que criticar la interpretación como tal e incluir dentro del pensamiento el recordatorio de que en sí mismo este es, inevitablemente, el resultado de un sistema que le huye y al que perpetúa[110].

Lo crucial aquí es que estas referencias "de la sociología vulgar" conciernen al nivel del *contenido*, ponen la mira en el "contenido social" de los fenómenos interpretados; con ello, alcanzamos por fin la paradoja a la que apuntamos todo el tiempo. El análisis dialéctico es, en última instancia, un análisis de la forma, se empeña por disolver la posibilidad de su objeto en la totalidad de sus mediaciones formales. En consecuencia, parecería que, dentro de la perspectiva "postestructuralista" clásica, esas referencias "vulgares" denotaran el momento de "clausura",

109. Véase Slavoj Žižek, *For They Know Not What They Do*, ob. cit., cap. 6.

110. Jameson, Fredric, *Late Marxism. Adorno, or, The Persistence of the Dialectic*, Londres, Verso Books, 1990, p. 30 [ed. cast.: *Marxismo tardío. Adorno y la persistencia de la dialéctica*, trad. de María Julia de Ruschi, Buenos Aires, Fondo de Cultura Económica, 2010].

el momento en que el campo dado se "sutura" y se ciega a sí mismo a su afuera constitutivo. La observación de Jameson, por el contrario, es que *son precisamente esas referencias "de la sociología vulgar" las que mantienen abierto el campo del análisis de la forma, es decir, las que impiden que el pensamiento caiga en la trampa de la identidad y confunda su forma limitada de reflexión con la inalcanzable forma del pensamiento como tal.* En otras palabras, la función de la referencia "de la sociología vulgar" es representar dentro del *contenido* nocional lo que elude a la noción como tal, a saber, la totalidad de su propia *forma*: en él, lo que escapa a la reflexión, la forma de su propia totalidad, cobra una existencia positiva bajo el aspecto de su opuesto. ¿Hace falta señalar cómo es justamente aquí, donde Adorno pretende romper el círculo cerrado de la autotransparencia hegeliana de la noción, que sigue siendo cabalmente hegeliano? Para ser más precisos: solo aquí alcanza el nivel propio de la identidad especulativa hegeliana: lo que Hegel llama "identidad especulativa" es justamente la identidad de la forma, de la totalidad de la mediación dialéctica que escapa a la aprehensión del pensamiento, con algunos fragmentos no mediados de contenido a los que se hace referencia en el gesto "de la sociología vulgar" (o, en el caso del Estado, la identidad de este como totalidad racional con la positividad "irracional", biológica, del cuerpo del rey). El enfoque dialéctico adecuado incluye, por lo tanto, *su propia suspensión*, un punto de excepción que es constitutivo del análisis dialéctico.

Esa es la mal afamada "coincidencia [dialéctica] de los opuestos": la forma pura de la mediación dialéctica mantiene su distancia respecto del contenido positivo que media únicamente en virtud de su coincidencia con el residuo más inerte, "no mediado", de su contenido; y lo "Real" lacaniano denota, en última instancia, ese resto no mediado que sirve como sostén de la estructura simbólica en su pureza formal[111]. Empero, la paradoja de la identidad radica en el hecho de que es precisamente a través de ese residuo de lo Real —a través de esa observación complementaria que mantiene su no identidad y su apertura— que el sistema

111. Véase Slavoj Žižek, *The Sublime Object of Ideology*, ob. cit., caps. 5 y 6.

(el Estado hegeliano, el edificio teórico de Adorno) *alcanza su identidad consigo mismo*: como dice Hegel, un Estado sin un monarca a la cabeza no es realmente un Estado, y lo mismo vale para la teoría de Adorno que, privada de las ocurrencias "de la sociología vulgar", sería un laberinto de asociaciones inconexas.

El círculo vicioso de la dialéctica y su residuo

Mediante la consideración de esta paradoja de la noción hegeliana de identidad, puede demostrarse que es falsa la crítica, en extremo influyente, de la lógica de la autorreflexión propuesta en la década de 1960 por Dieter Henrich; su argumento básico es que el modelo autorreflexivo de la autoconciencia nos envuelve, necesariamente, en un círculo vicioso[112]. Según Henrich, este modelo concibe la relación de la conciencia consigo misma como la de la auto-objetivación refleja: la conciencia hace de sí misma su propio objeto; esta capacidad de hacer de sí mismo su propio objeto por medio de la reflexión distingue al hombre del animal. En la autoconciencia, el yo se escinde entre el yo-sujeto y el yo-objeto que son al mismo tiempo idénticos (la autoconciencia consiste en su coincidencia). Los problemas surgen tan pronto como consideramos el hecho de que la autoconciencia no existe con anterioridad a la autorreflexión: el "objeto" aprehendido por la conciencia en el acto de la autoconciencia es la propia conciencia consciente de sí misma. De esta forma, uno cae necesariamente en un callejón sin salida: si lo que el yo aprende, lo que erige en su objeto en el acto de la autorreflexión, ya es la autoconciencia en sí misma, entonces la autorreflexión no explica esta última, no expone su estructura inherente, dado que la presupone como algo

112. Véase Dieter Henrich, "Hegel's Grundoperation. Eine Einleitung in die 'Wissenschaft der Logik'", en: Ute Guzzoni (comp.), *Der Idealismus uns seine Gegenwart. Festschrift für Werner Marx*, Hamburgo, Félix Meiner Verlag, 1976; así como "Fichte's 'Ich'", en: *Selbstverhaeltnisse*, Stuttgart, Philipp Reclam Verlag, 1982. Para una recapitulación condensada del comentario de Henrich en inglés, véase Manfred Frank, *What is Neostructuralism?*, Mineápolis, University of Minnesota Press, 1989, cap. 17 [ed. cast.: *¿Qué es el neoestructuralismo?*, trad. de Marcos Roman Hassán, México, Universidad Autónoma Metropolitana/Fondo de Cultura Económica, 2011], donde esta crítica se extiende también a la noción de *différance* de Derrida.

que ya está allí; si, por el contrario, el yo-objeto no es en sí mismo autoconciencia, entonces el yo-sujeto y el yo-objeto no son idénticos y no tenemos que vérnosla con la autoconciencia... De este modo, la autorreflexión es, o superflua (presupone como ya allí lo que pretende explicar, es decir, la autoconciencia) o destruye el fenómeno que debe explicarse (en la medida en que implica la no-identidad del yo-sujeto y el yo-objeto).

Contra el telón de fondo de esta crítica, Henrich redefine la imagen clásica de libro de texto de la relación entre las filosofías de Fichte y Hegel: la intuición fundamental del pensamiento del primero, su fuente vital permanente, es una conciencia de ese callejón sin salida de la autorreflexión, y todo su planteamiento filosófico brinda testimonio del esfuerzo por encontrar una manera de salir de él. Las etapas sucesivas de su filosofía, los nuevos y más recientes bosquejos de la "doctrina de la ciencia (*Wissenschaftslehre*)", son otros tantos intentos de abordar un núcleo traumático insistente que "retorna como lo mismo". Fichte se esfuerza, en primer lugar, por liberarse de él por medio de la noción de la autopostulación pura del yo: concibe la identidad de este consigo mismo (yo = yo) como el punto de partida absoluto de la filosofía. El "yo" es una actividad que coincide por completo con su propia autopostulación, "es" solo en la medida en que se postula a sí mismo por medio de su conciencia de sí; como tal, es la unidad original de sujeto y objeto, de ser y hacer. En términos más contemporáneos, podría decirse que Fichte apunta aquí a la noción de un performativo puro: yo = yo designa la coincidencia absoluta del enunciado (el contenido proposicional) con su proceso de enunciación, esto es, un contenido que no consiste sino en el acto de su propia postulación. Sin embargo, aquí nos topamos con la primera dificultad: la identidad absoluta del yo consigo mismo como autopostulante, ese punto de pura autotransparencia, es algo que elude para siempre al yo empírico, dado que este último también está enmarañado para siempre en una red de relaciones con el "no-yo", con los objetos a su alrededor; en "hegelés", *el yo autopostulante sigue siendo, eternamente, un presupuesto*: algo que nunca es "postulado como tal", presente en la transparencia de un yo real. ¿Qué derecho tenemos, entonces, a atribuir a este puro autopostulante performativo el carácter de un "yo" si, precisamente, nunca posee su característica fundamental, la autopresencia transparente? En su filosofía tardía, Fichte concluye acertadamente que el punto que es eternamente inaccesible para el sujeto real es el punto mismo de su autoidentidad absoluta, y concibe lo absoluto como transubjetivo, un fundamento del cual emerge el yo... No es difícil ver cómo este encuentro fallido (en un principio se presupone la igualdad yo = yo, para luego destronarla y concebirla como un momento de algún absoluto transubjetivo) repite el atolladero fundamental de la autorreflexión[113].

La esencia de la crítica de Henrich a Hegel es que la intuición sobre el callejón sin salida constitutivo de la autorreflexión se pierde con él: Hegel reafirma el carácter "absoluto" de la autorreflexión, su carácter de movimiento circular capaz de postular sus propios presupuestos y "superarlos" sin descanso[114].

113. El mismo atolladero que se encuentra en Fichte, el aún-no-Hegel, está en juego en Marx, el ya-no-Hegel, esto es, el punto en el cual la identidad hegeliana de sujeto y sustancia comienza a fracturarse. Es decir, en su esfuerzo por delinear el universo del capital por medio de las categorías de la lógica de Hegel, Marx oscila constantemente y de modo sistemático entre dos posibilidades: la calificación del capital como la sustancia alienada del proceso histórico que reina sobre los sujetos atomizados (véanse las famosas fórmulas de los *Grundrisse* sobre el proletariado como "subjetividad sin sustancia" que postula al capital como su propio no-ser); dentro de esta perspectiva, la revolución aparece, por necesidad, como un acto por medio del cual el sujeto histórico se apropia de su contenido sustancial alienado, esto es, reconoce en este su propio producto; motivo cuya expresión última está en *Historia y conciencia de clase*, de Georg Lukács; la calificación opuesta del capital como sustancia que ya es en sí misma sujeto, esto es, que ya no es una universalidad vacía y abstracta sino una universalidad que se autorreproduce a través del proceso circular de su automediación y autopostulación (véase la definición del capital como "dinero que engendra más dinero": dinero → mercancía → dinero); en síntesis, el capital es dinero que se ha convertido en sujeto. Este tema de "la lógica de Hegel como la estructura nocional del movimiento del capital" recibió su expresión última en la lectura hegeliana de la "crítica de la economía política" que floreció en Alemania Occidental a principios de la década de 1970; véase Helmut Reichelt, *Zur logischen Struktur des Kapitalbegriffs bei Karl Marx*, Fráncfort, Suhrkamp Verlag, 1970.

114. Henrich articuló la crítica detallada de la "reflexión absoluta" hegeliana en su famoso artículo "Hegel's Logik der Reflexion" (véase Dieter Henrich, *Hegel im Kontext*, Fráncfort, Suhrkamp Verlag, 1971 [ed. cast.: "Lógica

El precio que tiene que pagar por ello consiste en numerosas equivocaciones no tematizadas, cambios de sentido ocultos, que difuminan el círculo vicioso del movimiento de reflexión: según Henrich, la única salida de este círculo vicioso es presuponer una especie de "autoconocimiento (*Selbstvertrautheit*)" del yo que preceda a la autorreflexión, es decir, evitar reducir la autoconciencia a la autorreflexión. Sin embargo, la noción de identidad dialéctica, cuyos perfiles ya hemos delineado, nos permite señalar exactamente en dónde falla el tiro de esta crítica: el círculo vicioso de la reflexión no puede ser un argumento *contra* Hegel, dado que este —como Henrich— no ignora la necesidad de presuponer algún excedente que eluda la mediación dialéctica. Su diferencia crucial se encuentra en otra parte, y tiene que ver con el hecho de que *Hegel ubica ese excedente en el extremo opuesto a Henrich*: no en un "autoconocimiento" interior, previo a la distancia reflexiva, autoobjetivante del sujeto respecto de sí mismo, sino en una externalidad radicalmente contingente de algún residuo material, inerte y no racional. Este objeto es el correlato del sujeto: confiere a este último un mínimo de consistencia y con ello impide que caiga en el abismo del círculo vicioso. Recordemos una vez más los ejemplos antes mencionados: el edificio dialéctico de Adorno se derrumbaría en su círculo vicioso sin el sostén en las proposiciones "dogmáticas", "de la sociología vulgar"; el Estado como totalidad racional se desintegraría sin el cuerpo del monarca como un necio residuo de naturaleza no mediada… Todos estos ejemplos (y muchos otros) siguen la misma lógica fundamental cuya expresión más concisa es la paradoja hegeliana de la frenología, "el Espíritu es un Hueso"[115]: la verdadera identidad especulati-

hegeliana de la reflexión", en: *Hegel en su contexto*, trad. de Jorge Aurelio Díaz, Caracas, Monte Ávila, 1990, pp. 79-197]). Lo que tiene en mente es, sobre todo, el estatus ambiguo no tematizado de lo "Inmediato" hegeliano, el cambio incesante en el significado de este término entre (1) el presupuesto del movimiento de reflexión, su punto de partida "inmediato", externo, y (2) el resultado del movimiento autorreferente de reflexión, esto es, la "superación" (*Aufhebung*) de la mediación por medio de la doble negación.

115. La versión marxista de esta identidad especulativa es "el proletariado es dinero": la igualación del proletariado —la capacidad de fuerza de trabajo pura, sin sustancia, liberada de todos los lazos sustanciales— con la presencia objetiva

va no es una superación de todos los momentos particulares en una totalidad espiritual, sino la identidad de esta totalidad misma de mediación racional con un "pedazo de lo Real" inerte, inmediato y no racional, lo que Lacan llamaría la caída del gran Otro (el orden simbólico racional) en el *petit a*, el residuo inerte.

En otras palabras, *la totalidad racional se adhiere a un "pedazo [inerte] de lo Real" precisamente en la medida en que queda atrapada en un círculo vicioso*. Por esa razón, Hegel convierte el yo = yo fichteano en la contradicción absoluta Espíritu = Hueso, es decir, *en el punto de no reflejo absoluto*, la identidad del sujeto en cuanto vacío con el elemento en el cual no puede reconocer su imagen en el espejo, con el residuo inerte, el hueso, la roca, el obstáculo que impide la autotransparencia absoluta del performativo puro: se postula al sujeto como correlativo de un objeto que, precisamente, no puede concebirse como la objetivación del sujeto. Y lo que Henrich llama "autoconocimiento prerreflexivo" designa simplemente el gesto de "subjetivación" por medio del cual el sujeto "olvida" cómo se adhiere su existencia a un fragmento externo de realidad contingente, y con ello se establece como interioridad autopresente. El paso dado por Hegel es entonces concebir el atolladero fichteano como su propia solución: no es difícil advertir cómo la lógica paradójica de este rasgo excedente inerte repite el atolladero de la reflexión: el rasgo es, *stricto sensu*, superfluo (agregado a la totalidad reflexiva de la automediación) pero, simultáneamente, un cuerpo extraño que socava su consistencia.

Identidad y fantasma

Con ello llegamos a la paradoja de un rasgo (cualidad) universal, cuya suspensión mantiene su campo, una paradoja que es, en última instancia, la de la identidad misma: la identidad de un

inerte del dinero. El proletariado se establece como subjetividad pura, sin sustancia, únicamente a través de su "reificación" radical, esto es, su identificación con su opuesto, su intercambiabilidad con el dinero, con ese pedazo de metal inerte que puedo sostener en la mano y manipular libremente... Se encontrará una descripción más detallada de la proposición paradójica "el Espíritu es un hueso", en Slavoj Žižek, *The Sublime Object of Ideology*, ob. cit., cap. 6.

Estado radica en el monarca, ese complemento "irracional" que "desprende" y suspende su cualidad esencial (su carácter racional); la identidad de un análisis dialéctico radica en sus deslices "vulgares" que suspenden su cualidad esencial (la delicadeza de las estratagemas dialécticas)... En eso consiste el cambio decisivo que tiene que producirse con referencia a los lugares comunes "deconstruccionistas" acerca de la identidad: sin duda, esta es imposible, está intrínsecamente obstruida y su escisión constitutiva ya está siempre suturada por algún rasgo complementario; sin embargo, debería añadirse que, "en sí misma", la identidad no es, en última instancia, sino un nombre para un rasgo complementario como ese, que "desprende" y suspende la cualidad esencial del dominio cuya identidad constituye. Por lo tanto, no basta con presentar la "identidad de los opuestos" como un tipo o especie paradójico de identidad: como tal, esta ya es siempre, en última instancia, "identidad de los opuestos".

¿Y no está en juego la misma paradoja de la identidad en el modo en que el *fantasma* garantiza la consistencia de un edificio socioideológico? Es decir, "fantasma" designa un elemento que "se desprende", que no puede integrarse a la estructura simbólica dada, pero que, justamente como tal, constituye su identidad. La clínica psicoanalítica detecta su matriz fundamental en el así llamado objeto "pregenital" (anal): según la ortodoxia freudiana, la fijación en él impide la emergencia de la relación sexual "normal" (genital); en la teoría lacaniana, sin embargo, el "objeto no es lo que obstaculiza el advenimiento de la relación sexual, como nos hace creer una especie de error de perspectiva. El objeto es, por el contrario, un relleno, lo que en la relación llena lo que no existe y le confiere su consistencia fantasmática"[116]. La relación sexual es en sí misma imposible, está obstruida, y el objeto no hace sino materializar esta imposibilidad "original", este obstáculo inherente; el "error de perspectiva" radica en concebirlo como un impedimento a la emergencia de la relación sexual "plena", como

116. Miller, Jacques-Alain, "D'un autre Lacan", en: *Ornicar?*, nº 28, enero-marzo de 1984, pp. 49-57 [ed. cast.: "Otro Lacan", trad. de Julieta Sucre, en: *Matemas I*, trad. de Carlos A. de Santos y otros, Buenos Aires, Manantial, 1987, pp. 107-116].

si, sin ese intruso fastidioso, la relación sexual fuera posible en su plenitud intacta. Damos aquí con la paradoja del *sacrificio* en su máxima pureza: la ilusión del sacrificio es que el renunciamiento al objeto hará accesible el todo intacto. En el campo ideológico, esta paradoja encuentra su articulación más clara en el concepto antisemita del judío: el nazi tiene que sacrificarlo a fin de ser capaz de mantener la ilusión de que es solo el "complot judío" el que impide el establecimiento de la "relación de clases", de la sociedad como un todo armonioso y orgánico. Lo que explica por qué, en las últimas páginas del *Seminario XI*, Lacan está plenamente justificado al designar el Holocausto como un "don de reconciliación": ¿no es acaso el judío el objeto anal por antonomasia, esto es, el objeto-mancha parcial que perturba la armonía de la relación de clases? Es tentador parafrasear aquí la proposición antes citada de Jacques-Alain Miller: "El judío no es lo que obstaculiza el advenimiento de la relación de clases. El judío es, por el contrario, un relleno, lo que en la relación llena lo que no existe y le confiere su consistencia fantasmática"[117]. En otras palabras, lo que aparece como el obstáculo para la plena identidad de la sociedad consigo misma es en realidad su condición positiva: al trasladar al judío el papel del cuerpo extraño que introduce en el organismo social la desintegración y el antagonismo, se torna posible la imagen fantasmática de la sociedad como un todo consistente y armonioso.

Una de las lecciones que deben sacarse de esta noción del antagonismo es que el concepto de ideología debe desvincularse de la problemática "representacionalista": *la ideología no tiene nada que ver con la "ilusión"*, con una representación errónea y

117. La noción de fantasma apunta una vez más a la limitación intrínseca de la prueba de Rawls mediante el "velo de ignorancia": este no toma en consideración, *a priori*, al fantasma como la estructura absolutamente particular (es decir, no universalizable) del goce. En la "situación original", me identifico con el otro, aunque no con el otro como portador del fantasma, sino como sujeto simbólico vacío; por esa razón, si bien se toman en cuenta sus intereses, *se confunde su fantasma*. En otras palabras, cuando la prueba mediante el "velo de ignorancia" me dice que, aun si ocupara el lugar más bajo de la comunidad, aceptaría no obstante mi elección ética, me muevo dentro de mi propio marco de fantasmas; ¿qué ocurre si el otro razona dentro del marco de *una fantasía absolutamente incompatible*?

distorsionada de su contenido social. Para decirlo sucintamente: un punto de vista político puede ser del todo exacto ("verdadero") en cuanto a su contenido objetivo y, sin embargo, completamente ideológico, y *viceversa*, la idea que da de su contenido social puede demostrarse totalmente equivocada sin que haya en modo alguno, empero, nada "ideológico" en ella. Consideremos el caso del "mediador evanescente" del proceso de democratización en la antigua Alemania Oriental, *Neues Forum*. Este consistía en grupos de intelectuales apasionados que "tomaban en serio el socialismo" y estaban dispuestos a ponerlo todo en juego a fin de destruir el sistema comprometido y reemplazarlo por la utópica "tercera vía" entre el capitalismo y el socialismo "realmente existente". Su sincera creencia y la insistencia en que no trabajaban por la restauración del capitalismo occidental no resultaron ser, desde luego, sino una ilusión insustancial: con respecto a la "verdad fáctica", la posición de *Neues Forum* —la de concebir la desintegración del régimen comunista como la apertura de la posibilidad de inventar alguna nueva forma de espacio social que se extendiera más allá de los límites del capitalismo— fue, sin duda, ilusoria; sin embargo, podríamos decir que, precisamente como tal (como una completa ilusión sin sustancia) era, *stricto sensu*, *no ideológica*. A *Neues Forum* se le oponían las fuerzas que lo apostaban todo a la anexión más rápida posible a Alemania Occidental, esto es, a la inclusión de su país en el sistema capitalista mundial; para ellas, quienes se agrupaban en torno de *Neues Forum* no eran más que un puñado de ilusos. Esta posición demostró ser exacta, *aunque es, no obstante, completamente ideológica*. ¿Por qué? La adopción conformista del modelo alemán occidental implicaba la creencia ideológica en el funcionamiento no problemático y no antagónico del "Estado social" del capitalismo tardío, mientras que la primera postura, si bien ilusoria en cuanto a su contenido fáctico (su "enunciado"), por medio de su "escandalosa" y exorbitante posición de enunciación, daba testimonio de una conciencia del antagonismo que caracteriza al capitalismo tardío. Este es uno de los modos de concebir la tesis lacaniana según la cual la verdad tiene la estructura de una ficción: en esos confusos meses del pasaje del "socialismo realmente existente" al capitalismo, *la ficción de una "tercera vía" era el único punto en que el antagonismo social no se obliteraba*. En ello consiste una de las tareas de la crítica "posmoderna" de la ideología: designar los elementos dentro de un orden social existente que —con la apariencia de la "ficción", es decir, de las narraciones "utópicas" de historias alternativas posibles pero fracasadas— apuntan a su carácter antagónico y de ese modo nos "enajenan" de la autoevidencia de su identidad establecida.

A lo que tenemos que estar atentos es al carácter inherentemente *autoritario* de ese rasgo, es decir, el vínculo intrínseco de la identidad con la autoridad: el monarca desempeña su papel como una figura de pura autoridad, el único que, por medio de su "¡tal es mi voluntad!", esto es, de su decisión abismal, atraviesa la serie interminable de los *pro et contra*. ¿Y no ocurre lo mismo con los arranques "de la sociología vulgar" de Adorno? ¿No realizan estos el mismo gesto autoritario de referencia al dogma marxista que rompe el hilo inacabable de la argumentación dialéctica? No es en modo alguno accidental que las tautologías —proposiciones que implican la identidad consigo mismo de su sujeto— sean los ejemplos más claros de autoridad asertiva: "¡la ley es la ley!", "¡es así porque lo digo yo!", etc.; la identidad se transforma en autoritaria en el momento en que reconocemos, en una especie de perspectiva ilusoria, que no es más que la inscripción de la pura diferencia, la inscripción de una falta[118]. En este sentido, la autoridad dista de ser una especie de resto de la pre-Ilustración: está inscripta en el corazón mismo del proyecto de la Ilustración. Solo con esta última la estructura de la autoridad se divisó como tal, contra el telón de fondo de la argumentación racional como fundamento del conocimiento ilustrado. Es sintomático que el primero en hacer visibles los perfiles de la autoridad "pura" haya sido precisamente Kierkegaard, uno de los más grandes críticos de Hegel.

Lo que deberíamos tener en cuenta aquí es que, según Lacan[119], la defensa de Antígona contra la acusación de Creonte

118. Véase Slavoj Žižek, *For They Know Not What They Do*, ob. cit., cap. 2.

119. Véase Jacques Lacan, *Le Séminaire, livre VII: L'Éthique de la psychanalyse*, París, Éditions du Seuil, 1986 [ed. cast.: *El Seminario de Jacques Lacan.*

consiste justamente, en última instancia, en una de esas tautologías "autoritarias": no contrapone a los argumentos de Creonte los suyos propios (*no* opone a la ley de la *polis* de este la ley divina subterránea que protege el derecho de los difuntos, como supuso erróneamente Hegel), simplemente interrumpe el flujo de su argumentación al insistir en que "¡es así porque es así!", en que "¡mi hermano es mi hermano!"... El mejor modo de hacer visible la lógica de su defensa es, tal vez, mencionar la noción de Saul Kripke del "designador rígido", un significante que designa al mismo objeto "en todos los mundos posibles", es decir, aun cuando todas sus propiedades positivas se modifiquen[120]. El "designador rígido" fija así el verdadero núcleo del objeto designado, lo que en este "siempre retorna a su lugar" (la definición de Lacan de lo Real; el caso de Polinices, designa su individualidad absoluta que sigue siendo la misma, más allá de las propiedades cambiantes que caracterizan a su persona (sus buenas o malas acciones). La "ley" en nombre de la que Antígona insiste en el derecho de enterrar a Polinices es esta ley del "puro" significante, previa a toda ley positiva que juzgue nuestras acciones: es la ley del Nombre que fija nuestra identidad más allá del flujo eterno de la generación y la corrupción[121].

Sócrates versus *Cristo*

El texto crucial en el que Kierkegaard delinea la ruptura entre los estatus tradicional y "moderno" (es decir, para él, cristiano) del conocimiento es *Migajas filosóficas*. A primera vista, este texto no pertenece a la filosofía sino a un dominio intermedio entre la

Libro 7. La ética del psicoanálisis. 1959-1960, trad. de Diana S. Rabinovich, Buenos Aires y Barcelona, Paidós, 1988].

120. Véase Saul Kripke, *Naming and Necessity*, Cambridge, Mass., Cambridge University Press, 1980 [ed. cast.: *El nombrar y la necesidad*, trad. de Margarita M. Valdés, México, UNAM, 1989]. En cuanto a una lectura lacaniana de Kripke, véase Slavoj Žižek, *The Sublime Object of Ideology*, ob. cit., cap. 3.

121. Ahora también podemos situar la equivocación del idealismo de Platón: este traspone erróneamente este "congelamiento" del flujo de los sucesos —que es un efecto del significante— al nivel de *lo significado*, y se esfuerza por determinar el contenido positivo de las Ideas eternas e inmutables.

filosofía propiamente dicha y la teología: se esfuerza por delimitar la posición religiosa cristiana con respecto a la socrática. Sin embargo, su carácter externo a la filosofía es de la misma clase que la del *Banquete* de Platón: circunscribe el marco del discurso, esto es, la constelación intersubjetiva, la relación con el maestro, con la autoridad, que hace posible el discurso filosófico (o cristiano). En este sentido, las *Migajas* deben leerse como la repetición del *Banquete* platónico (repetición en el sentido preciso que este término tiene en Kierkegaard): su objetivo es realizar el gesto de Platón en nuevas circunstancias, dentro del nuevo estatus que el conocimiento adquirió con la llegada de la cristiandad. Ambos textos, tanto el *Banquete* como las *Migajas filosóficas*, tienen por tema el amor y la transferencia que constituyen la base de toda relación con el maestro como "sujeto supuesto al saber". El punto de partida de Kierkegaard es que toda la filosofía, de Platón a Hegel, es "pagana", es decir, está inmersa en la lógica pagana (precristiana) del conocimiento y la reminiscencia: nuestra vida como individuos finitos tiene lugar, por definición, en una secuela, dado que todo lo que realmente importa ya ha sucedido siempre; hasta el *Er-Innerung* hegeliano, el conocimiento siempre se concibió, por lo tanto, como una reminiscencia/internalización retrospectiva, un retorno al "ser eternamente pasado", "*das zeitlos gewesene Sein*" (la determinación de la esencia según Hegel). Es cierto, los sujetos transitorios y finitos alcanzan la verdad eterna en algún momento determinado en el tiempo de su vida; sin embargo, una vez que ingresan a la verdad, el instante queda revocado, abandonado como una escalera inútil. Razón por la cual Sócrates está del todo justificado cuando se compara con una partera: su tarea se limita a permitir que el sujeto dé a luz el conocimiento ya presente en él, de modo que el reconocimiento supremo que puede concedérsele es decir que fue olvidado en el momento en que nos encontramos cara a cara con la verdad. Con Cristo, lo que vale es exactamente lo contrario: la verdad cristiana, no menos eterna que la socrática, está indeleblemente marcada por un suceso histórico, el momento de la encarnación de Dios. Por consiguiente, el objeto de la fe cristiana no es la enseñanza, sino el maestro: un cristiano cree en Cristo como persona, no inmediatamente en el contenido de sus afirmaciones; Cristo no es divino por haber proferido verdades tan profundas, Sus palabras son verdaderas porque fueron pronunciadas por Él. La paradoja del cristianismo radica en este lazo que ata la verdad eterna a un suceso histórico: puedo *conocer* la verdad eterna solo en la medida en que *creo* que la criatura miserable que hace dos mil años caminó por Palestina era Dios. Motivos que, según el conocimiento filosófico corriente, definen la inversión posthegeliana —la afirmación del suceso, del instante, en oposición a la verdad eterna e inmutable; la prioridad de la existencia (el hecho *de que* una cosa exista) sobre la esencia (sobre *lo que* esta cosa es), etc.— y adquieren aquí su trasfondo último. Lo que es "eterno" en una afirmación es su sentido, abstraído del hecho de su enunciación, de su enunciación como hecho: dentro de la perspectiva socrática, la verdad de una afirmación radica en su sentido universal; como tal, no se ve afectada en modo alguno por su posición de enunciación, por el lugar desde el cual se ha enunciado. La perspectiva cristiana, por otro lado, hace a la verdad de una afirmación dependiente del hecho de su enunciación: la garantía última de la verdad de las palabras de Cristo es la autoridad de quien las profirió, esto es, el hecho *de que* las dijera Cristo, no la profundidad de su contenido, esto es, *lo que* dicen:

> Cuando Cristo dice "hay una vida eterna", y cuando un estudiante de teología dice "hay una vida eterna", ambos dicen lo mismo, y no hay más deducción, desarrollo, profundidad o meditación en la primera expresión que en la segunda; ambas afirmaciones son juzgadas, desde un punto de vista estético, igualmente buenas. ¡Y sin embargo hay una diferencia cualitativa eterna entre ellas! Cristo, como Dios-Hombre, está en posesión de la calidad específica de la autoridad[122].

122. Kierkegaard, Søren, "Of the Difference between a Genius and an Apostle", en: *The Present Age*, Nueva York, Harper Torchbooks, 1962, pp. 100-101 [ed. cast.: *La época presente*, trad. de Manfred Svensson, Madrid, Trotta, 2012]. El contenido inmediato de las afirmaciones de Cristo puede ser completamente insípido, pero, tan pronto como tomamos en consideración el hecho de que fueron pronunciadas por Él, el hijo de Dios, adquieren una profundidad insondable; su insipidez misma se convierte, milagrosamente, en una señal de lo contrario... Lo que encontramos aquí es un modo más

Kierkegaard plantea esa "diferencia cualitativa" a propósito del abismo que separa a un "genio" de un "apóstol": el "genio" representa la intensificación más elevada de las capacidades humanas inmanentes (sabiduría, creatividad, etc.), mientras que un "apóstol" está sostenido por una autoridad trascendente de la que el genio carece. La mejor ejemplificación de este abismo es el caso mismo en que parece desaparecer, a saber, la explotación poética de motivos religiosos: Richard Wagner, por ejemplo, utilizó en *Parsifal* motivos cristianos como medio de dar vigor a su visión artística; con ello, los *estetizó* en el sentido kierkegaardiano estricto del término, es decir, hizo uso de ellos teniendo en mente su "eficacia artística": rituales religiosos como el descubrimiento del Grial nos fascinan con su grandiosa belleza pero, sin embargo, su autoridad religiosa está suspendida, puesta entre paréntesis[123].

Las paradojas de la autoridad

Si, no obstante, el contenido inherente de una afirmación no puede ser el medio de autorizar su pretensión de verdad, ¿cuál es, entonces, el fundamento de su autoridad? En este punto, Kierkegaard es completamente franco: *el sostén último y único de una afirmación de autoridad es su propio acto de enunciación*:

de concebir la "coincidencia [hegeliana] de los opuestos": una afirmación se transforma en su opuesto cuando tomamos en cuenta su lugar de enunciación. Hoy, en la era "posmoderna", tal inversión se detecta con facilidad en el modo en que diferentes partidos políticos proclaman que sus metas van "más allá de los estrechos intereses partidarios" y que son "no ideológicas": expresada por un *partido político*, la referencia a un contenido "no partidario" no es sino una forma de aparición de su opuesto, esto es, una manera de anotar puntos en la lucha política; lo mismo vale para la autoproclamada actitud "no ideológica" o "postideológica", que no es más que una estrategia para arrogarse la hegemonía en la lucha ideológica. En otras palabras, aquí la regla elemental es "cuanto más limpio eres, más sucio eres": cuanto más "realmente" no partidario, no ideológico, etc., es el contenido (el enunciado) de nuestras metas, más es nuestra posición de enunciación la de un agente en la lucha ideológica.

123. Esa actitud estética hacia la religión es, por supuesto, característica del romanticismo como tal; el título mismo del *Génie du Christianisme*, de Chateaubriand (1802), es indicativo a este respecto: al autor no le interesan la verdad y la autoridad inherentes a la religión cristiana sino el poder poético de su mitología.

"Pero, ahora bien, ¿cómo puede un apóstol demostrar su autoridad? Si pudiera probarla *físicamente*, entonces no sería un apóstol. No tiene otra prueba que su propia afirmación. Tiene que ser así; ya que, si no lo fuera, la relación del creyente con él sería directa en vez de paradójica"[124]. Cuando la autoridad está respaldada por una compulsión física inmediata, no estamos frente a la autoridad propiamente dicha (esto es, la autoridad simbólica) sino, simplemente, a una agencia de la fuerza bruta: la autoridad propiamente dicha siempre es, en su nivel más radical, *impotente*, se trata de cierta "llamada" que "no puede obligarnos efectivamente a nada" y, no obstante, por una especie de compulsión interna, nos sentimos obligados a seguirla sin condiciones. Como tal, la autoridad es intrínsecamente paradójica; primero, como acabamos de ver, se otorga a cierta afirmación en la medida en que el valor inmanente de su contenido queda suspendido: obedecemos una afirmación de autoridad porque tiene autoridad, no porque su contenido sea sabio, profundo, etcétera.

> La autoridad es una calidad específica que, no importa de dónde provenga, se hace cualitativamente evidente cuando el contenido del mensaje o de la acción se postula como indiferente. [...] Estar dispuesto a obedecer a un departamento del gobierno si ello puede ser inteligente, es en realidad ponerlo en ridículo. Honrar al padre porque este es inteligente es una impiedad[125].

Con todo, al mismo tiempo, Kierkegaard parece dar a entender exactamente lo contrario de esta prioridad del maestro sobre la enseñanza: un apóstol —una persona a la que se confiere la autoridad de Dios— se reduce a su papel de portador de algún mensaje *foráneo*, queda totalmente anulado como persona y todo lo que importa es el contenido del mensaje:

> Así como un hombre, enviado a la ciudad con una carta, no tiene nada que ver con su contenido, sino que lo único que tiene que hacer es entregarla, y así como un ministro que es enviado

124. Kierkegaard, Søren, "Of the Difference between a Genius and an Apostle", ob. cit., p. 105.

125. Ibíd., pp. 96 y 100.

a una corte extranjera no es responsable del contenido del mensaje, sino que lo único que tiene que hacer es transmitirlo correctamente, así también, un apóstol, en realidad, solo tiene que ser leal en su servicio, y llevar a cabo su tarea. En ello radica la esencia de la vida de autosacrificio del apóstol aun cuando nunca fuera perseguido: en el hecho de que es "pobre, pero hace ricos a muchos"[126].

Por lo tanto, un apóstol corresponde perfectamente a la función del *Repräsentanz* significante; la invalidación de todos los rasgos "patológicos" (sus inclinaciones psicológicas, etc.) lo hace parecer un representante puro, cuyo ejemplo más claro es el diplomático:

> Por representantes queremos decir lo que entendemos cuando usamos, por ejemplo, la expresión "el representante de Francia". ¿Qué hacen los diplomáticos cuando se dirigen unos a otros? Ejercen simplemente, en su relación recíproca, la función de ser representantes puros, en la que no debe intervenir, sobre todo, su significación propia. Cuando los diplomáticos se dirigen unos a otros, se supone que representan algo cuya significación, si bien se modifica constantemente, es, más allá de sus propias personas, Francia, Gran Bretaña, etc. En el intercambio mismo de opiniones, cada uno solo debe tomar nota de lo que el otro transmite en su pura función como significante: no debe tener en cuenta lo que el otro es, como presencia, como un hombre que es agradable en mayor o menor medida. La interpsicología es una impureza en este intercambio. El término *Repräsentanz* debe considerarse en ese sentido. El significante tiene que entenderse de esa manera, como polo opuesto de la significación[127].

En eso consiste la paradoja de la autoridad: obedecemos a una persona a quien se confiere, independientemente del contenido de sus afirmaciones (la autoridad deja de ser lo que es tan

126. Ibíd., p. 106.

127. Lacan, Jacques, *The Four Fundamental Concepts of Psycho-Analysis*, Londres, Tavistock Publications, 1979, p. 220 [ed. cast.: *El Seminario de Jacques Lacan. Libro 11. Los cuatro conceptos fundamentales del psicoanálisis. 1964*, trad. de Juan Luis Delmont-Mauri y Julieta Sucre, Buenos Aires, Paidós, 1986].

pronto como la hacemos depender de la calidad de su contenido), aunque dicha persona retiene la autoridad solo en cuanto se reduce a ser un mensajero neutral, portador de algún mensaje trascendente, en contraste con un genio, en quien la abundancia de contenido de su obra expresa la riqueza interior de la personalidad de su creador. La misma doble suspensión define el caso supremo de autoridad, la de Cristo: en sus *Migajas filosóficas*, Kierkegaard señala que no basta con conocer todos los detalles de la vida del maestro (Cristo), todo lo que ha hecho y todos sus rasgos personales, a fin de estar autorizado a considerarse su alumno; ese tipo de descripción de los rasgos y las acciones de Cristo, aun si es verdaderamente completa, omite sin embargo lo que hace de Él una autoridad; no corren mejor suerte quienes pasan por alto considerar a Cristo como persona y se concentran en Su enseñanza, empeñándose por captar el sentido de cada una de las palabras que pronunció: de este modo, Él queda, sencillamente, reducido al papel de Sócrates, el de un simple intermediario que nos posibilita el acceso a la verdad eterna. Si, por consiguiente, la autoridad de Cristo no se expresa ni en sus cualidades personales ni en el contenido de su enseñanza, ¿en qué *reside*? La única respuesta posible es: en el espacio vacío de la *intersección* entre los dos conjuntos, el de sus rasgos personales y el de su enseñanza, en la insondable X que es "en Cristo más que Él mismo", una intersección que corresponde exactamente a lo que Lacan llamó *objeto a*.

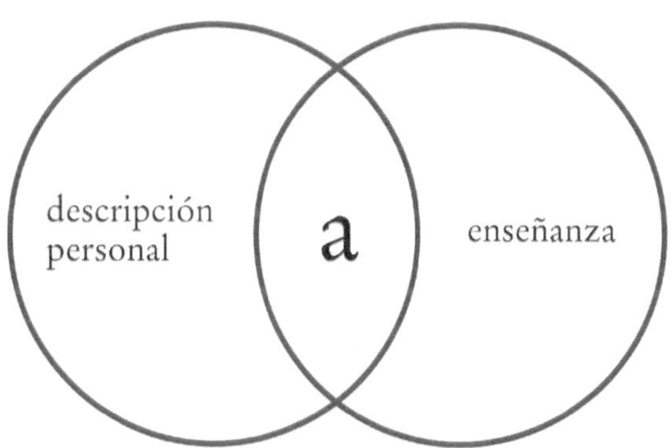

El perfomativo "imposible"

Como queda claro a partir del pasaje citado de *Los cuatro conceptos fundamentales del psicoanálisis*, la paradoja de esta doble suspensión es, en última instancia, la del mismo significante. Por definición, un significante es un puro representante que "no tiene nada que ver con su contenido significado: lo único que tiene que hacer es darlo" (para concebir el sentido de la palabra "pez", hay que borrar todos sus rasgos físicos inmediatos); el reverso necesario de ello es, sin embargo, la autoridad constitutiva del significante: en el orden simbólico, la red puramente formal de rasgos diferenciales tiene prioridad sobre el contenido (el "significado") de sus componentes individuales, esto es, su "significado" se postula, en última instancia, como secundario e indiferente. Para hacer referencia a los términos de la teoría de los actos de habla, esta paradoja es el punto "imposible" de intersección entre lo constatativo y lo performativo, el verdadero impedimento de esa teoría. Es decir, ya en *Cómo hacer cosas con palabras*, de John Austin, el pasaje de la oposición performativo/constatativo a la tríada locución/ilocución/perlocución y a la subsiguiente clasificación de los actos ilocucionarios delata un atasco teórico fundamental. Lejos de ser una simple elaboración de la intuición original acerca de cómo se pueden "hacer cosas con palabras", el traslado del performativo al acto ilocucionario entraña cierta pérdida radical: ya en el nivel de un enfoque inmediato, "ingenuo", no puede evitarse la impresión de que, en el curso de ese pasaje, lo que era verdaderamente subversivo en la noción de performativo en cierta forma se pierde. Por otro lado, está claro que Austin se vio empujado a realizar este pasaje del performativo al acto ilocucionario a causa de una insuficiencia en el propio par performativo/constatativo. La taxonomía de los actos ilocucionarios propuesta por John Searle[128] tiene la ventaja de permitirnos situar esta falta mediante la producción del punto de intersección entre Austin I y Austin II: una de las especies de la ilocución ("declaraciones") coincide con el performativo "puro".

128. Véase John Searle, "A taxonomy of Illocutionary Acts", en: *Expression and Meaning*, Cambridge, Cambridge University Press, 1979 [ed. cast.: "Una taxonomía de los actos ilocucionarios", trad. de Luis M. Valdés Villanueva, en: *Teorema. Revista internacional de filosofía*, vol. 6, nº 1, 1976, pp. 43-78].

El punto de partida de la taxonomía de Searle es la "dirección del ajuste" entre las palabras y el mundo implicado por las diferentes especies de actos de habla: en el caso de los *asertivos*, la dirección del ajuste es de las palabras al mundo (cuando digo "hay una mesa en el cuarto de al lado", la condición de satisfacción de esta proposición es que el contenido de la expresión corresponda al estado designado de las cosas, esto es, que haya realmente una mesa en el cuarto de al lado); en el caso de los *directivos*, la dirección del ajuste es del mundo a las palabras (cuando digo "¡cierra la puerta!", la condición de satisfacción de esta proposición es que el acto en el mundo siga a la orden expresada, la realice, esto es, que el destinatario cierre efectivamente la puerta y que lo haga a causa de mi orden y no por otros motivos). El "caso más tramposo", como dice Searle, es, sin embargo, el de las *declaraciones*: su dirección de ajuste es doble, del mundo a las palabras lo mismo que de estas a aquel. Tomemos la proposición "queda cerrada la reunión": ¿qué realiza el hablante al pronunciarla? Da lugar a un nuevo estado de cosas en el mundo (el hecho de que la reunión esté cerrada), por lo cual la dirección del ajuste va del mundo a las palabras, aunque, ¿precisamente de qué manera lo efectúa? Al afirmar que la reunión está cerrada, esto es, *al presentar, en su expresión, este estado de cosas como ya realizado*; en síntesis, efectúa el acto al describirlo como efectuado. En las declaraciones, el hablante "trata de que algo sea cierto representándolo como cierto. [...] Si lo logra, habrá cambiado el mundo al representarlo como habiéndose modificado de esa manera"[129].

Toda expresión, sin duda, realiza el acto definido por la fuerza ilocucionaria que le corresponde; hay, sin embargo, una diferencia crucial entre las declaraciones y, digamos, las directivas. Al decir "¡cierra la puerta!", realizo el acto de la orden, pero corresponde al destinatario llevarlo a cabo y efectuar el nuevo estado de cosas (cerrar la puerta), mientras que al decir "queda cerrada la reunión" cierro efectivamente la reunión; solo las

129. Searle, John, *Intentionality. An Essay in the Philosophy of Mind*, Cambridge, Cambridge University Press, 1983, p. 172 [ed. cast.: *Intencionalidad. Un ensayo en la filosofía de la mente*, trad. de Enrique Ujaldón Benítez, Madrid, Tecnos, 1992].

declaraciones contienen este "poder mágico" de efectuar su contenido proposicional. La dirección del ajuste del mundo a las palabras no se limita aquí al hecho de que un nuevo estado de cosas en el mundo tiene que seguir a la expresión, dado que la causalidad es, por así decirlo, inmediata: la expresión misma da lugar al nuevo estado de cosas. Empero, como acabamos de ver, el precio que debe pagarse por esta "magia del verbo" es su "represión": uno cierra la reunión al *afirmar* que está cerrada, esto es, pretende describir un estado ya dado de las cosas; a fin de ser efectivo, el performativo "puro" (el acto de habla que da lugar a su propio contenido proposicional) tiene que sufrir una escisión interna y asumir la forma de su opuesto, un constatativo.

Es a la luz de esta escisión que hay que interpretar la teoría de Searle de los "actos de habla indirectos", esto es, de las proposiciones del tipo "¿puedes pasarme la sal?", en las que el acto ilocucionario primario (la directiva, la orden al destinatario de pasar la sal) se realiza por medio de un acto ilocucionario secundario (la interrogación referida a la capacidad del destinatario de cumplir la orden). Searle concibe esas proposiciones como "parásitas": su naturaleza es secundaria, presuponen algún acto ilocucionario lógicamente previo (en el caso de "¿puedes pasarme la sal?", la orden directa "¡pásame la sal!"). Sin embargo, ¿las "declaraciones" no denotan el caso en que el "parasitismo" es, en cierta forma, *original*? Su dimensión ilocucionaria primaria (el "poder mágico" de dar lugar al contenido proposicional) puede manifestarse solo bajo el aspecto del asertivo, de una afirmación de que "es así". Esta paradoja nos ofrece una pista para la tesis de Lacan según la cual la ontología pertenece al "discurso del Amo": el discurso (filosófico) del ser

> es simplemente ser a la fuerza [*à la botte*], ser a la orden, lo que ha de ser si has entendido lo que te he ordenado. Toda la dimensión del ser se produce dentro del movimiento del discurso del Amo, del único que, al proferir un significante, espera de este lo que es uno de sus efectos de enlace que no deben descuidarse,

a saber, que el significante mande. El significante es, antes que nada, imperativo[130].

El discurso de la ontología es, de este modo, sostenido por un "acto de habla indirecto": su superficie asertiva, su afirmación de que el mundo "es así", oculta una dimensión performativa, es decir, la constitución de la ontología obedece al desconocimiento de la manera en que su enunciación da lugar a su contenido proposicional. La única forma de explicar este "poder mágico" de las declaraciones es recurrir a la hipótesis lacaniana del "gran Otro": el propio Searle tiene un presentimiento de ello cuando señala que "solo si se dan instituciones tales como la iglesia, la ley, la propiedad privada, el Estado y una posición especial del hablante y oyente dentro de ellas"[131] es posible realizar una declaración. En "El traje nuevo del emperador", de Hans Christian Andersen, todo el mundo sabe que el emperador está desnudo, y todos saben que todo el mundo lo sabe; ¿por qué, entonces, la simple afirmación pública de que "el emperador está desnudo" hace saltar por los aires toda la red establecida de las relaciones intersubjetivas? En otras palabras: si todos lo sabían, ¿quién no lo sabía? Desde luego, la respuesta lacaniana es: el gran Otro (en el sentido del campo del conocimiento socialmente reconocido). Las declaraciones implican la misma lógica: la reunión queda cerrada cuando, por medio de la expresión "queda cerrada la reunión", este hecho *llega a conocimiento del gran Otro.*

Cuando, en *Los cuatro conceptos fundamentales*, Lacan designa la "represión primaria" freudiana como la "caída del significante binario"[132], parece aludir precisamente a la escisión inherente al performativo "puro" (de la declaración), es decir, al hecho de que solo pueda actualizarse bajo la apariencia

130. Lacan, Jacques, *Le Séminaire de Jacques Lacan, livre XX: Encore*, París, Éditions du Seuil, 1975, p. 33 [ed. cast.: *El Seminario de Jacques Lacan. Libro 20. Aun. 1972-1973*, trad. de Diana Rabinovich, Juan Luis Delmont-Mauri y Julieta Sucre, Buenos Aires, Paidós, 1981].

131. Searle, John, *Expression and Meaning*, ob. cit., p. 18.

132. Véase Jacques Lacan, *The Four Fundamental Concepts of Psycho-Analysis*, ob. cit., cap. 17.

de su opuesto. Lo que es "originaria o primariamente reprimido", lo que, de acuerdo con una necesidad estructural, tiene que desaparecer a fin de que la red simbólica pueda establecerse, es un significante del performativo "puro", esto es, de un performativo que *no* asumiría la forma de su opuesto, de un constatativo. En esta escisión, en esta "imposibilidad" de un performativo "puro", emerge el sujeto del significante: su lugar es el vacío abierto por la caída del significante binario "imposible". Es decir, el gesto que constituye al sujeto es el gesto vacío de una elección obligada: la realidad se "subjetiva" cuando el sujeto postula como su libre elección lo que se ve forzado a tomar, esto es, lo que encuentra como realidad dada, positiva. Este acto formal de conversión de la realidad como dada en realidad como producida se funda, precisamente, en la antes descripta coincidencia del performativo "puro" con su opuesto (constatativo): la producción performativa de la realidad asume por necesidad la forma de la afirmación de que "es así". Debido a esta escisión, el matema lacaniano para el sujeto es $\$$: un gesto vacío de consentimiento a lo que es dado como si fuera una libre elección propia[133].

El S1 lacaniano, el "Significante Amo" que representa al sujeto para otros significantes, es por lo tanto el punto de intersección entre performativo y constatativo, esto es, el punto en el cual el performativo "puro" coincide con (asume la forma de) su opuesto. Podemos ver, ahora, lo que les falta tanto a Austin I (el del "performativo") como a Austin II (el de la "fuerza ilocucionaria"): una especie de modelo topológico paradójico, invertido hacia adentro, donde el interior extremo del performativo "puro" coincide con el exterior del constatativo. Este punto de intersección "éxtimo" es, por supuesto, el de la autoridad; su escisión inmanente la muestra de la manera más cabal la ambigüedad del verbo "establecer": la autoridad es, en última instancia, el nombre de un gesto que "establece (constituye, crea, funda)" cierto estado de cosas en el acto mismo de "establecer (certificar, afirmar, aseverar)" que "las cosas son así".

133. En cuanto a esta noción del "gesto vacío" constitutivo del sujeto, véase Slavoj Žižek, *The Sublime Object of Ideology*, ob. cit., caps. 5 y 6.

Kierkegaard y su "inversión materialista de Hegel"

Una afirmación semejante de la autoridad parece ser exactamente lo contrario de la Ilustración, cuya aspiración fundamental es, justamente, hacer que la verdad sea independiente de la autoridad: a la verdad se llega por medio del procedimiento crítico que cuestiona los *pro et contra* de una proposición, con independencia de la autoridad que corresponda a su lugar de enunciación... Para socavar la falsa evidencia de esta incompatibilidad entre autoridad e Ilustración, basta con recordar la manera en que los dos logros supremos del desenmascaramiento de los prejuicios ideológicos que se desarrollaron a partir del proyecto de la Ilustración, el marxismo y el psicoanálisis, se refieren a la autoridad de sus respectivos fundadores (Marx, Freud). Su estructura es intrínsecamente "autoritaria": como Marx y Freud abrieron un nuevo campo teórico que establece los criterios mismos de veracidad, sus palabras no pueden ponerse a prueba de la misma forma en que uno se permite cuestionar las afirmaciones de sus seguidores; si hay algo que refutar en sus textos, se trata, simplemente, de afirmaciones que preceden a la "ruptura epistemológica", es decir, que no pertenecen al campo abierto por el descubrimiento del fundador (los escritos de Freud previos al descubrimiento de lo inconsciente, por ejemplo). De este modo, sus textos deben leerse de la forma en que uno debería leer el texto de un sueño, según Lacan: como textos "sagrados" que están, en un sentido radical, "más allá de la crítica", dado que constituyen el horizonte mismo de la veracidad. Por esa razón, todo "desarrollo ulterior" del marxismo o del psicoanálisis asume, por necesidad, la forma de un "retorno" a Marx o a Freud: la forma de un (re)descubrimiento de algún estrato de su obra hasta ese momento pasado por alto, es decir, de la revelación de lo que los fundadores "produjeron sin saber que lo producían", para invocar la fórmula de Althusser. En su artículo sobre *Candilejas*, la película de Chaplin, André Bazin recomienda la misma actitud como la única que conviene al genio de este: incluso si algunos detalles del filme nos parecen malogrados y torpes (la tediosa primera hora, los patéticos arranques de filosofía vulgar de Calvero, etc.), debemos culparnos a nosotros mismos y preguntarnos qué es lo que estuvo mal en nuestro enfoque del filme; semejante actitud articula con claridad la relación *transferencial* del alumno hacia el maestro: este es, por definición, "el supuesto al saber", la culpa es siempre nuestra... El perturbador escándalo autenticado por la historia del psicoanálisis y el marxismo es que ese tipo de enfoque "dogmático" se demostró mucho más productivo que el tratamiento "abierto", crítico, del texto del fundador: ¡cuánto más fecundo fue el retorno "dogmático" de Lacan a Freud que la maquinaria académica estadounidense que transformó la obra de este en una colección de hipótesis científicas positivas que debían ponerse a prueba, refutarse, combinarse, desarrollarse, etc.! El escándalo de Lacan, la dimensión de su obra que se resiste a la incorporación a la maquinaria académica, puede, en última instancia, atribuirse al hecho de que él se postuló, abierta y desvergonzadamente, como una autoridad semejante, es decir, que repitió el gesto kierkegaardiano en relación con sus seguidores: lo que exigía de ellos no era fidelidad a algunas proposiciones teóricas generales sino, precisamente, a su persona, razón por la cual, en la circular que anuncia la fundación de la École de la Cause freudienne, se dirige a ellos como "los que me aman". Este vínculo indestructible que conecta la doctrina con la persona contingente del maestro, es decir, con el maestro como excedente material que se desprende del edificio neutral del conocimiento, es el escándalo que todo aquel que se considere lacaniano debe asumir: Lacan no era un amo socrático que se borra a sí mismo frente al conocimiento alcanzado, su teoría se sostiene únicamente a través de la relación transferencial con su fundador. En este sentido preciso, Marx, Freud y Lacan no son "genios" sino "apóstoles": cuando alguien dice "sigo a Lacan porque su lectura de Freud es la más inteligente y persuasiva", de inmediato se revela como no lacaniano[134].

134. Para evitar un malentendido fatal: Lacan, por supuesto, se sitúa dentro de la Ilustración y concibe al proceso psicoanalítico precisamente como un intento de liberarse de la autoridad; sin embargo, también puntualiza el precio terrible que debe pagarse por esta "liberación": como la estructura misma del "gran Otro" (del orden simbólico, el espacio de la intersubjetividad) es, en última instancia, autoritaria, el sujeto es efectivamente "libre" solo cuando *asume la no existencia del gran Otro*, esto es, cuando, en un gesto cuasipsicótico, deja

Este “escándalo” del baldón de la individualidad contingente que mancha el campo neutral del conocimiento apunta hacia lo que podríamos designar como la “inversión materialista de Hegel” de Kierkegaard. En última instancia, Hegel permanece dentro de los límites del universo “socrático”: en su *Fenomenología del espíritu*, la conciencia llega a la Verdad, la rememora y la internaliza, mediante su propio esfuerzo, al compararse con su propia Noción inmanente, al confrontar el contenido positivo de sus afirmaciones con su propio lugar de enunciación, al atravesar su propia escisión, sin ningún sostén o punto de referencia externo. El punto de vista de la verdad dialéctica (el “para nosotros”) no se suma a la conciencia como una suerte de norma externa mediante la cual se mide luego el progreso de aquella: “nosotros”, dialécticos, no somos más que observadores pasivos que reconstruyen retroactivamente el modo en que la conciencia misma llegó a la Verdad (es decir, el punto de vista “absoluto” sin presupuestos). Cuando, en algún punto de la travesía de la conciencia, la Verdad aparece efectivamente como una entidad positiva dotada de una existencia independiente, como un “en sí” que asume el papel de la medida externa del “abrirse paso” de la conciencia, esto es simplemente un autoengaño necesario, “superado” en la sucesión ulterior de las “experiencias de la conciencia”. En otras palabras (en las de la relación entre creencia y conocimiento): la creencia del sujeto es una autoridad (externa) que debe aceptarse incondicional e “irracionalmente”, no es más que una etapa transicional “superada” por el paso al conocimiento reflejo. Para Kierkegaard, por el contrario, nuestra creencia en la persona del Salvador es la condición absoluta, no abolible, de nuestro acceso a la verdad: la misma verdad eterna se adhiere a esta externalidad material contingente; en el momento en que perdemos ese “pedacito de lo Real” (el hecho histórico de la Encarnación), en el momento en que cortamos nuestro lazo con ese fragmento material (al reinterpretarlo como una parábola de la afinidad del hombre con Dios, por ejemplo), todo el edificio

en suspenso su funcionamiento. Véase la sección “Lacan *versus* Habermas” del presente capítulo, pp. 167-171.

del conocimiento cristiano se derrumba[135]. En otro nivel, lo mismo vale para el psicoanálisis: en la cura psicoanalítica, no hay conocimiento sin la "presencia del analista", sin el impacto de su mudo peso material. Damos aquí con la limitación inherente a todos los intentos de concebir la cura psicoanalítica con arreglo al modelo del movimiento reflexivo hegeliano en el curso del cual el sujeto toma conciencia de su propio contenido "sustancial", esto es, llega a la verdad reprimida que mora profunda en él[136]. Si ese fuera el caso, el psicoanálisis sería la etapa última del "¡conócete a ti mismo!" socrático y el papel del psicoanalista el de *un partero*, una especie de "mediador evanescente" que capacite al sujeto para alcanzar una comunicación consigo mismo al encontrar el acceso a sus traumas reprimidos. Este dilema aparece con la máxima claridad a propósito del papel de la *transferencia* en la cura psicoanalítica. Mientras permanecemos dentro del dominio de la lógica socrática de la reminiscencia, la transferencia no es una repetición "efectiva" sino, más bien, un medio de recordar; el analizante "proyecta" traumas pasados que determinan inconscientemente su comportamiento presente (los conflictos reprimidos e irresueltos con su padre, por ejemplo) en su relación con el analista; por medio de la manipulación diestra de la situación transferencial, el analista capacita entonces al analizante para que recuerde los traumas que hasta ahí se pusieron ciegamente "en acto"; en otras palabras, la tarea del analista es hacer evidente al analizante que "él (el analista) no es realmente el padre", es decir, que el analizante, atrapado en la transferencia, utilizó su relación

135. En cuanto al peso filosófico de esta noción de la contingencia y sus raíces en la tradición cristiana, véase Ernesto Laclau, *New Reflections on the Revolution of Our Time*, Londres, Verso Books, 1990 [ed. cast.: *Nuevas reflexiones sobre la revolución de nuestro tiempo*, trad. de Ernesto Laclau, Buenos Aires, Nueva Visión, 1993].

136. Las dos versiones más elaboradas de este enfoque se encontrarán en Jürgen Habermas, *Knowledge and Human Interests*, Cambridge, Mass., MIT Press, 1971 [ed. cast.: *Conocimiento e interés*, trad. de Manuel Jiménez, José F. Ivars y Luis Martín Santos, Madrid, Taurus, 1992] y en Helmut Dahmer, *Libido und Gesellschaft*, Fráncfort, Suhrkamp Verlag, 1972 [ed. cast.: *Libido y sociedad. Estudios sobre Freud y la izquierda freudiana*, trad. de Félix Blanco, México, Siglo XXI, 1983].

con el analista para poner en escena los traumas pasados... El acento de Lacan es, por el contrario, kierkegaardiano en todos los aspectos: la repetición transferencial no puede reducirse a la rememoración, y la transferencia no es una especie de "teatro de sombras" en donde llegamos a un acuerdo con los traumas pasados *in effigie*: es repetición en el pleno sentido del término, es decir, en ella el trauma pasado se repite, se "actualiza" literalmente. El analista no es la "sombra" del padre, sino una presencia frente a la cual la batalla pasada tiene que decidirse "de veras".

Lacan versus *Habermas*

El propósito de la argumentación precedente no es, desde luego, defender la sumisión ciega a la autoridad, sino destacar el hecho de que *el discurso mismo es, en su estructura fundamental, "autoritario"* (por ese motivo, el "discurso del Amo" es el primero, el "fundante", en la matriz lacaniana de los cuatro discursos; o, como suele decir Derrida en sus escritos de los últimos años, todo campo discursivo se funda en alguna decisión ético-política "violenta"). De la dispersión de los significantes que flotan en libertad emerge un campo coherente de significado a través de la intervención de un Significante Amo; ¿por qué? La respuesta está contenida en la paradoja de la "infinidad/totalidad finita" que, como se sabe desde Claude Lévi-Strauss en adelante, corresponde a la noción misma de significante: el orden simbólico en el cual está inmerso el sujeto es, al mismo tiempo, "finito" (consiste en una red limitada y en última instancia contingente que nunca se superpone con lo Real) e "infinito" o, para usar un término sartreano, "totalizador" (en cualquier lenguaje dado, "todo puede decirse", no hay un punto de vista externo desde el cual uno pueda juzgar sus limitaciones). A causa de esta tensión intrínseca, todo lenguaje contiene un elemento paradójico que, dentro de su campo, reemplaza a lo que lo elude: en "lacanés", en todo conjunto de significantes hay siempre "al menos uno" que funciona como el significante de la falta misma del significante. Ese es el Significante Amo: el significante "vacío" que totaliza ("acolcha") el campo disperso; en él, la cadena infinita de causas ("conocimiento") es interrumpida por un acto abismal, no fundado y fundante de violencia.

El término filosófico para referirse a esta inversión de la impotencia en un poder constitutivo es, por supuesto, la noción de *lo trascendental* con todas sus paradojas intrínsecas: el sujeto experimenta como poder constitutivo el horizonte mismo que enmarca su visión debido a su finitud. Por esa razón, es precisamente la noción de lo trascendental la que nos permite distinguir a Lacan de, digamos, Habermas. En este, el estatus de las "perturbaciones" que vician el curso de la "argumentación racional" por medio de una coacción no refleja es, en última instancia, contingente/empírico; estas "perturbaciones" surgen como impedimentos empíricos en el camino de la realización gradual de la Idea reguladora trascendental. Mientras que, en Lacan, el estatus del Significante Amo, el significante de la autoridad simbólica fundado solo en sí mismo (en su propio acto de enunciación), es estrictamente trascendental: el gesto que "distorsiona" un campo simbólico, que "curva" su espacio al introducir en él una violencia no fundada, es, *stricto sensu*, correlativo a su establecimiento mismo; en otras palabras, tan pronto como sustraemos de un campo discursivo su "distorsión", el campo mismo se desintegra ("se desacolcha"). La posición de Lacan es, por lo tanto, exactamente opuesta a la de Habermas, según quien los presupuestos pragmáticos inherentes a un discurso son "no autoritarios" (la noción de discurso implica la idea de una comunicación libre de restricciones en la que solo cuenta la argumentación racional, etcétera).

La tesis fundamental de Lacan es que el Amo es, por definición, un *impostor*: alguien que, al encontrarse en el lugar de la falta constitutiva en la estructura, actúa como si tuviera las riendas de ese excedente, del misterioso X que escapa a la aprehensión de la estructura. Esto explica la diferencia entre Habermas y Lacan en cuanto al papel del Amo: en Lacan, el Amo es un impostor, aunque el *lugar* que ocupa —el lugar de la falta en la estructura— no puede abolirse, dado que la finitud misma de todo campo discursivo impone su necesidad estructural. El desenmascaramiento de la impostura del Amo no elimina el lugar que este ocupa, solo lo hace visible en su vacío original, es decir, en cuanto precede al elemento que lo llena. De ahí la noción lacaniana del analista como *envers* (reverso) del Amo: alguien que ocupa el lugar del Amo, pero que, por medio de su (no) actividad, socava el carisma de este, suspende el efecto de "acolchonamiento" y, con ello, hace visible la distancia que separa al Amo del lugar que ocupa, esto es, la *contingencia* radical del sujeto que ocupa ese lugar.

Por esa razón, su estrategia de subversión de la autoridad simbólica es también fundamentalmente diferente. Habermas cuenta, simplemente, con la elucidación reflexiva gradual de los prejuicios implícitos y no reflejos que distorsionan la comunicación, esto es, con el acercamiento asintótico al ideal regulador de la comunicación libre y sin restricciones. Lacan también es "antiautoritario", está lo más lejos posible de cualquier tipo de oscurantismo de lo "inefable", también se mantiene totalmente vinculado al espacio de la "comunicación pública"; esta inesperada proximidad con Habermas se corrobora en un procedimiento, propuesto por Lacan, que provocó una gran resistencia incluso entre algunos de sus seguidores más cercanos: *la passe*, el "pase", de un analizante al lugar del analista. Su punto capital es el papel intermediario de los así llamados *passeurs* [pasadores]: el analizante (el *passant* [pasante]) cuenta el resultado de su análisis, los *insights* a los que llegó, a los dos *passeurs*, sus pares, que luego informan sobre ello al comité (*comité de la passe*); este decide entonces sobre su "pase" al lugar del analista. La idea de esos dos mediadores que canalizan todos los contactos entre el *passant* y el comité es, sin duda, muy "habermasiana": están ahí para impedir todo tipo de relación "iniciática" entre el *passant* y el comité, es decir, para impedir que *la passe* funcione como la transmisión de un conocimiento iniciático, según el modelo de los cultos secretos: el analizante debe ser capaz de formular los resultados de su análisis de tal manera que los dos *passeurs*, esos dos hombres corrientes que representan el saber común, puedan transmitirlo íntegramente al comité; en otras palabras, el desvío a través del campo del conocimiento público no debe afectar al "mensaje" de ningún modo.

El contraste entre Habermas y Lacan encuentra su más clara expresión en lo referido a la noción de "situación ideal del discurso": Habermas la concibe como el ideal asintótico de la comunicación intersubjetiva libre de restricciones, en la que los participantes llegan a un consenso por medio de la argumentación racional. En contra de la opinión corriente, Lacan también sabe de una "situación ideal del discurso" que socava la impostura del Significante Amo: no es otra que la *situación analítica* misma; aquí, el abismo que lo separa de Habermas salta a la vista. En el proceso del psicoanálisis, también tenemos dos sujetos que hablan uno con otro; sin embargo, en vez de mirarse cara a cara e intercambiar argumentos, uno de ellos está acostado en el diván, mira al techo y emite un parloteo inconexo, mientras que el otro permanece en silencio la mayor parte del tiempo y aterroriza al primero por el peso de su opresiva presencia muda... Esta situación está "libre de restricciones" en el preciso sentido de suspender el papel estructural del Significante Amo: el discurso analítico como *envers* del discurso del Amo nos traslada a un estado de indecidibilidad, anterior al "acolchonamiento" del campo discursivo por un Significante Amo, es decir, el estado "flotante" de los significantes; lo que "se repite" en él es, en última instancia, la contingencia misma que engendró el espacio simbólico del analizante.

Y, para concluir uniendo las dos facetas de nuestro edificio argumentativo, ¿no es la "excepción reconciliada en lo universal" la definición más sucinta del *acto*? En este preciso sentido, un acto está siempre "más allá del bien y del mal": deja en suspenso las normas éticas dadas del bien, aunque lo hace de una manera que es inherente al mantenimiento mismo de este. En otras palabras, un acto no solo aplica las normas éticas dadas sino que las redefine. En cuanto al problema de la elección, eso significa que *esta se convierte en un acto cuando su efectuación modifica los valores de sus términos*. En una larga nota al primer capítulo de las *Migajas filosóficas*, Kierkegaard lo ejemplifica por medio de la elección entre la libertad y la no libertad (la caída en el pecado): al principio, me resulta posible elegir igualmente entre los dos términos; sin embargo, tan pronto como elijo la no libertad (el pecado), ya no estoy en condiciones de cambiarla por la libertad, es decir, pierdo la libertad misma de elegir[137]. Lo mismo vale para todos los actos éticos: una vez que se ha tomado la decisión, el campo mismo de la elección se transforma. ¿Hace falta agregar que es precisamente esta paradoja de un acto de elección que modifica el valor de sus términos lo que escapa a la justicia distributiva?

137. Kierkegaard, Søren, *Philosophical Fragments*, ob. cit., pp. 16-17.

4
¿Por qué aparece el *falo*?

4.1 MUECAS DE LO REAL

El "fantasma de la ópera": una espectroscopía

La coincidencia de motivos entre el arte elevado (y la teoría) y la cultura de masas es hoy un lugar común teórico: ¿acaso la figuración más clara del famoso *je est un autre* no debe hallarse en la tradición de la cultura de masas de los vampiros y los muertos vivos que "descentran" al sujeto, socavando desde adentro su consistencia y autocontrol?[138]. El principal problema de esta resonancia, que es una constante desde el comienzo de lo moderno hasta la relación entre la teoría posmoderna y la cultura popular de la actualidad, es cómo eludir la noción de un *Zeitgeist* común como su artificio interpretativo. Una forma de evitar este atolladero es tomar en cuenta el antagonismo que hace posible enfrentar entre sí al arte elevado y la cultura de masas, es decir, interpretar alternativamente uno con la ayuda de otro, como en las *mythologiques* de Lévi-Strauss, en las cuales los mitos se interpretan uno a otro. Tomemos el "fantasma de la ópera", sin duda el espectro más renombrado de la cultura de masas, que ha mantenido ocupada a la imaginación popular desde la novela de Gaston Leroux a comienzos del siglo XX, pasando

138. Para una descripción detallada de este paralelo, véase James Donald, "The Fantastic, the Sublime and the Popular; or, What's at Stake in Vampire Films?", en: James Donald (comp.), *Fantasy and the Cinema*, Londres, British Film Institute, 1989, pp. 233-252.

por una serie de versiones para cine y televisión, hasta el reciente musical triunfante: ¿en qué consiste, en una mirada más detenida, el repulsivo horror de su rostro? Los rasgos que lo definen son cuatro:

1. *Los ojos*: "Sus ojos son tan profundos que apenas pueden verse las pupilas fijas. Todo lo que puedes ver son dos grandes huecos negros, como en la calavera de un muerto"[139]. Para un conocedor de Alfred Hitchcock, esta imagen recuerda al instante *Los pájaros*, a saber, el cadáver con los ojos arrancados a picotazos con el que tropieza la madre de Mitch (Jessica Tandy) en una granja solitaria, y cuya visión le hace proferir un grito silencioso. Cuando, ocasionalmente, captamos un destello de esos ojos, parecen como dos velas encendidas en lo profundo de la cabeza, que solo pueden percibirse en la oscuridad: estas dos luces en cierto modo incongruentes con la superficie del rostro, como linternas que arden en la noche en una casa solitaria y abandonada, son responsables del misterioso efecto del "muerto vivo". La primera "asociación libre" procedente del dominio de la alta cultura es aquí la de las pinturas de Edvard Munch, del mismo período, y en lo fundamental su *Tarde de primavera en la calle Karl Johan* (1892), en la que la corriente de transeúntes fantasmales se mueve hacia el espectador, sus ojos saltones incongruentes con sus rostros de máscara mortuoria.
2. *La nariz*: "Vale tan poco la pena hablar de su nariz que no puedes verla de perfil: y *su ausencia* es algo horrible *de observar*"[140]. ¿Hace falta recordar que Freud, en su artículo sobre el fetichismo, utiliza exactamente las mismas palabras para describir el horror de la castración: lo que aterroriza al niño es la *ausencia* misma del pene, esto es, el hecho de que no haya nada que ver donde la mirada espera algo? (El

139. Leroux, Gaston, *The Phantom of the Opera*, Nueva York, Hippocrene Books Inc., 1990, p. 12 [ed. cast.: *El fantasma de la ópera*, trad. de Mauro Armiño, Madrid, Valdemar, 1998, entre otras ediciones].

140. Ibíd.

rasgo correspondiente en las pinturas de Munch —si seguimos con la homología— es la ausencia de nariz y oídos en la cabeza del homúnculo de su cuadro más famoso, *El grito* [1893]). En lo que respecta a este punto, hay una interesante divergencia entre la novela de Leroux y la reciente miniserie televisiva sobre el "fantasma": en la novela, el trauma primario de este consistía en que, de niño, era tan feo que incluso su propia madre lo consideraba repulsivo (cuando se acercaba en busca de un abrazo, ella lo hacía a un lado con repugnancia y le pedía que se pusiera la máscara)[141], mientras que en la serie de televisión nadie puede soportar su rostro deforme, *con la excepción de su madre*, a quien le parecía agradable y normal y que constantemente le acariciaba la cara, mientras lo entretenía con su voz celestial (razón por la cual, más adelante, el fantasma está obsesionado con la ópera: busca con desesperación la repetición de la voz de su madre entre los cantantes). Aquí, hay que evitar el pseudoproblema de cuál es la versión "adecuada": deben leerse al modo de Lévi-Strauss, como dos versiones complementarias del mismo mito que se interpretan la una a la otra. Es decir, ¿qué veía la madre en su rostro (en la segunda versión, la televisiva) que le parecía tan irresistiblemente atractivo, mientras que el mismo rasgo era tan repugnante para todos los demás? Solo hay una respuesta posible: *exactamente lo contrario de la primera versión*, esto es, una protuberancia fálica excesiva, repulsiva para una mirada "normal", en lugar de la nariz; por decirlo así, la realización de su deseo (materno) de conseguir en el niño

141. Según la definición clásica de Lacan, la función de la máscara es "dominar las identificaciones a través de las cuales se resuelven los amores rechazados" ("The Meaning of the Phallus", en: Juliet Mitchell y Jacqueline Rose [comps.], *Feminine Sexuality. Jacques Lacan and the Ecole Freudienne*, Nueva York, Norton, 1985, p. 85 [ed. cast.: "La significación del falo", en: *Escritos 2*, trad. de Tomás Segovia y Armando Suárez, Buenos Aires, Siglo XXI, 2018, pp. 653-662]); por lo tanto, no es difícil concebir el uso compulsivo de la máscara por parte del Fantasma —otro de sus rasgos— como una estrategia para contrarrestar el rechazo del amor materno.

su falo faltante, algo parecido al famoso caso del monstruo del siglo XVIII analizado por Alain Grosrichard[142].

3. *La distorsión amorfa del rostro*: la carne no ha asumido todavía rasgos definitivos, mora en una especie de estado preontológico, como si estuviera "derretida", como si hubiera sufrido una deformación anamórfica; el horror no radica en su máscara mortuoria sino, más bien, en lo que se oculta debajo, en la palpitante carne despellejada: quienquiera que ponga la vista en esta amorfa sustancia vital ingresa en un dominio prohibido y, por lo tanto, debe ser excluido de la comunidad... En ello consiste la paradoja última del "muerto vivo": como si la muerte, el hedor de muerte que esparce, fuera una máscara que protege una vida mucho más "viva" que nuestra vida de todos los días. El lugar de los "muertos vivos" no se sitúa entre los muertos y los vivos: como muertos, precisamente, están en cierto modo "más vivos que la vida misma", ya que han tenido acceso a la sustancia vital antes de su mortificación simbólica[143]. El psicoanálisis lacaniano sitúa la causa de esta

142. Véase Alain Grosrichard, "Le Cas Polyphème ou Un Monstre et sa mère", en: *Ornicar?*, nº 11, septiembre de 1977, pp. 20-36, y *Ornicar?*, nº 12-13, diciembre de 1977, pp. 45-57.

143. Aludimos aquí a la diferencia entre las dos muertes, la real (biológica) y la simbólica (eliminación de las huellas simbólicas). En su seminario sobre la ética del psicoanálisis, Lacan elaboró la noción de la "segunda muerte (simbólica)" a propósito de la distinción de Sade entre el crimen corriente, que todavía forma parte del ciclo natural de generación y corrupción, y el crimen absoluto, la destrucción, la erradicación de ese ciclo mismo. Véase Slavoj Žižek, *The Sublime Object of Ideology*, Londres y Nueva York, Verso Books, 1989, cap. 4 [ed. cast.: *El sublime objeto de la ideología*, trad. de Isabel Vericat Núñez, Buenos Aires, Siglo XXI, 2009]. La identidad fundamental de la segunda muerte (simbólica) y el crimen absoluto de Sade puede ejemplificarse mediante la obsesión de Kant con el trauma de un proceso judicial contra el rey y su sentencia de muerte (en contraste con el simple regicidio en el acto de la rebelión). Es decir, ¿por qué la acción legal contra el rey, su ejecución, es un crimen absoluto sadeano que ningún castigo ni ninguna penitencia pueden compensar? El asesinato del rey en el acto de la rebelión socava el poder legal existente, pero solo en el nivel de la realidad; es, sencillamente, una parte del proceso de corrupción y generación (sociales) que deja intacta la legalidad simbólica. Si, por el contrario, después de su derrocamiento exitoso, organizamos un proceso judicial contra él, esto es, contra la encarnación y garantía última del poder

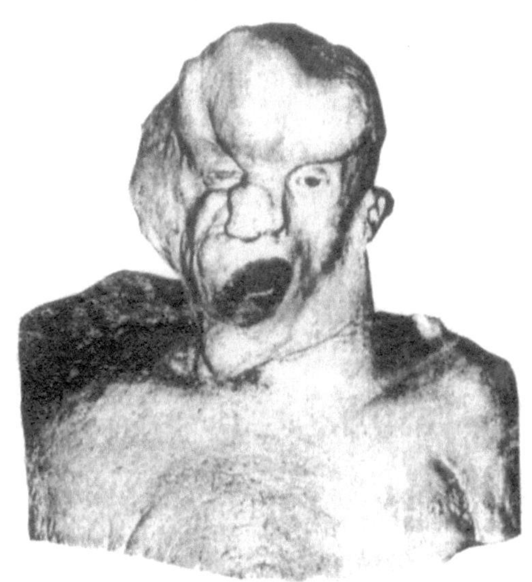

deformidad en la mirada anamórfica, es decir, la sostenida por un goce incestuoso: la distorsión anamórfica de la realidad es el modo en que la mirada se inscribe en la superficie del objeto. Aquí debería recordarse otro caso del mismo período, el del "hombre elefante", inmortalizado por David Lynch en el filme del mismo nombre: según la mitología que rodea a su figura, la grotesca protuberancia protofálica de su frente (la "trompa de elefante"), así como la deformidad general de su cuerpo, designan la inscripción de la mirada materna en la superficie corporal. El mito del "hombre elefante" reza lo siguiente: durante el desfile de un circo que su madre embarazada había ido a ver, un elefante enloqueció y estuvo a punto de aplastarla; esta "visión desde abajo" del paquidermo enloquecido la afectó y dio origen a la distorsión elefantiásica del embrión[144]. Una vez más, encontramos la misma deformidad anamórfica del rostro en una serie de pinturas de Munch en las que la cara parece perder sus contornos y "fundirse" en un légamo blancuzco (basta con mencionar *Cenizas*, *El vampiro* y *El beso*, tres dibujos en los que, durante la cópula o a continuación de ella, el hombre literalmente "pierde la cara").

legal, cometemos el crimen absoluto: socavamos el poder legal, el gobierno de la ley como institución simbólica, que es la razón por la cual, como dice Kant, la ejecución legal del rey es un "suicidio del Estado". O bien, en "hegelés": este crimen ya no puede evaluarse según las normas de legalidad, no es una simple negación externa de la legalidad sino su "negación de la negación"; socava el punto de vista mismo desde el cual puede concebirse un acto como "ilegal". Respecto de la noción kantiana del "suicidio del Estado", véase Slavoj Žižek, *For They Know Not What They Do*, Londres y Nueva York, Verso Books, 1991, cap. 5 [ed. cast.: *Porque no saben lo que hacen. El goce como un factor político*, trad. de Jorge Piatigorsky, Barcelona, Paidós, 2000].

144. Hay un detalle cautivante en lo que respecta a la "verdadera historia" del hombre elefante: cuando los historiadores examinaron las fuentes, descubrieron que el mito de sus orígenes tenía en los hechos un sorprendente fundamento: un diario local de su ciudad natal contiene una pequeña nota según la cual —precisamente en la época del embarazo de su madre—, durante el desfile de un circo, un elefante enloqueció y estuvo a punto de pisotear a una mujer embarazada.

4. *El estatus excepcional de su voz*: el fantasma de la ópera es, antes que nada, un ser de voz; en la novela se alude a él, por lo regular, como "la voz del hombre", como si la relación "normal" de la voz y su portador (su fuente) estuviera invertida: en vez de pertenecer aquella al cuerpo como una de sus propiedades, es el cuerpo mismo el que, en su distorsión, materializa una voz "imposible", originalmente incorpórea y como tal todopoderosa (omnipresente), bautizada por Michel Chion como "*la voix acousmatique*"[145]. Desde luego, la primera asociación aquí es, una vez más, *El grito* de Munch: en este, la energía del grito bloqueado —que no puede estallar y liberarse en sonido— encuentra una salida (es tentador decir: "se pone en acto") en la distorsión anamórfica del cuerpo, en sus sinuosos retorcimientos "antinaturales", y en la de la costa y el agua más allá del puente, como si estas líneas en espiral estuvieran aquí para materializar vibraciones sonoras, en una especie de efecto de *conversión* del sonido bloqueado en una distorsión de la materia.

La voz como objeto

En su seminario sobre la *angustia* (1962-1963, inédito)[146], Lacan se refirió a *El grito* de Munch a fin de ejemplificar el estatus de la voz como objeto. Es decir, el rasgo decisivo de la pintura es el hecho de que *el grito no se oye*. A lo que apuntamos aquí no es al hecho obvio de que "las pinturas no hablan": hay algunas que son indudablemente "resonantes" y que "evocan sonidos", las de escenas callejeras que bullen de vida, las de bailes, las de la naturaleza tormentosa, etc.; mientras que aquí corresponde a la esencia

145. En cuanto al concepto de la "*voix acousmatique*", véase Michel Chion, *La Voix au cinema*, París, Cahiers du cinéma, 1982 [ed. cast.: *La voz en el cine*, trad. de Maribel Villarino Rodríguez, Madrid, Cátedra, 2004].

146. El seminario mencionado se publicó con posterioridad a la aparición del libro de Žižek: *Le Séminaire de Jacques Lacan. Livre X, L'Angoisse (1962-1963)*, París, Éditions du Seuil, 2004 [ed. cast.: *El Seminario de Jacques Lacan. Libro 10. La angustia. 1962-1963*, trad. de Enric Berenguer, Buenos Aires, Paidós, 2004]. [N. del T.]

misma del contenido pintado el que el grito que percibimos sea mudo, dado que la angustia es demasiado fuerte para que encuentre una salida en la vocalización (August Strindberg se equivocó totalmente cuando parloteó acerca de que, a fin de disfrutar adecuadamente de las pinturas de Munch, uno debería imaginarse una música adecuada que las acompañara). Como ya lo hemos señalado, esta mudez estructural se indica, dentro de la pintura misma, mediante la falta de orejas en la cabeza del desesperado homúnculo, como si estas, excluidas de la realidad (simbólica) del rostro, retornaran en lo Real de la mancha anamórfica cuya forma recuerda un oído gigantesco... En el lenguaje de todos los días, podría decirse que el grito "se atrancó en la garganta", que no puede estallar, desencadenarse, y entrar así en la dimensión de la subjetividad. No es accidental que, en *Los cuatro conceptos fundamentales*, Lacan establezca el *objeto a* como el hueso que se atrancó en la garganta del sujeto: si el caso ejemplar de la mirada como objeto son los ojos de un ciego, esto es, ojos que *no ven* (experimentamos la mirada como objeto cuando un partícipe en la conversación se saca de repente los anteojos negros y nos expone así a la inquietante blancura sin profundidad de sus ojos), entonces el caso ejemplar de la voz como objeto es una que permanece silenciosa, es decir, que *no oímos*[147].

No debería sorprender, entonces, que el grito más famoso de la historia del cine sea también silencioso: el de una madre que observa, impotente, cómo los soldados matan a tiros a su hijo en la escena de las escalinatas de Odessa de *El acorazado Potemkin*, de Eisenstein. Cuando, en un *travelling*, la cámara se aproxima a la madre que se toma la cabeza con desesperación y casi entra en el agujero negro de su boca abierta, todo el efecto se basa, una vez más, en el hecho de que no oímos su grito, es decir, que este "se le atranca en la garganta", como en la antes citada escena de *Los pájaros*, de Hitchcock, en la que la madre de Mitch, al encontrar el cadáver con los ojos arrancados a picotazos, profiere su grito silencioso. A este grito silencioso que confirma el encuentro

147. La oposición de voz y mirada como objetos corresponde al antagonismo de las pulsiones de vida y de muerte: la voz vivifica, en tanto que la mirada mortifica.

cargado de horror con lo real del goce, tiene que oponerse el grito de liberación, de decisión, de *elección*, el grito por medio del cual la insoportable tensión encuentra una salida: por así decirlo, "escupimos el hueso" en el alivio de la vocalización; en la *oeuvre* de Hitchcock, su ejemplo más famoso es el grito de Doris Day en la segunda versión de *En manos del destino [The Man Who Knew Too Much]*, que, en el último instante, impide el asesinato en el Albert Hall. Lo que hay que tener en cuenta aquí es el contraste entre ese grito y el de la madre silenciosa en Potemkin: ambos se sitúan dentro de la relación madre-hijo; el grito silencioso manifiesta su resistencia a cortar el cordón umbilical que la une a su hijo, mientras que el grito de *En manos del destino* indica que la madre, arrinconada por una elección obligada entre su hijo y la comunidad, ha renunciado al niño y escogido la comunidad; este grito es, por lo tanto, en su tosquedad misma, "un acto de civilización". En otras palabras, la oposición de gritos silenciosos y vocalizados coincide con la del goce y el Otro: el grito silencioso atestigua la adhesión del sujeto al goce, su falta de disposición para intercambiarlo (esto es, intercambiar el objeto que le da cuerpo) por el Otro, por la Ley, por la metáfora paterna, mientras que la vocalización como tal corrobora que la elección ya está hecha y que el sujeto se encuentra dentro de la comunidad[148].

148. Hay, sin embargo, un tercer tipo de grito que no es ni silencioso ni vocal, sino *vocalizado de manera diferida*. Lo hallamos, entre otros ejemplos, hacia el final de *El padrino* III [*Godfather* III], de Coppola: lo profiere Michael Corleone (Al Pacino) en la escalinata de la ópera de Palermo, después de que un sicario de la mafia mata a su amada hija; al principio, el grito es silencioso, somos testigos, en un completo silencio, de la desesperada apertura de su boca; después de un par de segundos, el sonido nos golpea con toda su fuerza: lo que está en juego aquí es una especie de autorreflexividad, como si el grito se vocalizara en el preciso momento en que el sujeto percibe, toma conciencia de su silencio. Mientras el grito es silencioso, flotamos en una especie de "estasis" del tiempo (en el sentido que este término adquirió con Walter Benjamin), el movimiento se suspende, toda la vida del héroe se condensa en las tres imágenes superpuestas en el "ahora" intemporal (la hija asesinada; la novia asesinada mucho tiempo atrás; la esposa perdida); cuando el grito resuena, Michael se encuentra en un lugar homólogo al de Edipo en Colono: por obra de ese grito, su "fuerza vital" se evapora, Michael es "vaciado", su destino simbólico se cumple; lo que queda de él es una cáscara vacía, una pompa de jabón desvanecida, un puro residuo de lo Real. Es por lo tanto muy coherente que

La voz que obsesiona al fantasma (de la ópera), sin embargo, no es un grito sino una hipnótica tonada operística: se enamora de Christine después de reconocer en su canto seductor la resonancia de la perdida voz materna. En *En manos del destino*, esta canción incestuosa que une al sujeto con la Cosa (el cuerpo materno), es decir, por medio de la cual la Cosa lo atrapa con sus tentáculos, no es, desde luego, otra que la conocida "Che sarà, sarà", cantada por Doris Day en la embajada donde mantienen prisionero a su hijo. Es, como dijimos antes, una canción a través de la cual *la madre alcanza, "atrapa", a su hijo*, esto es, una canción que establece expresamente el cordón umbilical incestuoso (aquí, Hitchcock hace uso de un procedimiento formal cuya audacia aún no se ha advertido por completo: la cámara directamente "sigue la pista" de la voz, "muestra" su resonancia en la escalinata y su ascenso hasta el desván donde está encerrado el hijo). Otro rasgo crucial de esta escena es la vulgaridad y la obscenidad acentuadas del modo de cantar de Doris Day: su voz es demasiado ruidosa, de modo que los distinguidos huéspedes de la sala de recibo evitan las miradas de los otros y fijan la vista en el suelo, como si se avergonzaran frente a una exhibición tan obscena. El tercer y último rasgo que no debe pasarse por alto es el contenido mismo de la canción, que exhibe sin tapujos su estatus *superyoico*: "Che sarà, sarà", lo que será, será; cómo puede evitarse advertir, en esta respuesta a la pregunta del niño en cuanto a qué será de él cuando crezca, la indiferencia malevolente que corresponde a la noción misma del superyó. Ese estatus superyoico tiene una confirmación adicional si se sitúa "Che sarà, sarà" en el contexto de otros filmes de Hitchcock, como el término medio entre *La ventana indiscreta* [*Rear Window*] y *Psicosis*. Lo que tenemos en mente es, por supuesto, una peculiaridad de la banda de sonido de *La ventana indiscreta*[149]: cuando, hacia el final del

sigue a ese grito una especie de *flashback* invertido, un salto hacia un futuro no especificado en el que Michael, un anciano solitario sentado en una silla de jardín, se desmorona de improviso y cae muerto: esta figura completamente vacía, privada de vida, es todo lo que queda de él después del grito...

149. Véase Michel Chion, "Le quatrième côté", en: *Cahiers du cinéma*, nº 309, marzo de 1980, pp. 5-7.

atardecer, Grace Kelly se acerca a James Stewart, que está dormitando en su silla de ruedas (al principio como una sombra ominosa que cubre su rostro, luego como "ella misma"), los sonidos de fondo —la rica textura de los ruidos cotidianos— quedan repentinamente suspendidos, y todo lo que escuchamos es la voz de una soprano desconocida que practica escalas, como si mamá aún estuviera aprendiendo a cantar (razón por la cual todavía tolera el intercambio de besos entre Stewart y Kelly). En *En manos del destino*, mamá ya sabe cantar, su voz llega por fin hasta el hijo, y el resultado último de ello se muestra entonces en *Psicosis*: un hijo dominado por la voz de la madre, de modo que uno siente la tentación de arriesgar la tesis de que el chico de *En manos del destino* no es otro que Norman Bates en su niñez. En otras palabras, la respuesta a la pregunta "qué será", qué será del chico de *En manos del destino*, está contenida en *Psicosis*. A fin de evitar el peligro de la así llamada "interpretación psicoanalítica del arte" que acecha aquí (el superyó materno como el "secreto" de la voz-mancha...), hay que realizar la *inversión* apropiadamente dialéctica *del explanans en explanandum*: de lo que se trata es de no interpretar la insondable voz "*acousmatique*" como el superyó materno sino, más bien, como su opuesto, es decir, explicar la lógica misma del superyó materno por medio de esa mancha vocal; lo que llamamos "superyó materno" no es *más que* una voz como esa que embadurna la pintura y perturba su transparencia. Nuestro procedimiento es, por lo tanto, estrictamente alegórico: la "madre" como personalidad diegética es, en última instancia, una agencia que, dentro del contenido narrativo de los filmes de Hitchcock, reemplaza y ocupa el lugar de cierta perturbación formal, una mancha que empaña el campo de la visión.

El grito y la canción constituyen, así, una oposición: el estatus de la canción es el de una mancha que materializa el goce incestuoso, mientras que el grito es —para decirlo con claridad— una reacción horrorizada a esa mancha. Un vistazo sumario a *El grito* de Munch revela cómo está "dibujada" su superficie: la mitad derecha está mucho más anamórficamente distorsionada que la izquierda, es decir, la pintura es "chupada" hacia su centro de gravedad en algún lugar aproximadamente a dos tercios de la altura del lado derecho; al verse arrastrado hacia ese remolino, el horror se apodera del homúnculo. Las líneas en espiral de la realidad distorsionada constituyen una nueva forma que recuerda vagamente un ojo o un oído gigantescos, una especie de agencia paranoica que "lo ve todo y lo oye todo"; cómo no recordar aquí *Parsifal*, de Syberberg, donde la profundidad del campo visual (el fondo) se llena, a menudo, con una *proyección de fondo* sin relieve que destruye de manera deliberada el efecto de perspectiva y a veces figura directamente un ojo gigantesco (como los frescos de ojos en *Iván el Terrible*, de Eisenstein o, por supuesto, el fondo con ojos pintados en la secuencia del sueño realizada por Salvador Dalí para *Cuéntame tu vida* [*Spellbound*], de Hitchcock)[150]. En *Marnie*, también de Hitchcock, el mismo papel de un elemento fantástico que emparcha el agujero (el blanco) en la realidad lo desempeña el gigantesco armatoste negro en el extremo de la calle donde vive la madre de Marnie: es evidente que se trata de un dibujo, y con ello destruye el efecto de profundidad. En eso consiste la definición formal más elemental de la psicosis: la presencia masiva de algún Real que llena y bloquea la apertura en perspectiva constitutiva de la "realidad"[151]. La fuerza magnética

150. Semejante ojo gigantesco que vive su propia vida —esto es, un órgano particular que coincide misteriosamente con *todo el cuerpo* (*organismo*)— es tal vez el objeto psicótico fundamental y, al mismo tiempo, la encarnación más pura del *objeto a*. En eso consiste el efecto siniestro de la herida de Amfortas en el *Parsifal* de Syberberg, de ese pedazo sangrante de carne humana que se lleva sobre un almohadón *fuera* del propio Amfortas, como un objeto externo, autónomo y parcial. El cuento "William y Mary", de Roald Dahl, se apoya en la misma matriz fantástica: un paciente terminal acepta sufrir una operación experimental; si esta tiene éxito, su cerebro sobrevivirá solo, flotando en un líquido especial y conectado con el mundo exterior a través de un ojo...

151. En consecuencia, lo que constituye la "realidad" es justamente la *extracción* de esta mancha de lo Real que cubre el vacío del eje infinito de la perspectiva. Esta (tercera y última) determinación (de Lacan) de la psicosis complementa las dos precedentes —fascinación por la imagen del doble, paradigma de la agencia paranoica; forclusión del Nombre del Padre— y cierra, de este modo, la serie cuya lógica inherente sigue la tríada Imaginario, Simbólico, Real. Es decir, cada una de estas dos determinaciones subsiguientes fundamenta de manera retroactiva a la anterior: el sujeto se fascina con la imagen de su doble en la medida en que carece de la eficiencia del significante central, el Nombre del Padre, que le permite tomar distancia respecto de la relación imaginaria, esto es, mediarla por su contexto simbólico; el Nombre del Padre

que distorsiona la perspectiva lineal sobre la realidad es, desde luego, el goce: *El grito* de Munch retrata la intrusión del goce en la realidad. Cuanto más nos acercamos a su vórtice, más pierde la pintura su carácter "realista", es decir, sus líneas en espiral más nos golpean con el peso de su presencia material; con ello, la ilusión de "realidad" del contenido pintado no queda simplemente socavada; resulta mucho más apropiado decir que la realidad retratada pierde su carácter flotante, etéreo, y está ahora cargada con una especie de densidad sustancial (si se considera que, según Lacan, la única sustancia de la que se cerciora el psicoanálisis es el goce, no es difícil, de este modo, imaginar que el peso material de las manchas de Munch confirma la densidad del goce).

Del sinthome *modernista...*

El señalamiento tradicional según el cual *El grito* comunica angustia es, por lo tanto, apropiado, con tal de que concibamos la noción de angustia en su sentido estrictamente lacaniano, esto es, como el efecto que registra la reacción pánica del sujeto ante el *exceso de proximidad* del objeto-causa del deseo: los rasgos del hombrecito recuerdan con claridad los de un homúnculo o un feto, es decir, un sujeto aún no arrancado del cuerpo de la madre (el mismo homúnculo está pintado en la esquina izquierda inferior de la *Madonna* de Munch [1895/1902], como parte del marco, ornamentado por otra parte con un goteo espermático)[152]. La conclusión general que debe sacarse de ello es que la mancha como tal tiene el estatus del *objeto a* (plus de gozar). Aparte de *Noche estrellada* (1893), en la que la cuantiosa masa de tierra oscura en primer plano evoca directamente una mancha difuminada, el mismo efecto aparece, en su expresión más clara, en dos pintu-

no es, en última instancia, más que una designación de la falta central en torno a la cual se estructura el orden simbólico, la falta abierta por la extracción de la mancha excedente del marco de la "realidad".

152. En este punto, debería recordarse que *El grito silencioso* es también el título del famoso pseudodocumental antiaborto que muestra la desesperada lucha del feto contra las tijeras del abortista. *El grito* de Munch le da una especie de respuesta anticipada: el verdadero horror no es ser arrancado del vientre materno sino estar aprisionado en él.

ras de fines de siglo, *Muchachas en el puente* (1899) y *La danza de la vida* (1900): la tierra y los árboles del fondo, en el primer caso, los perfiles de los cuerpos danzantes en el segundo, se transmutan en extensas manchas como de esperma, que sobrecargan la realidad con la sustancia del goce. En cuanto a su estatus, estas manchas constituyen, por consiguiente, una especie de correlato visual a la "*voix acousmatique*" del cine, la voz que transgrede el límite afuera/adentro, dado que no pertenece ni a la realidad diegética ni al acompañamiento vocal externo, sino que está al acecho en el espacio intermedio, como un misterioso cuerpo extraño que desintegra desde adentro la consistencia de la "realidad".

Sobre esta base, podrían arriesgarse algunas observaciones generales transitorias en lo referido a la relación entre modernismo y posmodernismo. El procedimiento modernista es el de la "lectura de un síntoma": confrontado con la realidad, el modernismo se esfuerza por subvertirla detectando las huellas de su verdad oculta en los detalles que se "desprenden" de su verdad "oficial" y la desmienten, y en los márgenes que apuntan a lo que tiene que reprimirse para que la totalidad "oficial" pueda establecerse; el axioma elemental del modernismo consiste en que los detalles siempre contienen algún excedente que socava el marco universal de la Verdad "oficial". Por lo tanto, lo que caracteriza a un filme modernista típico es el hecho de que su textura material (su "escritura") cuenta, en cierto modo, otra historia que, por medio de sus vínculos y resonancias laterales, duplica y socava la historia "oficial". Un caso ejemplar de ello debe encontrarse en un excelente *thriller* de los comienzos de Blake Edwards, *El mercader del terror* [*Experiment in Terror*], la historia de una joven cajera bancaria (Lee Remick), víctima de un chantajista asmático. Uno entre la multitud de motivos que resuenan en él bajo la línea narrativa "oficial" es el de la mirada melancólica, inanimada: en primer lugar, la de la mujer colgada oculta entre las muñecas, luego un tigre de juguete con una mirada triste, regalo del chantajista a la amante de su hijo; aunque estos elementos no tienen absolutamente nada en común en el nivel del relato "oficial", constituyen, no obstante, el mismo *sinthome*, la mirada siniestra que subvierte el límite entre la vida y la muerte, dado que pertenece a un objeto "muerto" (cadáver, muñeco) que, sin embargo, posee una mirada de expresividad melancólica. Esta mirada de un "muerto vivo" es, desde luego, una metonimia del estatus del propio chantajista, que funciona como una entidad "*acousmatique*" en el sentido que Chion da a este término: el horror de una voz omnipresente cuyo cuerpo, de improviso, surge "de la nada". Cuando, en el final mismo de la película, la policía lo mata en un estadio vacío e iluminado, no es accidental que el chantajista, con su jadeo asmático, recuerde a un pez ahogándose en tierra, fuera de su "elemento natural": es, efectivamente, como un pulpo que, una vez fuera del agua, pierde su fascinación aterrorizadora y se transforma en un cieno impotente; ese es el destino que le acontece al ser fantasmagórico, "*acousmatique*", tan pronto como queda reducido a su corporeidad común y corriente.

¿De qué manera, entonces, subvierte el posmodernismo este marco modernista? Consideremos una novela que, si bien aún modernista, se acerca al límite mismo del posmodernismo: *El cuento de la criada*, de Margaret Atwood, una visión distópica de un futuro cercano en que, en los Estados Unidos, la Mayoría Moral toma el poder y establece un nuevo Estado, la "República de Galaad", basada en un severo orden patriarcal (a las mujeres no se les permite leer ni escribir, etc.). Lo que tenemos aquí es, ostensiblemente, una extrapolación y, con ello, una clara condena de las tendencias que pueden detectarse en el capitalismo tardío de la actualidad, esto es, una especie de versión feminista de *1984*. Tal lectura, obvia como parece, pasa por alto, no obstante, el punto crucial de la novela: la extraordinaria catexis libidinal de las escenas en las que la heroína —"Offred", la muchacha de Fred—, sola en el cuarto a ella asignado en la casa del amo, descubre gradualmente detalles materiales de los objetos que la rodean, busca las huellas de experiencias pasadas inscriptas en ellos, aprende a percibir rasgos microscópicos de su cuerpo que hasta entonces habían pasado inadvertidos... Es tentador decir que la novela se escribió a fin de poner en palabras esta experiencia de descubrimiento del peso y la densidad materiales de nuestro entorno inmediato: la función última del argumento del golpe de Estado de la Mayoría Moral es, simplemente, servir como un marco narrativo que impulsa a la heroína a esa experiencia microscópica (lo mismo que en las "óperas espaciales", cuyos entreverados argumentos de batallas planetarias sirven, en última instancia, como pretexto para transmitir la experiencia de flotar libremente en el espacio vacío y sin gravedad). La verdadera posición subjetiva "femenina" aparece así, no tanto en el contenido ideológico "oficial" de la novela (la condena del gobierno de la Mayoría Moral) como en esa actitud de sondeo microscópico, y su ambigüedad consiste en que, a fin de dar expresión a esta posición "femenina", debe construir un grandioso fantasma de totalitarismo patriarcal.

Aquí nos encontramos, una vez más, con la diferencia entre el sentido y lo que Lacan llama el *sinthome*: en el nivel del primero, *El cuento de la criada* es, lisa y llanamente, un ejemplo de distopía que describe una nueva forma posible de "sociedad cerrada", aunque este nivel está apuntalado por las huellas del goce femenino. Lo crucial aquí, sin embargo, es que esa "escritura" femenina no puede ponerse en escena directamente, evitando la sinuosa ruta del sentido: solo puede presentarse como un subproducto de la historia cuyo contenido "oficial" es el universo totalitario de la Mayoría Moral. La misma dialéctica está en juego en las novelas *hard-boiled* de Chandler: la insípida opinión de que este sacó provecho de la narrativa detectivesca, utilizándola como un marco que llenó con abundancia de detalladas observaciones e *insights* acerca de la corrupción del capitalismo salvaje al estilo californiano y su impacto psíquico, pasa por alto el hecho crucial de que tales detalladas observaciones solo son artísticamente "eficaces" como subproductos marginales de un texto que, "oficialmente", pretende ser una historia policial centrada en la revelación del misterio del culpable, etc. Esta es, precisamente, la razón por la cual *El cuento de la criada* sigue siendo una novela *modernista*: se convertiría en "posmoderna" en el momento en que postulara una corriente subterránea de codependencia paradójica, e incluso de complicidad, entre esta "escritura" femenina y el universo totalitario de la Mayoría Moral, introduciendo con ello un momento de ambigüedad en su condena unívoca; un paso que, entre otros, dio Kafka, cuyas grandes novelas están bajo la obsesión de la complicidad secreta que vincula a la Cosa burocrática (castillo, tribunal) con el goce femenino.

… a la Cosa posmodernista

Lo que caracteriza al posmodernismo es, por lo tanto, una obsesión con la Cosa, con un cuerpo extraño dentro del tejido social, en todas sus dimensiones, que van desde la mujer como el elemento insondable que socava el predominio del "principio de realidad" (*Terciopelo azul* [*Blue Velvet*]), pasando por monstruos de ciencia ficción (*Alien*) y ajenidades autistas (*El hombre elefante*), hasta la visión paranoica de la misma totalidad social como la fascinadora Cosa última, un espectro vampírico que marca incluso la superficie cotidiana más idílica con signos de corrupción latente. (En este sentido, podría decirse, hoy más que nunca, que el capital es la Cosa por antonomasia: una aparición quimérica que, si bien no puede situarse en ninguna parte como una entidad positiva y claramente delimitada, funciona no obstante como la Cosa última que regula nuestra vida). La ambigüedad de la relación posmoderna con la Cosa radica en el hecho de que esta no es simplemente un cuerpo extraño, un intruso que perturba la armonía de los lazos sociales: justamente como tal, la Cosa es lo que "mantiene unido" el edificio social al dar garantías sobre su consistencia fantasmática. Dentro del modernismo, la Cosa asume la forma ya de "remanentes del pasado", de la inercia de los prejuicios que hay que desechar, ya de la facultad de la vida reprimida de desencadenarse (como en la ideología psicoanalítica ingenua de la liberación de los potenciales pulsionales respecto de las coacciones de la represión social); ingresamos al posmodernismo cuando nuestra relación con la Cosa se hace *antagónica*: abjuramos de ella y la repudiamos y, no obstante, ejerce una atracción irresistible sobre nosotros; su proximidad nos expone a un peligro mortal, aunque es, al mismo tiempo, una fuente de poder… Resulta incluso tentador proponer una lectura de Schopenhauer y Marx como filósofos posmodernos, en la medida en que el rasgo tal vez más distintivo de su pensamiento es un aborrecimiento radical hacia su objeto: la voluntad (interpretada por Schopenhauer como el "secreto" de la *Ding-an-sich* kantiana), el capital.

De este modo, el posmodernismo lleva a cabo una especie de cambio de perspectiva en relación con el modernismo: lo que en este aparecía como el margen subversivo —síntomas en los cuales emerge la verdad reprimida de la totalidad "falsa"— se desplaza ahora hacia el corazón mismo, como el núcleo duro de lo Real que diferentes intentos de simbolización se esfuerzan en vano por integrar y "ennoblecer". En síntesis, es como si lo universal y lo particular, paradójicamente, *intercambiaran lugares*: en vez de lo universal, lo que encontramos en el centro es una suerte de "absoluto particular" (para usar la expresión de Jacques-Alain Miller), un núcleo traumático particular, mientras que los diversos universales se reducen, de improviso, al papel de especies de un género imposible-insondable, esto es, comienzan a funcionar como una serie de intentos específicos y en última instancia fracasados de simbolizar (trasponer al medio de la universalidad simbólica) y de ese modo "neutralizar" el núcleo traumático de lo Real. El antagonismo teórico se desplaza así del eje Imaginario-Simbólico al eje Simbólico-Real: la aspiración de la "lectura sintomática" modernista es descubrir la textura de las prácticas discursivas (simbólicas) cuyo efecto imaginario es la totalidad sustancial, mientras que el posmodernismo se concentra en la Cosa traumática que se resiste a la simbolización (a las prácticas simbólicas).

Este desplazamiento se manifiesta de manera ejemplar a propósito del tratamiento profundamente *modernista* que Foucault aplica a la relación entre sexualidad y sexo: ¿en qué consistió la inversión en su relación que ejerció tamaña fascinación en el público teórico? En vez de reducir la sexualidad (es decir, la serie de prácticas discursivas —legales, médicas, éticas, económicas, etc.— en las cuales se "actualiza" el sexo) al efecto secundario externo de una causa única (el "sexo" como entidad sustancial), Foucault concibió al sexo como el efecto de esa serie de prácticas. El "sexo" no es un objeto dado de antemano, anterior a sus actualizaciones discursivas y que garantiza su consistencia: llega a ser como una única referencia construida de esas prácticas, como un resultado de su articulación hegemónica: "La noción de 'sexo' hizo posible agrupar, en una unidad artificial, elementos anatómicos, funciones biológicas, conductas, sensaciones, placeres, y permitió el uso de esta unidad ficticia como un principio causal"[153]. Sin embargo, desde la

153. Foucault, Michel, *The History of Sexuality, Volume I: An Introduction*, Nueva York, Vintage, 1980, p. 154 [ed. cast.: *Historia de la sexualidad*, vol. 1,

perspectiva lacaniana, Foucault pasa aquí por alto el estatus inherentemente "antagónico" del sexo, la relación "antagónica" entre sexo y sexualidad como pluralidad de prácticas discursivas: estas se esfuerzan, una y otra vez, por integrar, dominar, neutralizar el "sexo" como núcleo traumático que escapa a su aprehensión. El "sexo" no es, en consecuencia, la universalidad, el terreno común neutral de las prácticas discursivas que constituyen la "sexualidad" sino, más bien, *su impedimento común*, su punto de falla común. En otras palabras, el "sexo" pertenece al registro de lo Real: *es* un efecto de la sexualidad (de las prácticas simbólicas), pero su efecto *antagónico*: no hay sexo anterior a la sexualidad, esta misma produce ("secreta" en todos los sentidos del término) el sexo como su impedimento intrínseco (lo mismo que ocurre con la noción de trauma en psicoanálisis, que es un efecto retroactivo de su simbolización fracasada). En ello consiste la paradoja última de la noción lacaniana de causa como real: la producen (la "secretan") sus propios efectos[154].

4.2 FALOFANÍA DEL PADRE ANAL

El padre anal

Este desplazamiento posmoderno afecta de manera radical el estatus de la autoridad paterna: el modernismo se empeña por afirmar el potencial subversivo de los márgenes que socavan la autoridad del Padre, de los goces que escapan a su aprehensión, mientras que el posmodernismo *se concentra en el padre mismo*

La voluntad de saber, trad. de Ulises Guiñazú, México, Siglo XXI, 1985].

154. Lo que aquí debería hacerse es "alegorizar" al mismo Jameson, esto es, leer su teoría de la ruptura entre el modernismo y el posmodernismo como un señalamiento alegórico de su propia estrategia teórica: por un lado, su procedimiento se mantiene dentro de los confines modernos de un esquema teórico abstracto (en última instancia, la tríada misma de realismo, modernismo, posmodernismo), cuya función es servir de marco y pretexto para una abundancia de observaciones particulares; por otro, el "último horizonte" de Jameson es la noción posmoderna de la Historia como Real/Imposible, es decir, la necesidad implacable que socava todo intento de controlarla, de reducir su contingencia a un relato simbólico coherente.

y lo concibe como "vivo", en su dimensión obscena. El objeto fantasmagórico que obstruye una relación sexual "normal" es, por consiguiente, una figura paterna, aunque no el padre que fue negado (*aufgehoben*) en su Nombre, esto es, el padre muerto-simbólico, sino el padre que está *aún vivo*: padre en la medida en que todavía no está "transustanciado" en una función simbólica y sigue siendo lo que el psicoanálisis llama un "objeto parcial". Es decir, el padre como Nombre del Padre, reducido a una figura de autoridad simbólica, está "muerto" (también) en el sentido de que *no sabe nada del goce*, de la sustancia vital: el orden simbólico (el gran Otro) y el goce son radicalmente incompatibles[155]. Razón por la cual el famoso sueño freudiano de un hijo que se le aparece al padre y le dice en tono de reproche: "Padre, ¿no ves que estoy ardiendo?", podría traducirse sencillamente por: "*Padre, ¿no ves que estoy gozando*?", ¿no ves que estoy vivo, ardiendo de goce? El padre no puede verlo ya que está muerto, ante lo cual se abre la posibilidad de gozar no solo *fuera* de su conocimiento, esto es, desconocido para él, sino también *en su ignorancia misma*. El otro sueño freudiano, no menos conocido, el del padre que no sabe que está muerto, podría ser reemplazado por "(Yo, el soñador, gozo por el hecho de que) mi padre no sabe que está muerto"[156]. Lo que surge bajo la apariencia del "muerto vivo" fantasmagórico —del espectro que obstruye la relación sexual "normal"— es, sin embargo, el reverso del Nombre del Padre, a saber, el "padre anal" que definitivamente *sí goza*: el hombrecito obsceno que es la encarnación más clara del fenómeno de lo "siniestro" (*Unheimliche*). Él es el doble del sujeto, a quien acompaña como una sombra, y que da cuerpo a cierto excedente, a lo que "en el sujeto [es] más que el sujeto mismo"; ese excedente

155. Véase la famosa respuesta de Abraham Lincoln a la solicitud de un favor especial: "Como presidente, no tengo sino ojos constitucionales; no puedo verlo a usted".

156. En ello consiste, según Lacan, la disimetría entre Edipo y Yocasta: Edipo no sabía qué estaba haciendo, en tanto que su madre supo todo el tiempo quién era su compañero sexual; la fuente de su goce era, precisamente, la ignorancia de Edipo. La conocida tesis del vínculo íntimo entre el goce femenino y la ignorancia adquiere con ello una nueva dimensión intersubjetiva: la mujer goza en la medida en que su otro (el hombre) no sabe.

representa aquello a lo que el sujeto debe renunciar, lo que debe incluso sacrificar, la parte de sí mismo que debe asesinar a fin de comenzar a vivir como un miembro "normal" de la comunidad. Lo crucial aquí es, por lo tanto, que ese "padre anal" es Padre-Goce (*le Père-Jouissance*, como lo llama Michel Silvestre)[157]: no es la agencia de la Ley simbólica, su "represión", lo que obstruye la relación sexual (según el lugar común lacaniano, el papel del Nombre del Padre es justamente *permitir* la apariencia de una relación sexual), su impedimento es, por el contrario, cierta "eclosión de goce" excesiva materializada en la figura obscena del "padre anal"[158].

Toda una serie de pinturas de Munch deben considerarse como variaciones sobre este motivo, en primer lugar, los dos *Mefistófeles* de 1935. *Mefistófeles I: el duelo* pinta una figura oscura en el acto de matar a su doble, blanco y envuelto en sombras, mientras que en *Mefistófeles II: personalidad dividida*, la misma figura oscura camina por la misma calle del brazo de su casi transparente doble, e ignora a una muchacha que se da vuelta para lanzarle una seductora "mirada". En este caso, hay que ir más allá de la reducción "lacaniana" clásica del motivo de un doble a una relación imaginaria en espejo: en su carácter más fundamental, el doble encarna a la Cosa fantasmagórica en mí, es decir, la asimetría entre mi doble y yo es, en última instancia, la que hay entre el objeto (corriente) y la Cosa (sublime). En mi doble, no

157. Véase Michel Silvestre, "Le Père, sa fonction dans la psychanalyse", en: *Demain la psychanalyse*, París, Navarin Éditeur, 1987, pp. 84-111 [ed. cast.: "El padre: su función en el psicoanálisis", en: *Mañana el psicoanálisis*, trad. de Irene Agoff, Buenos Aires, Manantial, 1988, pp. 68-93].

158. Es tentador proponer una lectura de *Gilda* (1946), de Charles Vidor, de acuerdo con estos lineamientos: el eje libidinal fundamental del filme es la relación homosexual latente entre Glenn Ford y su corrupto y obsceno doble paterno, en tanto que el papel de Gilda, la *femme fatale*, consiste justamente en inducirlo a renunciar a esta "eclosión del goce" y a asumir una relación sexual "normal". En otras palabras, el excedente obsceno que desbarata el circuito "normal" es lo propio del "padre anal", *no* de la *femme fatale*, que es en realidad un agente de la normalización; el título de la famosa canción del filme debería ser "¡Échale la culpa al padre anal!" en vez de "¡Échale la culpa a mami!". Véase Greg Forter, "Going straight with *Gilda*", en: *Qui Parle*, vol. 4, nº 2, "Different subjects", primavera de 1991, pp. 8-22.

me encuentro simplemente a mí mismo (mi imagen en el espejo) sino, antes que nada, lo que "en mí [es] más que yo mismo": el doble es "yo mismo", aunque —para expresarlo en términos espinosianos— concebido bajo otra modalidad, la del otro, cuerpo sublime, etéreo, una pura sustancia de goce eximida del circuito de la generación y la corrupción. Antes de ser "negado" en su Nombre, el "padre" designa una Cosa así, que es "en mí más que yo mismo"[159].

Sería un error, sin embargo, sacar la conclusión de que la relación con el doble como Cosa no tiene absolutamente nada que ver con la relación imaginaria entre el yo y el yo ideal, su imagen en el espejo, es decir, con el eje *i-e (a)* o, como lo escribe Lacan en su "esquema L", *a-a'*. Lo que debería problematizarse en esta relación en espejo es el apóstrofe que distingue la imagen de un doble (*a'*) de "yo mismo" (*a*): más adelante (esto es, cuando *a* ya no se concibe como un otro imaginario, sino como el objeto-causa real del deseo), este apóstrofe se convierte en el *objeto a*. En otras palabras, el *objeto a* es el excedente *unheimliches* para siempre faltante en la imagen del espejo, es decir, "no especularizable", aunque, precisamente como tal, presente en ella bajo la forma de la X insondable en virtud de la cual la imagen del espejo obtiene su carácter *unheimliches*: el doble es "lo mismo que yo", y no obstante totalmente extraño; su semejanza acentúa aún más su carácter siniestro. Esa es la razón por la cual la imagen de un doble se transforma con tanta facilidad en su opuesto, de modo que, en vez de experimentar la otredad radical de su semejante, el sujeto se reconoce en la imagen de la otredad radical, esto es, reconoce a su equivalente en la masa amorfa de lo Real, cuyas versiones literarias y cinematográficas van desde "El horla" de Maupassant hasta el "alien" del filme del mismo nombre, de Ridley Scott. En este sentido, podría decirse que la fórmula lacaniana del fantasma ($ ◊ *a*), la confrontación del sujeto vacío con la

159. El padre como Cosa es lo que está originalmente prohibido, es decir, la parte de sí mismo a la que el sujeto debe renunciar a fin de convertirse en "él mismo" y alcanzar su identidad simbólica. Este universo simbólico, por otro lado, se "mantiene unido" por obra del Nombre del Padre como agencia de la prohibición: el agente de la *prohibición* simbólica es, por lo tanto, precisamente el objeto que estaba originalmente *prohibido*.

presencia amorfa de lo Real, despliega la "verdad" de la relación en espejo *a-a'*, es decir, lo que confiere a esta relación su tensión antagónica; otra confirmación de la manera en que lo Real persiste en el corazón mismo de lo Imaginario. Por lo tanto, está claro por qué los vampiros son invisibles en los espejos: porque han leído a Lacan y, por consiguiente, saben cómo comportarse: materializan el *objeto a* que, por definición, *no puede reflejarse*.

Lo que es crucial aquí, por lo tanto, es la asimetría radical en la relación *a-a'*, esto es, un desequilibrio *à la* Dorian Gray entre mi imagen en el espejo y yo mismo: el precio que debe pagarse para que mi imagen conserve su consistencia armoniosa es que todo el horror de su residuo amorfo caiga sobre mí. Este residuo amorfo es el correlato material de la mirada, es decir, cuando me encuentro cara a cara con mi doble, cuando "me encuentro a mí mismo" entre los objetos, cuando "yo mismo" como sujeto aparezco "ahí afuera", ¿qué soy en ese preciso momento en cuanto soy el que lo mira, como un testigo de mí mismo? Precisamente, la mirada como objeto: el horror de verme cara a cara con mi doble radica en que este encuentro me reduce al objeto-mirada. En otras palabras, la parte faltante en la imagen del espejo de mí mismo (el ' del eje *a-a'*) es mi propia mirada, el objeto-mirada que me ve ahí afuera... Por regla general, uno se concentra en el horror de ser el objeto de alguna mirada invisible, insondable y panóptica (el motivo de "alguien-me-está-observando"); con todo, es una experiencia mucho más insoportable encontrarse en el punto mismo de una pura mirada. La lección de la dialéctica del doble es, por lo tanto, la discordancia entre el ojo y la mirada: en la imagen del espejo hay por cierto "más de lo que salta a la vista", y sin embargo ese excedente que escapa al ojo, el punto en la imagen que escapa a la de mis ojos, no es otra cosa que *la mirada misma*: como dice Lacan, "nunca puedes verme en el punto desde el que te miro".

Así es como el psicoanálisis subvierte la oposición habitual de lo paterno y lo materno: saca a relucir lo que esta oposición tiene que reprimir, excluir, a fin de establecerse, a saber, el *reverso* del padre, el "padre anal" que está al acecho detrás del Nombre del Padre como portador de la Ley simbólica. Este "padre anal" es el tercer elemento que perturba el conocido relato del predominio gradual de lo paterno sobre lo materno tanto en la historia como en la ontogénesis del sujeto, el relato que incluso Freud parece seguir en su *Moisés y la religión monoteísta*, al menos según una lectura superficial de esa obra. El "padre anal" loco es el libertino nauseabundo, amenazador aunque ridículamente impotente, que no se amolda, está claro, al marco de la "relación complementaria entre *yin* y *yang*" y cosas por el estilo. De este modo, se arroja una nueva luz sobre el *cogito* cartesiano, sobre su vínculo intrínseco con el Dios que garantiza su consistencia. El Dios cartesiano —el correlato del *cogito*— no es, desde luego, sino el "gran Otro" de Lacan, el lugar del conocimiento simbólico supuesto (*le sujet supposé savoir*) que suplanta a la Cosa primordial, esto es, el Padre-Goce como Otro presimbólico. *Cogito ergo sum* debe traducirse, así, como: pienso donde el goce ha sido evacuado; o, con un giro deontológico: si voy a pensar, es preciso suspender el goce del Otro.

Puede detectarse esta actitud subjetiva en los momentos de las novelas de Raymond Chandler en que, agotado por su actividad, Philip Marlowe se desconecta de la marcha frenética de las cosas, se acuesta y descansa. A través de la luminiscencia de los avisos, a través del hedor del alcohol y la basura, a través de los penetrantes ruidos de una gran ciudad, toda la podredumbre y la decadencia de las que trató de huir por medio de la actividad —en síntesis: la sustancia del goce— retornan para golpearlo en la cara. No hay nada calmante o tranquilizador en esos momentos; el pensamiento pasivo, confrontado con la náusea de la existencia, padece, por el contrario, la impregnación de la paranoia. Marlowe "piensa", pero su pensamiento no es una reflexión calma y flotante sino, más bien, un arrastrarse, un reptar bajo el ojo vigilante de un superyó cruel: "Pensé, y los pensamientos se movieron en mi mente con una especie de clandestinidad perezosa, como si los observaran unos ojos amargos y sádicos" (*Adiós, muñeca*). Este sería, entonces, el *cogito* de Marlowe: pienso, luego un espectro superyoico obsceno y sádico me observa. ¿Y qué es el "fantasma" [de la ópera] sino un impedimento semejante de la relación sexual "normal" (en la novela de Leroux, la relación entre Christine

Daaé y el vizconde de Chagny)? ¿Qué es, sino el así llamado objeto "pregenital" (anal) que debe desaparecer, morir, para que la relación sexual "normal" se realice? No obstante, hay que evitar aquí la trampa en la que cayó la ortodoxia freudiana, es decir, la falacia según la cual la fijación en este objeto impide la emergencia de la relación sexual "normal" (genital): el "fantasma" [de la ópera] como objeto no hace más que materializar el obstáculo intrínseco, la imposibilidad "original" que corresponde a la relación sexual[160].

El papel ambiguo de este objeto-impedimento que, al mismo tiempo, garantiza la consistencia fantasmática[161], nos permite delinear la lógica de la inversión sublime en *El fantasma de la Ópera*, esto es, de su momento melodramático supremo en el que el fantasma, al que hasta entonces se le *impidió* la realización de la relación sexual, aparece de improviso como el único que, por medio de su sacrificio, la *permite*[162]; lo que tenemos en mente es, por supuesto, el momento final en que el fantasma Eric se sacrifica a fin de que a Christine le sea posible una vida dichosa junto al vizconde de Chagny. En términos del análisis narrativo de Propp, podría decirse que en esta inversión final el agente previamente identificado como malhechor se transforma de súbito en donador, es decir, en un "mediador" que, por medio de su sacrificio, permite la salvación del héroe. Y es quizá la experiencia misma de esta inversión de la "condición de imposibilidad" en una "condición de posibilidad" —la experiencia de la manera en que "solo la lanza que te derribó / puede sanar tu herida" (para

160. Razón por la cual preferimos el término "padre anal" al habitual "padre primordial": si bien ambos designan la misma entidad, "padre anal" apunta de manera más apropiada hacia la naturaleza obscena del padre como "objeto parcial" presimbólico.

161. Respecto de esta ambigüedad del objeto "anal", véase la sección 3.2 del presente libro.

162. La misma inversión caracteriza a la figura de la cultura popular del "malhechor", desde el estatus ambiguo del malhechor hitchcockiano hasta Darth Vader en la trilogía de *La guerra de las galaxias* [*Star Wars*] (quien, no debería olvidarse, también usa una máscara que oculta un rostro distorsionado y amorfo, es decir, que también desempeña el papel de "padre anal").

citar el *Parsifal* de Wagner)— lo que constituye el núcleo de lo que llamamos "dialéctica"[163].

Falofanía versus *significante fálico*

Ahora debería ser claro cuál es el nombre del "secreto" bajo la máscara, tan terrible que a quien lo ve no se le permite sobrevivir; como recuerda Lacan en relación con los misterios griegos, ese "secreto" es el *falo revelado*, el falo que no es aún "negado" *(aufgehoben)* en el significante: el falo *materno*, el falo como signo del vínculo incestuoso. Tal cual dice Gilles Deleuze: "*Si vous êtes pris dans le rêve de l'autre, vous êtes foutu*" [Si usted está atrapado en el sueño del otro, está jodido]. El falo revelado, la distorsión fálico-anamórfica del rostro, es una especie de marca que atestigua que el sujeto está atrapado en el deseo del otro (la madre), entrampado en su sueño. En este preciso sentido, el falo "aparece" en la protuberancia obscena sobre la frente del "hombre elefante" y la marca con la señal del deseo de la madre, como si esta lo azotara con el látigo de su mirada. Lo que Lacan llama "identificación fálica" es, por el contrario, exactamente lo opuesto de esa "revelación del falo": es la identificación con el falo como significante del deseo, es decir, la paradoja de la *identificación con la no identidad*, con la brecha que mantiene el deseo. En la identificación fálica propiamente dicha, nos identificamos con el elemento que funciona como el significante de su propio opuesto (en síntesis, como significante liso y llano). Recordemos a la rubia hitchcockiana (Grace Kelly, por ejemplo): en su figura es superada ("negada", *aufgehoben*, en el sentido hegeliano preciso) la oposición externa de la rubia frígida y la morocha ardiente, de modo que la misma frialdad superficial funciona como un signo de su opuesto: cuanto

163. Es interesante advertir cómo Aldous Huxley (en su guion para la versión de *Orgullo y prejuicio* de William Wyler) modificó la figura de *lady* Catherine de Bourgh, añadiéndole una especie de giro reflexivo: esta, a quien en la novela se desprecia como completamente "malvada" y que desempeña el papel del "mediador" que posibilita la reunión final de Darcy y Elizabeth sin saberlo en absoluto, en el filme asume conscientemente el papel de una anciana maliciosa a fin de poner a prueba el amor de Elizabeth por Darcy; en síntesis, es una donadora que asume, adrede, el papel de malhechora.

más calma es, más atestigua este refrenamiento una pasión subyacente... Ocurre lo mismo con la furia: ingresamos a la dimensión fálica cuando superamos la oposición externa entre los estallidos de ira ruidosa y el silencio contenido, de modo que el propio silencio frío comienza a funcionar como algo infinitamente más amenazador que los rugidos violentos. En otro nivel, sucede lo mismo con la dialéctica del líder: los hagiógrafos políticos saben muy bien que al líder es preciso presentarlo como fundamentalmente *solo* en sus alturas, dado que es precisamente en estos momentos de soledad absoluta cuando, en un sentido "más profundo", "está con todos nosotros": el líder es "todos nosotros" justamente en cuanto está solo de toda soledad, en cuanto es uno. Esto es lo que Hegel llama "negación autorrelacionada": el modo en que efectivamente negamos y superamos la frigidez no es *reemplazándola* por su opuesto externo (la pasión), sino haciendo que *designe* a este opuesto. En ello consiste la paradoja última de lo que Lacan llama "la *dialéctica* del deseo" —el renunciamiento al deseo como la forma misma de aparición de su realización—, una paradoja que se pierde tan pronto como el falo empieza a "aparecer".

En el posmodernismo, esta "aparición" del falo se *universaliza*. David Lynch, cuyo *Hombre elefante* expone el antes mencionado ejemplo histórico de la falofanía a comienzos del modernismo, desarrolló en *Terciopelo azul* y *Corazón salvaje* [*Wild at Heart*] un estilo cuya premisa subyacente es la extensión de la distorsión anamórfica, aún localizada en el caso del "hombre elefante", a la condición ontológica de la realidad como tal: en el comienzo mismo de *Terciopelo azul*, la suspensión de la función paterna (sintetizada en el ataque cardíaco del padre) es seguida de inmediato por la intrusión de lo Real en la forma de un fragmento de realidad (una oreja amputada) que, tan pronto como uno se acerca demasiado a él, se transforma en una sustancia vital nauseabunda y hormigueante (las hormigas que pululan en la oreja). En la "ontología" de Lynch, el universo es un légamo palpitante que amenaza constantemente con volar el marco establecido de la realidad cotidiana. La contrapartida de la oreja amputada es en *Corazón salvaje* un primer plano repetido del encendido de un cigarrillo que se disuelve en un fuego incontenible: a través de esta apertura a la realidad irrumpe la sustancia de lo Real. Todo lo que queda de la "realidad" diegética en *Corazón salvaje* son fragmentos narrativos de antiguos géneros cinematográficos (*film noir*, porno *soft*, comedia musical, etc.), un *patchwork* concebido para impedir que "nos quememos en demasía los dedos" al contacto con lo Real.

En eso consiste la ambigüedad fundamental de la imagen en el posmodernismo: es una especie de barrera que permite al sujeto tomar distancia frente a lo Real y lo protege así contra su irrupción, aunque su hiperrealismo "entremetido" evoque la náusea de lo Real. Algunos de los lugares comunes de la actualidad son frases sobre la "sociedad del espectáculo" posmoderna, cuya realidad es reemplazada por una imagen de sí misma y en la que, por consiguiente, los individuos pierden cada vez más el carácter de agentes, inmersos en la realidad social, y se reducen a ser observadores externos del espectáculo. No obstante, el reverso de esta "desrealización" es la hipersensibilidad a la realidad como algo que puede sufrir daño, debido a la dimensión intrínsecamente dolorosa de nuestro contacto con ella incluso en el nivel más microscópico, como si el sujeto quedara reducido a una pura mirada receptiva precisamente porque es consciente de que toda intromisión en el mundo, incluso la más benevolente, *corta* el mundo, le hace daño. "Edward Scissorhands", del filme de Tim Burton del mismo nombre [*El joven manos de tijera*], un monstruo frankensteiniano fallido, abortado, con manos como tijeras, sintetiza al sujeto posmoderno: un sujeto melancólico condenado a una pura mirada, puesto que sabe que tocar al amado equivale a causarle un dolor insoportable. Este vínculo intrínseco entre la "pulsión escópica" y la violencia caracteriza también, en *Psicosis*, a la figura de Norman Bates: el reverso de su "voyerismo" es que el único "acto" propiamente dicho del que es capaz es el de masacrar a su prójimo[164].

164. Empero, no es necesario recurrir a la ficción cinematográfica para sumariar esta actitud escindida del sujeto "posmoderno"; basta con recordar la modalidad de la presencia de Occidente en Bagdad durante la Guerra del Golfo: por un lado, Peter Arnett de la CNN que informaba en vivo, reducido a una pura mirada, como si no hablara desde allí, es decir, como si él mismo hubiera estado mirando el bombardeo por televisión; por el otro, la completa destrucción material del país, en el cual se arrojaron más bombas que en Vietnam...

En la noción lacaniana de lo Real, el núcleo duro que se resiste a la simbolización coincide con su opuesto, la así llamada realidad "interna", "psíquica"[165]; dentro del posmodernismo, se reproduce la misma ambigüedad en la forma de una tensión entre la densidad corporal obstrusiva (sería tentador decir: la "tierra" heideggeriana) que eclipsa al marco narrativo, y la actitud opuesta que, *vulgari eloquentia*, reduce la realidad misma a "algo que existe solo en nuestra cabeza", un "producto del delirio de nuestro cerebro": "El método más prudente y eficaz de tratar con el mundo que nos rodea es suponer que es una completa ficción; a la inversa, el único pequeño nodo de realidad que nos queda está dentro de nuestra cabeza"[166]. Aquí debería recordarse la serie de grandes *mise-en-scènes* posmodernas de las óperas de Wagner, que trasladan parte de la acción, y hasta toda ella, a la "cabeza" de uno de los protagonistas: en el *Tristán* de Jean-Pierre Ponelle, la acción que sigue a la muerte de Tristán (el regreso de Isolda, etc.) se escenifica como el delirio agónico de este; al final de la versión fílmica de *Parsifal*, de Hans-Jürgen Syberberg, todo el contenido se "subjetiva" dos veces, puesto en primer lugar en la cabeza de Kundry, y luego en la del propio Wagner[167]. En este punto, la más

165. Véase Slavoj Žižek, *The Sublime Object of Ideology*, ob. cit., cap. 5.

166. Ballard, James G., "Introduction to French edition", en: *Crash*, Londres, Triad/Panther Books, 1975, p. 8 [ed. cast.: "Prólogo", en: *Crash*, trad. de Francisco Abelenda, Buenos Aires, Minotauro, 1984, pp. 7-14]. Esta actitud encuentra su expresión más clara en una serie de filmes recientes que ponen en escena la paradoja de Chuang Tzu y su mariposa: lo que al principio parece ser un sueño (o un recuerdo retrospectivo) demuestra ser, retroactivamente, la "realidad" misma, y viceversa, como en *Alucinaciones del pasado* [*Jacob's Ladder*], de Adrián Lyne, en cuyo mismísimo final, la perspectiva del héroe, un veterano de Vietnam perseguido por antiguas pesadillas de la guerra, se invierte: el único "presente" es el propio Vietnam, y las escenas de los Estados Unidos no son más que sus alucinaciones en su lecho de muerte...

167. En un nivel más general, la sucesión misma de las tres modalidades en la puesta en escena de los dramas musicales de Wagner en Bayreuth sintetiza la tríada de Jameson de *realismo*, *modernismo*, *posmodernismo*. El modernismo es, desde luego, la marca del así llamado "neo-Bayreuth" de comienzos de la década de 1950, cuando Wieland Wagner desechó como "realistas" espadas, yelmos y chucherías "nórdicas" similares e impuso un ascetismo abstracto: el escenario vacío con solo algunos símbolos deslucidos en él, cantantes con túnicas blancas, la interacción de luces y sombras como el principal generador

notable es, sin embargo, la puesta en escena de Harry Kupfer de *El holandés errante [Der Fliegende Holländer]* (Bayreuth, 1977-1985): se presenta al holandés como el delirio histérico de Senta, la manera en que esta "no cede en cuanto a su deseo" y rechaza al pobre y fiel Eric, el compañero sexual a su disposición en la "realidad". De este modo, su gesto suicida final se reinterpreta como una especie de duplicación reflexiva: Senta no se sacrifica por el holandés, lo hace para mantener vivo el fantasma del holandés que da consistencia a su deseo; escoge la muerte antes que aceptar la espantosa realidad de la ciudad provinciana donde vive "realmente". La pantalla sobre la cual se proyecta su fantasma consiste en un gran armatoste negro, extrañamente parecido al de la toma antes mencionada de *Marnie*, de Hitchcock; este armatoste está ubicado en la parte de atrás del escenario, en el lugar mismo donde los ojos del espectador esperan encontrarse con el punto imaginario del eje infinito de la perspectiva, esto es, la mirada del Otro que confiere su profundidad al campo de visión: el espectro del holandés aparece cuando las manos gigantescas que forman el armatoste se abren y permiten una visión de su interior, lo Real plegado y vívidamente rojo, el espacio del goce aún no "colonizado" por el orden sociosimbólico[168].

Lucha de clases en la ópera

¿No es entonces el holandés errante —una vez más, como el fantasma de Leroux, un intruso que impide la relación sexual "normal" entre Senta y su pobre Eric—, literalmente, un "fantasma en la ópera", una aparición fantasmagórica sobre el escenario?

de tensiones dramáticas visuales (mediante el uso de potentes reflectores). El exponente principal del posmodernismo fue, a su vez, Patrice Chéreau en su legendaria puesta del *Anillo* en 1976-1980: el retorno a la abundancia de detalles "realistas" (incluyendo caballos vivos en el primer año de las *Walkirias*), aunque dentro del marco "hiperrealista" que deja en suspenso su "veracidad" y los postula como momentos de una "realidad psíquica" pesadillesca.

168. Este fondo también nos permite situar el poder fantasmático de la imagen de un "buque fantasma" que erra solitario por el mar como una mancha negra, tal como sucede en la novela de aventuras *El barco sin puerto*, de Hammond Innes: ¿no es el capitán al que los rescatadores hallan en el barco abandonado una nueva figuración del holandés errante?

La pantalla fantasmática que hace de fondo mantiene el espacio abierto a los "fantasmas del pasado", para quienes no hay lugar en la gris y utilitaria vida cotidiana burguesa que excluye la posibilidad misma de un sacrificio heroico: Senta suspira por un mundo en el cual algo semejante a la tragedia del holandés sea todavía concebible. Sin embargo, si pretendemos evitar la trampa historicista, debemos aprender la lección materialista del creacionismo antimaterialista que resuelve la contradicción entre el sentido literal de las Escrituras (según las cuales el universo fue creado hace aproximadamente cinco mil años) y las pruebas irrefutables de su mayor antigüedad (fósiles de millones de años, etc.), no mediante la entrega habitual a las delicadezas de la lectura alegórica de las Escrituras ("Adán y Eva no fueron en realidad la primera pareja sino una metáfora de las primeras etapas de la humanidad..."), sino adhiriéndose a su verdad literal: el universo fue creado recientemente, esto es, hace solo cinco mil años, *aunque con la incorporación de huellas falsas del pasado* (por ejemplo, Dios creó directamente los fósiles)[169]. El pasado es siempre estrictamente "sincrónico" con el presente, es *la manera en que el universo sincrónico piensa su antagonismo*; basta con recordar el papel infame de los "restos del pasado" en la explicación de las dificultades de la "construcción del socialismo".

En este sentido, el Fantasma y su rival sexual, el vizconde de Chagny, constituyen una especie de oposición kleiniana de objetos aristocráticos "bueno" y "malo": el Fantasma encarna el exceso al que la aristocracia tiene que renunciar a fin de integrarse a la sociedad burguesa. En otras palabras, es una especie de "fósil" creado por la propia Ilustración como un indicio distorsionado de su antagonismo intrínseco: lo que era, antes del

169. Véase Stephen Jay Gould, "Adam's navel", en: *The Flamingo's Smile*, Harmondsworth, Penguin Books, 1985 [ed. cast.: "El ombligo de Adán", en: *La sonrisa del flamenco. Reflexiones sobre historia natural*, trad. de Antonio Resines, Barcelona, Crítica, 2008, pp. 86-96]. De paso, en eso consiste el error de Friedrich Engels en *El origen de la familia, la propiedad privada y el Estado*: consideró equivocadamente a la familia "punalúa" (todos los hermanos del clan A casados con todas las hermanas del clan B, su contraparte), un "fósil" ideológico fabricado por la sociedad india reciente, como una verdadera forma pasada de familia.

advenimiento de la Ilustración, un consumo soberano, el brillo de quienes estaban en el poder, un momento inherente a su estatus simbólico, sufre ahora una especie de distorsión anamórfica, cae del espacio social cuyos contornos define la ideología utilitaria y se lo percibe como un libertinaje decadente sintetizado en el mito burgués del corrompido aristócrata demoníaco[170]. La noción de "decadencia" adquiere aquí todo su peso como el concepto que "fantasea el retorno de todas las sectas y cultos más extraños, después del triunfo de lo secular, del *homo oeconomicus* y del utilitarismo: de este modo, es el espectro de la superestructura, de la propia autonomía cultural, el que se aparece en la omnipotencia de la base"[171]. Este aspecto superyoico del Fantasma como retorno de un goce arcaico es, sin embargo, complementado por su opuesto, que está inscripto en la novela de Leroux por medio de su topografía misma; si bien "apolítica", la novela establece, no obstante, un vínculo misterioso entre el Fantasma y la Comuna de París, ese trauma fundamental de la sociedad burguesa francesa de fines del siglo XIX: en las profundidades de la Ópera, donde el Fantasma tiene sus dominios, estaban las cámaras secretas de tortura de los comuneros... La topografía política de *El fantasma de la Ópera* consiste, así, en un campo extinto, un campo cuyo centro más recóndito toca con su exterior radical: el corazón mismo de la alta sociedad parisina, el edificio de la Ópera con sus lujosas escalinatas, revela —tan pronto como nos sumergimos en sus cimientos— las huellas de un traumático pasado "reprimido", es decir, del momento histórico que sacudió los cimientos del Estado burgués.

170. Georg Lukács articuló un cambio homólogo en relación con *Waverly*, de Walter Scott: desde la perspectiva de la "sociedad civil", el marginado romántico es percibido súbitamente como un delincuente común.

171. Jameson, Fredric, *Postmodernism, or, The Cultural Logic of Late Capitalism*, Durham, Duke University Press, 1991, p. 382 [ed. cast.: *Teoría de la postmodernidad*, trad. de Celia Montolío y Ramón del Castiliberalismo, Madrid, Trotta, 1996]. Bástenos con recordar cómo ejerce su poder en la ópera: se venga del nuevo director por dar esta preferencia a las consideraciones comerciales sobre las artísticas, es decir, se esfuerza por impedir la comercialización utilitaria de la ópera.

Tal es, entonces, la topografía socioideológica del Fantasma: su figura constituye un "punto de paso" imposible en el cual el poder subversivo de lo nuevo (la clase obrera) vuelve a unirse con el retorno de lo viejo (la decadencia aristocrática). En este preciso sentido, el Fantasma es *un representante (un sustituto) fetichista de la lucha de clases*: la desconoce al condensar en uno sus dos extremos que socavan el orden burgués establecido tanto la decadencia aristocrática como la subversión proletaria venidera. Por lo tanto, es un error preguntarse directamente "¿cuál es el equivalente de clase del Fantasma?": su "sentido de clase" está contenido en la distorsión misma que resulta de la conjunción "imposible" de opuestos (como en el antisemitismo fascista, en el que el "judío" condensa en una figura única la naturaleza excesiva del capitalismo —su acaparamiento salvaje, etc.— y su subversión proletaria, es decir, el "complot judeo-comunista"). Esta distorsión delata el trabajo del "deseo de clase", su esfuerzo por hacer invisibles los contornos reales del antagonismo social, y con ello allanar el camino para su "solución imaginaria": por medio de su transformación de malhechor en donador, el Fantasma se convierte en el "mediador evanescente" que hace posible la reconciliación final.

Por más convincente que pueda parecer, este análisis directo del "contenido ideológico" está marcado, no obstante, por una señal de arbitrariedad extrema; y lo mismo vale para todos los análisis de este tipo: la criatura del doctor Frankenstein puede ser una metáfora de los monstruosos resultados de la manipulación que el hombre hace de la naturaleza, de los horrores de la Revolución Francesa, etc.; Kaspar Hauser puede resumir los resultados catastróficos de la falta de educación familiar; el hombre elefante puede ser investido con la problemática ideológica de la relación cuerpo-alma ("¡un cuerpo tan horrible y, no obstante, un alma tan magnífica!"); el tiburón asesino de *Tiburón* [*Jaws*] puede significar cualquier cosa, desde la sexualidad reprimida hasta el capitalismo desbocado y la amenaza del Tercer Mundo para los Estados Unidos... La salida de este atolladero no está en decidir cuál de esos múltiples sentidos es el "verdadero" ("¿es el tiburón un representante de las pulsiones reprimidas en el sujeto del capitalismo tardío o sintetiza la naturaleza destructiva del propio capitalismo?"); antes bien, debería concebirse al monstruo como una especie de pantalla de fantasía en la que esa misma multiplicidad de sentidos puede aparecer y luchar por la hegemonía. En otras palabras, el error del análisis directo del contenido es proceder con demasiada rapidez y suponer como autoevidente la propia superficie de fantasía, la forma/estructura vacía que da espacio a la aparición del contenido monstruoso: la pregunta decisiva no es "¿qué significa el Fantasma?", sino "¿cómo se constituye el espacio mismo en el que pueden surgir entidades como el Fantasma?". O, para regresar a *El holandés errante* de Kupfer, la pregunta decisiva no es sobre el sentido de las fantasías de Senta sino, más bien, "¿de dónde proviene el armatoste negro del fondo del escenario, para que Senta tenga una superficie sobre la cual proyectar sus fantasías?". Estamos aquí frente a la misma disyunción que en la bien conocida paradoja visual jarrón/dos rostros: tan pronto como percibimos sentido(s), la forma como lugar de su inscripción se vuelve invisible, y el gesto fundamental de un análisis dialéctico radica precisamente en dar un paso atrás del contenido a la forma, esto es, una suspensión del contenido que vuelva a hacer visible la forma como tal. La operación ideológica elemental consiste en esta misma "conversión de la forma" por medio de la cual emerge el espacio posible para los sentidos ideológicos o, como señala Fredric Jameson en relación con *Tiburón*:

> La vocación del símbolo —el tiburón asesino— se encuentra menos en un mensaje o significado individual que en su propia capacidad de absorber y organizar en conjunto todas estas muy distintas angustias. Como vehículo simbólico, entonces, el tiburón debe entenderse en términos de su función esencialmente polisémica y no por algún contenido particular a él atribuible por este o aquel espectador. Sin embargo, es justamente esa polisemia la que es profundamente ideológica, toda vez que permite que angustias que son en esencia sociales e históricas se plieguen a otras en apariencia "naturales", tanto para expresar como para ser recontenidas en lo que parece un conflicto con otras formas de existencia biológica[172].

172. Jameson, Fredric, "Reification and utopia in mass culture", en: *Signatures of the Visible*, Nueva York, Routledge, 1990, pp. 9-34, en especial pp. 26-27 [ed. cast.: "Reificación y utopía en la cultura de masas", en: *Signaturas de*

Este "plegarse" es lo que Lacan llama un "*point de capiton*" [punto de almohadillado]: la emergencia del tiburón como símbolo no agrega ningún nuevo sentido, se limita a reorganizar los que ya estaban presentes vinculándolos al mismo significante; la ideología está en juego en este gesto puramente simbólico, la adición de un significante que "acolchona" la pluralidad flotante de angustias[173]. Lo que permanece fuera de este gesto simbólico formal, lo que se resiste a la absorción en el sentido, es, sin embargo, el horroroso poder de fascinación que es propio de la presencia del tiburón: su *goce*, para usar el término lacaniano correspondiente. Debería, por lo tanto, reformularse la antes mencionada disyunción entre contenido y forma: *no es posible tener al mismo tiempo sentido y goce*. El análisis concentrado en el "sentido ideológico" de los monstruos pasa por alto el hecho de que, antes de significar algo, antes incluso de servir como un recipiente vacío de sentido, esos monstruos encarnan el goce como límite de la interpretación, es decir, *no-sentido como tal.*

El sujeto de la Ilustración

Esa forma vacía, esa mancha negra en el corazón mismo de la realidad, es, en última instancia, el "correlato objetivo" (si es posible trasladar la expresión de T. S. Eliot a otro contexto): *por medio de las manchas anamórficas, la "realidad" da indicios de la presencia del sujeto*. La emergencia de la superficie vacía sobre la cual aparecen los monstruos fantasmagóricos es, por lo tanto, estrictamente correlativa de lo que Heidegger llama "el advenimiento de la subjetividad de la era moderna", es decir, de la época en que

lo visible, trad. de Margarita Costa y Marcelo G. Burello, Buenos Aires, Prometeo Libros, 2012, pp. 41-78].

173. Es suficiente con recordar, en el dominio ideológico propiamente dicho, el modo en que Juan Domingo Perón "mantuvo unido" al movimiento que lleva su nombre: el peronismo era un movimiento profundamente heterogéneo en el que había lugar para sindicalistas de izquierda así como para el militarismo aristocrático; Perón funcionaba como un Nombre que no reducía esta heterogeneidad sino que, simplemente, la contenía como en un recipiente vacío; la unidad del peronismo fue posible por el hecho de que todas sus corrientes se reconocían en un *significante* común.

la "sustancia" simbólica (el "gran Otro" como textura de la tradición simbólica) ya no puede contener al sujeto, ya no puede atarlo a su mandato simbólico. Esta amputación de la tradición sustancial es el gesto constitutivo de la Ilustración; en ese sentido, *el "monstruo" es el sujeto de la Ilustración*, es decir, el modo en que este sujeto adquiere su existencia positiva imposible. Así, se echa una nueva luz sobre el mal afamado problema de la "muerte del sujeto": el "eclipse" de este frente a la Cosa —lo que uno percibe (mal) como su "muerte"— es estrictamente igual a su emergencia, esto es, *el "sujeto" es precisamente el vacío que queda después de ser eliminado todo el contenido sustancial*. La fuente de esta confusión habitual de la "muerte del sujeto" con su emergencia misma se encuentra en el hecho de que el motivo de la "muerte del sujeto" representa otro motivo, el de la "muerte del hombre": "sujeto" y "persona humana" son estrictamente opuestos, es decir, la "subjetivación" entraña una "evacuación" radical, un vaciamiento del "hombre" como "persona" sustancial.

Para ejemplificar esta escisión entre "sujeto" y "persona", basta con mencionar una figura más en la serie de "monstruos" legendarios: Kaspar Hauser. El 26 de mayo de 1828 apareció, en la plaza central de Núremberg, un joven vestido de manera singular y de gestos rígidos y antinaturales; todo su lenguaje consistía en unos pocos fragmentos del padrenuestro, aprendidos de memoria y pronunciados con errores gramaticales, y de la enigmática frase "quiero ser un caballero como fue mi padre", el designio de una identificación con el Ideal del Yo; en la mano izquierda llevaba un papel con su nombre —Kaspar Hauser— y la dirección de un capitán de la caballería de Núremberg. Más adelante, cuando aprendió a hablar "con propiedad", Kaspar contó su historia: había pasado toda su vida solo en una "cueva oscura" donde un misterioso "hombre negro" le procuraba alimento y bebida, hasta el día mismo en que lo vistió y lo llevó a Núremberg, mientras le enseñaba, en el camino, unas pocas frases... Fue confiado a la familia Daumer, se "humanizó" con rapidez y se convirtió en una celebridad: objeto de investigaciones filosóficas, psicológicas, pedagógicas y médicas; objeto, incluso, de una especulación política acerca de sus orígenes (¿era el desaparecido príncipe de Baden?).

Después de un par de años en paz, la tarde del 14 de diciembre de 1833 fue encontrado mortalmente herido por un cuchillo; en su lecho de muerte, anunció que su asesino era el mismo "hombre negro" que lo había llevado a la plaza central de Núremberg cinco años atrás[174]...

Si bien la aparición súbita de Kaspar Hauser provocó un impacto que corresponde a este tipo de encuentro brutal con un real/imposible que parece interrumpir el circuito simbólico de causa y efecto, lo más sorprendente en ella fue que, en un sentido, *su llegada era esperada*: justamente como una sorpresa, Kaspar llegó a tiempo. No se trata solo de que realizara el mito milenario de un niño de orígenes reales abandonado en un lugar salvaje y luego encontrado en su adolescencia (véase el rumor de que era el príncipe de Baden), o de que el hecho de que los únicos objetos hallados en su "cueva oscura" fueran una pareja de figuras de animales de madera realizara de manera patética el mito de un héroe salvado por los animales que cuidan de él. La cuestión es, más bien, que hacia fines del siglo XVIII el tema de un niño que vive excluido de la comunidad humana se había convertido en objeto de numerosos textos literarios y científicos: ponía en escena, de un modo puro y "experimental", la cuestión teórica de cómo distinguir en el hombre la parte de la cultura de la parte de la naturaleza. (Un par de décadas antes, Federico, el "ilustrado" rey de Prusia, había participado directamente en un experimento similar: en una propiedad rural cercada, sus asistentes y él aislaron a una pareja de niños y observaron en secreto cómo encontraban su camino sin ninguna ayuda de adultos educados). Lo decisivo en la figura de Kaspar Hauser es, en consecuencia, que apareció como el sujeto de la Ilustración en su máxima pureza: como la encarnación misma de la problemática ideológica propia del proyecto de la Ilustración. Esa "Cosa que habla", con sus gestos "mecánicos", abruptos, como de muñeco, carente de la "profundidad" que define a alguien como persona, era el puro sujeto ($), anterior a la subjetivación, libre de todos los señuelos imaginarios. (Incluso

174. Véase Jochen Hörisch (comp.), *Ich möchte ein solcher werden wie... Materialien zur Sprachlosigkeit des Kaspar Hauser*, Fráncfort, Suhrkamp Verlag, 1979.

el "hombre negro", sustituto paterno de Kaspar, estaba privado de todo rasgo positivo). El diagnóstico lacaniano más sucinto es, por lo tanto, que Kaspar Hauser era el sujeto que carecía de la fascinación del espejo, en otras palabras, *el sujeto sin el yo*: había sido arrojado directamente en la red simbólica, evitando el (falso) reconocimiento imaginario que permite que uno se experimente como "persona". (Como se sabe por su historia, Kaspar Hauser no era capaz de relacionarse con su imagen en el espejo, es decir, no se reconocía "a sí mismo" en ella, tal cual sucede con todas las otras figuras monstruosas, reales o "ficticias", desde la criatura del doctor Frankenstein hasta el hombre elefante, que no podían soportar sus imágenes en el espejo).

Así fue como el proyecto de la Ilustración salió mal: los filósofos iluministas querían desechar de la bañera el agua sucia de la civilización corrupta y retener únicamente el yo infantil saludable, no corrompido y natural, pero lo que eliminaron en el proceso, sin advertirlo, fue justamente el yo, de modo que se quedaron con el agua sucia de un monstruo[175]. En síntesis: el puro "sujeto de la Ilustración" es un monstruo que da cuerpo al excedente que escapa al círculo vicioso de la relación del espejo. En este sentido, los monstruos pueden definirse precisamente como la aparición fantasmática del "eslabón perdido" entre la naturaleza y la cultura: como una especie de "respuesta de lo Real" al esfuerzo de la Ilustración por encontrar el puente que vinculara a la cultura con la naturaleza, por producir un "hombre (una mujer) de cultura" que conservara simultáneamente su naturaleza incorrupta. En ello consiste la ambigüedad de la Ilustración: la

175. Esta inversión de la metáfora del niño y el agua sucia también nos permite determinar de manera sucinta la oposición entre el psicoanálisis lacaniano y la versión psicoanalítica propia de la psicología del yo. En esta última, el objetivo de la cura analítica es desembarazarse del agua sucia (síntomas, tics patológicos, etc., esto es, todo lo que se manifiesta como una perturbación) a fin de mantener al (yo del) niño lo más incorrupto posible, limpio de todas las manchas oscuras, mientras que el objetivo de la cura lacaniana es expulsar al niño (suspender el yo del analizando), para que el analizante se enfrente con su "agua sucia", los síntomas y los fantasmas que organizan su goce. En otras palabras, ¿no es la estrategia de las así llamadas "asociaciones libres" en la cura psicoanalítica, precisamente, suspender la función del yo de modo tal que, una vez que disminuye su control, lo "sucio" del analizante salga a la luz?

cuestión de los "orígenes" (orígenes del lenguaje, de la cultura, de la sociedad) que surgió en toda su fuerza con ella, no es más que el reverso de una prohibición fundamental, la de sondear demasiado profundamente en los orígenes oscuros, lo que delata el temor de que, al hacerlo, pueda revelarse algo monstruoso[176]...

Si, por consiguiente, se tiene en cuenta el hecho de que, según Lacan, el yo es un objeto, una "*res*" sustancial, puede discernirse con facilidad el sentido último del giro trascendental de Kant: este desustancializa al sujeto (que, en Descartes, sigue siendo aún una "*res cogitans*", es decir, un "pedazo de realidad" sustancial, y *esa misma desustancialización abre el espacio vacío (la "superficie en blanco") sobre el cual se proyectan las fantasías y donde surgen los monstruos.*

Para expresarlo en términos kantianos: a causa de la inaccesibilidad de la Cosa en sí, hay siempre un hueco vasto en la realidad (constituida, fenoménica), esta nunca es "todo", su círculo nunca se cierra, y ese vacío de la Cosa inaccesible se llena con fantasmagorías a través de las cuales la Cosa transfenoménica ingresa en la etapa de la presencia fenoménica; en síntesis, antes del giro kantiano, no puede haber un armatoste negro en el fondo del escenario.

Desde luego, ya mucho antes de Kant, los filósofos dudaban de la capacidad del hombre de conocer el Infinito y afirmaban que solo podemos conjeturarlo por medio de metáforas inadecuadas. Sin embargo, Kant añade a ello el giro crucial: la finitud del hombre no es la simple finitud de una entidad intramundana perdida en la totalidad abrumadora del universo. El sujeto que sabe es un punto insustancial de autorreferencia pura (el "pienso") que *no* es "parte del mundo" sino, por el contrario, correlativo al "mundo" como tal y por lo tanto *ontológicamente constitutivo*: el "mundo", la "realidad", según los conocemos, solo pueden aparecer dentro del horizonte de la finitud del sujeto. El espacio negro de la Cosa en sí es, en consecuencia, algo a lo que es extremadamente peligroso acercarse; si nos aproximamos demasiado, el mismo "mundo" pierde su consistencia

176. Respecto de esta prohibición, véase Slavoj Žižek, *For They Know Not What They Do*, ob. cit., cap. 5.

ontológica, como la mancha anamórfica de *Los embajadores*, de Holbein: cuando cambiamos nuestra perspectiva y la percibimos "tal como es" (una calavera), *toda la realidad restante pierde su consistencia y se transforma en una mancha anamórfica.*

El sujeto es la no-sustancia, ex-siste solo como autorreferencia no sustancial que mantiene distancia respecto de los objetos intramundanos; empero, en los monstruos, ese sujeto encuentra la Cosa que es su equivalente imposible: *el monstruo es el propio sujeto, concebido como Cosa.* En ello consiste la paradoja del matema lacaniano $\$ \lozenge a$: lo que tenemos aquí no es la relación de dos entidades, sino, más bien, los dos lados, los dos "declives", de una y la misma entidad. El sujeto es "lo mismo" que la Cosa; es, por así decirlo, su negativo (la huella de su ausencia) dentro de la red simbólica; la obsesión de Lacan con los modelos topológicos del espacio "plegado" en los últimos años de su enseñanza (la banda de Moebius, el 8 invertido, etc.) da testimonio de su esfuerzo por articular con claridad este plegarse en que el sujeto encuentra su propio reverso. Hegel radicalizó a Kant al concebir el vacío de la Cosa (su inaccesibilidad) como equivalente a la negatividad misma que define al sujeto; el lugar en donde surgen los monstruos fantasmagóricos se identifica, de ese modo, como el vacío del puro Sí mismo: "Esta noche, lo interior de la naturaleza, que existe aquí —puro sí mismo— en manifestaciones fantasmagóricas, es toda noche en derredor; arroja aquí una cabeza ensangrentada, allí otra forma blanca, de súbito ante ella, y al punto desaparece"[177].

Desde aquí, podemos volver por última vez a *El grito*: la lectura modernista clásica que lo concibe como la manifestación de un sujeto monádico, desesperado por su incapacidad de establecer contacto con el mundo, condenado al vacío solipsista, etc., es insatisfactoria en la medida en que no deja de considerar al sujeto como sustancia, como una entidad positiva cuya expresión adecuada está entorpecida. Ingresamos al posmodernismo cuando nos liberamos de esta ilusión de perspectiva: lo que aparece

177. Citado en Donald Phillip Verene, *Hegel's Recollection. A Study of Images in the Phenomenology of Spirit*, Albany, State University of New York Press, 1985, pp. 7-8.

dentro del modernismo como el límite que impide la autoexpresión del sujeto es en realidad *el sujeto mismo*[178]. En otras palabras, ingresamos al posmodernismo cuando pasamos del "sujeto vaciado" al sujeto como la vacuidad de sustancia (homólogo a la inversión que, en la teoría de la relatividad, transforma la materia que curva el espacio en la materia como curvatura del espacio): en su dimensión más radical, el "sujeto" no es *más que* este "vacío" temido; en el *horror vacui*, el sujeto simplemente se teme a sí mismo, a su vacío constitutivo[179]. Lejos de exhibir el horror del sujeto ante la perspectiva de perderse, el grito es, por lo tanto, el gesto preciso por medio del cual se inaugura la dimensión de la subjetividad; (lo que, a través del grito, se convertirá en) el sujeto huye de lo que "en él [es] más que él mismo", de la Cosa en él mismo, es decir, toma una distancia mínima con respecto a ello.

En este preciso sentido, sujeto y objeto son correlativos en la teoría lacaniana, pero de un modo que es el reverso de su correlación epistemológica en la filosofía trascendental. Según el gastado lugar común, el sujeto lacaniano es $\$$, un sujeto barrado y estéril, tachado, y su impedimento, su estatus fracasado, es constitutivo, etc.; a esto solo debería agregarse que *"objeto", en el sentido lacaniano, es un nombre para designar ese impedimento intrínseco, el "hueso en la garganta" que obstaculiza la realización plena del sujeto; por lo tanto* $\$ \lozenge a$. En otras palabras: el objeto es "correlativo" del sujeto en su condición de barrado, de la barra misma que impide su realización. Por esa razón, Lacan renunció en su seminario sobre la transferencia (1960-1961) al motivo de la intersubjetividad: lo que se pierde en ella es el hecho de que, para un sujeto, otro sujeto es, primera y principalmente, un *objeto a*, el que le impide realizarse en plenitud, o (el reverso de lo mismo) el que posee lo que al sujeto le falta constitutivamente; en síntesis,

178. Respecto de esta noción del sujeto, véase Joan Copjec, "The Orthopsychic Subject: Film Theory and the Reception of Lacan", en: *October*, nº 49, verano de 1989, pp. 53-71.

179. Cuando los teóricos de los trastornos fronterizos (Otto Kernberg y otros) deploran que el notorio "sentimiento de vacío" sea la queja fundamental de los pacientes en la actualidad, un lacaniano debería reconocer en ese "vacío", en consecuencia, *otro nombre del sujeto*: nos encontramos con este en el punto mismo en que el "yo" se depura de su contenido.

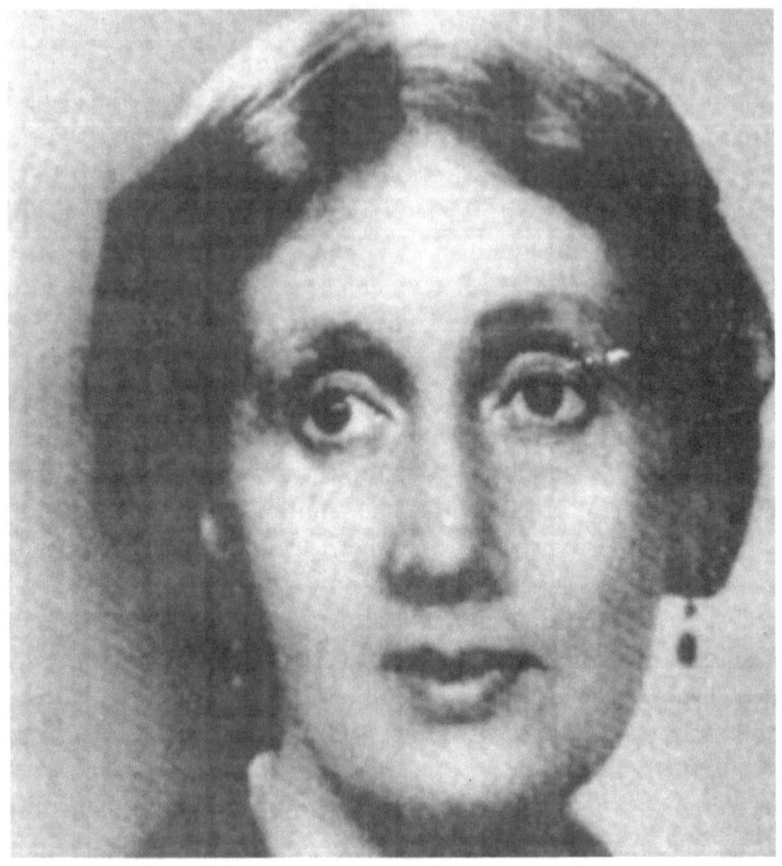

un Amo. El objetivo del análisis es socavar esta ilusión: el analista ocupa el lugar del Amo, pero no "representa su papel", y con ello hace visible la impostura del Amo; la falta ya es siempre lo propio del Otro[180].

180. Por lo tanto, la ilusión del Amo es, *stricto sensu*, "trascendental": un Amo es alguien que finge poseer el insondable *je ne sais quoi*, la Cosa nouménica más allá de las cualidades fenoménicas positivas. El gesto fundamental del giro trascendental de Kant consiste precisamente en prohibir a quienquiera actuar de esta manera: la Cosa sigue siendo inaccesible para siempre. Si, como dice Lacan, la filosofía es la reapropiación del conocimiento por el Amo y, como tal, una versión del discurso de este (véase su *Séminaire XVII*: *L'envers de la psychanalyse*, París, Éditions du Seuil, 1991 [ed. cast.: *El Seminario de Jacques Lacan. Libro 17. El reverso del psicoanálisis. 1969-1970*, trad. de Enric Berenguer y Miquel Bassols, Buenos Aires, Paidós, 1992], el "giro

La "mediación social" fundamental de la figura monstruosa debe, por lo tanto, buscarse en el impacto social del capital, esa fuerza aterradora de "desterritorialización" que disuelve todos los vínculos simbólicos tradicionales ("sustanciales") y marca a todo el edificio social con un desequilibrio estructural irreductible; no es accidental que los "monstruos" aparezcan en todas las rupturas que anuncian una nueva época del capital: su ascenso (Frankenstein, Kaspar Hauser), su transformación en imperialismo (el hombre elefante, el fantasma de la ópera), la emergencia actual de la sociedad "postindustrial" (el renacimiento del motivo del "muerto vivo"). Este desequilibrio estructural se inscribe en la forma misma de la anamorfosis, a saber, en su ambigüedad radical: las distorsiones anamórficas de la realidad pueden funcionar como un horror repelente, la protuberancia en la frente del "hombre elefante" pero, con todo, la falofanía también puede provocar un efecto de belleza sublime. Recordemos el rostro de Virginia Woolf: su sublimidad etérea y refinada es lo propio de su extensión anamórfica, como si la realidad misma de su rostro se prolongara en un espejo torcido. Para dar fe de este vínculo entre la anamorfosis

trascendental" de Kant corta este vínculo entre la filosofía y el discurso del Amo: la filosofía trascendental "cambia el registro" del discurso de la histérica.

y la sublimidad, basta con "reducir" ese rostro a su medida "normal" por medio de un simple tratamiento computarizado, esto es, realizar una operación homóloga a la de dar nueva forma a los relojes blandos, "derretidos", de la famosa pintura de Dalí, devolviéndole sus contornos "normales": lo que conseguimos es, desde luego, un rostro "saludable", regordete, sin huella alguna de la sublimidad de la foto sin retocar. Por lo tanto, el estatus de la sublimidad es, en última instancia, el de una "mueca de la realidad" (como dice Lacan en *Televisión*); la definición lacaniana de lo sublime ("un objeto elevado al nivel de la Cosa") podría traducirse como "lo sublime es un objeto, un pedazo de la realidad, en el que lo Real del deseo se inscribe por medio de una mueca anamórfica". El límite que separa la belleza de la repugnancia es, por esa razón, mucho más inestable de lo que puede parecer, dado que siempre depende de un espacio cultural específico: la tortura "anamórfica" del cuerpo que puede ejercer una fascinación tan grande dentro de algunos espacios culturales (desde el vendaje de los pies femeninos en China, la tribu indochina cuyas mujeres se ponen anillos ajustados en el cuello a fin de alargarlo, etc., hasta la propia *erección*, el paradigma del alargamiento anamórfico de un pedazo de la realidad) no puede provocar más que repugnancia en una mirada extranjera. ¿De este modo no hemos delineado también los perfiles de una crítica *posmoderna* de la ideología que nos enseña a asumir esa mirada extranjera ante nuestro propio campo ideológico, con lo cual la anamorfosis ideológica pierde su poder de fascinación y se transforma en una protuberancia repugnante?

5
¿Por qué hay siempre dos *padres*?

5.1 EN LOS ORÍGENES DEL *NOIR*: EL PADRE HUMILLADO

El Otro paranoico

EN LA CULTURA POPULAR de nuestros días, hay dos fenómenos que ejercen un poder de fascinación perdurable sobre la así llamada teoría "posmoderna": Alfred Hitchcock y el *film noir*. Sin embargo, en cada uno de los dos casos la fascinación funciona de una manera completamente diferente: la *oeuvre* de Hitchcock desencadena un torrente de interpretaciones que en su mayor parte se excluyen mutuamente (psicoanalítica, hermenéutica, deconstructivista, feminista, religiosa, semiótica, etc.), una abundancia de ingeniosas movidas interpretativas que se esfuerzan por transformar en éxitos incluso sus fracasos evidentes[181], mientras que las primeras características que saltan a la vista en relación con los textos sobre el *film noir* son su pobreza y uniformidad teórica inusuales. Es decir, el grueso de lo que se escribe sobre el *film noir* consiste en variaciones agobiadas de clisés sobre su estilo visual (la influencia del expresionismo alemán: la interacción de luces y sombras, los ángulos poco comunes, etc.); sobre sus procedimientos narrativos (*flashbacks*, voces superpuestas a la imagen, etc.); sobre su trasfondo social (la

181. Los dos casos ejemplares de ello son el elogio que los *Cahiers du cinéma* hicieron de *Bajo el signo de Capricornio* [*Under Capricorn*] y el gesto de Fredric Jameson acerca de que *Desesperación* [*Stage Fright*] es uno de los filmes cruciales de Hitchcock.

corrupción de las megalópolis estadounidenses; el impacto social de la Segunda Guerra Mundial; la emancipación de las mujeres como fundamento de la figura de la *femme fatale* que da expresión a la inestabilidad de la identidad masculina); sobre la visión existencial *noir* (el destino inexorable y su interconexión paradójica con la libertad, por ejemplo), etc.[182]. El deseo de poner en palabras la fascinación obvia por el *film noir*, de traducirla a logros teóricos positivos, parece, en cierto modo, intrínsecamente impedido, condenado a fracasar: como si la oposición Hitchcock/*film noir* repitiera la oposición lacaniana clásica del síntoma que da origen a las interpretaciones y el fantasma que las bloquea. En vez de deplorar la debilidad de los escritos sobre el *film noir*, en vez de tratar de reemplazarlos por una nueva y mejor teoría, nuestro primer paso debería ser, por ende, una especie de "metacomentario" que dilucidara la oposición misma de Hitchcock y el *film noir*.

Una de las escenas hitchcockianas quintaesenciales es la "soledad del héroe en la multitud": el héroe y su adversario

182. Una manera de introducir una especie de orden en este revoltijo de clisés sobre el *noir* es disponerlos en cuatro grupos referidos a los cuatro niveles de interpretación teorizados por la hermenéutica medieval (un procedimiento reactualizado por Fredric Jameson en *The Political Unconscious. Narrative as a Socially Symbolic Act*, Princeton, N. J., Princeton University Press, 1981 [ed. cast.: *Documentos de cultura, documentos de barbarie. La narrativa como acto socialmente simbólico*, trad. de Tomás Segovia, Madrid, Visor, 1989]): (1) *literal* (los mecanismos textuales: fotografía en claroscuro, *voiceover/flashback* y otros dispositivos narrativos formales, etc.); (2) *alegórico* (códigos que regulan la realidad diegética del universo *noir*: las figuras del detective *hard-boiled*, de la *femme fatale*, el medio social corrompido, etc.); (3) *anagógico* (la experiencia histórica colectiva que forma el trasfondo referencial del universo *noir*: la corrupción de las megalópolis estadounidenses sintetizada por Los Ángeles, el impacto social desintegrador de la Segunda Guerra Mundial, etc.); (4) *moral* (la visión existencial *noir*: la dialéctica de la libertad y el destino, etc.). Lo que hay que hacer en relación con esta tétrada es, desde luego, subvertir su premisa subyacente, la cadena causal que va de (4) a (1): en oposición a la teología, el nivel (1) debe considerarse como la "causa" del nivel (2), es decir, el contenido diegético depende de los procedimientos formales (el ejemplo clásico de Jameson: Hemingway llegó al contenido de sus cuentos buscando temas que se ajustaran a su tipo de oraciones); y el nivel (3) como la causa del (4), es decir, la visión existencial del individuo depende de la experiencia histórica colectiva (que, en el caso del *film noir*, coincide con el referente histórico mencionado por Deleuze como el telón de fondo del cambio de la "imagen movimiento" a la "imagen tiempo").

intercambian golpes ante la vista de un público ignorante que no conoce (y no debe conocer) lo que hay verdaderamente en juego en la confrontación; ambos tienen que limitar sus movimientos a lo que se ajusta al marco de lo públicamente admisible. Las tres versiones de esta escena son, desde luego, la manifestación política en *Los treinta y nueve escalones* [*The Thirty-Nine Steps*, 1934], el baile de beneficencia en *Saboteador* [*Saboteur*, 1942] y el remate en *Intriga internacional* (1959): en este último, Cary Grant provoca un escándalo público a fin de que la policía se lo lleve, para escapar de ese modo de los espías rusos que controlan el edificio y pretenden capturarlo; estos solo pueden observar pasivamente el espectáculo, dado que cualquier intervención abierta de su parte alertaría al público ignorante. Tenemos aquí tres miradas, tres posiciones subjetivas: el actor que hace un movimiento; su oponente, contra el cual se dirige ese movimiento, que reconoce con claridad su sentido, aunque solo puede observarlo impotente, y el Otro ignorante, el público presente[183]. El rasgo crucial, la condición estructural de esta interacción es la *ignorancia benevolente del Otro*: este sintetiza a la opinión pública en su inocencia inherente, y es debido a esta inocencia que las tres escenas funcionan como interludios cómicos.

No obstante, recordemos la escena final de *Tuyo es mi corazón* [*Notorious*, 1946]: Devlin se fuga, con la envenenada Alicia, de la casa de Sebastian ante los propios ojos de los colaboradores nazis de este último. Lo que encontramos aquí es una estructura subyacente homóloga a las tres miradas, a las tres posiciones subjetivas: el Otro ignorante lo constituyen en este caso los miembros del círculo nazi que no saben que Alicia es una espía estadounidense y que Sebastian lo sabe (quien, por saberlo, la está envenenando lentamente con la ayuda de su madre); los actores son Devlin y Alicia —él la escolta mientras bajan las escaleras, presentándose como el amigo que la llevará al hospital

183. Para una elaboración más detallada de esta dialéctica, véase Slavoj Žižek, *Looking Awry. An Introduction to Lacan through Popular Culture*, Cambridge, Mass., MIT Press, 1991, pp. 71-73 [ed. cast.: *Mirando al sesgo. Una introducción a Jacques Lacan a través de la cultura popular*, trad. de Jorge Piatigorsky, Barcelona, Paidós, 2000].

con el acuerdo de Sebastian—; los oponentes indefensos son este y su madre, reducidos al rol de observadores pasivos; si bien el acto de Devlin está dirigido contra ellos, cualquier contrataque público de su parte revelaría al instante a los miembros de la banda nazi que Alicia es una espía estadounidense y que Sebastian lo sabe, con lo que este firmaría su sentencia de muerte. Lo que hace que esta escena sea diferente a los tres interludios cómicos antes mencionados es el carácter de la tercera agencia, el gran Otro ignorante, el público que es testigo del duelo entre el actor y su oponente: el Otro pierde aquí su inocencia benevolente y asume los rasgos de una amenazadora agencia paranoica. Quienes incluyen *Tuyo es mi corazón* entre los pocos filmes de Hitchcock que exhiben una sensibilidad *noir* están, por lo tanto, en lo cierto: uno de los rasgos que caracterizan el universo *noir* es, justamente, esta mutación en el estatus del gran Otro.

Esta visión modificada del universo nos permite definir la brecha que separa a la novela policial clásica (de lógica y deducción) de la novela *hard-boiled*[184]. Es decir, la primera, la de lógica

184. La sociologización rápida habitual explica el paso de la novela policial clásica de lógica y deducción a la novela *hard-boiled* mediante la referencia al paso del capitalismo individualista con su ética protestante al capitalismo corporativo con su individuo "heterónomo", "enfocado en los otros" (véase John G. Cawelti, *Adventure, Mystery, and Romance. Formula Stories as Art and Popular Culture*, Chicago, Chicago University Press, 1976). Sin embargo, parece más productivo tomar como punto de partida la hipótesis de Fredric Jameson según la cual toda la historiografía, incluso cuando su objeto "oficial" es alguna civilización lejana y exótica, en realidad hace variaciones sobre un único motivo, el paso de la comunidad "orgánica" precapitalista a la sociedad capitalista: ¿no es también la transformación de la novela de lógica y deducción en novela *hard-boiled* uno de los ejemplos de ese paso? El contexto de la primera es el "capitalismo que no es todavía él mismo", una sociedad armoniosa con una jerarquía y un orden claramente definidos (no es en modo alguno un azar que haya dos ambientaciones principales que sirven como lugar del crimen: la mansión de un noble rico con el proverbial mayordomo como primer sospechoso, y la pequeña ciudad idílica, los dos residuos de la comunidad orgánica dentro del capitalismo), mientras que la novela *hard-boiled* marca la irrupción del desequilibrio y la corrupción, la desintegración de los lazos orgánicos (en su primera página, *Cosecha roja*, de Hammett, pone las cartas sobre la mesa en cuanto a la manera en que "*Poisonville*" llegó a ser dominada por los gánsteres: a fin de aplastar la huelga, los empleadores convocaron a la pandilla, que rápidamente quebró la resistencia de los trabajadores, aunque, de paso, se hizo con el poder...). Y, una vez más, debería evitarse

y deducción, aún se apoya en el gran Otro consistente: el momento, al final de la novela, en que el flujo de los sucesos se integra al universo simbólico, narrado, relatado en la forma de una historia lineal (las últimas páginas en las que, al identificar al asesino, el detective reconstruye el verdadero rumbo de los hechos), origina un efecto de pacificación y el orden y la consistencia se reinstalan, mientras que el universo *noir* se caracteriza por una escisión radical, una especie de desequilibrio estructural respecto de la posibilidad de narrativización: la integración de la posición del sujeto al campo del gran Otro, la narrativización de su destino, solo se vuelve posible cuando el sujeto ya está, en un sentido, muerto, si bien aún vivo, cuando "el juego ya ha terminado", en síntesis: cuando el sujeto se encuentra en el lugar bautizado por Lacan como "el entre-dos- muertes" (*l'entre-deux-morts*)[185]. Aquí nos basta con recordar *Con las horas contadas* [DOA, 1949], de Rudolph Maté: el médico informa al héroe que ha sido envenenado mortalmente y que solo le quedan uno o dos días de vida; el héroe pasa el tiempo que le resta en una búsqueda frenética de su propio asesino, es decir, reconstruyendo la historia que condujo a su asesinato[186]. En la medida en que el sujeto no asuma esta situación de "muerto vivo", todo intento de narrativización, de integración de su destino al tejido simbólico será, por definición, letal: una amenaza mortal ronda en torno de su esfuerzo por "contar toda la historia" acerca de sí mismo. La puesta en palabras no da lugar a la pacificación, la reconciliación con la

el falso problema de situar con precisión el punto de demarcación histórica ("diacrónica"): es mucho más productivo considerar esta oposición como un antagonismo estructural ("sincrónico") inherente al capitalismo como tal: este nunca es "puro", está atrapado en la ilusión de la unidad orgánica o se percibe a sí mismo como un universo en desintegración.

185. Véase Jacques Lacan, *Le Séminaire, livre VII: L'Éthique de la psychanalyse*, París, Éditions du Seuil, 1986 [ed. cast.: *El Seminario de Jacques Lacan. Libro 7. La ética del psicoanálisis. 1959-1960*, trad. de Diana S. Rabinovich, Buenos Aires y Barcelona, Paidós, 1988]. En la opinión pública de hoy, este interespacio está representado por la siniestra posición de los pacientes de sida: aún vivos, aunque ya marcados por la muerte.

186. Esta lógica fue llevada al grado máximo del absurdo en *El ocaso de una vida* [*Sunset Boulevard*, 1950], de Billy Wilder, en el que un cadáver narra la historia que condujo a su muerte.

propia comunidad simbólica (como en la novela policial clásica) sino que, más bien, origina un peligro mortal. Entre numerosos ejemplos de ello, estos son los cuatro más elocuentes:

1. *El reloj asesino* [*The Big Clock*, 1947, John Farrow]. ¿Qué confiere a esta historia su carácter *noir*? Ray Milland, un periodista investigador, es contratado por un corrupto magnate de la prensa (Charles Laughton) para identificar al individuo desconocido que abandonó en secreto la casa de una muchacha asesinada la noche anterior, lo cual lo convierte en el principal sospechoso; lo que solo el periodista sabe es que este individuo desconocido no es otro que él mismo, por lo que se ve, así, obligado a poner en marcha la maquinaria de la investigación que, tarde o temprano, lo señalará con el dedo. El sabor *noir* es lo propio de esta posición del sujeto que solo puede observar impotente cómo la trampa colocada por la maquinaria investigadora —es decir, discursiva—, nominalmente conducida por él mismo, se cierra en torno de sí…
2. *Al filo de la noche* [*Sorry, Wrong Number*, 1948, Anatole Litvak]. Es la historia de una arrogante mujer rica, atada al lecho a causa de la parálisis de sus piernas, que accidentalmente escucha una conversación telefónica acerca de la planificación de un asesinato; emprende la investigación del asunto y, después de todo un día de llamadas telefónicas, descubre finalmente que la víctima del crimen previsto es ella misma: demasiado tarde, dado que el asesino ya está en camino… El filme es un ejemplo de manual de la tesis lacaniana según la cual la verdad del sujeto está constituida por el discurso del Otro: la narradora, al reunir gradualmente todas las piezas y re(construir) los hechos, comprende que, sin saberlo, ella es la pieza central de una intrincada trama; en síntesis, encuentra su verdad fuera de sí misma, en la red intersubjetiva cuyos efectos escapan a su control.
3. *La ventana* [*The Window*, 1949, Ted Tetzlaff]. Este es un caso ejemplar de lo que Gilles Deleuze llama "*le flagrant*

délit de légender"[187], la historia de un niño, inclinado a inventar cuentos, que una noche es testigo de un asesinato real que ocurre en el departamento vecino. Cuando lo hace saber a sus padres, estos, naturalmente, lo toman por otra de sus fantasías y, como castigo, lo obligan a contarles a los vecinos las mentiras que ha divulgado sobre ellos; de ese modo, estos se enteran de que el niño es un testigo peligroso y se disponen a matarlo cuando los padres lo dejen solo en el departamento durante un fin de semana...

4. *Raíces en el fango* [*Mr. Arkadin* o *Confidential Report*, 1955, Orson Welles]. Es la historia de un hombre inmensamente rico que, fingiendo amnesia, contrata a un periodista para que exhume detalles de su pasado. Paso a paso, el periodista reconstruye la verdad, una oscura historia de crimen, traición y engaño, aunque todos los testigos del pasado de Arkadin con quienes se contacta poco después aparecen muertos. Finalmente, el periodista capta el verdadero objetivo de su investigación: Arkadin lo contrató para que ubicara a todos los testigos que quedaban de su pasado criminal; al deshacerse de ellos y, por último, del propio periodista, su pasado quedaría enterrado para siempre... La ironía del filme es, desde luego, que la rememoración (la exhumación de la verdad acerca del pasado) está aquí directamente al servicio del olvido. ¿Y acaso no es también esta historia una metáfora sucinta de un capitalismo caracterizado (como se sabe desde Marx en adelante) por una asimetría estructural entre sincronía y diacronía: solo puede establecerse como una totalidad sincrónica borrando las huellas de su traumático pasado diacrónico?

187. "Lo que el cine debe captar no es la identidad de un personaje, ya sea real o ficticio, a través de sus aspectos objetivos y subjetivos. Es el devenir del personaje real cuando él mismo comienza a 'hacer ficciones', cuando participa del 'flagrante insulto de componer leyendas'" (Deleuze, Gilles, *The Time-Image*, Londres, The Athlone Press, 1989, p. 150 [ed. cast.: *La imagen tiempo. Estudios sobre cine II*, trad. de Irene Agoff, Barcelona, Paidós, 1987]).

¿Qué tienen en común estos ejemplos (lo mismo que muchos otros)? El espacio intersubjetivo, "público", ha perdido su inocencia: la narrativización, la integración al orden simbólico, al gran Otro, lejos de conducir a alguna clase de reconciliación, da lugar a una amenaza mortal[188]. Lo que debería tenerse en cuenta aquí es que esta *neutralidad* del orden simbólico funciona como la garantía fundamental para el así llamado "sentido de la realidad": tan pronto como esta neutralidad se mancha, la propia "realidad externa" pierde el carácter autoevidente de algo presente "ahí afuera" y comienza a vacilar, es decir, se la vive como si la delimitara un marco invisible: la paranoia del universo *noir* es primordialmente visual y se basa en la sospecha de que nuestra visión de la realidad ya está siempre distorsionada por algún marco invisible a nuestras espaldas, razón por la cual también debería incluirse a Edward Hopper entre los autores *noir*. Lo que tenemos en mente aquí no es el hecho de que este, antes de ser famoso, se ganara la vida dibujando portadas para novelas sensacionalistas *hard-boiled* ni que muchos de sus dibujos, sobre todo sus aguafuertes (*Sombras nocturnas* [1921], por ejemplo) contengan motivos que evocan el universo *noir* (el juego de sombras, extraños ángulos del punto de vista, escenas solitarias de las megalópolis nocturnas, etc.). La cuestión es un poco más refinada: se refiere primordialmente al modo en que el *marco* opera en sus pinturas (tomando en cuenta la ambigüedad fundamental de este término en el universo *noir*).

Es decir, es como si, en ellas, el marco se "desencolara", se soltara, extendiera o contrajera con respecto a sus límites reales. Por un lado, sus pinturas refuerzan la idea de espacios y elementos más allá de los límites de la propia escena, como si divisaran

188. De ahí la siguiente característica que distingue al universo *noir* de la novela policial tradicional: en esta última, la tarea que se encarga al detective puede tomarse por su valor nominal (el problema es efectivamente la identidad del asesino, en este nivel la novela no hace trampas), mientras que en la novela *hard-boiled*, por regla general, el cliente que contrata al detective resulta ser parte de un juego que difiere radicalmente de lo que parece (digamos, por ejemplo, que se contrata al detective para entregar un rescate en un lugar apartado, aunque el verdadero objetivo es asegurar su presencia en el sitio en un momento X, a fin de incriminarlo en un asesinato...).

un campo más amplio que la esfera que el cuadro puede encerrar. En relación con las pinturas de Hopper, Pascal Bonitzer habló de "un semblante de fuera de campo" ("*un semblant de hors-champ*"): funcionan como fragmentos en la interacción de *champ* y *hors-champ*, siempre se refieren a un complemento externo, ausente; como señala Bonitzer, este efecto de "enmarcado contingente y nómade" solo es posible contra el telón de fondo del cine, es decir, expone la manera en que la pintura reflejó su aparición, el hecho de que la "cámara en movimiento" capture una realidad que es en sí misma contingente y que, en última instancia, carece de sentido[189]. Por otro lado, está el efecto opuesto del marco contraído; lo que aquí tenemos en mente es el hecho, advertido por numerosos historiadores del arte, de que las pinturas de Hopper hacen visibles, simultáneamente, el interior y el exterior de un edificio (por ejemplo, un cuarto iluminado con una persona solitaria, visto desde afuera a través de la ventana de una casa que, por otra parte, está a oscuras): lejos de quedar en suspenso, con ello su tensión antagónica se pone en escena como tal. Incluso cuando el contenido "oficial" de una pintura se limita al interior, parece como si la escena pintada se viera a través de una ventana invisible que la enmarcara. Basta con recordar su *Oficina de noche* (1940): si bien el punto de vista "oficial" es interno a la oficina iluminada (cercano al techo), no puede evitarse la impresión de que un marco (de ventana) invisible nos separa del interior de la habitación (un efecto confirmado por los bosquejos para esta pintura, en los que pueden discernirse con claridad las huellas de un marco de ventana). En el nivel temático, el efecto de *hors-champ* se manifiesta en dos motivos constantes de Hopper:

- una mujer o una pareja cuyas miradas están inmovilizadas en algún punto externo a la pintura (en Hopper, las parejas nunca se miran directamente a los ojos, lo que constituye una especie de equivalente visual de las parejas "modernistas" de las novelas de Marguerite Duras, que solo pueden

189. Véase Pascal Bonitzer, *Décadrages. Peinture et cinéma*, París, Cahiers du cinéma, 1985, pp 67-68 [ed. cast.: *Desencuadres. Cine y pintura*, trad. de Alejandrina Falcón, Buenos Aires, Santiago Arcos, 2007].

hallar el amor concentrándose en alguna actividad externa, por ejemplo, la búsqueda de una tercera persona), y

- la limitación del contenido pintado a un reflejo fragmentario de una fuente de luz externa (la parte iluminada de la habitación cercana a la ventana abierta, por ejemplo).

La inscripción del marco en el cuadro, por otra parte, se hace patente en la obsesión de Hopper con el motivo de la ventana como límite y vínculo entre el interior y el exterior. Este excedente/falta del marco con respecto a la esfera real de la pintura introduce una inherente inestabilidad de la visión: el efecto obtenido consiste en que lo que vemos es siempre un fragmento; la decisiva X siempre se nos escapa, nuestra visión está siempre "enmarcada" e implica, por definición, una mínima "*Realitätsverlust*", "pérdida de realidad".

Regreso a "la mujer como síntoma del hombre"

¿Dónde debemos buscar la clave de este cambio, de esta perturbación en el "gran Otro" que provoca la pérdida de realidad? En el universo *noir*, ¿el epítome del mal no es la *femme fatale* que plantea una amenaza no solo a la integridad moral del héroe sino a su identidad ontológica misma? ¿No debe buscarse el eje del universo *noir*, por lo tanto, en la relación del detective masculino con la mujer como su *síntoma*?

"La mujer es un síntoma del hombre" parece ser una de las tesis más notoriamente "antifeministas" del último Lacan. Hay, sin embargo, una ambigüedad fundamental respecto de cómo debemos leerla: esa ambigüedad refleja el cambio en la noción de síntoma dentro de la teoría lacaniana[190]. Si lo concebimos como Lacan lo articuló en la década de 1950 —a saber, como un *mensaje cifrado*—, entonces, por supuesto, la mujer-síntoma aparece como el signo, la encarnación de la caída del hombre: es el testimonio de que este "cedió en cuanto a su deseo". Para Freud,

190. Respecto de este cambio, véase Slavoj Žižek, *The Sublime Object of Ideology*, Londres, Verso Books, 1989, cap. 2 [ed. cast.: *El sublime objeto de la ideología*, trad. de Isabel Vericat Núñez, Buenos Aires, Siglo XXI, 2009].

el síntoma es una formación de compromiso: en él, el sujeto recupera, bajo la forma de un mensaje cifrado y no reconocido, la verdad acerca de su deseo, la verdad con la que no fue capaz de enfrentarse, a la que traicionó. Así, si leemos la tesis de "la mujer como síntoma del hombre" contra ese telón de fondo, nos aproximamos de manera inevitable a la posición que nadie enunció con mayor vigor que Otto Weininger, contemporáneo de Freud, un notorio antifeminista y antisemita vienés de fines de siglo que escribió el extremadamente influyente superventas *Sexo y carácter*[191] y que luego se suicidó a los veinticuatro años de edad. Su posición consiste en que, según su propio estatus ontológico, la mujer no es más que una materialización, una encarnación del pecado del hombre: en sí misma no existe, razón por la cual la manera adecuada de liberarse de ella no es combatirla activamente o destruirla, sino que basta con que el hombre purifique su deseo, se eleve a la espiritualidad pura para que, automáticamente, la mujer pierda pie, se desintegre. Nótese aquí el *Parsifal* de Richard Wagner, la referencia básica de Weininger: cuando Parsifal purifica su deseo y rechaza a Kundry, esta pierde el habla, se transforma en una sombra muda y por último cae muerta; existía solo en la medida en que atraía la mirada masculina. En este punto sería posible enunciar una teoría general del "performativo wagneriano": cuando, al final de *El holandés errante*, el ofendido capitán desconocido anuncia públicamente que él es el "Holandés Errante", que vaga desde hace siglos por los océanos en busca de una esposa fiel, Senta se arroja desde un acantilado a la muerte; en *Lohengrin*, después de que el caballero misterioso revela su verdadera identidad en el relato del Grial ("*Ich bin Lohengrin gennant!*"), la desdichada Elsa se derrumba ("*Mir schwankt das Boden! Luft!*"); cuando, al final de *Parsifal*, este se hace cargo de la función ritual del rey y revela el Grial, Kundry cae muerta... En los tres casos, el gesto ejecutivo por medio del cual el héroe asume abiertamente su mandato simbólico, revela

191. Véase Otto Weininger, *Geschlecht und Character*, Viena, 1903; Múnich, Matthes und Seitz, 1980 [ed. cast.: *Sexo y carácter*, trad. de Felipe Jiménez de Azúa, Buenos Aires, Losada, 2004].

su identidad simbólica, se demuestra incompatible con el ser mismo de la mujer[192].

Esta tradición, que puede parecer extravagante y anticuada, resurge precisamente en el *film noir*, en el que la *femme fatale* también se transforma en un cieno informe y mucoso sin consistencia ontológica propia en el momento en que el héroe *hard-boiled* la rechaza, es decir, cuando rompe el hechizo, testimonio de lo cual es la confrontación final de Sam Spade con Brigid O'Shaughnessy en *El halcón maltés* de Hammett. Tenemos, de este modo, el mundo masculino de espiritualidad pura y comunicación no distorsionada, comunicación sin coacción (si se nos permite usar este sintagma habermasiano), el universo de la intersubjetividad ideal, y la mujer *no* es una causa externa, activa, que atrae al hombre hacia la caída; es solo una *consecuencia*, un resultado, una materialización de la caída del hombre. De modo que, cuando este purifica su deseo de los residuos patológicos, la mujer se desintegra precisamente de la misma forma en que un síntoma se disuelve después de una interpretación exitosa, después de que hayamos simbolizado su significado reprimido. ¿No apunta en la misma dirección otra notoria tesis de Lacan, la afirmación de que "la mujer no existe"? La mujer no existe en sí misma, como una entidad positiva con plena consistencia ontológica, sino únicamente como un síntoma del hombre. Weininger

192. El paralelo que se impone aquí es, por supuesto, el existente entre la *femme fatale* en el universo *noir* y la dama en la tradición medieval del "amor cortés" (*amour courtois*): la *femme fatale* es la dama en la medida en que esta es posible hoy, así como el detective *hard-boiled* es el caballero en la misma medida. Sin embargo, ¿por qué la *femme fatale* del *noir* está marcada por una sensualidad y una vulgaridad sobreexpuestas, en contraste con la estatura sublime e inalcanzable de la dama? La respuesta es, una vez más, el estatus modificado del gran Otro, de la comunidad simbólica, es decir, su desneutralización, su adquisición de rasgos paranoicos. En la Edad Media, el mal se encarnaba en el innominado Caballero Negro que, en la hora de su derrota, pronunciaba su nombre, con lo cual se reintegraba a la comunidad simbólica; empero, en el universo *noir*, es el agente del bien el que se ve forzado a operar en "*noir*", como fundamentalmente innominado y no reconocido (en los cuentos y las primeras novelas de Hammett, el detective es efectivamente un "agente de la Continental" que carece de nombre), dado que el espacio del Otro, el dominio de los Nombres públicos, es en sí mismo malo. Por esa razón, la dama, encarnación del reconocimiento social, también se torna malvada.

fue también muy franco acerca del deseo comprometido, traicionado cuando el hombre cae presa de una mujer: la pulsión de muerte; después de toda la charla sobre la superioridad espiritual del hombre, inaccesible a las mujeres, etc., propone, en las últimas páginas de *Sexo y carácter*, el suicidio colectivo como el único camino de salvación para la humanidad.

Empero, si concebimos el síntoma tal como se enunció en los últimos escritos y seminarios de Lacan —como, por ejemplo, cuando este habla sobre "Joyce, el síntoma"—, a saber, como una formación significante particular que confiere al sujeto su propia consistencia ontológica, permitiéndole estructurar su relación básica y constitutiva con el *goce* (*jouissance*), entonces toda la relación se invierte: si el síntoma se disuelve, el sujeto mismo pierde pie, se desintegra. En ese sentido, "la mujer es un síntoma del hombre" significa que *el hombre mismo existe únicamente a través de la mujer como su síntoma*: toda su consistencia ontológica cuelga, está suspendida, de su síntoma, se "externaliza" en su síntoma. En otras palabras, el hombre literalmente *ex-siste*: todo su ser se encuentra "ahí afuera", en la mujer. Esta, por su parte, *no* existe, *insiste*, razón por la cual no llega a ser únicamente a través del hombre: hay algo en ella que escapa a la relación con este, la referencia al significante fálico; y, como es bien sabido, Lacan intentó aprehender este exceso mediante la noción de un *goce "no todo" femenino*. De esta forma, la relación con la pulsión de muerte también se invierte: la mujer, tomada "en sí misma", al margen de la relación con el hombre, encarna la pulsión de muerte, aprehendida como una actitud ética radical y elemental en extremo de insistencia intransigente, de "no ceder en cuanto a...". Por lo tanto, ya no se concibe a la mujer como fundamentalmente "pasiva" en contraste con la actividad masculina: el acto como tal, en su dimensión más fundamental, es "femenino". ¿Acaso el acto por antonomasia no es el de Antígona, su acto de desafío, de resistencia? La dimensión suicida de dicho acto es evidente de por sí, de modo que cuando Lacan dice, en otro enunciado provocativo, que el único acto que no es un fracaso, el único acto *stricto sensu*, es el suicidio, vuelve a confirmar con ello la naturaleza "femenina" del acto como tal: los hombres son "activos", buscan refugio en la actividad implacable a fin de escapar a la dimensión propia del acto. La retirada del hombre respecto de la mujer (la retirada del detective *hard-boiled* con respecto a la *femme fatale* en el *film noir*, por ejemplo) es, así, efectivamente una retirada de la pulsión de muerte como postura ética radical: nos encontramos ahora en el punto exactamente opuesto a la imagen de Weininger de la mujer como incapaz de una actitud ética digna[193].

De Ned Beaumont a Philip Marlowe

Esta respuesta, sin embargo, no puede considerarse satisfactoria: la *femme fatale* como encarnación de la corrupción del universo es, sin lugar a dudas, un fantasma masculino, materializa sus antagonismos internos, razón por la cual no se la puede convertir en la causa de la "pérdida de realidad", de la mutación paranoica del Otro. Por consiguiente, tenemos que regresar a nuestra pregunta inicial: "¿qué cambio tendría que producirse en el orden simbólico para que la mujer terminara por ocupar el lugar de una Cosa traumática?". Como sabemos por el psicoanálisis lacaniano, el garante fundamental de la situación "neutral" de la Ley simbólica dentro de la economía subjetiva es el padre como función simbólica, el Nombre del Padre, lo que Lacan llama la "metáfora paterna": el Significante Amo, el significante "vacío" sin un significado. La Ley que está "en el orden vigente" es, por definición, "ciega", ignorante, se eleva sobre las pasiones particulares: una comunidad se mantiene unida, en última instancia, a través de un significante que "significa todo" en la medida en que no significa nada en particular y que, con ello, permite que todos se reconozcan en él[194]. Por esa razón, nuestro paso siguiente debería consistir en buscar mutaciones eventuales en la situación de la función paterna. El lugar adecuado para comenzar es el principio mismo

193. Respecto de la naturaleza femenina del acto, véase el cap. 2 del presente libro.

194. Incluso en "La carta robada" de Poe, donde la constelación de las tres miradas se pone en escena por primera vez (el ministro que roba la carta de la reina; la reina que solo puede observar impotente el acto; el rey que lo ve todo pero no reconoce su significado), la tercera de ellas, la del Otro ignorante, se encarna en el rey, el representante de la autoridad simbólica.

o, para ser más precisos, el punto inmediatamente anterior a él, la etapa última de la "prehistoria" de la novela *hard-boiled* en la que las cosas que son aún visibles se convertirán, un momento después, en invisibles, no en Chandler sino en Hammett.

Frente al fulgor de la perdurable gloria de Chandler, Dashiell Hammett está hoy, en cierto modo, olvidado: todos los intentos de resucitarlo por medio de las ediciones de bolsillo de sus novelas, las nuevas biografías, etc., parecen condenados al fracaso. En vista de este fracaso persistente, es tentador arriesgar la hipótesis de que la razón fundamental no es la menor calidad de sus escritos sino una ruptura estructural entre su universo y un universo *noir* plenamente establecido. Hay obviamente algo en la lógica intrínseca de la obra de Hammett que se resiste a la señalización: sus cinco novelas son cinco hápax[195], cada una de ellas es única. En efecto, cada una da lugar a una serie, pero con *otros* escritores (*Cosecha roja* inauguró la del detective solitario que interviene en una ciudad devastada por la guerra entre bandas rivales; después de limpiarla oponiendo a una contra otra, se va tan solo como llegó; se trata de una serie que atraviesa los límites de los géneros, desde *Yojimbo*, de Akira Kurosawa, a *Por un puñado de dólares* [*For a Fistful of Dollars*], de Sergio Leone; *La maldición de los Dain* inauguró la de las novelas policiales en las que la fuente del mal actúa con la apariencia de oscuros cultos religiosos; *El halcón maltés* combinó la novela policial con la fórmula de la "búsqueda de un tesoro perdido"; *La llave de cristal* dio a la historia policial un sabor de "corrupción política"; *El hombre delgado* la inscribió en la tradición de la "comedia de costumbres" de los círculos elevados). Al agotar esta matriz de combinaciones, Hammett simplemente dejó de escribir, un gesto casi único en su radicalidad.

Por esa razón, y a pesar del hecho de que en la mayoría de sus cuentos y en dos de las novelas aparece el mismo detective privado sin nombre ("el agente de la Continental"), el universo narrativo de Hammett es exactamente lo opuesto al de Chandler, en el sentido de que el punto de vista subjetivo del detective

195. Del griego *hapax legomenon*, palabra o frase griega o latina de la que se conoce un solo ejemplo en toda la lengua. [N. del T.]

ofrece al lector un punto recurrente de identificación. Esto —así como también la adhesión de Hammett a la narración en tercera persona, mientras que el universo de Chandler es impensable sin la narración en primera persona— indica con claridad el lugar de su divergencia: el estatus del detective. El propio Chandler, al alabar a Hammett por introducir en la novela policial la realidad de las "calles infames", limita su panegírico diciendo: "Pero todo esto (y también Hammett) no es del todo suficiente para mí": "Pero por esas calles infames debe caminar un hombre que no sea él mismo un infame, que no esté manchado ni tenga miedo. En este tipo de historias, el detective debe ser un hombre así. Es el héroe, lo es todo. Debe ser un hombre cabal y un hombre corriente y, no obstante, un hombre poco común"[196]. En síntesis, lo que le falta al detective de Hammett es precisamente la dimensión de la identificación imaginaria, del yo ideal, de una imagen en la cual pueda "verse como agradable para sí mismo" (un bricolaje de rasgos contradictorios que definen el ideal imposible: corriente, pero poco común; perdedor, pero exitoso; cínico, pero creyente en la justicia).

Consideremos su obra maestra, *La llave de cristal*: ¿en qué consiste la diferencia entre Ned Beaumont, su personaje principal, y Philip Marlowe? Marlowe es un romántico cínico, lleno de agudezas, que invita al lector a identificarse con su perspectiva subjetiva, en tanto que Beaumont está en cierto modo "vacío", es una especie de página en blanco: su "autoexperiencia interior" sigue siendo totalmente inaccesible. (El estilo mismo de *La llave de cristal* es "ascético", limitado a la mera designación de objetos y gestos externos, evitando incluso los predicados evocadores). La cuestión decisiva es, sin embargo, que ese blanco desempeña una función precisa y necesaria, dado que la tensión libidinal central de la novela depende de él: Ned acuerda colaborar con la banda en conflicto con Paul Madvig, su jefe y figura paterna, aunque en última instancia regresa a este y organiza su victoria, y *La llave de cristal* gira en su totalidad sobre la siguiente cuestión: cuando

196. Chandler, Raymond, "The Simple Art of Murder", en: *Pearls Are a Nuisance*, Harmondsworth, Penguin Books, 1977, p. 198 [ed. cast.: *El simple arte de matar*, trad. de Floreal Mazía, Buenos Aires, Emecé, 1989].

Ned consintió en colaborar con el enemigo, ¿traicionó realmente a Paul o todo fue una especie de traición al cuadrado concebida para obtener la muy necesaria información sobre los planes del enemigo? Debido al "blanco" de Ned, la pregunta queda eternamente sin respuesta, sin decisión.

En contraste con su actitud "introvertida", inhibida, Paul Madvig encarna el despliegue obsceno y licencioso del poder[197]. Con ello, hemos alcanzado la buscada mutación en la figura paterna: en vez del padre tradicional —garante del gobierno de la Ley, es decir, el que ejerce su poder como fundamentalmente *ausente*, cuyo rasgo central no es un despliegue abierto de este sino la amenaza del poder potencial—, damos con un padre excesivamente *presente* que, como tal, no puede reducirse a ser el portador de una función simbólica. El "blanco" de Ned, su actitud de inhibición, por lo tanto, es *stricto sensu* una reacción a la presencia excesiva del padre obsceno: esta presencia despierta una compulsión a abandonar, incluso a traicionar al padre, a volverse contra él poniendo en tela de juicio su poder. La traición al padre es un intento desesperado de poner a prueba su (im)potencia, sostenido por un deseo contradictorio: el de atraparlo en su impotencia, denunciar su impostura, pero, simultáneamente, el de verlo sobrellevar con éxito la ordalía y así desmentir nuestras dudas[198].

Esta figura del "otro padre" —el obsceno, siniestro, sombrío doble del Nombre del Padre— surgió por primera vez en toda su fuerza en las novelas de Joseph Conrad; en este caso

197. En *De paseo a la muerte* [*Miller's Crossing*, Joel y Ethan Coen, 1989], una *remake* no acreditada de *La llave de cristal*, esta oposición se presenta de manera brillante en el contraste entre el contenido Gabriel Byrne y el jactancioso Albert Finney.

198. *Un espía perfecto*, de LeCarré, también se centra en la relación del sujeto traicionero con la figura paterna obscena: su personaje principal, Magnus Pym, el "espía perfecto", se ha internado en la senda de la perdición a causa de su padre, un libertino obsceno, estafador e impostor, la encarnación misma de la vulgaridad jactanciosa. La clave de la novela la ofrece la fórmula "el amor es todo lo que aún puedes traicionar", la quintaesencia de la economía obsesiva: solo podemos traicionar a quienes amamos de verdad. En otras palabras, la alternativa "¿me ama o me traicionó?" es errónea: la traición es la confirmación última del amor.

pensamos, desde luego, en figuras como las de Kurtz en *El corazón de las tinieblas* o Mister Brown en *Lord Jim*. En medio de la selva africana, en el "corazón mismo de las tinieblas", el héroe —cuyo nombre es una vez más Marlow, aunque sin la *e* final— se encuentra con Kurtz, una especie de "amo del goce", una figura paterna que se acerca en grado sumo a la representación imposible de lo que Kant llama el "mal radical", la maldad como actitud ética, como espiritualidad pura. Este padre se distingue por una serie de rasgos: es todopoderoso y cruel a más no poder, un Amo absoluto para quien no hay límites; sin embargo, a la vez, tiene una comprensión intuitiva del núcleo mismo de nuestro ser (del ser del sujeto), nuestro deseo no tiene secretos para él, sabe que estamos aquí para matarlo y se resigna a ello (en *Apocalypse Now*, de Coppola, basado en *El corazón de las tinieblas*, Kurtz [Brando] sabe que Martín Sheen ha venido a matarlo y, de hecho, responde a su llamada, se somete a su destino). Quizá, la contemporaneidad de estas obras de Conrad con el momento en que, en *Tótem y tabú*, Freud propuso su teoría del "padre primordial", no sea una mera coincidencia: es tentador decir que Conrad describió lo que permanecía oculto para Freud (siempre que, al menos, lo leamos en el nivel de lo que dijo de manera explícita), a saber, el hecho de que el "padre primordial" no es una figura primitiva de una fuerza pura, presimbólica, bruta, sino un *padre que sabe*. El secreto fundamental del parricidio es que el padre sabe que el hijo ha venido a matarlo y acepta su muerte obedientemente. En su interpretación de *Hamlet*, Lacan señaló el hecho crucial de que, en contraste con Edipo (que no sabe qué es lo que hace), el padre de Hamlet *sabe* qué es lo que le sucedió y quién es el asesino; justamente a causa de ese conocimiento, regresa bajo la forma de un aparecido y encarga a Hamlet la venganza. Dicho conocimiento se refiere a un aspecto oscuro y licencioso del padre-rey a quien, por otra parte, se presenta como una figura ideal: lo asesinaron en plena floración de sus pecados... Es, por ende, un tipo muy especial de conocimiento, un *conocimiento del goce*, es decir, el que, por definición, está excluido de la Ley en su aspecto universal-neutral: lo propio de la situación misma de la Ley es ser "ciega" a este conocimiento.

Ahora podemos regresar al *Parsifal* de Wagner: aquí también, el "centro de gravedad" libidinal de la acción, su verdadero eje, no es Parsifal-Kundry sino, más bien, la relación de Parsifal con Amfortas, el rey incapaz de desempeñar su función simbólico-ritual: fue herido en medio del pecado y solo quiere morir (sus dos "lamentaciones" son, sin duda, los puntos salientes de la ópera). Amfortas, el rey humillado y sufriente, y su contraagente, el malvado mago Klingsor, él mismo impotente (castrado), si bien domina a Kundry: ¿no constituye su oposición una matriz de figuras que surge más tarde en el universo *noir* (amos que son humillados a causa de su apego a la *femme fatale*; amos asexuados-impotentes que ejercen el poder sobre la *femme fatale*)? En otras palabras, la figura supuestamente arcaica del "padre primordial" es en realidad una entidad cabalmente *moderna*, un resultado de la *decadencia* de la metáfora paterna[199].

Precisamente en la última página de su seminario XI, Lacan dice que "cualquier refugio en que pueda establecerse una relación viable y templada de un sexo con el otro necesita de la intervención —esto es lo que el psicoanálisis nos enseña— del medio conocido como la metáfora paterna"[200]. En última instancia, es esto lo que está en juego en el universo *noir*: el fracaso de la metáfora paterna (esto es, el surgimiento del padre obsceno para suplantar al padre que vive de acuerdo con su función simbólica) hace imposible una relación viable y templada con una mujer: como resultado, esta termina por ocupar el lugar imposible de la Cosa traumática. La *femme fatale* no es sino un señuelo cuya presencia fascinadora enmascara el verdadero eje traumático del

199. El Nombre del Padre se experimenta, por lo tanto, como la agencia "represiva" de la prohibición que da lugar al deseo de subversión del sujeto, mientras que el "padre primordial" obsceno deseca al sujeto, obstruye su deseo. En vez de un hijo que se empeña en minar la autoridad paterna y "vivir plenamente", tenemos uno que, a causa de su vergüenza ante la impostura obscena del padre, se retira en la pureza ascética.

200. Lacan, Jacques, *The Four Fundamental Concepts of Psycho-Analysis*, Harmondsworth, Penguin Books, 1979, p. 276 [ed. cast.: *El Seminario de Jacques Lacan. Libro 11. Los cuatro conceptos fundamentales del psicoanálisis. 1964*, trad. de Juan Luis Delmont-Mauri y Julieta Sucre, Buenos Aires, Paidós, 1986].

universo *noir*, la relación con el padre obsceno, es decir, el incumplimiento de la metáfora paterna; toda la cháchara habitual acerca de la "homosexualidad latente" pasa completamente por alto la dimensión primordial de esta relación[201].

La cuestión decisiva que no debe omitirse aquí es que la *femme fatale* y el padre obsceno y sabedor no pueden aparecer simultáneamente dentro del mismo espacio narrativo: mientras el último está aún presente, la mujer no es aún fatal, sigue siendo un *objeto de intercambio* entre padre e hijo: el padre, como "Amo del Goce", dispone de la mujer. *La llave de cristal* es única en la medida en que hace visible esta "génesis" oculta de la *femme fatale*. Es decir, esta (Janet Henry, la hija del senador, una mujer desgarrada entre Paul y Ned, amada por ambos hombres) ya está ahí, aunque en una especie de estado prenatal, como aquello que se convertirá en la *femme fatale*, al igual que el propio detective *hard-boiled*, que también ya está ahí, aunque carente de "eso", su rasgo crucial, la forma de subjetivación que lo define[202]. Las últimas líneas de *La llave de cristal*, después de que Ned le anuncia a Paul su intención de abandonarlo junto con Janet, son por lo tanto una verdadera antípoda del final clásico de las novelas *hard-boiled*: en contraste con el desenlace habitual de la relación del héroe con la *femme fatale* (ya sea su rendición definitiva al poder de ella, que termina en el paroxismo de la muerte de ambos —*Pacto de sangre*, *Retorno al pasado*, etc.—, o su repudio,

201. En el universo *hard-boiled* establecido, este triángulo del héroe, la figura paterna obscena y la mujer que ambos comparten sufre un cambio: el héroe está desgarrado entre la *femme fatale* y la obligación, el contrato simbólico, que lo une al "mundo del hombre", con lo cual se vive a aquella como una traición a la obligación simbólica, es decir, la *femme fatale* seduce al héroe para que este rompa el contrato (aun cuando solo sea un contrato con el jefe de una banda de gánsteres, como ocurre en *Sin ley y sin alma*, *Retorno al pasado* o *Los asesinos* [*The Killers*]).

202. La constelación es aquí mucho más clara que en *El halcón maltés*, que sigue siendo la más popular de las novelas de Hammett, la única que todavía está "viva", precisamente porque en ella *el gesto chandleriano ya está realizado*: Sam Spade ya es un clásico detective *hard-boiled* cuya integridad es amenazada por una *femme fatale* (Brigid O'Shaughnessy), razón por la cual la figura paterna obscena desaparece; lo que encontramos en su lugar es una serie de figuras sustitutas (Fatso Gutman, Joel Cairo, etcétera).

que la convierte en un cieno mucoso, por ejemplo en *El halcón maltés*, la *femme fatale* (futura) sirve aquí como un instrumento para asestar el golpe final a la figura paterna, y transformarla así en un naufragio viviente:

> Ned Beaumont dijo: "Janet se va conmigo".
>
> Los labios de Madvig se entreabrieron. Miró en silencio a Ned, y mientras lo miraba su rostro volvió a perder el color. Ya del todo pálido, masculló algo de lo que solo pudo entenderse la palabra "suerte", giró con torpeza, fue hasta la puerta, la abrió y salió, sin cerrarla.
>
> Janet miró a Ned. Este tenía los ojos clavados en la puerta[203].

Esta interacción de las miradas en la que —en el momento mismo de lo que, "oficialmente" al menos, pretende ser una especie de final feliz— Ned no devuelve la mirada amante, dado que la suya permanece fija en el marco vacío de la puerta abierta, pone sobre la mesa las cartas del final feliz[204]: la pareja "vivirá feliz para siempre", aunque al precio del padre quebrado, humillado y eliminado; todo lo que queda tras él es el marco vacío, la huella del *objeto a* retraído que, por medio de su retirada, hace posible la estabilización de la realidad. El precio a pagar por el final feliz es, de este modo, la violación radical de la alianza simbólica que deja al Otro destrozado y para la que "traición" es una palabra demasiado generosa. Esa palabra rota es la verdad oculta, disimulada por la pretensión narcisista de "autenticidad" del detective *hard-boiled* tradicional. Todo esto sugiere la hipótesis de que el tipo de héroe hammettiano (cuya expresión más clara es Ned Beaumont y no Sam Spade o el innominado agente de la Continental) funciona como una especie de *"mediador evanescente" entre el detective clásico y el hard-boiled*: lo que aparece durante un breve instante en el espacio entre los dos nar-

203. Hammett, Dashiell, *The Glass Key*, Londres, Pan Books Ltd., 1975, p. 220 [ed. cast.: *La llave de cristal*, trad. de Luis Murillo Fort, Barcelona, Debolsillo, 2015].

204. En el final mismo de *Tuyo es mi corazón*, de Hitchcock, Sebastian también desaparece puertas adentro de su mansión, y cae con ello en las manos de los sanguinarios nazis.

cisismos, entre las dos figuras enamoradas de su propio yo ideal (autoadmiración por las propias "celulillas grises" en el detective de la "lógica y la deducción"; autoadmiración por la propia "autenticidad" en el detective *hard-boiled*), es una figura única, "vacía" en la medida en que carece de identificación imaginaria, la figura del sujeto *noir* anterior a su subjetivación.

De Philip Marlowe a Dale Cooper

El "blanco", el quedarse al margen de la identificación imaginaria, es constitutivo para el sujeto hammettiano: este es capaz de confrontar con lo "reprimido" propio, superar su indecisión y realizar el acto destinado a dilucidar su relación ambigua con la figura paterna obscena, únicamente al precio de su *aphanisis* (eclipse, apagón). Esto explica uno de los motivos fundamentales del universo *noir*, la "pérdida de memoria" que amenaza la identidad propia del sujeto: siempre hay un margen de incertidumbre que se adhiere al estatus ontológico mismo del sujeto *noir*: ¿es él "verdaderamente él mismo"? ¿No es la herramienta inconsciente de una fuerza ajena que actúa por su intermedio? Un caso ejemplar de ello es *El telón negro*, de Cornell Woolrich: tras un accidente callejero sin importancia, el héroe despierta de (lo que supone ha sido) un breve lapso de inconciencia y se entera de que han pasado cuatro años; ignora por completo qué es lo que hizo durante ese tiempo, pero pronto avista a unos policías de civil que lo vigilan: es sospechoso de asesinato, de modo que se dispone a descubrir la verdad acerca de sí mismo... Hay un oscurecimiento semejante en el centro mismo de *Cosecha roja*, la primera novela de Hammett: borracho como una cuba, un agente de la Continental se queda dormido en el departamento de la *femme fatale* local; al despertar, la encuentra a su lado con un cuchillo clavado en la espalda, y por un breve instante reina una incertidumbre radical: ¿la mató él mismo durante su desmayo?[205] ¿Cuál

205. En este sentido, *Todos los hombres del rey* (tanto la novela de Robert Penn Warren como el filme de Robert Rossen [*Decepción - All the King's Men*]) debe contarse, sin ninguna duda, como una obra *noir*; encontramos en ella todos los ingredientes cruciales del universo *noir*: la figura paterna corrupta/carismática (el gobernador Stark); la actitud ambigua del personaje principal

es, entonces, la naturaleza precisa de esa *aphanisis*? Aquí, la lectura que hace Richard Rorty de *1984*, de Orwell, quizá pueda ser de alguna ayuda: en referencia al colapso de Winston a manos de O'Brien, su torturador, señala que la gente puede experimentar

> la humillación fundamental de decirse a sí misma, en retrospectiva: "Ahora que he creído o deseado *esto*, no podré ser nunca lo que esperaba, lo que pensaba que era. La historia que me he estado contando acerca de mí mismo [...] ya no tiene sentido. Ya no tengo un yo que tenga sentido. No hay un mundo en que pueda imaginar que vivo, porque no hay vocabulario en el que me sea posible contar una historia coherente sobre mí mismo". Para Winston, la frase que no podía decir sinceramente y seguir siendo capaz, al mismo tiempo, de conservar su integridad, era "¡háganselo a Julia!", y la peor cosa del mundo resultaban ser las ratas. Pero es de presumir que cada uno de nosotros se encuentra en las mismas relaciones con alguna frase y con alguna cosa[206].

Una de las proposiciones fundamentales del psicoanálisis lacaniano es que la frase o cosa que encierra el núcleo del ser del sujeto más allá de las identificaciones imaginarias está, de una manera irreductible, descentrada con respecto a la textura simbólica que define la identidad del sujeto: este puede enfrentar ese núcleo éxtimo solo al precio de su *aphanisis* temporal. Esto es lo que designa la fórmula lacaniana del fantasma ($ ◊ *a*): la autoborradura del sujeto frente al cuerpo extraño (creencia, deseo, proposición) que forma la médula de su ser. En otras palabras, la *aphanisis* atestigua la discordancia irreductible entre el núcleo duro fantasmático y la textura de la narración simbólica: cuando me arriesgo a confrontar con ese núcleo duro, "la historia que me he estado

(el periodista) hacia él, centrada en el problema de la fidelidad y la traición; el hecho de que ambos compartan el amor de la misma mujer; el "oscurecimiento" del personaje principal en el momento crucial en que debe dilucidar su actitud hacia Stark (al enterarse de que comparten el mismo amor, se retira para entregarse al alcohol); la narración con *flashbacks* y *voiceover*; el vínculo que conecta la depravación social con el tema de la corrupción "ontológica" del universo como tal, etcétera.

206. Rorty, Richard, *Contingency, Irony, and Solidarity*, Cambridge, Cambridge University Press, 1989, p. 179 [ed. cast.: *Contingencia, ironía y solidaridad*, trad. de Alfredo Eduardo Sinnot, Barcelona, Paidós, 1991].

contando acerca de mí mismo ya no tiene sentido" o, como dice Lacan en su seminario VIII, el gran Otro (el orden simbólico) se hunde en el pequeño otro, *objeto a*, el objeto fantasmático. La extracción del *objeto a* del campo de la realidad confiere a este campo su consistencia: en la *aphanisis*, el *objeto a* ya no se extrae, asume una presencia plena, a consecuencia de lo cual la textura simbólica que constituía mi realidad se desintegra.

Corazón satánico [*Angel Heart*], de Alan Parker, centrado en este motivo de la *aphanisis*, es tal vez el filme clave del renacimiento *noir* posmoderno en la década de 1980. Su héroe es también un sujeto patológicamente escindido, un detective privado (Mickey Rourke) contratado por el misterioso Louis Cipher (Robert de Niro) para dilucidar el destino de un músico de jazz que desapareció varios años atrás; todos los testigos con los que se contacta el detective mueren poco después, asesinados de manera misteriosa y brutal; el desenlace: Louis Cipher es en realidad el propio diablo (Lucifer), que ha contratado al detective para "ponerse al descubierto", dado que, años atrás, intercambió su identidad con la del músico de jazz en un ritual oculto, y luego se deshizo de los testigos en un estado de *aphanisis*... El tema de los rituales ocultos que juegan con fuerzas sobrenaturales es, desde luego, una constante del universo *noir* (introducido por primera vez por Hammett en *La maldición de los Dain*); sin embargo, con raras excepciones (entre ellas *La noche tiene mil ojos*, de Cornell Woolrich), la referencia a lo sobrenatural resulta ser una máscara que oculta alguna codiciosa intriga mundana. *Corazón satánico* invierte esta relación: lo que al principio pretende ser el clásico *noir*, que sondea en un nido de corrupción cuyas raíces se remontan a un pasado lejano, se transforma de improviso en un relato de lo sobrenatural. La misma mutación del tema de la "corrupción social" en lo "sobrenatural" está en juego en *Twin Peaks*: a pesar de periódicas alusiones "sobrenaturales" (cuyo estatus exacto es poco claro: ¿son irónicas o deben tomarse con seriedad?), la primera mitad de la serie sigue siendo una variación (si bien peculiar) sobre el tema *noir* clásico del desenmascaramiento de la corrupción que está al acecho tras la superficie idílica de una ciudad pequeña; en la segunda mitad, resulta que el asesino de Laura Palmer (su padre) era una herramienta inconsciente de "Bob", el espíritu maligno que mora en "Red Lodge"[207].

Aquí debería recordarse el reproche de Jean Renault, la encarnación fundamental del mal "mundano", a Dale Cooper: "Antes de que usted llegara, la vida en Twin Peaks transcurría tranquila y fluidamente, vendíamos drogas, organizábamos la prostitución, todo el mundo estaba contento; desde que usted está aquí, todo anda mal, la marcha normal de las cosas se salió de cauce...". En síntesis, en Twin Peaks la lógica de descubrir la corrupción que está al acecho bajo la superficie idílica ya no funciona, dado que la corrupción se ha convertido en parte de esta idílica vida cotidiana. Lo único que puede perturbar el circuito normal es, por lo tanto, una intervención de la inocencia pura y virtuosa (Cooper), cuyo contrapunto no puede ser ya el mal mundano y social sino el mal "sobrenatural" externalizado. Por esa razón, el contraagente "humano" de Cooper en la segunda mitad de la serie, su ex colega Wyndom Earle, solo puede ser alguien en busca de un contacto con la fuente de ese mal sobrenatural (la "Red Lodge") y quien, por otra parte, lleva a cabo sus crímenes de un modo artificial y esteticista (por ejemplo, cubierto con símbolos ajedrecísticos), en puro contraste con la violencia brutal e impulsiva de las novelas *hard-boiled*. Así, en cierto modo, el círculo queda cerrado; es decir, todos recordamos las famosas palabras de Chandler que definen la manera en que Hammett pulverizó el universo de la novela de lógica y deducción clásica: "Hammett volvió a poner el asesinato en manos de la clase de gente que lo comete con algún motivo, no solo para proporcionar un cadáver; y con los medios que tiene a mano, no con pistolas de duelo forjadas, curare y peces tropicales"[208]. En *Twin Peaks*, Lynch recorrió el mismo sendero hacia atrás: recuperó el asesinato de las calles y lo devolvió a la clase de gente que no lo comete con algún motivo (vulgar o codicioso), sino para proporcionar un cadáver a un juego esteticista; que no lo comete

207. Es este paso a lo "sobrenatural" lo que provoca la vigorosa rehabilitación de la figura paterna "inocente" (el mayor Briggs).

208. Chandler, Raymond, "The Simple Art of Murder", ob. cit., p. 195.

con los medios que se hallan a mano sino con antiguas ballestas y arañas venenosas en una jaula ubicada encima de la cabeza de la víctima...

A fin de concebir la lógica de este cambio, hay que considerar la *Crítica del juicio*, de Kant o, más precisamente, la diferencia entre lo bello y lo sublime planteada en su primera parte. Lo que nos incumbe aquí es su oposición en cuanto a la posibilidad de la representación y/o la simbolización: si bien la Idea/Cosa suprasensible no puede ser representada de una manera directa e inmediata, la Idea puede representarse "simbólicamente", bajo la apariencia de la belleza (en otras palabras, lo bello es un modo de representarnos "analógicamente" el bien en el mundo fenoménico); lo que la informidad caótica de los fenómenos sublimes hace visible, por el contrario, es la *imposibilidad* misma de representar la Idea/Cosa suprasensible. Con ello, lo sublime se revela como algo siniestramente cercano al mal: la dimensión que se anuncia en el caos sublime (el mar tempestuoso, los picos montañosos, etc.) es la dimensión misma del mal radical, es decir, de un mal cuya naturaleza es puramente "espiritual", suprasensible, no "patológica". Lo que debería tenerse en cuenta aquí es la asimetría entre el bien y el mal: el hecho de que "el mal no sea bello" significa que no puede representarse, ni siquiera simbólicamente, de una manera intermedia, por medio de la analogía, esto es, que, en cierto sentido, es más puramente "espiritual", más suprasensible que el bien; el mal radical es algo tan terrible que apenas puede concebírselo como una pura posibilidad mental, y no es en modo alguno representable:

> Por medio del sentimiento de la belleza, podemos representarnos de una manera intermedia, simbólica, nuestra libertad, nuestro destino que consiste en nuestro ser libres, mientras que mediante el sentimiento de lo sublime experimentamos la imposibilidad de representarnos —aun analógicamente— el mal radical, la alteridad y el conflicto de la libertad. Toda simbolización del mal lo externaliza en sus relaciones con el sujeto, mientras que toda sublimación del bien nos expone al peligro del misticismo, a la

ilusión de omnipotencia que, en el dominio práctico, se denomina delirio de santidad[209].

¿No es justamente esta inversión de la simbolización del bien y la sublimación del mal en la simbolización del mal y la sublimación del bien lo que define las coordenadas ideológicas del universo de *Twin Peaks*? En él, el mal se externaliza —aparece como una fuerza sobrenatural y externa que toma posesión de los individuos— y, por la misma razón, se simboliza, es decir, se postula como una entidad invisible que puede representarse "analógicamente", bajo la apariencia de los individuos poseídos. El reverso de la misma operación es la sublimación del bien: este tiene su encarnación en el virtuoso Cooper, un místico vidente de sueños lleno de lo que Kant llamaría *Schwärmereien* metafísicos. En este sentido, la figura de Dale Cooper debe concebirse como el término final de la serie *Ned Beaumont*, *Philip Marlowe*, *Dale Cooper*, que designa las tres etapas del héroe *noir*: el frío y distante Ned, el romántico y cínico Philip, el "inocente" y virtuoso Dale, a quienes corresponden las tres figuras del mal: el padre obsceno-impotente, la *femme fatale* y la Fuerza sobrenatural/externalizada.

5.2 *DIE VERSAGUNG*

El "sacrificio del sacrificio"

¿Cómo está estructurada nuestra noción ideológica común de la división del hombre entre la profesión y la mujer? Un caso ejemplar de ello es *Rapsodia* [*Rhapsody*, 1954], de Charles Vidor, un melodrama acerca de una muchacha rica (Elizabeth Taylor) que oscila entre sus dos amores, un arrogante violinista y un pianista emocional. Deja al violinista cuando este le hace saber que su carrera como virtuoso es prioritaria en su vida y que ella tiene que subordinarse a sus exigencias; desdeña al pianista con el que se

209. El documento de respuesta, sin título, de Étienne Balibar en: *Lacan avec les philosophes*, París, Albín Michel, 1991, p. 92 [ed. cast.: *Lacan con los filósofos*, trad. de Eliane Cazenave-Tapie, México, Siglo XXI, 1997, pp. 83-91].

casa por venganza y lo lleva al borde del colapso justamente porque él descuida su carrera a causa de su devoción ciega hacia ella: la joven regresa a él solo después de que este pasa por la ordalía de demostrar que es capaz de sobrevivir sin ella (tiene un exitoso debut a pesar de que ella, inmediatamente antes, le hace saber que lo abandona por su bien). Esto es, entonces, lo que "quiere una mujer" (dentro de esa lógica del fantasma): ni un hombre para el cual su profesión signifique más que ella, ni otro que la descuide por esa causa, sino uno para el que ella signifique lo máximo, más que su profesión, pero que, a pesar de ello, esté dispuesto a sacrificarla en razón de la fidelidad a su profesión[210].

Lo que no hay que pasar por alto aquí es, una vez más, la necesidad de la elección repetida. La primera elección del pianista (la mujer en contra de su carrera) es "patológica" en el sentido kantiano: una elección entre dos bienes mundanos, contingentes, empíricos (y lo mismo vale para la elección del violinista, de la carrera en contra de la mujer). Es solo cuando el pianista escoge por segunda vez —es decir, cuando elige soportar la ordalía, asumir la pérdida de la mujer—, cuando su elección de objeto, la mujer, pierde su carácter "patológico" y se convierte en una Cosa sublime. Al mismo tiempo, su profesión también adquiere un estatus no "patológico": la ejecución se transforma para él en un "deber en favor de sí mismo" precisamente en la medida en que está *separada* de la Cosa, en la medida en que implica la integración de su pérdida. Por más melodrama barato que parezca, tal acto de renunciamiento es eminentemente *moderno*: implica una escisión, la escisión entre el deber (la responsabilidad frente a la profesión propia) y el bien supremo (la mujer amada), que define al sujeto moderno. Es decir, el renunciamiento asumido por el pianista tiene la estructura de lo que Freud llamó *die Versagung*: como señala Lacan, esta *Versagung* no es una simple "frustración" sino una abjuración que anuncia una dimensión trágica aún más devastadora que la *ate* antigua.

210. También a esto se refiere la "ética profesional" del detective *hard-boiled*: en nombre del compromiso con su trabajo, abandona a la mujer precisamente en la medida en que esta "es todo para él"...

La tragedia antigua se desarrolla contra el telón de fondo del destino bajo la apariencia de la "maldición familiar", es decir, la deuda simbólica que, a continuación de una ofensa inicial, pasa de una generación a la siguiente: Edipo, Eteocles y Polinices, Antígona, etc., no son sino eslabones en la cadena de la maldición familiar de los Labdácidas. Este destino opera inconscientemente, como una fuerza ciega e "impulsiva": los individuos huyen frente a él precisamente en la medida en que opera a sus espaldas; el único medio de que estos preserven su dignidad es asumir sin reservas el lugar que se les asigna en la sucesión. Lo que encontramos aquí es la dimensión fundamental de la "alienación" del sujeto en el significante: sin ninguna culpa o conocimiento activo de su parte, el sujeto contrae una deuda que lo abruma y perfila su destino. ¿Hay algo más horrendo que esto? La respuesta de Lacan es: sí, la tragedia del sujeto moderno, el sujeto de la "nueva era". Su supuesto es el principio cristiano de la Palabra: el resultado final de su consumación es la exposición, el desenterramiento, la puesta a la luz del día de la oscura, "subterránea" y ciega maquinaria del destino antiguo.

Lo que Lacan tiene en mente aquí es que el cristianismo es la religión de la revelación. Como señala Hegel, en el contenido revelado por Cristo buscamos en vano nuevos elementos, alguno que no estuviera ya contenido en la tradición religiosa precedente; la única cosa "revelada" es, en última instancia, *la necesidad misma de la revelación*. Toda religión pretende revelar a la humanidad la verdad divina; no obstante, solo el cristianismo repudia la idea de que haya alguna verdad trascendente por revelar: en él, la verdad revelada coincide con el acto de la revelación. Irónicamente, es tentador concebir la revelación cristiana como la primera formulación de la máxima freudiana *Wo es war, soll ich werden*, donde eso (el Dios-Padre que aún pertenece a lo Real) era, yo (Cristo) debo llegar a ser... En cierto modo, Dios *habrá sido*: debe revelarse a fin de convertirse en Dios. En otras palabras, la inversión del cristianismo con respecto al judaísmo consiste en la "reflexión sobre sí misma" de la escisión entre Dios y el hombre: esta escisión se refleja sobre Dios mismo como su propia falta. Un Dios que aparece para los seres humanos como un Amo inaccesible y trascendente, como un enigma impenetrable, es en sí mismo un Dios fracasado, un enigma también para sí mismo.

Por esa razón, la muerte de Cristo en la cruz tiene una significación muy distinta a la del autosacrificio divino en las religiones paganas, en las que la muerte de Dios designa una etapa en el movimiento cíclico de la expiración y el renacimiento divinos. Si también fuera este el caso en el cristianismo, el papel del Espíritu Santo resultaría totalmente incomprensible: la muerte de Cristo no anunciaría otra cosa que el carácter insuficiente, transitorio, efímero de la Encarnación, y nos mantendríamos dentro de los límites de la noción pagana de un Dios que, de tanto en tanto, se encarna y luego se desprende de su encarnación, para retirarse una vez más en su Más Allá. En el caso del cristianismo, sin embargo, la muerte de Cristo no anuncia el retorno al Padre sino la llegada del Espíritu Santo: después de su muerte, Dios continúa viviendo eternamente en la comunidad de los creyentes, en su ritual simbólico. Hegel está, así, del todo justificado al decir que, por más paradójico que parezca, lo que expira en la cruz no es una encarnación efímera y transitoria de Dios sino el propio Dios del Más Allá, esto es, la noción de Dios como una entidad inaccesible, trascendente y no revelada; en otras palabras, el Dios que pertenece a lo Real, el Dios antiguo. En el cristianismo, Dios deja de ser una entidad trascendente que se encarna en una figura humana finita, se convierte en un nombre por su movimiento mismo de encarnación/revelación: su existencia es puramente "performativa", un efecto de su propia revelación en la Palabra.

De esta forma, es decir, una vez que el destino se transforma en una Palabra revelada, se abre para el sujeto la posibilidad de tomar una distancia "refleja" con respecto a aquel, de negarse a asumir el lugar a él asignado en la textura del destino. Y, de acuerdo con Lacan, a esto se refiere, en última instancia, la *Versagung* freudiana: por medio de esta, renunciamos al mandato simbólico mismo en beneficio del cual estábamos dispuestos a ponerlo todo en juego. En ello radica la culpa constitutiva, fundamental, de la que dan testimonio los síntomas neuróticos que son lo propio del ser mismo de lo que llamamos "el hombre moderno": el hecho de que, en última instancia, no haya agencia a los ojos de la cual este pueda ser culpable pesa sobre él como una culpa duplicada. La "muerte de Dios" —otro nombre para esta retirada del destino— torna absoluta nuestra culpa.

Lo que Lacan dice aquí parece un lugar común filosófico: por medio de la distancia reflexiva respecto del contenido sustancial, el sujeto moderno se desentiende de las coacciones del destino; en contraste con el individuo tradicional completamente determinado por el ciego circuito de ese destino, "refleja", pone a la luz del día los supuestos implícitos que delinean a sus espaldas los contornos de su vida, un motivo que, con variaciones, señalaron todos los defensores de la modernidad hasta Habermas. Esta autoevidencia, sin embargo, es profundamente engañosa: lo que Lacan hace visible es un renunciamiento autorreferencial radical y redoblado, por medio del cual surge la dimensión de la subjetividad. El primer nivel es el pacto simbólico: el sujeto identifica el núcleo de su ser con un rasgo simbólico al cual está dispuesto a subordinar su vida entera, en pos del que está dispuesto a sacrificarlo todo; en síntesis, la alienación en el mandato simbólico. El segundo nivel consiste en sacrificar este mismo sacrificio: en el sentido más radical, "rompemos la palabra", renunciamos a la alianza simbólica que define el núcleo mismo de nuestro ser; el abismo, el vacío en que con ello nos encontramos, es lo que llamamos "subjetividad de la era moderna". Este vacío se abre únicamente en la medida en que, antes, subordinamos toda la riqueza de nuestro ser a la obligación simbólica afectada por la *Versagung*; en otras palabras, nuestra "traición" solo cuenta en la medida en que renunciamos al objeto de nuestro amor y nuestra devoción más altos; de otro modo, nuestro acto de traición no sería el "sacrificio del sacrificio" sino que, simplemente, reinstauraría la primacía de los placeres "patológicos" a los que no estábamos dispuestos a renunciar, es decir, a sacrificar en beneficio de la obligación simbólica. No es difícil discernir en estas dos etapas del renunciamiento la dualidad de alienación y separación que Lacan elaboró más adelante en su seminario XI: el sacrificio de todo el contenido "patológico" por la Causa es la alienación en el significante (en el mandato simbólico), mientras que el sacrificio de ese mandato mismo implica un gesto de separación, de toma de distancia con respecto al orden simbólico.

El ejemplo fundamental de este sacrificio lo constituyen, por supuesto, los monstruosos procesos estalinistas (un fenómeno contemporáneo al surgimiento de la novela *hard-boiled*): el acusado se encuentra en un vacío absoluto toda vez que se ve obligado a autenticar su devoción a la causa comunista confesando su traición. En este sentido, podría decirse que el acusado que confiesa su traición a la causa comunista es el sujeto cartesiano en su máxima pureza: al final de la era de la modernidad, su verdad sale a la luz, reducida a su esencia desnuda. Es decir, la tesis de Lacan es aquí muy precisa: el sujeto cartesiano, ese vacío insustancial del puro *cogito*, se constituye por medio de una espantosa "traición" como esa. Es la metáfora paterna, el Nombre del Padre, lo que determina el lugar del sujeto dentro de la red simbólica; por consiguiente, la forma más elemental de *Versagung* es la "traición al padre": el apartamiento del pacto simbólico, de la alianza más fundamental que nos vincula con el Nombre del Padre. El sujeto del psicoanálisis, como dice Lacan, es el sujeto cartesiano.

Este es, entonces, el modo en que debemos interpretar el "blanco" de Ned en *La llave de cristal*: en el seminario VIII[211], el mismo Lacan concibe la *Versagung* del sujeto-hijo como la incidencia estructural de la emergencia del padre obsceno-sabedor. Y el paso del sujeto hammettiano al chandleriano marca precisamente el momento de subjetivación de ese sujeto "en blanco" del renunciamiento: por cierto, Philip Marlowe se caracteriza también por un renunciamiento fundamental (solo puede cumplir su misión ética bajo la apariencia de un "perdedor", es decir, en su medio corrompido solo puede tener éxito en la medida en que se mantenga socialmente *no reconocido*), si bien este funciona como una fuente de satisfacción narcisista, un signo de su "autenticidad". Lo crucial aquí, sin embargo, es que ese paso del sujeto "en

211. Véase Jacques Lacan, *Le Séminaire, livre VIII: Le Transfert*, París, Éditions du Seuil, 1991, pp. 353-355 [ed. cast.: *El Seminario de Jacques Lacan. Libro 8. La transferencia. 1960-1961*, trad. de Enric Berenguer, Buenos Aires, Paidós, 2003]. De paso, Lacan enuncia el concepto de *Versagung* y el tema del "padre que sabe" en relación a la trilogía de Coufontaine de Paul Claudel, cuya constelación central se parece extrañamente al triángulo constitutivo de *La llave de cristal*: una mujer compartida por el hijo y su obsceno "padre humillado" (*Le père humilié*, título de la tercera parte).

blanco" a su subjetivación, a la identificación imaginaria que llena el vacío del sujeto hammettiano, es estrictamente correlativo del paso, en el centro libidinal de gravedad, del padre obsceno a la *femme fatale*. La palabra *fatale* debe tomarse aquí lo más literalmente posible: estamos, una vez más, dentro de los límites del destino, del hado, del cual el héroe hammettiano se ha desligado. En la novela *hard-boiled* clásica y en el *film noir*, la *femme fatale* es una agente del destino (malvado): en el momento en que aparece (y esos momentos de su primera aparición son, tal vez, los más sublimes en el *film noir*: la entrada de Barbara Stanwyck en *Pacto de sangre* [*Double Indemnity*], de Jane Greer en *Retorno al pasado* [*Out of the Past*], de Lana Turner en *El cartero siempre llama dos veces* [*The Postman Always Rings Twice*], de Yvonne de Carlo en *Sin ley y sin alma* [*Criss-Cross*]...), el destino del héroe queda sellado, los hechos toman su rumbo inexorable. Por regla general, la "negrura", el carácter "*noir*" del universo *noir*, se asocia a ese destino inexorable encarnado por la mujer-Cosa: en su rostro el héroe puede leer el presagio de su ruina futura. Nuestra tesis, sin embargo, es aquí exactamente la opuesta: el punto más bajo, el del verdadero horror, es el momento de *Versagung* en que el sujeto se encuentra cara a cara con el abismo sin fondo de su falta de ser. Con respecto a este momento, la entrada de la *femme fatale* ya aporta una especie de alivio, podemos volver a refugiarnos en la "clausura narrativa": el sujeto elude de nuevo la confrontación con su falta de ser. En ese sentido, la tesis de Lacan sobre la mujer como "uno de los Nombres del Padre" se aplica plenamente a la *femme fatale* en el universo *noir*: la función que desempeña es exactamente homóloga a la del Nombre del Padre, es decir, hace posible que el sujeto vuelva a situarse dentro de la textura del destino simbólico.

Die Versagung, *castración, alienación*

Contra el telón de fondo de esta noción de *Versagung* debe concebirse también el *Verzicht* de los famosos versos de Georg Trakl: "*So lern'ich traurig den Verzicht: Kein Ding sei wo das Wort gebricht*" ["Tan tristemente aprendí el renunciamiento: donde la palabra se quiebra ninguna cosa puede haber"], interpretados por Heidegger en *Unterwegs zur Sprache*[212]. Podemos distinguir tres niveles, tres maneras de leerlos. La primera es concebirlos como una paráfrasis de la tesis fundamental de la hermenéutica de Gadamer: el ser "es" solo como se lo entiende, como se lo articula en el lenguaje; es decir, este forma el horizonte trascendental (históricamente mediado) de la revelación del ser. Sin embargo, como señaló Gianni Vattimo[213], lo que tenemos en Gadamer es un Heidegger "urbanizado" (domesticado, "ennoblecido"), un Heidegger purificado de los excesos desagradables que no entran en el marco del circuito académico: hace silencio sobre los rasgos de su pensamiento que, si bien parecen corresponder al registro mitológico de "la sangre y el suelo", anuncian en realidad la dimensión de lo *real*, de lo que no puede reducirse a la problemática del lenguaje como horizonte trascendental (*das Ding*, la oposición de cielo y tierra, etc.). La lectura de Heidegger de los versos de Trakl apunta justamente en esa dirección: es cierto, las cosas solo son cuando hay una palabra, pero lo que le importa realmente es el reverso de esta tesis: la palabra dicha siempre gira sobre lo indecible, el núcleo inefable de la Cosa que experimentamos como tal cuando la palabra fracasa, cuando nos enfrentamos al silencio. En el punto preciso en que la palabra se quiebra, en el cual no hay cosas (objetos ónticos), encontramos la Cosa, la verdadera "materia del pensamiento" (*Sache des Denkens*).

Hay, sin embargo, una tercera lectura que, siguiendo los pasos de Heidegger, se centra en la diferencia entre una Cosa y las cosas en cuanto son intramundanas, objetos ónticos. Un objeto óntico no es lo mismo que una Cosa: esta es un objeto "aurático",

212. Véase Martin Heidegger, "Das Wort", en: *Unterwegs zur Sprache*, Pfullingen, Neske Verlag, 1959, pp. 217-238 [ed. cast.: "La palabra", en: *De camino al habla*, trad. de Yves Zimmermann, Barcelona, Ediciones del Serbal, 1990, pp. 195-214]. Este vínculo que conecta al héroe *noir* con Heidegger no es tan infrecuente como puede parecer; Fredric Jameson ya había llamado la atención sobre ello en "The Synoptic Chandler", en: Joan Copjec (comp.), *Shades of Noir. A Reader*, Londres y Nueva York, Verso, 1993, pp. 33-56.

213. Véase Gianni Vattimo, *The End of Modernity. Nihilism and Hermeneutics in Post-Modern Culture*, Baltimore, John Hopkins University Press, 1989 [ed. cast.: *El fin de la modernidad. Nihilismo y hermenéutica en la cultura posmoderna*, trad. de Alberto L. Bixio, Barcelona, Gedisa, 1987].

un objeto en el cual hay "algo más que él mismo" (por esa razón, el hombre es una Cosa por antonomasia). Ese "algo más", esa X sublime e indefinible que no puede situarse en ninguno de los rasgos positivos del objeto, y cuya presencia, no obstante, hace de este una Cosa, es creada por la palabra que nombra al objeto. En este preciso sentido, la palabra es un *Vorstellungs-Repräsentanz*, ocupante del lugar de la representación (faltante), es decir, de la representación de lo que es "irrepresentable" en el objeto y que, como tal, hace de él una Cosa. Esta es la forma en que la "palabra" difiere en Heidegger de un mero signo: un signo designa propiedades positivas del objeto, mientras que una palabra captura, circunscribe precisamente el elusivo *je ne sais quoi* más allá de las propiedades positivas. En esta perspectiva, "donde la palabra se quiebra ninguna cosa puede haber" significa: es únicamente la palabra la que abre la dimensión sublime, "inefable", y con ello hace de un objeto una Cosa. Teniendo en cuenta la definición de Lacan de lo Sublime como "un objeto elevado a la dignidad de la Cosa", es tentador proponer la siguiente traducción del verso de Trakl en "lacanés": *donde el ocupante del lugar de la representación (faltante) no logra intervenir, ningún objeto puede elevarse a la dignidad de la Cosa.*

¿Y dónde está precisamente el *Verzicht*, el renunciamiento, aquí? En el hecho de que la Cosa permanezca para siempre irrepresentable: el *je ne sais quoi* que constituye toda la diferencia entre lo sublime y lo corriente nunca puede representarse, todo objeto está escindido entre una entidad óntica corriente y la X sublime. El nombre psicoanalítico habitual para esta *Versagung*, para esta pérdida de la Cosa, es, desde luego, "castración simbólica". Aunque, a fin de evitar los malos entendidos que abundan incluso en autores que se proclaman lacanianos, en este punto es crucial tener en cuenta la estructura "autorrefleja" antes mencionada del renunciamiento: la "castración" es siempre un "renunciamiento al renunciamiento", es decir, una reflexión sobre sí mismo de un renunciamiento, nunca un simple renunciamiento a algo. La definición más sucinta de la castración se encuentra en el seminario de Lacan sobre la transferencia, hacia el final de su interpretación de la trilogía de Coufontaine de Paul Claudel: "En última instancia, la castración está estructurada de esta forma: le quitamos a alguien su deseo y a cambio entregamos a ese alguien a otro, en este caso, al orden social"[214]. Un par de líneas más adelante, hay otra formulación: "Privamos al sujeto de su deseo, y a cambio enviamos a ese sujeto al mercado, donde se convierte en el objeto de una subasta general"[215]. Al final de la misma página, la tercera y más general formulación: "Los efectos en un ser humano del hecho de que se convierta en un sujeto de la ley son, en síntesis, que se lo despoja de lo que más le importa, y a cambio él mismo es entregado a la trama que se teje entre generaciones"[216].

Lo primero que salta aquí a la vista es la asimetría, esto es, como dice Lacan, "la extraña conjugación de un menos que no es redoblado por ningún más"[217]. Es decir, en la medida en que la "castración" se define como un acto de intercambio, cabría esperar que el sujeto obtuviera algo a cambio del renunciamiento (progreso cultural, reconocimiento simbólico, bienes materiales o algo por el estilo); sin embargo, todo lo que la segunda parte de este extraño acto de intercambio provoca es una pérdida adicional: en agradecimiento por haberlo entregado "todo", por sacrificar el núcleo mismo de su ser, el objeto en él mismo, es decir, lo que "en él [es] más que él mismo", *el propio sujeto se convierte en objeto*, se transforma en un objeto de intercambio. Una formulación semejante, al calificar al objeto sacrificado como *objeto a*, el objeto en el sujeto, el tesoro oculto, *agalma*, que confiere dignidad al sujeto, torna un poco más claro el sentido en el cual la castración, después de todo, es un acto de intercambio: el de un objeto por otro; a cambio del perdido objeto-causa del deseo, el sujeto mismo se convierte en objeto[218].

214. Lacan, Jacques, *Le Séminaire, livre VIII: Le Transfert*, ob. cit. p. 380.

215. Ibíd., p. 380.

216. Ibíd., pp. 380-381.

217. Ibíd., p. 381.

218. Otra forma de determinar este cambio es a través de una distinción entre el genitivo subjetivo y el objetivo: como un cambio del deseo del Otro en el sentido de *lo que el Otro desea* al deseo del Otro en el sentido del deseo por el Otro, es decir, del *Otro como objeto del deseo*, ibíd., pp. 314-315. El enigma que corresponde al estatus mismo del sujeto del deseo es el famoso "*Che*

Ahora podemos ver por qué la castración es *simbólica*: por medio de ella, el sujeto cambia su ser (un objeto) por un lugar en el intercambio simbólico, por un significante que lo represente. Concebida de este modo, la castración es estrictamente homóloga de la alienación, no solo en el sentido lacaniano de alienación en el orden del significante sino también en el sentido marxista, la alienación que es lo propio del estatus de un proletario. Este es privado del núcleo mismo de su ser, de su productividad, de la plusvalía originada en ella (Lacan forjó la expresión *plus de jouir*, plus de gozar, sobre el modelo de la plusvalía marxista), y a cambio de ello, ¿qué recibe? Él mismo se ve reducido a fuerza de trabajo, un objeto-mercancía intercambiable que puede comprarse en el mercado. Para un conocedor del estructuralismo, no resulta difícil descubrir la homología entre esta paradoja de la "castración" y la fórmula elemental de la transformación de

vuoi?", ¿qué quiere el Otro de mí?, ¿qué es lo que ve en mí que despierta su deseo?, ¿cuál es esa X, el objeto-tesoro que hace de mí un objeto del deseo del Otro? La única forma de salir de esta *impasse* es ofrecerme al Otro como el objeto de su deseo: como dice Lacan, en el amor el sujeto "da lo que no posee", el *objeto a*, el tesoro oculto que "en él [es] más que él mismo". De este modo, simultáneamente, "retribuyo mi amor" al Otro, es decir, determino mi deseo como deseo por el Otro: lo convierto en el *objeto* de mi deseo a fin de poder evitar el abismo de *su* deseo. Desde luego, esto es precisamente lo que el psicoanalista, por definición, no debe hacer: lo propio de él es mantener abierto el abismo del "*Che vuoi?*" a cualquier precio, nunca debe retribuir el amor (transferencial) al analizante. Por esa razón, la ambigüedad del genitivo subjetivo y objetivo nos permite también crear la antinomia del conocimiento y el ser que corresponde a la noción de transferencia: en esta, el analista funciona como el *sujet supposé savoir*, se supone que conoce la verdad acerca del deseo del analizante; no obstante, al mismo tiempo, es el objeto del deseo de este, la encarnación del *objeto a*, poseedor del misterioso *je ne sais quoi* que despierta el amor de transferencia. Si bien en 1961 Lacan todavía no disponía de la noción del "sujeto supuesto al saber", ya era capaz de explicar los términos de esta antinomia: "En el lugar preciso en que se supone que sabemos [*où nous sommes supposés savoir*], se espera que seamos, que seamos nada más y nada menos que la presencia real, justamente en la medida en que esta presencia es inconsciente" (ibíd., p. 315). La única manera de que nosotros, analistas, alcancemos el misterio del deseo del Otro (analizante) consiste en ocupar nosotros mismos —temporalmente, durante el tiempo de la transferencia— el lugar del *objeto a*, encarnando el objeto-causa de su deseo. En otras palabras, el camino a la *verdad* acerca del deseo del Otro pasa por la *ilusión* transferencial en la que encarnamos el objeto del deseo del Otro.

los mitos propuesta por Claude Lévi-Strauss[219]: los dos sujetos/agentes no solo intercambian un objeto, sino que incluso uno de ellos es intercambiado, es decir, pasa del estatus de sujeto al de objeto. En el acto de la "castración", el sujeto dona todo al Otro, y a cambio él mismo es donado/intercambiado: como si, en "hegelés", el intercambio, por una especie de "reflexión sobre sí mismo", hiciera intercambiable al propio sujeto del intercambio. Eso es lo que encontramos en el caso del proletario: este designa el momento de la "reflexión sobre sí misma" de la sociedad de intercambio, es decir, el momento en que el sujeto del intercambio ofrece en el mercado no solo un objeto (su producto/mercancía), sino *a sí mismo como mercancía*. El análisis dialéctico concibe ese tipo de inversión reflexiva como una consecuencia necesaria de la universalización de la función de intercambio: tan pronto como el intercambio de mercancías se hace universal y predominante, la propia fuerza de trabajo debe aparecer en el mercado como una mercancía. El punto crucial que no debe pasarse por alto aquí, sin embargo, es que *esa conversión en un objeto de intercambio coincide con la emergencia de la pura subjetividad*. Es decir, toda la observación de Marx radica en que, en la oposición entre el capitalista y el proletario, es este el que representa la pura subjetividad: justamente por quedar reducido a una subjetividad pura e insustancial (es decir, por quedar privado de todas las condiciones objetivas del proceso productivo: todo lo que posee es su fuerza de trabajo), el proletario tiene que intercambiarse (intercambiar su fuerza de trabajo) en el mercado. Como buen hegeliano, Marx sabía que la pura subjetividad es estrictamente correlativa de la conversión en un objeto intercambiable; en otras palabras, la paradoja es que lo que está alienado (la dimensión de la subjetividad) se constituye literalmente por medio del proceso de alienación.

219. Para una actualización de esta fórmula con miras al análisis de la ideología, véase Fredric Jameson, "The Vanishing Mediator; or, Max Weber as Storyteller", en: *The Ideologies of Theory*, vol. 2, Mineápolis, University of Minnesota Press, 1988 [ed. cast.: "El mediador evanescente o Max Weber como narrador", en: *Las ideologías de la teoría*, trad. de Mariano López Seoane, Buenos Aires, Eterna Cadencia, 2014].

Un ejemplo aún más fundamental de esta inversión del sujeto en el objeto del intercambio es, desde luego, el estatus de las mujeres dentro del orden simbólico (patriarcal): según Claude Lévi-Strauss, su reducción a un objeto de intercambio entre hombres (uno de los tres tipos de "objetos" que se intercambian: mujeres, palabras, bienes materiales) corresponde a la noción misma de orden simbólico. Si tenemos en cuenta que, para un ser humano, "convertirse en un objeto de intercambio" implica la antes mencionada estructura de *Versagung* en que, a cambio del sacrificio del núcleo de su ser, el sujeto queda reducido a un objeto de intercambio —en otras palabras, si tenemos en cuenta que esa conversión en objeto de intercambio es estrictamente correlativa del surgimiento de la subjetividad—, la tesis lacaniana según la cual la mujer encarna la castración aparece bajo una nueva luz: su reducción a objeto de intercambio significa que *la mujer —no el hombre— es el sujeto en su máxima pureza*, esto es, el *cogito* cartesiano como vacío, vaciado por medio de la *Versagung*. En otras palabras, los hombres poseen e intercambian objetos, mientras que son únicamente las mujeres quienes designan el punto en el cual ese intercambio (esto es, la relación externa entre el sujeto y el objeto del intercambio) se "refleja sobre sí mismo", se lleva al punto de su autorreferencia, de modo que el sujeto del intercambio, por así decirlo, "se intercambia a sí mismo" y se convierte en el objeto de aquel. En este sentido preciso, la mujer es "el síntoma del hombre", del hombre como sujeto cartesiano: marca el retorno de lo "reprimido" en él, es decir, encarna lo que el sujeto masculino cartesiano, en su conocimiento cotidiano de sí mismo, se ve obligado a "reprimir", a saber, la *Versagung* que forma el reverso oculto de su libertad.

A fin de especificar este aspecto de la actitud ética femenina, Hollywood, por última vez, puede ser de alguna ayuda. Estamos pensando, por supuesto, en *Madre* [*Stella Dallas*, 1937], de King Vidor, una verdadera contrapartida de la *Versagung* masculina en *Rapsodia*, en referencia a la cual comenzamos esta sección: la historia de una madre que deliberadamente asume el rol de una vulgar libertina para que su hija pueda abandonarla y casarse con su novio de la alta sociedad con la conciencia tranquila. Cuando, en el final mismo del filme, la madre (Barbara Stanwyck) observa la ceremonia de la boda, anónima en la multitud próxima a la verja de la iglesia, y luego se va con una expresión de dicha en el rostro, nos encontramos en el delicado momento decisivo en el cual lo que parece ser el nivel más bajo de subordinación patriarcal de la mujer se transforma en su opuesto. Es decir, la lectura del filme que se impone a primera vista es radicalmente antifeminista: la madre encuentra el cumplimiento de su misión femenina en el sacrificio fundamental en bien de la felicidad (patriarcal- heterosexual) de su hija. No obstante, el renunciamiento en juego aquí es tan radical que se lleva al extremo de la autonegación: la madre tiene que renunciar al efecto mismo del renunciamiento, el gran Otro (el público) no percibe su gesto como un noble sacrificio, es decir, está obligada a presentarlo como su opuesto, un acto de corrupción repugnante, de modo que se ve privada de la más mínima satisfacción narcisista. El vacío en que se encuentra la madre al final del filme, por lo tanto, es simplemente el vacío de la libertad: se libera de la carga de la maternidad, y se abre para ella la posibilidad de una nueva vida, de un nuevo comienzo desde cero[220].

Estamos aquí, una vez más, frente a la oposición entre el renunciamiento del detective *hard-boiled* y el de la mujer: el primero permanece dentro de la economía narcisista, siempre cuenta con un reconocimiento "más profundo" del gran Otro, mientras que solo una mujer es capaz de un renunciamiento cuyo resultado es quedar librada de manera absoluta a sí misma. El subtítulo nietzscheano de *Madre* podría haber sido "el nacimiento del *cogito* a partir del espíritu del renunciamiento melodramático".

"Destitución subjetiva"

Debería resultar claro ahora por qué esta referencia a la *Versagung* no entraña ninguna especie de "regresión" a una idolatría preiluminista y cuasi ritual de un sacrificio primordial: *Versagung*

220. Para una lectura semejante de la escena final de *Madre*, véase William Rothman, "Pathos and Transfiguration in the Face of the Camera: A Reading of Stella Dallas", en: *The "I" of the Camera. Essays in Film Criticism, History, and Aesthetics*, Cambridge, Mass., Cambridge University Press, 1988, pp. 87-95.

designa "la Ilustración en su devenir" precisamente en el sentido kierkegaardiano, esto es, un gesto fundante que desaparece, se hace invisible, una vez que queda establecido el espacio simbólico de la Ilustración. Ya hemos indicado que la realización más pura de la paradoja de la *Versagung* es la víctima en los procesos estalinistas; no hay que asombrarse, entonces, de que en el dominio de la literatura se encuentre su estructura en las "piezas didácticas" (*Lehrstücke*) de Bertolt Brecht de fines de la década de 1920 y comienzos de la de 1930, una especie de contrapartida literaria de los procesos estalinistas. Lacan toma como el tercer término que concluye la "trilogía del deseo" en el drama occidental, es decir, que sigue a *Antígona* y *Hamlet*, la trilogía de Coufontaine de Paul Claudel; *La medida*, la "pieza didáctica" decisiva, tal vez sirva aún mejor para ejemplificar la dimensión trágica de la subjetividad moderna.

Las "piezas didácticas" de Brecht se originaron en su encuentro con el universo de las obras del teatro Noh; nos inmiscuimos de tal modo en la relación de Occidente con Japón como objeto fantasmático. Es decir, la historia del así llamado intercambio cultural entre Europa y Japón es una larga historia de encuentros fallidos, sintetizados en el destino de *Rashomon*, de Kurosawa: en Europa se lo celebró como un descubrimiento del Japón, mientras que en su propio país fue un fracaso, ya que se lo percibió como demasiado europeo... En Europa, Japón funciona como una especie de pantalla fantasmática sobre la que uno proyecta lo "reprimido" propio[221]. Esta imagen fantasmática se divide en dos ramas principales: el Japón "fanático" (los kamikazes,

221. El reverso de ello es que la referencia al Japón se vuelve relevante en los lugares más inesperados. ¿Hay algo más "europeo" que la noción hegeliana del Estado como monarquía constitucional con clases bien definidas, etc.? Sin embargo, quienes tienen la propensión a desechar con rapidez este modelo como anticuado, como una expresión de los compromisos y las ilusiones políticas de Hegel, deberían antes considerar que el Japón moderno presenta una realización casi literal de su visión: una monarquía en la que el emperador está reducido a un rol simbólico, con una estructura corporativa que refrena la dinámica política, una propiedad rural mantenida con vida para contrapesar el impacto desintegrador de la industria moderna y para salvaguardar la tradición orgánica, etc. Véase David Kolb, *The Critique of Pure Modernity. Hegel, Heidegger, and After*, Chicago, University of Chicago Press, 1988, p. 281.

los samuráis, el código de honor: Japón como la ética de la obediencia incondicional) y el Japón "semiótico" (de Eisenstein a Barthes: kabuki, el arte de la pintura: Japón como un imperio de signos liberado del logocentrismo occidental). La derecha política se apropia habitualmente del primer fantasma, y la izquierda del segundo, con una excepción significativa: las "piezas didácticas" de Bertolt Brecht; la que inicia la serie, *El que dice que sí* [*Jasager*, 1929], es la traducción revisada de una antigua obra Noh, y la paradoja aquí es doble. Primero, Brecht —un izquierdista radical— se apropió de una problemática que, habitualmente, pertenecía al dominio de la derecha: como su tema es el sacrificio, tanto la izquierda como los liberales la atacaron como una no bienvenida infusión de la actitud autoritaria oriental en el universo occidental de la apertura democrática y racional. Sin embargo, segundo punto, las cosas se complicaron justamente en relación con esta presunta importación de la actitud oriental: a partir de una comparación más detenida del original japonés con la versión de Brecht, es fácil asegurar que las características que tanto molestaron a los críticos liberales, precisamente, *fueron agregadas por el propio Brecht*: las buscaríamos en vano en el original japonés[222].

El que dice que sí es la historia de un muchacho aldeano que voluntariamente se une a una expedición con destino a una ciudad del otro lado de las altas montañas, en busca de un medicamento contra una enfermedad que está arrasando la aldea. En lo alto de la montaña, el muchacho cae enfermo, impidiendo así el avance ulterior de la expedición; de modo que los otros le dan muerte, pero solo después de que él la haya aceptado, es decir, después de que haya estado de acuerdo con la costumbre que indica que quienes son un obstáculo para una expedición deben ser arrojados a un precipicio. *La medida* [*Die Massnahme*, 1930] traspone la misma matriz a la revolución comunista: un joven partidario se une a un grupo de agitadores comunistas que se dirigen a una ciudad china en la que tienen que organizar la revolución. En el momento crucial, el joven camarada se derrumba: vencido por la compasión hacia aquellos que sufren, se saca la máscara

222. Brecht se apoyó en la traducción alemana (de Elizabeth Hauptmann) de la versión inglesa de Arthur Waley, *Taniko, The Valley-Hurling*.

y exhibe su rostro en público. Con ello, la conspiración revolucionaria fracasa, sobreviene una derrota y el grupo tiene que retirarse. En su huida, el joven camarada es gravemente herido; después de obtener su aceptación, el grupo lo mata y lo arroja a la cal, para que no queden huellas de él. La pieza está estructurada como una especie de relato con *flashbacks* y voces superpuestas a la imagen [*voiceover*]: los cuatro agitadores describen sus actos a un tribunal del Partido (el "Coro de Control"); al final, el tribunal los declara inocentes, ya que su "medida" estaba justificada.

Las piezas didácticas de Brecht fueron un ejercicio de lo que él llamaba la "gran pedagogía" (*die grosse Pädagogik*); más tarde, abandonó este enfoque e ideó la "pequeña pedagogía" del "teatro épico", que para él no era un paso más de un desarrollo progresivo, sino precisamente una formación de compromiso: hasta su muerte, insistió en que la única parte de su obra que daba realidad al "teatro del futuro" eran las piezas didácticas. En la "gran pedagogía" la división que separa a los actores del público tiene que borrarse: quienes "aprenden" son los propios actores, no el público; ¿cómo? Es aquí donde encontramos el primer elemento foucaultiano: a propósito de los *Lehrstücke*, Brecht habló de la "semiótica corporal" (*körperliche Semiotik*); las piezas didácticas deben denunciar y socavar la ideología dominante, no en el nivel de sus proposiciones teóricas generales sino en el de la "microfísica del poder", de las pautas de comportamiento, de los rituales que materializan las proposiciones ideológicas.

Lo que tenemos aquí es el reverso de la libertad kantiana de discusión: dentro de los límites del "uso público de la razón", discute tanto como quieras pero, en la medida en que eres una pieza de la máquina (social), obedece[223]. De ahí su solicitud de

223. Michel Foucault, en su interpretación de *¿Qué es la Ilustración?*, de Kant (véase Michel Foucault, "What is Enlightenment?", en: Paul Rabinow [comp.], *The Foucault Reader*, Harmondsworth, Penguin Books, 1984, pp. 32-50 [ed. cast.: "¿Qué es la Ilustración?", en: *Estética, ética y hermenéutica. Obras esenciales*, III, trad. de Ángel Gabilondo, Barcelona, Paidós, 1999, pp. 335-352]), llama la atención sobre esta división paradójica entre el uso "público" y el uso "privado" de la razón aunque, extrañamente, no traza un vínculo entre la requerida obediencia "privada" y su propio motivo de los mecanismos disciplinarios como reverso constitutivo de la subjetividad libre.

que los actores intercambiaran los papeles, asumiendo sucesivamente cada uno de ellos el rol del joven camarada; ¿no evoca este pedido la fascinación de Foucault por las prácticas sadomasoquistas homosexuales, cuyo rasgo crucial es, justamente, la intercambiabilidad de los roles?

No obstante —en cierto modo Foucault se consideraría, sin dudas, afín a su esfuerzo—, lo que estaba verdaderamente en juego en este intercambio de roles era cierto gesto ético que interesaba a Brecht en ese período, el gesto del renunciamiento, del autosacrificio: el de decir "sí" a la propia autoaniquilación. Este gesto está indicado por el título mismo de su primera pieza didáctica, *El que dice que sí*: hay cierto "sí" que tiene que repetirse. El muchacho de *El que dice que sí* dice "sí" dos veces: el primero es el "sí" a la causa, a la misión a la que quiere unirse, mientras que el segundo afirma su aceptación de la muerte, esto es, del "arrojarse al valle". Ocurre lo mismo en *La medida*[224], donde el primer "sí" es:

> En interés del comunismo, estar de acuerdo con el avance de las masas proletarias de todos los países, diciendo Sí a la revolución mundial[225].

Y el segundo:

> Primer agitador: Debemos pegarte un tiro y arrojarte al pozo de cal, para que esta te queme. Y te preguntamos: ¿estás de acuerdo con eso?
>
> Camarada: Sí[226].

Dos son los rasgos que hay que tener en cuenta aquí si se pretende no caer en un completo malentendido y hacer de este "sí" un ejemplo común y corriente de sacrificio heroico por la causa. El segundo "sí" es de una naturaleza estrictamente formal,

224. Brecht, Bertolt, *The Jewish Wife and Other Short Plays*, Nueva York, Grove Press, 1965.

225. Ibíd., p. 82.

226. Ibíd., p. 106.

un gesto vacío, dado que (en *El que dice que sí* lo mismo que en *La medida*) el coro, en el fondo, pone de relieve, con cierto cinismo, que el joven habrá de morir con independencia de su respuesta:

> Primer agitador: Vamos a preguntarle si está de acuerdo, porque fue un valiente luchador.
>
> Segundo agitador: Pero aun si no lo está, debe desaparecer, y por completo[227].

Por otra parte, el sacrificio solicitado no es un simple caso de sacrificio por una causa, sino algo mucho más radical: el sujeto debe "desaparecer", morir, pero su sacrificio no se convertirá en un mito, no será recordado, no se lo inscribirá en el registro de la memoria histórica como un héroe. Debe desaparecer "por completo"; si bien, en el texto de Brecht, "por completo" se refiere a la destrucción del cuerpo del joven camarada en la cal, no es difícil discernir en el trasfondo lo que Lacan bautizó "*l'entre-deux-morts*", la diferencia entre las dos muertes, la real y la simbólica: "debe desaparecer" y "por completo", es decir, no basta con que le den muerte, la huella misma de su existencia en el orden simbólico debe ser eliminada, el joven debe convertirse en una "no persona". Este segundo "sí", el "sí" a la propia desaparición, la aceptación de la propia "segunda muerte", designa la erupción de lo que Freud llamó *Todestrieb*, pulsión de muerte[228]; en última instancia, equivale a la *Versagung*.

Es justamente hoy, cuando la causa comunista ha fracasado, que hay que retornar a Brecht a fin de delinear el gesto de *Versagung*, de renunciamiento, en su pureza formal, como una posición subjetiva implícita en sus piezas didácticas. En términos kierkegaardianos: el primer "sí" se mantiene en el nivel de la misión ética, designa el acto de asumir un mandato ético, mientras que el segundo apunta a la "suspensión religiosa de lo ético", de

227. Ibíd.

228. Respecto de la noción del "entre dos muertes" y la "pulsión de muerte", véase Slavoj Žižek, *The Sublime Object of Ideology*, ob. cit., cap. 4.

la dimensión universal de este último[229]. El "sí" a lo ético, llevado a su extremo, tarde o temprano nos obliga a asumir otro "sí", más radical, un "sí" que remueve el suelo bajo nuestros pies, el "sí" a la suspensión religiosa de lo ético; el "sí" a la verdad nos obliga a mentir al servicio de la verdad; el "sí" al combate nos obliga a huir; en síntesis, el "sí" a una regla nos lleva a su excepción fundante o, como dice el propio Brecht:

> Quien lucha por el comunismo debe ser capaz de luchar y de no luchar; de decir la verdad y de no decirla; de cumplir servicios y de no cumplirlos; de mantener las promesas y de no mantenerlas; de correr peligro y de no correrlo; de ser reconocible y de no serlo. Quien lucha por el comunismo tiene, de todas las virtudes, una: la de luchar por el comunismo[230].

El sujeto "es" solo en la medida en que existe este "doblez" de lo universal que surge no *contra* la obligación ética sino como su *cumplimiento* último. En otras palabras, Brecht no aspira a la actitud oportunista clásica que nos obliga a perseguir nuestros intereses, a decir la verdad cuando esta no lastima, a decir una mentira cuando nos conviene, etc., sino a una autonegación inherente de la ética, es decir, un mandato ético que suspende la universalidad ética. Precisamente a causa de esta "suspensión de lo ético", a causa de esta división entre el honor y la ética (un mandato ético a comportarse de manera deshonrosa), la *Versagung* es un fenómeno eminentemente *moderno*. Por consiguiente, cuando Brecht asevera que, al decir "sí" a la Revolución uno debe "borrar su propio rostro", alcanzar el estado en que "ya no eres más tú mismo"[231], lo que tenemos aquí no es la ética habitual de la autoabolición en bien de la causa: uno debe, por decirlo así, efectuar otra vuelta de tuerca y *abolir la abolición misma*, es decir, renunciar a ella como gesto patético de autosacrificio; ese renunciamiento complementario es lo que Lacan llamó "destitución

229. Respecto de estas nociones kierkegaardianas, véase la sección 3.1 del presente libro.

230. Brecht, Bertolt, ob. cit., p. 82.

231. Ibíd.

subjetiva". El joven camarada corre hacia su ruina al capitular ante la lógica del sacrificio patético: hace pedazos la máscara que se ha puesto al hacer una promesa a la Revolución y comienza a hablar como "lo que verdaderamente es", un ser humano lleno de compasión:

> Joven camarada: He visto demasiado.
> Me presentaré entonces ante ellos
> Como lo que soy
> Y declararé
> Lo que es.
> [...]
> Cuatro agitadores: Y lo vimos en el crepúsculo, vimos
> Su rostro desnudo, humano, abierto, candoroso.
> Había hecho pedazos su máscara[232].

La lección fundamental que se desprende de esto es que *hay más verdad en la máscara que en el rostro cubierto por ella*: el joven camarada está perdido (política y éticamente) en el momento en que se la quita. ¿No es esta prevalencia de la máscara la lección que nosotros, europeos, podemos extraer del Japón? En ese sentido, la civilización japonesa, la civilización de la máscara, la de "mantener las apariencias", funciona como el contraste exacto de, digamos, la ética estadounidense de la década de 1970; esta última está lista a denunciar esa obsesión por el "mantenimiento de las apariencias" como una actitud "represiva" que nos impide dar libre expresión a nuestro "verdadero yo", es decir, nos obliga a soportar cualquier humillación con el único fin de alcanzar la "auténtica expresión del verdadero yo"[233]. Foucault se oponía inflexiblemente a esa ética de la verdadera autoexpresión: diferenciaba de manera estricta su ética de la autoconstrucción del sujeto de la que llamaba la "ética californiana", aún subordinada al régimen de la verdad: algún conocimiento experto o

232. Ibíd., p. 102.

233. ¡Qué lejos estamos de las relaciones intersubjetivas descriptas en las grandes obras de Henry James, en las que incluso la negativa o la traición más brutales se transmiten en la forma de una conversación gentil y cortés!

iniciático nos dice "qué somos verdaderamente" y con ello nos impulsa a realizar nuestro "verdadero yo"[234].

¿Qué posición o actitud subjetiva está, entonces, implícita en ese segundo "sí", esa aceptación de la propia desaparición? Una identificación con lo que el psicoanálisis denomina el "objeto anal", un residuo, un resto amorfo de alguna Totalidad armoniosa; Lacan cita los sermones de Lutero: "Eres el excremento que cayó a la tierra del ano del Diablo"[235]. En *La medida*, esta identificación con el excremento se lleva a su extremo, en el preciso sentido de la identificación con la posición paradójica del miembro legendario de una tribu caníbal que devoró al último caníbal, de modo tal que ya no habrá más canibalismo:

> ¿Quién eres!
> ¡Apestoso, vete
> de la habitación que ha sido lavada! ¡Ojalá
> fueras lo último de la inmundicia que
> tenías que eliminar![236]

Este excremento —este objeto "imposible", esta excepción por medio de la cual la universalidad se establece y se suspende simultáneamente— es el objeto equivalente al sujeto lacaniano: lo que tenemos aquí es la posición subjetiva de un "mediador evanescente", de alguien que tiene en cuenta, de antemano, que el proceso que inició barrerá en última instancia con él. Y es justamente esta noción del sujeto como suspensión constitutiva de la universalidad lo que nos permite enfocar desde una nueva óptica la relación entre Foucault y Lacan.

234. Véase Michel Foucault, "On the Genealogy of Ethics: An Overview of Work in Progress", en: Paul Rabinow (comp.), *The Foucault Reader*, ob. cit., pp. 340-372 [ed. cast.: "Sobre la genealogía de la ética. Una visión de conjunto de un trabajo en proceso", en: Hubert L. Dreyfus y Paul Rabinow, *Michel Foucault. Más allá del estructuralismo y la hermenéutica*, trad. de Rogelio Paredes, Buenos Aires, Nueva Visión, 2002, pp. 261-286].

235. Véase Jacques Lacan, *Le Séminaire, livre* VII: *L'Éthique de la psychanalyse*, ob. cit., p. 111.

236. Brecht, Bertolt, ob. cit., p. 97.

La *doxa* contemporánea los considera como los dos representantes ejemplares del "posmodernismo" anti-Ilustración (Foucault: los mecanismos de disciplina y control, el Panóptico, etc., como el reverso oculto del contenido real de la razón universal de la Ilustración; Lacan: el "*décentrement*" del sujeto cartesiano). No obstante, ambos inscribieron su actividad teórica dentro de los límites del proyecto de la Ilustración (Foucault en sus últimos años; Lacan constantemente: basta con mencionar el texto de la solapa de los *Écrits* que sitúa su esfuerzo como continuación del *débat des lumières*). En ambos casos, la referencia crucial es el giro trascendental de Kant como el apogeo de la Ilustración (Foucault lo elabora en su ensayo "¿Qué es la Ilustración?"; Lacan en su écrit "Kant con Sade", en el cual considera de manera explícita a Kant como el punto de partida del proceso que, en la "historia de las ideas", condujo al surgimiento del psicoanálisis)[237]. En ambos casos, esta referencia a Kant depende de la noción de sujeto; sin embargo, su elaboración da lugar a dos resultados completamente diferentes y recíprocamente excluyentes: en Foucault tenemos un sujeto que se da forma sin la garantía de una Razón universal, heterónoma y superior, que implique una ética de la "mesura adecuada", del autodominio, del yo como armonización de las fuerzas antagónicas; en Lacan, tenemos $\barS$, un sujeto escindido/barrado, sometido a un imperativo imposible, que implica una ética de lo inconmensurado, de un desequilibrio constitutivo, en síntesis, de lo real-imposible. Foucault menciona como uno de los prototipos históricos de su ética del "cuidado de sí" el ideal renacentista de la personalidad como obra de arte; en ese sentido, es tentador concebir la oposición entre Lacan y él como la repetición de otra oposición, la existente entre el humanismo renacentista y el protestantismo o, para llamarlos por sus nombres, entre Erasmo de Róterdam y Martín Lutero. Por esa misma razón, en su *Ética del psicoanálisis*, Lacan se refiere a

237. Véase Jacques Lacan, "Kant avec Sade", en: *Écrits*, París, Éditions du Seuil, 1966, pp. 765-766 [ed. cast.: "Kant con Sade", en: *Escritos 2*, trad. de Tomás Segovia, ed. revisada y corregida, Buenos Aires, Siglo XXI, 2015, pp. 727-751]. Por otra parte, recordemos que el subtítulo de uno de sus *écrits* claves, "La instancia de la letra en lo inconsciente", es "La razón después de Freud".

Lutero, quien (como ya lo hemos visto) contrapone al humanismo de Erasmo la identificación del hombre como excremento de Dios; lo que tenemos aquí es la oposición entre una obra de arte armoniosa y el residuo dudoso que sobresale.

Nuestro objetivo aquí no es, desde luego, juzgar "quién tiene razón", es decir, optar simplemente por una de las dos lecturas posibles de Kant sino, más bien, delinear *el rasgo, la característica por medio de la cual la filosofía de Kant, a saber, la actitud ético-filosófica kantiana, abre el campo de ambas posibilidades*[238]. Ese rasgo, por supuesto, es la suspensión de lo universal: lo que Foucault y Lacan ven en Kant no es una afirmación del tribunal universal de la Razón sino, muy por el contrario, la de cierta fisura en medio de esta universalidad; en ambos casos, "sujeto" es un nombre para denominar esa fisura. Ambos repudian lo que Foucault bautizó de manera sucinta como "el chantaje de la Ilustración" (si rechazas la Razón y el progreso universales, sucumbes necesariamente ante el oscurantismo irracional, etc.) trazando una línea de distinción entre la imagen "oficial" de la Ilustración —la ideología de la Razón universal y el progreso de la humanidad, etc.— y su reverso.

En el caso de Foucault, el reverso de la Ilustración que debe sostenerse es la "ontología del presente": una vez que se pierde el sostén en el orden universal, una vez que ya no somos capaces de confiar en un lugar preestablecido en la omniabarcativa "cadena del ser", el sujeto queda "librado a su propio sí mismo"; tiene que fabricar de manera autónoma la universalidad que va a seguir. Con ello se rompe el encadenamiento fatal de poder y conocimiento, es decir, la matriz, en vigor desde

238. Encontramos una paradoja similar de dos interpretaciones opuestas, recíprocamente excluyentes y, no obstante, misteriosamente próximas acerca de Spinoza, cuya obra sirvió como punto de referencia fundamental tanto para Louis Althusser como para Gilles Deleuze: para aquel, Spinoza fue el primero en elaborar la oposición entre el conocimiento imaginario ideológico y el conocimiento conceptual estricto, mientras que para Deleuze su filosofía articula una maquinaria polimorfa de deseos, sus modalidades e intensidades, lo que excluye la posibilidad de una postura teórica abstracta-universal; es tentador incluso decir que la oposición Lacan-Foucault repite la de Althusser-Deleuze en relación con Kant.

la práctica cristiana de la confesión hasta el psicoanálisis, que obliga al sujeto a alcanzar la verdad en sí mismo y de sí mismo —en última instancia, la verdad acerca del sexo— por medio de su verbalización, de su traducción al lenguaje de un experto investido de poder (teólogo, psicoanalista) que sitúa nuestro lugar propio en el marco universal del conocimiento, diciéndonos, con ello, "qué somos en realidad". La idea misma de una verdad semejante es una especie de ficción performativa al servicio del poder, esto es, que legitima su ejercicio; el sujeto mora en un vacío, tiene, por así decirlo, que componerse performativamente, no solo para llegar a su verdad, no solo para averiguar qué ha sido ya siempre. En ese sentido, podría decirse que el modelo implícito de Foucault es la crítica del juicio de Kant, en la cual el sujeto se enfrenta a un objeto al que no puede aplicar ninguna regla o concepto preestablecidos, sino que tiene que inventar, que dictar por sí mismo la regla universal en la que ese objeto se incluye; es probable que Foucault apoyara las nuevas interpretaciones de la filosofía de Kant que ponen de relieve el estatus paradigmático de la tercera crítica como la clave que propone un modelo para concebir adecuadamente las dos primeras.

Ahora podemos ver que Foucault está cabalmente justificado cuando compara su "estética de la existencia" con el giro kantiano: en su *Crítica del juicio*, Kant diagnostica que los juicios estéticos son un caso de "universalidad sin concepto"; si bien carentes de la garantía de un concepto previamente establecido, contienen una pretensión de validez universal (cuando decimos que algo es bello, *no sabemos por qué lo es* y, no obstante, pretendemos implícitamente que *todos* lo encuentren bello). Ese es, entonces, el sujeto foucaultiano: una capacidad de "autorrelacionarse", de hacer de la propia vida un objeto estético, una "obra de arte", de incitar en uno mismo la regla universal que va a seguirse; el objetivo ya no es reconocer el propio lugar en la estructura preestablecida del cosmos, dado que toda postulación de una norma tiene su base en la autoconstitución del sujeto, manifiesta un modo específico en que el sujeto se relaciona consigo mismo. En otras palabras, toda ontología es, en última instancia, una "ontología del presente": por más universal y supratemporal que pueda parecer, gira en torno de la (re)construcción incesante que el sujeto hace de su propio presente, del momento histórico presente. Por esa razón, la elevación olímpica y la paz interior irradiadas por el estilo de los dos últimos libros de Foucault sobre las actitudes éticas antiguas[239] no deberían confundirnos: su objetivo fundamental es incitarnos, a través de su valor ejemplar, a *repetir* hoy el gesto antiguo y con ello liberarnos del marco cristiano. Hay sin duda un vínculo profundo que conecta su idea de que la ética griega procura una "universalidad sin ley" y la de Kant del juicio estético una "universalidad sin concepto". En el caso de Lacan, en contraste, este reverso de la Ilustración tiene su mejor síntesis en el título de uno de sus *écrits:* "Kant con Sade"; como lo dice en la última página de *Los cuatro conceptos fundamentales*, la verdad de la ley moral kantiana es

> deseo en estado puro, el preciso deseo que culmina en el sacrificio, estrictamente hablando, de todo lo que es el objeto del amor en la ternura humana propia, y diría, no solo en el rechazo del objeto patológico, sino también en su sacrificio y asesinato. Esa es la razón por la que escribí "Kant con Sade"[240].

En eso consiste, según Lacan, la lección fundamental de Kant: el sujeto "es" solo en la medida en que la Cosa (la Cosa kantiana en sí, así como también el objeto imposible-incestuoso freudiano, *das Ding*) es sacrificada, "primariamente reprimida"; estamos otra vez en el motivo de la *Versagung*. Esa "represión primaria" introduce un desequilibrio fundamental en el universo: el universo simbólicamente estructurado en que vivimos está organizado alrededor de un vacío, una imposibilidad (la inaccesibilidad de la Cosa en sí). La noción lacaniana del sujeto dividido debe considerarse contra este telón de fondo: el sujeto nunca

239. Foucault, Michel, *The Use of Pleasure*, Nueva York, Vintage Books, 1986 [ed. cast.: *Historia de la sexualidad*, vol. 2, *El uso de los placeres*, trad. de Martí Soler, México, Siglo xxi, 1986] y *The Care of the Self*, Nueva York, Vintage Books, 1988 [ed. cast.: *Historia de la sexualidad*, vol. 3, *La inquietud de sí*, trad. de Tomás Segovia, Buenos Aires, Siglo xxi, 2008].

240. Lacan, Jacques, *The Four Fundamental Concepts of Psycho-Analysis*, ob. cit., pp. 275-276.

puede "convertirse [plenamente] en sí mismo", nunca puede realizarse plenamente, solo ex-siste como el vacío de una distancia respecto de la Cosa. La escisión, de este modo, lo separa en sus rasgos positivos (es decir, "patológicos", empírico-contingentes) del sujeto como o, la marca de la Cosa ausente, "sacrificada". Las alusiones kantianas a esta división son fáciles de reconocer, dado que lo que tenemos aquí es la escisión entre el sujeto como el "Pienso" vacío e insustancial de la apercepción trascendental, y el sujeto como plenitud de la "persona", el cúmulo de rasgos positivos de una entidad fenoménica.

De esta manera, la escisión del sujeto ético kantiano también aparece bajo una nueva luz. Es decir, en la versión corriente de la filosofía de Kant, el sujeto ético está desgarrado entre la ley moral universal y los impulsos "patológicos" particulares; parece condenado a una constante lucha interna entre cumplir con la ley y sucumbir a las tentaciones "patológicas", y dedicado a la interminable tarea de borrar lo patológico. Sin embargo, tan pronto como tomamos en cuenta el hecho crucial de que el "sacrificio de la Cosa" nos limita a la forma de la ley, de la ley como forma vacía (para Kant, el lugar del bien supremo está, por definición, vacío), esta versión corriente pierde terreno: el sujeto está dividido y no obstante el lugar de la división cambia, esta recorre el interior de la Ley y del dominio de los placeres, imponiendo a cada uno de ellos la estructura rizada de la banda de Moebius. Respecto de la Ley: la Ilustración descansa en la madurez y la autonomía del sujeto, le exige renunciar a su obediencia sin límites a las leyes heterónomas; sin embargo, en ese preciso momento, el sujeto encuentra en medio de sí una orden incomparablemente más rigurosa que reclama su parte de manera incondicional, sin prestar atención a sus reales aptitudes ("¡puedes porque debes!"). En el preciso momento en que alcanza la autonomía, en que suspende la autoridad de las leyes heterónomas y externamente impuestas, el sujeto se ve, así, forzado a enfrentarse a un Amo mucho más severo cuyo mandato lo descentra desde adentro[241]. Una inversión homóloga tiene lugar en el dominio de los placeres: el

241. Véase Mladen Dolar, "The Legacy of the Enlightenment: Foucault and Lacan", en: *New Formations*, nº 14, "On democracy", verano de 1991, pp. 43-56.

renunciamiento mismo a ellos provoca un plus de gozar paradójico, un "goce en el dolor", en el displacer, bautizado por Lacan *jouissance*, el goce "imposible"/traumático/doloroso más allá del principio del placer. Si leemos en conjunto estos dos gestos teóricos, la conclusión que se impone por sí misma es, por supuesto, que la Ley, en su dimensión más radical, es el "superyó", es decir, un mandato al goce que es imposible cumplir. La censura implícita de Foucault a Lacan se refiere a la concepción supuestamente negativa de este último de la Ley como fuerza de prohibición[242], aunque el concepto lacaniano del superyó designa precisamente a la ley en su dimensión positiva y productiva[243]. La división, por lo tanto, no se produce entre la ley moral y los deseos patológicos, sino entre el goce y el placer: por un lado, está la ley loca-obscena que es *inconmensurable* con nuestro bienestar en la medida en que, al ordenar el goce, trastorna el equilibrio psíquico; por otro, está la tensión entre el principio del placer y sus limitaciones impuestas externamente, es decir, la dialéctica de los principios del placer y de realidad, el arte de la "medida adecuada" de contener el placer, que garantiza su preservación a largo plazo.

Acaso parezca paradójico mencionar una "ruptura en la universalidad" en relación con Kant: ¿no estaba este obsesionado con lo Universal, no era su objetivo fundamental establecer la forma universal (constitutiva) del conocimiento, no propone su ética la forma universal de la norma que regula nuestra actividad como el criterio exclusivo de la moralidad, etc.? Empero, tan pronto como la Cosa en sí se postula como inalcanzable, *toda universalidad queda potencialmente suspendida*, implica un punto de excepción en el cual su validez, su autoridad, se cancela o, para decirlo en el lenguaje de la física contemporánea, un punto de singularidad, una "singularidad" que es, en última instancia,

242. Esta crítica está elaborada en Michel Foucault, *History of Sexuality, Volume I*, Nueva York, Vintage, 1980 [ed. cast.: *Historia de la sexualidad*, vol. 1, *La voluntad de saber*, trad. de Ulises Guiñazú, México, Siglo XXI, 1985].

243. "Nada en absoluto te insta a gozar excepto el superyó. El superyó es el imperativo del goce: ¡Goza!" (Lacan, Jacques, *Le Séminaire, livre XX: Encore*, París, Éditions du Seuil, 1975, p. 10 [ed. cast.: *El Seminario de Jacques Lacan. Libro 20. Aun. 1972-1973*, trad. de Diana Rabinovich, Juan Luis Delmont-Mauri y Julieta Sucre, Buenos Aires, Paidós, 1981]).

el *propio sujeto kantiano*, o sea, el sujeto vacío de la apercepción trascendental. La ruptura en la universalidad encuentra su más clara expresión en la hipótesis del "mal radical", esto es, en la posibilidad paradójica, imaginada por Kant (más tarde asumida y elaborada con más amplitud por Schelling), de la maldad como actitud ética, de nuestro ser malvados a causa del principio, no por haber sucumbido a los impulsos "patológicos"[244]. En *Documentos de cultura, documentos de barbarie*, Fredric Jameson cita las famosas líneas de Brecht sobre la máscara del demonio japonés, sus venas hinchadas y su mueca repugnante:

> Al presagiar todo
> Qué esfuerzo agotador cuesta
> Ser malvado[245].

Es aquí, en relación con una máscara japonesa, donde, de manera inesperada, se encuentran Brecht y Kant: en la noción del mal como una actitud espiritual pura, mucho más "suprasensible" que el bien. En ello radica, en última instancia, el secreto de lo sublime kantiano: si la belleza es un símbolo de la moralidad (del bien), lo sublime anuncia la maldad como postura ética; ese es el poder discernible en lo que Kant llama lo "sublime dinámico", el poder que una imagen de la aterrorizadora naturaleza ingobernable evoca a través de su misma incapacidad para representarla de manera adecuada: un furor ético (principista, implacable) aunque radicalmente malvado. Es fácil seguir los impulsos naturales de compasión y ser bueno, ayudar a un prójimo en aflicción, etc.; ¡cuánto más difícil es ser verdaderamente malvado! Y la imagen de la antigüedad de Foucault, ¿no es, en última instancia, la noción mítica de una época en la cual había un sujeto todavía no atrapado en las molestas paradojas del plus de gozar, un sujeto aún capaz de hallar paz y armonía en la formación estética de su

244. Véase Immanuel Kant, *Religión Within the Limits of Reason Alone*, Nueva York, Harper, 1960, libro 1 [ed. cast.: *La religión dentro de los límites de la mera razón*, trad. de Felipe Martínez Marzoa, Madrid, Alianza, 1995].

245. Véase Fredric Jameson, *The Political Unconscious...*, ob. cit., p. 269.

sí mismo?[246]. Es decir, la paradoja fundamental de la lógica cristiana de la confesión de la que Foucault quiere librarse, ¿no radica en que extrae un goce de la misma renuncia/denuncia de los "placeres de la carne"? ¿No es ese plus de gozar lo que impulsa cada vez al creyente cristiano a nuevos renunciamientos?

Tal vez, y después de todo, estas dos nociones del sujeto, la foucaultiana y la lacaniana, no sean tan excluyentes como parece: la construcción del sí mismo sin la garantía de la universalidad de la Razón solo es posible contra el telón de fondo de la *Versagung*. Si hubo alguna vez un teórico sensible a la dimensión *ascética* latente de la "estética de la existencia", fue Foucault: el "cultivo de sí mismo" foucaultiano no es, en última instancia, más que un esfuerzo constante por *poner coto* al monstruoso exceso llamado "sujeto kantiano", por introducir una apariencia de plan armonioso en él, esto es, dominar, contener, reducir a un nivel soportable su inconmensurabilidad. Desde luego, el problema radica en que ese esfuerzo está, en última instancia, condenado al fracaso, puesto que el desequilibrio es constitutivo: el sujeto foucaultiano es sinónimo de la subjetivación exitosa, de la formación del sí mismo como totalidad estética; el sujeto lacaniano es sinónimo de su fracaso, es decir, es correlativo del objeto anal, del excremento que es el residuo de toda subjetivación.

"Demorándose en lo negativo"

Debemos evitar aquí un malentendido crucial: así concebida, la *Versagung* no es algo que surja en un segundo momento, después de que hayamos pasado un largo período de encarcelamiento total dentro del tejido del destino simbólico; es, por el contrario, "originaria", es decir, lo que llamamos "subjetividad de la nueva era" realizada, sacada a la luz del día, algo que estaba contenido *in potentia* en la relación más elemental del sujeto con

246. Véase Jacques-Alain Miller, "Michel Foucault et la psychanalyse", en: Association pour le Centre Michel Foucault (comp.), *Michel Foucault philosopye: rencontre internationale, Paris, 9, 10, 11 janvier 1988*, París, Éditions du Seuil, 1989, pp. 77-84 [ed. cast.: "Michel Foucault y el psicoanálisis", en: *Michel Foucault filósofo*, trad. de Alberto L. Bixio, Barcelona, Gedisa, 1995, pp. 67-73].

el significante. Lo que tenemos aquí es un caso ejemplar de la diferencia entre historicidad dialéctica propiamente dicha e "historicismo": en este, la paradoja de la historicidad (la cosa en cuestión *deviene* —se revela, demuestra ser— lo que *ya era siempre*) está en cierto modo "achatada", reducida a una sucesión lineal de "épocas" (primero, el destino todopoderoso del que somos marionetas; luego, el sujeto capaz de liberarse de él, de tomar distancia respecto de él, etc.). Para dilucidar esta cuestión crucial, recordemos dos ejemplos. De acuerdo con la famosa proposición del *Manifiesto Comunista* de Marx, hasta la fecha toda la historia ha sido la historia de la lucha de clases; sin embargo —en un movimiento aparentemente contradictorio—, Marx nunca deja de insistir en que la burguesía es la primera "clase" *stricto sensu*: el antagonismo entre ella y el proletariado es el primer antagonismo de clases que se manifiesta "como tal", no camuflado por la rica textura de las castas, los gremios, etc.; de este modo, nos permite descifrar los antagonismos sociales precedentes como formas encubiertas de lucha de clases. Ocurre algo semejante con la famosa definición de Claude Lefort de la democracia como un sistema en el cual el lugar del poder está "vacío", esto es, un sistema fundado en una brecha infranqueable que separa el lugar simbólico del poder de los agentes políticos reales que, temporariamente, lo ocupan ("ejercen el poder"): Lefort no dice que el lugar del poder se vació solo en la democracia, sino que *ya había estado siempre vacío*, cualquiera que pretendiera ser su poseedor ya *era* siempre un impostor, aunque ese vacío adquirió realidad y visibilidad únicamente con la llegada de la democracia. A esto, en última instancia, se refiere el par hegeliano *en sí-para sí*; vale decir que, en ese sentido, el proceso dialéctico forma un "círculo cerrado" en el que una cosa "deviene lo que ya era".

Por consiguiente, nuestra posición aquí *es* radicalmente "eurocéntrica": la ruptura de la Ilustración es irreversible, su época es "una época que pone fin a todas las épocas", esto es, por medio de la *Versagung* que constituye el sujeto de la Ilustración, se hace visible un abismo contra cuyo telón de fondo todas las otras épocas pueden experimentarse, en su cierre epocal, como algo en última instancia contingente[247]. La cuestión es, sencillamente, que la Ilustración, como un tejido canceroso, contamina toda la unidad orgánica precedente y la transforma de manera retroactiva en una pose afectada. En "hegelés": tan pronto como ingresamos en la Ilustración, todo supuesto (de un fundamento orgánico) cae bajo la sospecha de "darse por sentado". Basta con recordar los retornos a la sabiduría oriental, los rechazos del así llamado "paradigma imperialista protestante-cartesiano occidental" que abundan hoy en día. Con referencia a ellos, suele hacerse hincapié en la necesidad de distinguir los ejemplos auténticos de esos "retornos" de sus distorsiones comercializadas (anuncios en los diarios sobre "meditación trascendental", por ejemplo). Sin embargo, es posible que una oposición de ese tipo sea demasiado ingenua; tal vez lo que parece una distorsión comercializada de la sabiduría oriental auténtica sea hoy su *verdad*; tal vez el propio "retorno a la sabiduría oriental perdida" ya esté al servicio de la maquinaria social del capitalismo tardío y facilite el funcionamiento sin problemas de sus tuercas y tornillos; tal vez traicionamos a la "sabiduría oriental" cuando la desarraigamos de su mundo de la vida pretecnológica y la transfuncionalizamos en un medio terapéutico individual. En otras palabras, también aquí está en vigor la máxima dialéctica "cuanto más limpio estás, más sucio estás": cuanto más "verdaderamente" regresas a la sabiduría oriental, más contribuye tu esfuerzo a su transformación en una pieza de la maquinaria social occidental… El reverso de esta situación es que quienes predican el "descentramiento multicultural", la "apertura hacia las culturas no europeas", etc., afirman con ello, y sin saberlo, su "eurocentrismo", dado que lo que demandan solo es imaginable dentro del horizonte "europeo": la idea misma del pluralismo cultural descansa en la experiencia cartesiana de la subjetividad vacía e insustancial; únicamente contra el telón de fondo de esta experiencia toda forma determinada de unidad sustancial puede aparecer como algo en última instancia contingente.

247. Para un punto de vista similar, véase Robert Pippin, *Modernism as a Philosophical Problem. On the Dissatisfactions of European High Culture*, Cambridge, Mass., Basil Blackwell, 1991.

Todo esto tiene consecuencias radicales para el problema que, sin duda, *es* el problema de nuestro tiempo: la crisis ecológica. La reacción más "natural" a esta —algo semejante a una "filosofía espontánea de los ecologistas"— consiste en el gesto ideológico antes mencionado, al que habitualmente se hace referencia como el "paso del paradigma protestante-cartesiano (mecanicista, antropocéntrico) a un nuevo paradigma poscartesiano (holístico, orgánico)".

De acuerdo con ello, la crisis ecológica contemporánea tiene sus raíces en el subjetivismo de la era moderna y su relación manipuladora con la naturaleza como objeto de la dominación tecnológica, de modo que, para salir de la crisis, hay que comprometerse con una nueva actitud de asentimiento, obrar de acuerdo con las cosas en vez de ejercer control sobre ellas, una actitud que considere a la naturaleza como un organismo viviente (la tierra como Gaia, un cuerpo viviente, etc.) y al hombre como su parte subordinada... Lo que tenemos aquí es un esfuerzo desesperado por retornar a la pre-Ilustración, a un mundo en el cual la división entre hechos y sentido todavía no se ha producido, a un mundo en el que un sentido profundo es inherente a la naturaleza misma, a un mundo animado por un alma, a un mundo de armonía preestablecida entre el hombre, la sociedad y el cosmos, garantizada por un conjunto de equivalencias metafóricas (la sociedad como un organismo corporativo, etc.); un esfuerzo problemático no a causa de su naturaleza utópica sino debido al hecho de que, una vez que el bacilo de la Ilustración nos ha infectado, su éxito mismo corrobora el subjetivismo[248]. Es decir, cuanto más hincapié hacemos en la ruptura con el antropocentrismo, la subordinación del hombre a la totalidad de la naturaleza, etc., *más se percibe esta totalidad de la naturaleza, de un modo implícito, desde el punto*

248. En este punto, la diferencia entre Freud y Jung es infranqueable: la premisa fundamental de *El malestar en la cultura*, de Freud, es que el universo carece completamente de sentido —no está estructurado de acuerdo con los deseos humanos, no hay armonía entre el microcosmos y el macrocosmos—, mientras que Jung reinscribe la problemática psicoanalítica dentro del marco de los "principios cósmicos" que garantizan las correspondencias entre la vida humana y el universo en su totalidad (*yin* y *yang* como principios psíquicos y cósmicos, etcétera).

de vista del interés humano: no hay un equilibrio puramente "natural", los ríos y el aire limpios, etc., son deseables solo si, bajo cuerda, observamos a la naturaleza *sub specie* de la supervivencia del hombre. En otras palabras, tal "descentramiento" ecológicamente orientado ya descansa en una subordinación *teleológica* subrepticia de la naturaleza al hombre; por consiguiente, si vamos a aceptar la advertencia de Heidegger acerca de la "subjetividad de la era moderna" como el sitio del "peligro" último, debemos agregar que ese peligro consiste precisamente en nuestra indisposición para enfrentarnos al abismo del sujeto, es decir, en nuestra aceptación indiscutida de algún fundamento autopostulado que nos autorice a ejercer el poder, ya se trate de la nación o de la Tierra como organismo. Por esa razón, el celebrado retorno "posmoderno" a las raíces transubjetivas (desde el descubrimiento de nuestros propios orígenes étnicos hasta la identificación con la "nave espacial" Tierra) se mantiene por completo dentro de los límites de la "subjetividad de la era moderna": el remedio mismo contra la catástrofe ecológica regenera su supuesta causa.

El punto crucial es concebir la relación entre sujeto y subjetivación como *antagónica*. Por medio de la "subjetivación", el sujeto (presu)pone la existencia de una red simbólica que le permite experimentar el universo como una totalidad significativa, lo mismo que situar su lugar en él, es decir, identificarse con un lugar en el espacio simbólico: por ejemplo, en la ideología ecológica predominante, el gesto por medio del cual el sujeto asume el "nuevo paradigma holístico" y es interpelado como la persona que no debería perturbar el equilibrio natural… En otras palabras, la subjetivación designa lo que, en el "deconstruccionismo", se llama asumir una determinada posición subjetiva, reconocerse como "alguien" socialmente definido; de esta manera, el caos del encuentro de lo Real se transforma en una narración significativa. El contrapunto a este proceso de subjetivación, el encuentro de lo Real en su carencia de sentido, sin embargo, no es un "proceso sin el sujeto", sino *el sujeto mismo*: lo que la subjetivación torna invisible es *die Versagung*, su vacío; la subjetivación es un modo de eludir el vacío que "es" el sujeto, se trata, en última instancia, de un mecanismo de defensa contra el sujeto[249].

Paradójicamente, por lo tanto, el único paso verdadero fuera de la "subjetividad de la era moderna" es reconocer plenamente que *die Versagung* es constitutiva de la subjetividad cartesiana.

249. Podría hacerse referencia aquí a la oposición kantiana de lo bello y lo sublime: el caos de la naturaleza salvaje es "sublime" en la medida en que, *per negationem*, recuerda la dimensión de la Idea suprasensible. Ocurre lo mismo en el caso del encuentro con lo Real sin sentido: el sujeto nunca está simplemente ausente de ello; la ausencia misma, la falta que la presencia brutal de lo Real recuerda, *es* el sujeto.

6

¿Por qué la realidad es siempre múltiple?

6.1 ¿HAY UNA MANERA ADECUADA DE VERSIONAR UNA PELÍCULA DE HITCHCOCK?

EN CUALQUIER LIBRERÍA GRANDE de los Estados Unidos es posible comprar algunos volúmenes de la singular colección "Shakespeare Made Easy" [Shakespeare al alcance de todos][250], una edición "bilingüe" de las obras de Shakespeare, con el inglés arcaico original en la página izquierda y la traducción al inglés contemporáneo común en la página derecha. La obscena satisfacción procurada por la lectura de estos volúmenes radica en el hecho de que lo que pretende ser una mera traducción al inglés contemporáneo resulta ser mucho más: por regla general, Durband, su editor, trata de formular directamente, en una locución cotidiana, lo que a su juicio es el pensamiento expresado en el dialecto metafórico de Shakespeare. "Ser o no ser, esa es la cuestión" se convierte en algo así: "Lo que me está fastidiando es: ¿me mato o no me mato?". Y mi idea es, claro está, que las *remakes* corrientes de las películas de Alfred Hitchcock son precisamente algo así como "Hitchcock al alcance de todos": aunque el relato es el mismo, la "sustancia", el don que explica la

250. La colección "Shakespeare Made Easy" es editada por Alan Durband y publicada por Barrons Educational Series Publishers.

singularidad de Hitchcock, se evapora. Aquí, sin embargo, habría que evitar la charla llena de jerga sobre el toque único de aquel y abordar la difícil tarea de especificar qué es lo que da a sus películas su singular don.

O: ¿y si esa singularidad fuera un mito, el resultado de nuestra transferencia (como espectadores), la elevación de Hitchcock a la condición de "sujeto supuesto al saber"? Lo que tengo en mente es la actitud de la sobreinterpretación: en una película de Hitchcock, todo tiene que tener un significado —no hay contingencias—, de modo que, cuando algo no encaja, no es su culpa sino la nuestra: en realidad, no lo hemos captado. Mientras veía *Psicosis* por vigésima vez, me llamó la atención un extraño detalle durante la explicación final del psiquiatra: Lilah (Vera Miles) lo escucha cautivada y asiente dos veces con una profunda satisfacción, en vez de sentirse perturbada por la confirmación final de la muerte sin sentido de su hermana. ¿Era eso una pura contingencia, o había querido Hitchcock sugerir una extraña ambigüedad y rivalidad libidinal entre las dos hermanas? Tomemos si no la escena en que Marion maneja por la noche tras escapar de Phoenix: justo antes de llegar al motel Bates, cuando escucha las voces imaginadas de su jefe y del millonario que compró la casa, furiosos a causa de su engaño, su expresión ya no es de angustia; lo que percibimos es una extraña sonrisa maníaca de una satisfacción profundamente perversa, una expresión que tiene un enigmático parecido con la última toma de Norman-madre, un instante antes de disolverse en la calavera y el automóvil que emerge del pantano. En cierto modo, entonces, aun antes de conocerlo en los hechos, Marion ya se convierte en Norman: un rasgo adicional que confirma esta observación es que su expresión se deja ver cuando ella está escuchando las voces en su cabeza, exactamente igual que Norman en su aparición final. O bien —ejemplo supremo— la escena en la cual Marion se registra en el motel Bates: mientras Norman le da la espalda y revisa la fila de llaves de las habitaciones, ella mira furtivamente alrededor para hacerse una idea de qué ciudad poner como su lugar de residencia, ve las palabras "Los Ángeles" en el titular de un diario y las escribe. Aquí coinciden dos vacilaciones: en tanto que Marion vacila acerca de qué ciudad dejar asentada (qué mentira contar), Norman vacila acerca de qué unidad asignarle (de ser la número 1, podrá observarla en secreto a través de un agujero en la pared). Cuando, luego de dudar un poco, ella le dice "Los Ángeles", Norman toma y le entrega la llave de la habitación número 1. ¿Es su vacilación un mero signo de que está considerando el atractivo sexual de la mujer y decide finalmente perseguirla o, en un nivel más refinado, sucede que ha detectado en su vacilación que ella está a punto de decirle una mentira y, entonces, la contrarresta con un acto ilegal propio, ya que encuentra en la pequeña infracción de Marion una justificación para la suya? (¿O lo que ocurre es más bien que, al oírla decir que es de Los Ángeles, cree que la chica de una ciudad tan decadente puede ser una presa fácil?). Si bien Joseph Stefano, quien escribió el guion, sostiene[251] que los creadores solo tenían en mente la creciente atracción sexual que Norman siente por Marion, queda la sombra de una duda en el sentido de que la coincidencia de dos vacilaciones no puede ser meramente contingente... En teoría, esto se llama "verdadero amor". Entonces, sobre la base de ese verdadero amor, afirmo que hay una singular dimensión hitchcockiana.

El sinthome *hitchcockiano*

Mi primera tesis es que esa dimensión singular no debe buscarse primordialmente en el nivel del contenido narrativo; su lugar original está en otra parte, pero ¿dónde? Permítanme empezar por contrastar dos escenas de dos películas no hitchcockianas. Hay una, memorable, en *Nada es para siempre* [*A River Runs through It*], un filme por otra parte aburrido y pretencioso. De los dos hijos del predicador, sabemos todo el tiempo que el menor (Brad Pitt) está embarcado en un camino de autodestrucción, acercándose a la catástrofe debido a su compulsión por el juego, el alcohol y las mujeres. Lo que mantiene unidos a los dos hijos con su padre es la pesca con mosca en los agrestes ríos de Montana: esas expediciones de pesca domingueras son una especie de ritual

251. Durante la discusión pública en la Hitchcock Centenary Conference organizada por la Universidad de Nueva York, del 12 al 17 de octubre de 1999.

familiar sagrado, un momento en que las amenazas de la vida fuera de la familia quedan temporariamente suspendidas. De modo que, cuando van a pescar por última vez, Pitt alcanza la perfección: pesca con destreza el pez más grande de su vida; sin embargo, su manera de proceder se presenta bajo la sombra de una amenaza constante: ¿la oscura curva del río donde divisa a la gran trucha lo tragará?, ¿reaparecerá él tras resbalar en la rápida corriente? Es como si esta amenaza potencial anunciara la tragedia final que se produce poco después (encuentran a Pitt muerto y con los dedos rotos, a raíz de sus deudas de juego).

Lo que hace que esta escena de *Nada es para siempre* sea bastante corriente es que la dimensión intimidatoria subyacente se reinscribe directamente en la línea narrativa principal, como un índice que apunta hacia la catástrofe final. En contraste con ella, *Muchachos del verano* [*Breaking Away*, 1979], la destacada película de Peter Yates, una amable comedia dramática sobre el tránsito hacia la adultez de cuatro chicos de secundaria de Bloomington, Indiana, durante el último verano antes de que deban enfrentar la decisión inexorable de buscar un empleo, ir a la universidad o enrolarse en el ejército, resiste esa tentación. En una de sus memorables pequeñas secuencias, Dave, uno de los chicos, entabla montado en su bicicleta un duelo a toda velocidad en la carretera con un camión semirremolque. Aquí, el efecto inquietante es el mismo que suscitan un par de escenas de natación en una cantera abandonada, en las cuales los chicos se zambullen en las profundas aguas negras que ocultan, debajo de la superficie, pedazos de piedras puntiagudas: Yates sugiere la posibilidad constante de una súbita catástrofe. Estamos a la espera de que suceda un terrible accidente: que el camión atropelle y aplaste a Dave, que uno de los chicos se ahogue en las aguas oscuras o se golpee con una piedra al zambullirse. No pasa nada de eso, pero la insinuación de que puede suceder (su sombra amenazante solo evocada por la atmósfera general creada por la manera de filmar la escena, no por ninguna referencia psicológica directa, como la inquietud sentida por los chicos) hace que los personajes parezcan extrañamente vulnerables. Es como si esas insinuaciones sentaran las bases para el final mismo de la película, cuando nos enteramos, gracias a una leyenda en la pantalla, que *a posteriori* uno de esos chicos murió en Vietnam y otro en un accidente. Quiero concentrarme en esa tensión entre los dos niveles: la brecha que separa la línea narrativa explícita del difuso mensaje amenazante que se deja ver en las entrelíneas de la historia.

Permítaseme hacer aquí un paralelo con Richard Wagner (¿el anillo de los *Nibelungos* no es el MacGuffin más grande de todos los tiempos?). En sus dos últimas óperas se representa el mismo gesto: hacia el final de *Götterdämmerung*, el muerto Sigfrido, cuando Hagen se acerca a él para arrancarle el anillo de la mano, levanta esta en forma amenazante; hacia el final de *Parsifal*, en medio del lamento de Amfortas y su negativa a realizar el acto ritual de sacar el velo al Grial, Titurel, su padre muerto, también levanta milagrosamente la mano. Rasgos como este atestiguan que Wagner era un hitchcockiano *avant la lettre*: en las películas de Hitchcock también encontramos ese mismo motivo visual o algún otro que insiste, para imponerse en virtud de una enigmática compulsión y repetirse de un filme a otro, en contextos narrativos por completo diferentes. El más conocido es el motivo de lo que Sigmund Freud llama *Niederkommenlassen*, el "dejarse caer", con todos los matices de la caída suicida melancólica[252]: una persona se aferra con desesperación a la mano de otra, como el *saboteur* nazi que cuelga de la mano del buen héroe americano en la antorcha de la Estatua de la Libertad en *Saboteador* [*Saboteur*]; el enfrentamiento final de *La ventana indiscreta* [*Rear Window*], cuando el enyesado James Stewart cuelga de la ventana mientras trata de agarrar la mano de su perseguidor, quien, en vez de ayudarlo, procura hacerlo caer; en *En manos del destino* [*The Man Who Knew too Much*, nueva versión, 1956], en un solcado mercado de Casablanca, el agente occidental vestido de árabe tiende, moribundo, la mano al inocente turista americano (James Stewart) para acercarlo a él; el ladrón

252. Véase Sigmund Freud, "The psychogenesis of a case of homosexuality in a woman", en: *Case Histories II*, vol. 9, The Pelican Freud Library, Harmondsworth, Penguin, 1979, p. 389 [ed. cast.: "Sobre la psicogénesis de un caso de homosexualidad femenina", en: *Obras completas*, vol. 18, trad. de José Luis Etcheverry, Buenos Aires, Amorrortu, 1979, pp. 137-164].

finalmente desenmascarado que cuelga de la mano de Cary Grant en *Para atrapar al ladrón* [*To Catch a Thief*]; James Stewart que se agarra a la chimenea del tejado y trata desesperadamente de alcanzar la mano que le tiende el policía en el comienzo mismo de *Vértigo*, y Eva Marie Saint aferrada a la mano de Cary Grant al borde del precipicio (con el salto inmediatamente posterior a la imagen de las manos de ambos tomadas en la litera del coche cama) al final de *Intriga internacional* [*North by Northwest*]. Si miramos con más detenimiento, nos damos cuenta de que las películas de Hitchcock están llenas de esos motivos. Está el motivo de un auto al borde del precipicio en *La sospecha* [*Suspicion*] y en *Intriga internacional*: en cada uno de estos dos filmes hay una escena con el mismo actor (Cary Grant) que maneja un auto y se acerca peligrosamente a un precipicio; aunque los separan casi veinte años, la escena está filmada del mismo modo, incluido un plano subjetivo del actor en el momento de echar una mirada al precipicio. (En la última película de Hitchcock, *Trama macabra* [*Family Plot*], este motivo desencadena una larga secuencia del auto que marcha a toda velocidad colina abajo, dado que los villanos han manipulado los frenos). Está el motivo de la "mujer que sabe demasiado", inteligente y perceptiva pero poco atractiva en el aspecto sexual, con anteojos y —significativo detalle— parecida a la hermana de Hitchcock, Patricia, o directamente interpretada por ella: la hermana de Ruth Roman en *Extraños en un tren* [*Strangers on a Train*], Barbara Bel Geddes en *Vértigo*, Patricia Hitchcock en *Psicosis* e incluso Ingrid Bergman antes de su despertar sexual en *Cuéntame tu vida* [*Spellbound*]. Está el motivo de la calavera momificada que aparece por primera vez en *Bajo el signo de Capricornio* [*Under Capricorn*] y luego en *Psicosis* y, en ambas ocasiones, aterroriza a la joven mujer (Ingrid Bergman, Vera Miles) en el enfrentamiento final. Está el motivo de la casa gótica con grandes escaleras por las que el héroe sube hasta una habitación donde no hay nada, aunque antes ha visto una silueta femenina en la ventana del primer piso; en *Vértigo*, es el enigmático episodio de Madeleine vista por Scottie como una sombra en la ventana, y que luego desaparece de la casa de manera inexplicable; en *Psicosis*, es la aparición de la sombra de la madre en la ventana: otra vez, cuerpos que surgen de la nada y vuelven a desaparecer en el vacío. Por otra parte, el hecho de que en *Vértigo* ese episodio carezca de explicación genera la tentación de leer en él una especie de *futur antérieur*, como si ya apuntara a *Psicosis*. ¿La anciana que trabaja como recepcionista de la casa no es una suerte de extraña condensación de Norman Bates y su madre —el recepcionista (Norman) que es al mismo tiempo la anciana (la madre)—, con lo cual se nos da de antemano la clave de la identidad de ambos, que es el gran misterio de *Psicosis*? *Vértigo* tiene un interés especial, toda vez que en ella el mismo *sinthome* de la espiral que nos arrastra hacia sus profundidades abismales se repite y resuena en una multitud de niveles: en primer lugar, como un motivo puramente formal de la forma abstracta surgida del primer plano del ojo en la secuencia de los créditos; luego, como el rulo del pelo de Carlotta Valdes en su retrato, repetido en el peinado de Madeleine; en tercer lugar, en el círculo abismal de la escalera de la torre de la iglesia, y, por último, en la famosa toma de trescientos sesenta grados alrededor de Scottie y Judy/Madeleine, que se abrazan apasionadamente en el decrépito cuarto de hotel, y durante la cual el fondo se convierte en el establo de la misión Juan Bautista para volver luego a la habitación del hotel. Esta última toma propone tal vez la clave de la dimensión temporal del "vértigo": el bucle temporal cerrado en sí mismo en que el pasado y el presente se condensan en los dos aspectos del mismo movimiento circular incesantemente repetido. Esta múltiple resonancia de las superficies genera la densidad específica, la "profundidad" de la textura de la película.

Tenemos aquí un conjunto de motivos (visuales, formales, materiales) que "siguen siendo los mismos" en diferentes contextos de sentido. ¿Cómo debemos leer gestos o motivos tan persistentes? Habría que resistir la tentación de tratarlos como arquetipos junguianos dotados de un significado profundo: la mano levantada expresaría en Wagner la amenaza del muerto a los vivos, o la persona que se aferra a la mano de otra expresaría la tensión entre la caída y la salvación espirituales. Nos vemos aquí frente a un nivel de signos materiales que se resisten al significado y establecen conexiones no fundadas en estructuras simbólicas narrativas: solo se relacionan en una especie de resonancia cruzada presimbólica. No son significantes, ni las famosas manchas hitchcockianas, sino elementos de lo que una o dos décadas atrás habríamos llamado escritura —*écriture*— cinematográfica. En los últimos años de su enseñanza, Jacques Lacan estableció la diferencia entre síntoma y *sinthome*: en contraste con el síntoma, que es la cifra de algún significado reprimido, el *sinthome* no tiene un significado determinado; solo da cuerpo, en su patrón repetitivo, a alguna matriz elemental de *jouissance*, de goce excesivo. Aunque los *sinthomes* no tienen sentido, sí irradian *jouis-sens*, goce-sentido[253]. Según Svetlana Alilúyeva, hija de Iósif Stalin, el último gesto de este antes de morir, significativamente precedido por una mirada maligna, fue el mismo de las últimas óperas de Wagner, el de levantar amenazadoramente la mano izquierda:

> En el que parecía su último momento, [Stalin] abrió de repente los ojos y echó una mirada a todos los que estaban en la habitación. Era una terrible mirada, demente o quizá furiosa y llena de miedo a la muerte y a las caras desconocidas de los médicos inclinados sobre él. La mirada abarcó a todos en un segundo. Después pasó algo incomprensible y terrible que hasta el día de hoy no he podido olvidar ni comprender. De improviso levantó la mano izquierda como si apuntara a algo situado arriba y nos lanzara a todos una maldición. El gesto era incomprensible y estaba cargado de amenazas, y nadie pudo decir a quién o a qué podía estar dirigido. Un instante después, tras un esfuerzo final, el espíritu se arrancó, liberado, de la carne[254].

¿Qué significaba entonces ese gesto? La respuesta *hitchcockiana* es *nada*, aunque esa nada no era una nada vacía sino la plenitud de la investidura libidinal, un tic que daba cuerpo

253. Se encontrará una descripción más detallada de este *sinthome* hitchcockiano en Slavoj Žižek (ed.), *Everything You Always Wanted to Know about Lacan (But Were Afraid to Ask Hitchcock)*, Londres, Verso, 1993 [ed. cast.: *Todo lo que usted siempre quiso saber sobre Lacan y nunca se atrevió a preguntarle a Hitchcock*, trad. de Jorge Piatigorsky, Buenos Aires, Manantial, 1994].

254. Alilúyeva, Svetlana, *Twenty Letters to a Friend*, Nueva York, Harper and Row, 1967 [ed. cast.: *Rusia, mi padre y yo. Veinte cartas a un amigo*, trad. de Augusto Vidal, Barcelona, Planeta, 1967].

a una cifra del goce. Tal vez, el equivalente más cercano en la pintura sean las manchas alargadas que "son" el cielo amarillo en Van Gogh, o el agua y la hierba en Munch: esa ominosa "masividad" no pertenece ni a la materialidad directa de las manchas de color ni a la materialidad de los objetos representados; mora en una suerte de dominio espectral intermedio de lo que Friedrich Schelling llamó *geistige Körperlichkeit*, la corporeidad espiritual. Desde la perspectiva lacaniana, es fácil identificar esa corporeidad espiritual con una *jouissance* materializada, "*jouissance* que se convirtió en carne". Así, los *sinthomes* de Hitchcock no son meros patrones formales: condensan ya cierta investidura libidinal. Como tales, determinan su proceso creativo: Hitchcock no partía de la trama para llegar a su traducción en términos audiovisuales cinematográficos. Antes bien, comenzaba con una serie de motivos (habitualmente visuales) que asediaban su imaginación, se imponían como sus *sinthomes*. Luego construía un relato que servía de pretexto a su uso. Esos *sinthomes* aportaban un don específico, la densidad sustancial de la textura cinematográfica de sus películas: sin ellos, estaríamos frente a un relato formal sin vida. De modo que todo lo que se dice de Hitchcock como el "maestro del suspenso", de sus tramas singularmente retorcidas, etc., pasa por alto la dimensión clave. Fredric Jameson decía que Hemingway seleccionaba sus relatos a fin de poder escribir ciertos tipos de frases (tensas, masculinas). Lo mismo vale para Hitchcock: inventaba historias a fin de poder filmar cierto tipo de escenas. Y, si bien los relatos de sus películas proporcionan un divertido y a menudo perceptivo comentario de nuestros tiempos, es en sus *sinthomes* donde él vive para siempre. Esos *sinthomes* son la verdadera causa por la cual sus filmes siguen funcionando como objetos de nuestro deseo.

El caso de la mirada desaparecida

Nos ocuparemos ahora del estatus de la mirada. A los llamados posteóricos (críticos cognitivistas de la teoría cinematográfica psicoanalítica) les gusta variar el motivo que lleva a los escritores de la teoría a referirse a entidades míticas como la Mirada (con mayúscula): entidades a las que no corresponde ningún hecho empírico observable (como los espectadores cinematográficos reales y su comportamiento). El título de uno de los artículos del libro *Post-Theory*, editado por David Bordwell y Noel Carroll, es "The case of the missing spectator" [El caso del espectador desaparecido][255]. La posteoría se apoya aquí en la noción de sentido común del espectador (el sujeto que percibe la realidad cinematográfica en la pantalla, equipado con sus predisposiciones emocionales y cognitivas, etc.), y dentro de esta oposición simple entre sujeto y objeto de la percepción cinematográfica no hay, desde luego, lugar para la mirada como el punto desde el cual el propio objeto visto nos devuelve la mirada a nosotros, los espectadores. Vale decir que lo crucial para la noción lacaniana de mirada es que esta implique la inversión de la relación entre sujeto y objeto: tal como Lacan dice en su seminario 11, hay una antinomia entre el ojo y la mirada; esta última está del lado del objeto, representa el punto ciego en el campo de lo visible desde el cual la imagen misma fotografía al espectador. O, tal como dice en su seminario 1, en un pasaje que evoca enigmáticamente la escena central de *La ventana indiscreta*, la película filmada el mismo año en que Lacan dictó ese seminario (1954):

> Puedo verme yo mismo bajo la mirada de alguien cuyos ojos no veo y ni siquiera distingo. Todo lo necesario es que algo me signifique que tal vez haya otros allí. Esta ventana, si ya está un poco oscuro y tengo razones para pensar que hay alguien detrás de ella, es inmediatamente una mirada[256].

255. Prince, Stephen, "Psychoanalytic film theory and the case of the missing spectator", en: David Bordwell y Noel Carroll (eds.), *Post-Theory. Reconstructing Film Studies*, Madison, University of Wisconsin Press, 1996, pp. 71-87.

256. Lacan, Jacques, *The Seminar, Book 1. Freud's Papers and Technique, 1953-1954*, Nueva York, Norton, 1988, p. 215 [ed. cast.: *El Seminario de Jacques Lacan. Libro 1. Los escritos técnicos de Freud. 1953-1954*, trad. de Rithée Cevasco y Vicente Mira Pascual, Buenos Aires y Barcelona, Paidós, 1981]. Me apoyo aquí en Miran Božovič, "The man behind his own retina", en: Slavoj Žižek (ed.), *Everything You Always Wanted to Ask...*, ob. cit. [ed. cast.: "El hombre detrás de su propia retina", en: Slavoj Žižek (ed.), *Todo lo que usted siempre quiso saber...*, ob. cit., pp. 119-131].

Esta noción de la mirada, ¿no la traduce a la perfección la ejemplar escena hitchcockiana en que el sujeto se acerca a un objeto ominoso y amenazante, por lo común una casa? En ella encontramos la antinomia entre el ojo y la mirada en su más pura dimensión: el ojo del sujeto ve la casa, pero la casa —el objeto— parece de alguna manera devolver la mirada. No es de sorprender, entonces, que los posteóricos hablen de la "mirada desaparecida" y se quejen de que la mirada freudo-lacaniana es una entidad mítica que, en la realidad de la experiencia del espectador, no aparece por ningún lado: esa mirada, en efecto, está desaparecida, su estatus es meramente fantasmático. En un nivel más fundamental, estamos aquí frente a la positivización de una imposibilidad que da origen al objeto fetiche. Por ejemplo, ¿cómo se convierte en un fetiche el objeto-mirada? A través de la inversión hegeliana de la imposibilidad de ver el objeto, en un objeto que da cuerpo a esa misma imposibilidad: como el sujeto no puede ver directamente eso, el verdadero objeto de la fascinación, efectúa una especie de reflexión-hacia-dentro-de-sí por medio de la cual el objeto que lo fascina se convierte en la mirada misma. En este sentido (aunque no del todo de manera simétrica), la mirada y la voz son objetos "reflectantes", objetos que dan cuerpo a una imposibilidad (en los matemas lacanianos: $-\phi/a$).

En este preciso sentido, la fantasía propiamente dicha no es la escena misma que despierta nuestra fascinación, sino la mirada imaginada/inexistente que la observa, como la imposible mirada desde arriba para la cual los aztecas crearon gigantescas figuras de aves y animales en la tierra, o la imposible mirada para la cual se hicieron ciertos detalles de las esculturas del viejo acueducto de Roma, aunque eran en esencia inobservables desde el suelo. En síntesis, la escena fantasmática más elemental no es la de una escena fascinante que está ahí para ser mirada, sino la idea de que "ahí afuera hay alguien que nos mira". No es un sueño, sino la idea de que "somos los objetos en el sueño de algún otro". En *La lentitud*, Milan Kundera presenta como signo último del falso sexo ascético y pseudovoluptuoso de nuestros días a la pareja que finge practicar sexo anal al borde de la piscina de un hotel, a la vista de los huéspedes de las habitaciones de arriba, con gritos de placer simulados pero sin que haya siquiera penetración, y opone a ello los lentos y galantes juegos eróticos íntimos de la Francia del siglo XVIII. ¿No pasaba efectivamente algo similar a la escena de *La lentitud* en la Camboya de los Jemeres Rojos, donde, luego de que muriera demasiada gente en las purgas y de hambre, el régimen, impaciente por multiplicar la población, proclamó que los días 1, 10 y 20 de cada mes se dedicarían a la copulación? Por la noche, se permitía a las parejas casadas (que en las demás circunstancias dormían en barracas separadas) dormir juntas, con la obligación de hacer el amor. Su espacio privado era un pequeño cubículo aislado por una cortina de bambú semitransparente. Frente a esos cubículos, dispuestos en hileras, caminaban guardias de los Jemeres Rojos cuya tarea era verificar que las parejas copularan efectivamente. Como estas sabían que el hecho de no hacer el amor se consideraba un acto de sabotaje que era motivo de severos castigos, y como, por otro lado, tras una jornada de trabajo de catorce horas estaban por regla general demasiado cansadas para pensar en el sexo, simulaban practicarlo para engañar al guardia: hacían falsos movimientos y emitían falsos sonidos. ¿No es esto la inversión exacta de la experiencia de algunos de nosotros en nuestra juventud prepermisiva, cuando había que entrar a hurtadillas en el dormitorio con nuestra pareja y hacerlo de la manera más silenciosa posible, para que los padres, si todavía estaban despiertos, no sospecharan que había sexo en marcha? ¿Y si el espectáculo para la mirada del Otro fuera, entonces, parte del acto sexual? ¿Y si, dado que no hay relación sexual, solo pudiera representarse para la mirada del Otro?

¿La reciente tendencia de los sitios con "cámaras web" que hacen realidad la lógica de *The Truman Show* (en los que podemos seguir continuamente algún hecho o lugar: la vida de una persona en su apartamento, la vista de una calle, etc.) no despliega la misma necesidad urgente de la mirada del Otro fantasmático que sirve como garantía del ser del sujeto? "Solo existo en la medida en que me miran todo el tiempo". (Claude Lefort señaló un fenómeno similar, el del televisor que se deja siempre encendido, incluso cuando nadie lo mira, y que actúa entonces como garantía mínima de la existencia del lazo social). Así, la situación es aquí la inversión tragicómica de la noción de sociedad panóptica de Bentham y Orwell, en la cual somos (potencialmente) "observados todo el tiempo" y no tenemos lugar alguno donde escondernos de la mirada omnipresente del poder: en este caso, la angustia surge de la perspectiva de *no* estar expuesto todo el tiempo a la mirada del Otro, de modo que el sujeto necesita la mirada de la cámara como una especie de garantía ontológica de su ser...

En lo referido a esta paradoja de la mirada omnipresente, hace no mucho le sucedió algo divertido a un amigo mío en Eslovenia: volvía a su oficina por la noche, tarde, para terminar un trabajo; antes de encender la luz, observó en la oficina del otro lado del patio a un alto ejecutivo (casado) copulando con su secretaría sobre una mesa. En medio de su pasión, habían olvidado que del otro lado del patio había un edificio, desde el cual podía vérselos claramente, dado que su oficina estaba iluminada a pleno y las grandes ventanas no tenían cortinas. Mi amigo llamó por teléfono a esa oficina, y cuando el ejecutivo, tras interrumpir durante un momento su actividad sexual, atendió la llamada, susurró ominosamente: "¡Dios está observándote!". El pobre ejecutivo se derrumbó, a punto de tener un ataque cardíaco. La intervención de una voz tan traumática que no puede localizarse directamente en la realidad es tal vez lo más cerca que podemos llegar de la experiencia de lo sublime.

Y Hitchcock alcanza su nivel más ominoso y perturbador cuando nos compromete directamente con el punto de vista de esa mirada fantasmática externa. Uno de los procedimientos clásicos de las películas de terror es la "resignificación" de lo objetivo en una toma subjetiva (lo que el espectador percibe primero como un plano objetivo —digamos, una casa con una familia en medio de la cena— se revela de improviso, por medio de marcadores tan codificados como el leve temblor de la cámara o la pista de sonido "subjetivizada", como la toma subjetiva de un asesino que acecha a sus víctimas potenciales). Sin embargo, este procedimiento debe complementarse con su opuesto, la conversión inesperada de una toma subjetiva en objetiva: en medio de un plano largo marcado sin ambigüedad alguna como subjetivo, el espectador se ve obligado a reconocer de repente que, dentro del espacio de la realidad diegética, no hay sujeto posible que pueda ocupar el punto de vista de esa toma. De modo que no estamos aquí frente a una mera inversión de lo objetivo en lo subjetivo, sino a la construcción de un lugar de una imposible subjetividad, una subjetividad que contamina la objetividad misma con el sabor de un mal monstruoso e inefable. Puede discernirse aquí toda una teología herética, que identifica secretamente al propio creador con el demonio (como ya sostenía la herejía cátara en la Francia del siglo XII). Los casos ejemplares de esa imposible subjetividad son la toma "subjetiva" desde el punto de vista de la propia cosa asesina sobre el rostro transfigurado de Arbogast, el detective moribundo, en *Psicosis* o, en *Los pájaros* [*The Birds*], el famoso plano cenital del incendio de Bodega Bay que luego, con la entrada de los pájaros al cuadro, se resignifica, se subjetiviza como el punto de vista de los propios agresores malignos.

Finales múltiples

Hay un tercer aspecto que agrega una densidad específica a las películas de Hitchcock: la resonancia implícita de los finales múltiples. El caso más evidente y bien documentado es, desde luego, el de *Topaz*: antes de decidirse por el final que todos conocemos, Hitchcock rodó dos finales alternativos, y mi argumento es que no basta con decir que se limitó a elegir el más apropiado; en cierto modo, el final que vemos hoy presupone los otros dos, y los tres forman una especie de silogismo, es decir, Granville, el espía ruso (Michel Piccoli) que se dice a sí mismo: "No pueden probar nada en mi contra, puedo simplemente irme a Rusia" (el primer final desechado); "Pero ahora ni siquiera los rusos me quieren, soy peligroso incluso para ellos, de modo que es probable que me maten" (el segundo final descartado), y "Entonces, ¿qué puedo hacer si en Francia me marginan por ser un espía ruso y en la propia Rusia ya no me quieren? Lo único que me queda es matarme" (el final efectivamente elegido). Hay, sin embargo, versiones mucho más refinadas de esta presencia implícita de finales alternativos. Creo que *Tuyo es mi corazón* [*Notorious*] debe al menos una parte de su poderoso impacto al hecho de que su desenlace debería percibirse contra el telón de fondo de al menos otros dos resultados posibles que resuenan en él como una suerte de historia alternativa[257]. En el primer bosquejo de la historia, Alicia se redime hacia el final de la película, pero pierde a Devlin, a quien matan cuando trata de rescatarla de los nazis. La idea era que ese acto sacrificial debía resolver la tensión entre Devlin, que es incapaz de reconocerle a Alicia que la ama, y esta última, que es incapaz de percibirse como digna de amor: aquel admite su amor por ella sin palabras, al morir para salvarle la vida. En la escena final, vemos a Alicia de regreso en Miami con su grupo de amigos bebedores: aunque ella es más "notoria" que nunca, lleva en el corazón el recuerdo de un hombre que la amó y murió por ella, y, como Hitchcock decía en un memorándum enviado a David O. Selznick, el productor, "para ella eso es lo mismo que si hubiera logrado tener una vida de matrimonio y felicidad". En la segunda versión, el resultado es el opuesto: aquí ya tenemos una idea del lento envenenamiento al que Sebastian y su madre han condenado a Alicia. Devlin se enfrenta a los nazis y huye con ella, pero entretanto Alicia muere. En el epílogo, Devlin está sentado solo en el café de Río de Janeiro donde se encontraba con ella, y oye por azar a unas personas que hablan de la muerte de la esposa lasciva y traicionera de Sebastian. Sin embargo, la carta que tiene en sus manos es un reconocimiento del presidente Harry Truman que menciona la valentía de Alicia. Devlin se guarda la carta en el bolsillo y termina su trago. Finalmente, la versión que, según sabemos, fue la elegida, con un final que da a entender que ahora Devlin y Alicia están casados. Hitchcock desechó luego ese final, para terminar con una nota más trágica: Sebastian, que amaba verdaderamente a Alicia, tiene que enfrentar solo la ira mortal de los nazis. La cuestión es que ambos finales alternativos están incorporados a la película, como una especie de telón de fondo fantasmático de la acción que vemos en la pantalla: si han de conformar una pareja, Devlin y Alicia tienen que pasar por una "muerte simbólica" para que el final feliz surja de la combinación de dos

257. Véase el fascinante relato en Thomas Schatz, *The Genius of the System. Hollywood Filmmaking in the Studio Era*, Nueva York, Henry Holt, 1996, pp. 393-403.

finales desdichados: es decir, esos dos escenarios fantasmáticos alternativos sostienen el desenlace que realmente vemos.

Esta característica nos permite incluir a Hitchcock en una serie de artistas cuyo trabajo anticipa el universo digital de nuestros días. Vale decir: los historiadores del arte han señalado con frecuencia el fenómeno de las viejas formas artísticas que superan sus límites y utilizan procedimientos que, al menos desde nuestra visión retrospectiva, parecen apuntar hacia una nueva tecnología que funcionará como un "correlato objetivo" más "natural" y apropiado de la experiencia vital que esas viejas formas se afanaban en traducir por medio de sus "excesivas" experimentaciones. Toda una serie de procedimientos narrativos de las novelas del siglo XIX anuncia no solo el cine narrativo típico (el uso intrincado del *flashback* en Emily Brontë o del montaje paralelo [*cross-cutting*] y los primeros planos en Charles Dickens) sino también, a veces, incluso el cine modernista (el uso del fuera de campo en *Madame Bovary*), como si ya estuviera presente una nueva percepción de la vida, pero luchara por encontrar sus propios medios de enunciación hasta encontrarlos, finalmente, en el cine. Lo que tenemos aquí es, entonces, la historicidad de una especie de *futur antérieur*: solo una vez surgido el cine y desarrollados sus procedimientos normales, podríamos realmente captar la lógica narrativa de las grandes novelas de Dickens o de *Madame Bovary*.

¿Y no estamos hoy acercándonos a un umbral semejante? Una nueva "experiencia vital" está en el aire, una percepción de la vida que hace explotar la forma de la narración linear y centrada y presenta la vida como un flujo multiforme, incluso en el dominio de las ciencias "duras" (la física cuántica y su interpretación de la realidad múltiple, o la total contingencia que puso en marcha la evolución efectiva de la vida en la Tierra: como Stephen Jay Gould demostró en *La vida maravillosa*[258], los fósiles de Burgess Shale dan testimonio de que la evolución podría haber tomado

258. Véase Stephen Jay Gould, *Wonderful Life. The Burgess Shale and the Nature of History*, Nueva York, Norton, 1989 [ed. cast.: *La vida maravillosa. Burgess Shale y la naturaleza de la historia*, trad. de Joandomènec Ros, Barcelona, Crítica, 2018].

un cariz totalmente diferente), y parecemos estar poseídos por el carácter azaroso de la vida y las versiones alternativas de la realidad. O bien la vida se experimenta como una serie de destinos paralelos múltiples que interactúan y se ven crucialmente afectados por encuentros contingentes y sin sentido, los puntos en que una serie se interseca con otra e interviene en ella (véase *Ciudad de ángeles* [*Short Cuts*], de Robert Altman), o diferentes versiones/resultados de la misma trama se representan repetidas veces (los escenarios de "universos paralelos" o "mundos posibles alternativos": véanse *El azar*, *La doble vida de Verónica* y *Rouge*, de Krzysztof Kieslowski; incluso historiadores "serios" produjeron hace un tiempo un volumen, *Historia virtual*[259], una lectura de hechos cruciales de las edades moderna y contemporánea, desde la victoria de Oliver Cromwell sobre los Estuardo o la Guerra Revolucionaria norteamericana a la desintegración del comunismo, en la que se los presenta como acontecimientos dependientes de azares impredecibles y a veces improbables). Esta percepción de nuestra realidad como uno de los resultados posibles —a menudo ni siquiera el más probable— de una situación "abierta", esta idea de que otros resultados posibles no quedan simplemente anulados sino que siguen acechando nuestra "verdadera" realidad como un espectro de lo que podría haber sucedido, lo cual confiere a esa realidad un estatus de extrema fragilidad y contingencia, choca implícitamente con las formas narrativas "lineales" predominantes de nuestra literatura y nuestro cine y parece reclamar un nuevo medio artístico en que esta situación no sea un exceso excéntrico, sino su modo "propio" de funcionar. El concepto de creación también cambia con esta nueva experiencia del mundo: ya no designa el acto positivo de imponer un nuevo orden, sino más bien el gesto negativo de la elección, la limitación de las posibilidades, el privilegio de una opción en detrimento de todas las otras. Puede sostenerse que el hipertexto del ciberespacio es el nuevo medio en el cual esa experiencia vital encontrará

259. Véase Niall Ferguson (ed.), *Virtual History. Alternatives and Counterfactuals*, Londres, Picador, 1997 [ed. cast.: *Historia virtual. ¿Qué hubiera pasado si...?*, trad. de Irene Cifuentes, Jesús Cuéllar y Eva Rodríguez Halffter, Madrid, Taurus, 1998].

su correlato objetivo “natural” y más apropiado, de modo que, una vez más, solo con la aparición de ese hipertexto podamos captar efectivamente aquello a lo que, en los hechos, apuntaban Altman y Kieslowski, y de manera implícita también Hitchcock.

La remake *ideal*

Esto también apunta tal vez a lo que sería una *remake* apropiada de una película de Hitchcock. El intento de imitar los *sinthomes* hitchcockianos es un ejercicio condenado de antemano al fracaso: versionar el mismo relato resulta en un producto a la manera de “Shakespeare Made Easy”. Solo quedan entonces dos caminos. Uno es el indicado por la *remake* de *Psicosis* dirigida por Gus van Sant, que, por paradójico que parezca, me inclino a considerar una obra maestra fallida y no un mero fracaso. La idea de una versión exacta cuadro por cuadro es ingeniosa; en mi opinión, el problema radica más bien en que la película no va suficientemente lejos en esa dirección. En un plano ideal, el filme debía esforzarse por alcanzar el efecto ominoso del doble: al rodar formalmente la misma película, la diferencia habría sido mucho más palpable. Todo hubiera sido igual —los mismos planos, ángulos y diálogos— pero, no obstante, en virtud de esa identidad, tendríamos aun con mayor fuerza la experiencia de estar ante una película totalmente diferente. Esa diferencia habría estado marcada por matices apenas perceptibles en la manera de actuar, la elección de los actores, el uso del color, etc. Algunos elementos del filme de Van Sant ya apuntan en esa dirección: los papeles de Norman, Lilah (presentada como lesbiana) y Marion (una bruja nada maternal, poco sociable y fría, en contraste con una Janet Leigh maternal y tetona), e incluso los de Arbogast y Sam, indican con elegancia ese traslado de fines de los años cincuenta al presente. Si bien algunas tomas agregadas son aceptables (como los enigmáticos planos subjetivos de un cielo nublado durante los dos asesinatos), los problemas vuelven a aparecer con los cambios más brutales (como la masturbación de Norman mientras espía a Marion antes de matarla: uno se siente tentado a hacer la observación bastante obvia de que, si fuera capaz de alcanzar ese tipo de satisfacción sexual, no tendría necesidad de cumplir el violento *passage à l'acte* de matarla); peor aún, algunas escenas quedan totalmente arruinadas y su impacto se pierde por completo al cambiar el encuadre preciso de Hitchcock (por ejemplo, la escena clave en que, después de irse de la oficina con el dinero, Marion, ahora en su casa, se prepara para escapar). Las *remakes* del propio Hitchcock (las dos versiones de *En manos del destino*, así como *Saboteador* e *Intriga internacional*) apuntan en esa dirección: si bien el relato es muy similar, la economía libidinal subyacente es del todo diferente en cada una de las *remakes*, como si la identidad fuera útil a la finalidad de marcar la diferencia[260].

El segundo camino sería poner en escena, en una movida estratégica bien calculada, una de las situaciones alternativas que subyacen a la realizada por Hitchcock, como la versión de *Tuyo es mi corazón* en que Ingrid Bergman es la única que sobrevive. Esa sería una manera pertinente de honrar a Hitchcock como un artista perteneciente a nuestra época. Tal vez, más que en los francos homenajes a este de Brian de Palma y otros, las escenas que anuncian esa *remake* apropiada han de encontrarse en lugares inesperados, como una escena de *La conversación* [*The Conversation*], de Francis Ford Coppola, que no es por cierto un director hitchcockiano. En ella, el investigador inspecciona una habitación de hotel, la escena de un crimen, con una mirada hitchcockiana, como Lilah y Sam lo hacen en el cuarto del motel de *Psicosis*, pasando del dormitorio principal al baño, donde se concentra en el inodoro y la ducha. El paso de la ducha (donde no hay huellas del crimen y todo está limpio) al inodoro, elevado así a la condición de objeto hitchcockiano que atrae nuestra mirada y nos fascina con la premonición de algún horror indecible, es crucial aquí (recuérdese la batalla de Hitchcock con la censura para que le permitieran mostrar el interior del inodoro, de donde Sam toma un pedazo roto de papel en el que figuran, en letra de

260. El logro más grande de la *remake* de Van Sant tal vez sea la escena de los créditos finales, que sigue al plano con que termina la película de Hitchcock y se extiende durante varios minutos: una toma de grúa continua que muestra lo que sucede alrededor del auto mientras lo sacan del pantano, el policía aburrido junto al camión grúa, todo acompañado por una guitarra suave que repite de manera improvisada el motivo de la partitura de Bernard Hermann. Este rasgo añade al filme el singular toque de los años noventa.

Marion, las sumas de dinero gastado, prueba de que ella estuvo allí). Tras una serie de referencias obvias a *Psicosis* en relación con el baño (descorrer rápidamente la cortina, inspeccionar el desagüe), el investigador se concentra en el inodoro (presuntamente limpio), tira la cadena y entonces la mancha aparece como de la nada, con sangre y otras huellas del crimen que desbordan la taza. Esta escena, una especie de *Psicosis* releída a través de *Marnie* (con su mancha roja que borronea la pantalla), incluye los principales elementos del universo hitchcockiano: tiene el objeto hitchcockiano que materializa alguna amenaza no especificada y funciona como el agujero de paso a otra dimensión abismal (¿tirar la cadena, en esta escena, no es como apretar el botón equivocado que disuelve todo el universo en las novelas de ciencia ficción?); puede decirse que ese objeto, que atrae y repele a la vez al sujeto, es el punto desde el cual el escenario inspeccionado le devuelve la mirada (¿la taza del inodoro no mira en cierto modo al héroe?), y, para terminar, Coppola hace realidad la situación alternativa del inodoro como lugar último del misterio. Lo que hace tan eficaz esta miniversión de una escena es que Coppola suspende la prohibición que funciona en *Psicosis*: la amenaza *sí* detona, la cámara *sí* muestra el peligro que pende en el aire en *Psicosis*, el caótico revoltijo sanguinolento que sale del inodoro[261]. (¿Y no es el pantano detrás de la casa, en el cual Norman hunde el automóvil con el cuerpo de su víctima, una especie de piscina gigante de lodo excrementicio, de modo que cabe decir que, de alguna manera, ha tirado el auto por el inodoro? El famoso momento, anterior en la película, en que se muestra el gesto preocupado en la cara de Norman cuando el auto detiene por un par de segundos su hundimiento en el pantano señala efectivamente la preocupación de que el inodoro no haya tragado las huellas del crimen. El último plano de *Psicosis*, en el cual vemos cómo sacan el auto de Marion del pantano, es así el equivalente hitchcockiano

261. En una entrevista, Hitchcock se jactó una vez de dejar el baño público siempre tan limpio que nadie podría suponer, tras inspeccionarlo, que había estado allí. Esta obsesión también explica el evidente placer en el asco que Hitchcock siente con los sucios pequeños detalles que caracterizan la misión cubana en Harlem de *Topaz*, como el documento diplomático oficial manchado con grasa de un sándwich.

de la sangre que reaparece en la taza del inodoro: en síntesis, ese pantano es uno más en la serie de puntos de entrada al inframundo preontológico).

¿Y no es la misma referencia al inframundo preontológico la que funciona también en la escena final de *Vértigo*? En los tiempos predigitales, cuando yo era adolescente, recuerdo haber visto una mala copia de esa película. Los últimos segundos simplemente faltaban, de modo que el filme parecía tener un final feliz: Scottie, reconciliado con Judy, la perdonaba y la aceptaba como compañera, y ambos se abrazaban con pasión. Lo que quiero decir es que ese final no es tan artificial como acaso parezca: es más bien en el final real donde la súbita aparición de la madre superiora desde la escalera de abajo funciona como una suerte de *deus ex machina* negativo, una intrusión repentina que no está en modo alguno apropiadamente fundada en la lógica narrativa y que impide el final feliz[262]. ¿De dónde sale la monja? Del mismo reino preontológico de sombras desde el cual Scottie observa en secreto a Madeleine en la florería[263]. La referencia a este reino preontológico nos permite abordar la escena hitchcockiana por antonomasia que nunca se rodó: precisamente porque traduce directamente la matriz básica de su obra, su filmación en los hechos habría producido sin duda un efecto vulgar y carente de gusto. Esta es la escena que Hitchcock quería insertar en

262. ¿No es esta súbita aparición similar a la del Tristán de Wagner? Hacia el final mismo de *Tristán e Isolda*, luego de la muerte del primero, de la llegada de Isolda y de su hundimiento en el trance mortal, la ruptura se produce con la llegada de una segunda nave, cuando el lento progreso se acelera repentinamente de una manera casi cómica. En cinco minutos suceden más cosas que en toda la duración precedente de la ópera. Algo similar pasa en *Il Trovatore* de Verdi, donde, en los dos últimos minutos, ocurre una multitud de cosas. Esas intrusiones inesperadas justo antes del final son cruciales para la lectura de las tensiones subyacentes de un relato.

263. Cuando Lesley Brill sostiene que en *Bajo el signo de Capricornio* es una especie de criatura inframundana la que trata de arrastrar a Ingrid Bergman de regreso al infierno, sentimos la tentación de decir que la monja que aparece en el momento final de *Vértigo* pertenece al mismo inframundo maligno. La paradoja radica, por supuesto, en que es una *monja*, una mujer de Dios, la que encarna la fuerza del mal que arrastra al sujeto hacia abajo e impide su salvación.

Intriga internacional, tal como se cuenta en las conversaciones de Truffaut con el maestro:

> Yo quería que hubiera un largo diálogo entre Cary Grant y uno de los trabajadores fabriles [de una de las plantas automovilísticas de Ford] mientras caminan junto a la cadena de montaje. Detrás de ellos están montando un auto, pieza por pieza. Finalmente, el auto que han visto armar desde el primer tornillo está completo, con nafta y aceite, y listo para salir de la cadena. Los dos hombres se miran y dicen: "¿no es maravilloso?". Luego abren la puerta del auto y cae un cadáver[264].

¿De dónde surgió —cayó— ese cadáver? Una vez más, del vacío mismo desde el cual Scottie observa a Madeleine en la florería, o del vacío del que sale sangre en *La conversación*. (También debería tenerse presente que lo que habríamos visto en esa larga toma es la unidad elemental del proceso de producción; ¿no es entonces el cuerpo que cae misteriosamente de la nada el doble perfecto de la plusvalía que se genera "de la nada" por medio de dicho proceso?). Esta chocante elevación de lo ridículamente más bajo (el "más allá" en el que desaparecen los excrementos) a la calidad de sublime metafísico es quizás uno de los misterios del arte de Hitchcock. ¿No forma parte lo sublime, a veces, de nuestra experiencia cotidiana más común? Cuando, en medio de la realización de una tarea simple (subir un largo tramo de escaleras, digamos), nos abruma un cansancio inesperado, parece de repente como si la sencilla meta a la que queremos llegar (el final de la escalera) estuviera separada de nosotros por una insondable barrera y, así, transformada en un objeto metafísico para siempre al margen de nuestro alcance, como si hubiese algo que nos impide por toda la eternidad alcanzarla. Y el dominio donde los excrementos se desvanecen luego de que tiramos la cadena es efectivamente una de las metáforas del "más allá" horrendamente sublime de lo primordial, el caos preontológico donde desaparecen las cosas. Aunque sepamos racionalmente qué pasa con los excrementos,

264. Truffaut, François, *Hitchcock*, Nueva York, Simon and Schuster, 1985, p. 257 [ed. cast.: *El cine según Hitchcock*, trad. de Ramón García Redondo, Madrid, Alianza, 1984].

el misterio imaginario persiste: la mierda sigue siendo un exceso que no encaja en nuestra realidad diaria, y Lacan tenía razón al afirmar que pasamos de animales a humanos en el momento en que el animal tiene problemas respecto de qué hacer con sus excrementos, el momento en que sus deposiciones se tornan un exceso que le molesta[265]. Lo "real" en la escena de *La conversación* no es así, ante todo, la cosa horrorosa y asqueante que desborda de la taza del inodoro, sino más bien el desagüe mismo de este, el agujero que actúa como pasaje a un orden ontológico diferente. Aquí, es significativa la similitud entre la taza vacía del inodoro antes de que reaparezcan en esta los restos del asesinato y el *Cuadrado negro sobre fondo blanco* de Kazimir Malévich: ¿la mirada desde arriba de la taza del inodoro no reproduce casi el mismo esquema visual minimalista, un cuadrado negro (o al menos más oscuro) de agua enmarcado por la superficie blanca de la propia taza? Insisto, sabemos desde luego que los excrementos que desaparecen están en algún lugar de la red cloacal; aquí, lo "real" es el agujero o la torsión topológica que curva el espacio de nuestra realidad, de modo que percibimos/imaginamos que los excrementos desaparecen en una dimensión alternativa que no forma parte de nuestra realidad cotidiana.

La obsesión de Hitchcock con la limpieza del baño o el inodoro después de usarlos es conocida, y resulta significativo que, luego del asesinato de Marion, cuando quiere trasladar a Norman nuestro punto de identificación, lo haga con una larga presentación del cuidadoso proceso de limpieza del baño. Esta es tal vez la escena clave de la película, una escena que proporciona una ominosa satisfacción profunda por el trabajo realizado como es debido, por el retorno de las cosas a lo normal, por el hecho de que la situación esté bajo control, por la borradura de las huellas del horroroso inframundo. Uno siente la tentación de leer esta escena con el telón de fondo de la conocida proposición de santo Tomás de Aquino, según la cual una virtud (definida como

265. Sucede algo parecido con la saliva: como sabemos, aunque podemos tragar sin inconvenientes nuestra propia saliva, nos parece en extremo repulsivo volver a tragar la que hemos escupido. Estamos aquí ante otro caso de violación de la frontera adentro/afuera.

la manera adecuada de realizar un acto) puede también ser útil a propósitos malvados: se puede ser también un perfecto ladrón, asesino, extorsionador, es decir, realizar un acto malo de manera "virtuosa". Lo que demuestra la escena de la limpieza del baño en *Psicosis* es que la perfección "inferior" puede afectar imperceptiblemente el objetivo "superior": la virtuosa perfección de Norman en la limpieza del baño puede, desde luego, ser útil al malvado propósito de borrar las huellas del crimen; sin embargo, esa misma perfección, la dedicación y el esmero de su acto, nos inducen a suponer que, si alguien actúa de una manera tan "perfecta", debe ser una persona buena y compasiva de cabo a rabo. En síntesis, alguien que limpia el baño en forma tan exhaustiva no puede ser realmente malo, a pesar de sus otras peculiaridades menores. (O, para expresarlo de manera aún más incisiva: ¡en un país gobernado por Norman, los trenes serían sin duda puntuales!). No hace mucho, mientras veía esta escena, me invadió cierto nerviosismo al advertir que el baño no estaba tan limpio como debía: ¡quedaban dos pequeñas manchas en un costado de la bañera! Estuve a punto de gritar: ¡eh, falta algo, termina el trabajo como corresponde! ¿No era que *Psicosis* apunta aquí a la percepción ideológica de nuestros días, según la cual el trabajo mismo (el trabajo manual en contraste con la actividad "simbólica"), y no el sexo, se convierte en el sitio de la indecencia obscena que debe quedar oculta a los ojos del público? La tradición que se remonta a *Rheingold* de Richard Wagner y *Metrópolis* de Fritz Lang, en la cual el proceso de trabajo se desarrolla bajo tierra, en cavernas oscuras, culmina hoy en los millones de trabajadores anónimos que sudan la gota gorda en fábricas del Tercer Mundo, de los gulags chinos a las cadenas de montaje indonesias o brasileñas. En su invisibilidad, Occidente puede darse el lujo de farfullar acerca de la "desaparición de la clase obrera". Sin embargo, lo crucial en esta tradición es la equiparación del trabajo con el delito, la idea de que el trabajo —el trabajo duro— es en su origen una indecente actividad delictiva que debe ocultarse a los ojos del público. En las películas de Hollywood, el único momento en que vemos el proceso de producción en toda su intensidad es cuando el héroe penetra en el dominio secreto del criminal supremo y localiza allí el sitio dedicado al trabajo intenso (la elaboración y el empaquetado de las drogas, la construcción de un cohete que destruirá Nueva York). Cuando, en una película de James Bond, el criminal supremo, tras capturar a este, lo lleva a visitar su fábrica ilegal, ¿no estamos en el punto en que Hollywood más se acerca a la orgullosa presentación realista socialista de la producción fabril?[266]. Y la función de la intervención de Bond es, por supuesto, hacer volar ese sitio de producción y permitirnos con ello volver a la apariencia diaria de nuestra existencia en un mundo con una "clase obrera que desaparece".

Y, ya que estamos, ¿no es la misma actitud de identificación contundente y contra nuestra voluntad claramente discernible en los teóricos cinematográficos de izquierda que, de manera similar, se ven forzados a querer a Hitchcock, a identificarse libidinalmente con él, aunque son bien conscientes de que, medida con la vara de la "corrección política", su obra se lee como un catálogo de pecados (obsesión con la limpieza y el control, mujeres creadas según la imagen masculina, etc.)? Nunca me pareció convincente la explicación convencional de los teóricos izquierdistas que no pueden evitar que Hitchcock les guste: sí, su universo es masculino y chovinista, pero al mismo tiempo él hace visibles sus grietas y de alguna manera lo subvierte desde adentro. Creo que la dimensión sociopolítica de las películas de Hitchcock debe buscarse en otra parte. Tomemos los dos cierres del final de *Psicosis*: en primer lugar, el psiquiatra redondea la historia y, luego, el propio Norman-madre pronuncia el monólogo final, "¡no lastimaría ni siquiera a una mosca!". Esta división entre los dos cierres dice más acerca del callejón sin salida al que ha llegado la subjetividad contemporánea que una docena de artículos de crítica cultural. Vale decir: tal vez parezca que estamos frente a la conocida ruptura entre el conocimiento experto y nuestros universos solipsistas privados, lamentada por muchos críticos sociales de nuestros días: el sentido común, una serie compartida de presupuestos éticamente asumidos, está desintegrándose poco a poco, y lo que nos queda es, por un lado, el lenguaje objetivizado

266. Debo esta observación a Boris Groys.

de los expertos y científicos que ya no puede traducirse al lenguaje común al alcance de todo el mundo salvo bajo el aspecto de fórmulas fetichizadas que nadie puede realmente entender, pero que dan forma a nuestro imaginario artístico y popular (agujeros negros, la teoría del Big Bang, supercuerdas, oscilación cuántica...), y por otro, la multitud de estilos de vida que no pueden traducirse mutuamente: todo lo que podemos hacer es garantizar las condiciones de su coexistencia tolerante en una sociedad multicultural. El ícono del sujeto de hoy es tal vez el programador indio de computadoras que, durante el día, sobresale en su calidad de experto, mientras que, por la noche, al volver a casa, enciende una vela a una deidad hindú y respeta el carácter sagrado de las vacas.

Sin embargo, si miramos con más detenimiento, pronto resulta evidente que, al final de *Psicosis*, esa oposición queda desplazada: es el psiquiatra, el representante del frío conocimiento objetivo, el que habla de una manera comprometida y casi cálidamente humana —su explicación está llena de tics personales y gestos de comprensión—, en tanto que Norman, retirado en su mundo privado, ya no es precisamente él mismo, sino que está bajo la completa posesión de otra entidad psíquica, el fantasma de la madre. Esta imagen final de Norman me recuerda el modo en que se ruedan las telenovelas en México: debido a un cronograma sumamente apretado (el estudio tiene que producir por día un episodio de media hora de la serie), los actores no tienen tiempo de aprender de antemano sus parlamentos, de modo que no hacen más que ponerse en el oído un diminuto receptor y un hombre en la cabina situada detrás del set les lee simplemente las instrucciones del caso (lo que deben decir, lo que deben hacer). Los actores están entrenados para cumplir de inmediato, sin demora alguna, esas instrucciones. Ese es Norman al final de *Psicosis*, y esa es también una buena lección para los adeptos de la *New Age* que sostienen que deberíamos sacarnos las caretas sociales y liberar nuestro "auténtico yo interior". Vemos el resultado final en Norman, que, en las últimas imágenes de *Psicosis*, realiza efectivamente su auténtico yo y sigue la máxima de Arthur Rimbaud en su carta a Demeny ("*Car je est un autre. Si le cuivre s'éveille clairon, il n'y a rien de sa faute*")[267]: si Norman comienza a hablar con la extraña voz de su madre, no es culpa de él. El precio que tiene que pagar para llegar a ser "realmente él mismo", un sujeto indiviso, es la alienación total, la transformación en Otro con respecto a sí mismo: el obstáculo a la plena identidad consigo mismo es la condición misma de la individualidad.

Otro aspecto de ese mismo antagonismo tiene que ver con la arquitectura: también puede considerarse a Norman como un sujeto dividido entre dos edificios, el motel horizontal moderno y la casa gótica vertical de la madre, entre los que corre incesantemente sin encontrar nunca un lugar propio. En este sentido, el carácter *unheimlich* del final de la película implica que, en su plena identificación con la madre, Norman ha encontrado por fin su *heim*, su hogar. En obras modernistas como *Psicosis*, esa escisión todavía es visible, mientras que el objetivo principal de la arquitectura posmoderna de nuestros días es oscurecerla. Basta con recordar el "nuevo urbanismo", con su retorno a las pequeñas casas familiares en ciudades pequeñas, con porches frontales, para recrear la atmósfera acogedora de la comunidad local. Se trata aquí, sin duda, del caso más puro de la arquitectura como ideología, que proporciona una solución imaginaria (aunque "real", materializada en la disposición concreta de las casas) a un punto muerto social real que no tiene nada que ver con la arquitectura y tiene todo que ver con la dinámica del tardocapitalismo. Un caso más ambiguo del mismo antagonismo es la obra de Frank Gehry. ¿Por qué es este tan popular, una verdadera figura de culto? Gehry toma como base uno de los dos polos del antagonismo, la anticuada casa familiar o un edificio modernista de cristal y hormigón, y luego, o bien lo somete a una suerte de distorsión anamórfica cubista (ángulos curvos de paredes y ventanas, etc.), o bien combina la vieja casa familiar con un complemento modernista, en cuyo caso, como ha señalado Fredric Jameson, el punto focal es el lugar (la habitación) situado en la intersección de los dos espacios. En síntesis, ¿no hace Gehry en arquitectura lo que los indios caduveos (en la magnífica descripción que Claude

267. "Porque yo es otro. Si el cobre se despierta clarín, no es en modo alguno por su culpa". [N. del T.]

Lévi-Strauss desarrolla en *Tristes trópicos*) trataban de lograr con sus caras tatuadas: resolver por medio de un acto simbólico lo "real" del antagonismo social, a través de la construcción de una solución utópica, una mediación entre opuestos? Esta es, entonces, mi hipótesis final: si Gehry hubiera construido el motel Bates, con la combinación directa de la vieja casa de la madre y el motel chato moderno, para erigir una nueva entidad híbrida, Norman no habría necesitado matar a sus víctimas, dado que se hubiera liberado de la insoportable tensión que lo fuerza a correr entre los dos lugares: habría tenido un lugar de mediación entre los dos extremos.

6.2 *MATRIX*, O LOS DOS LADOS DE LA PERVERSIÓN

Entonces, si *Psicosis* nos pone frente a los antagonismos de la modernidad, ¿cómo quedan estos desplazados en nuestra era posmoderna? *Matrix*, la película de Andy y Larry Wachowski, nos da sin querer la respuesta. Cuando la vi en un cine de barrio de Eslovenia, tuve la oportunidad única de sentarme cerca del espectador ideal de ese filme, a saber, un idiota. Un hombre de poco menos de treinta años sentado a mi derecha estaba tan inmerso en la película que todo el tiempo perturbaba a los demás espectadores con exclamaciones como: "¡Dios mío, guau, así que no hay realidad!". Prefiero definitivamente ese tipo de inmersión ingenua a las lecturas intelectualistas pseudosofisticadas que proyectan en la película las refinadas distinciones conceptuales filosóficas o psicoanalíticas[268].

268. Si se compara el guion original (disponible en internet) con la propia película, puede verse que los directores (los hermanos Wachowski, también autores del guion) fueron lo bastante inteligentes para desechar referencias pseudointelectuales demasiado directas, como en el siguiente diálogo: "Míralos. Autómatas. No piensan lo que hacen ni por qué. La computadora les dice qué hacer y ellos lo hacen". "La banalidad del mal". Esta pretenciosa referencia a Hannah Arendt significa que no se ha entendido absolutamente nada: las personas inmersas en la realidad virtual o la Matriz están en una posición enteramente diferente, casi opuesta, a la de los ejecutores del Holocausto. Otra medida de parecida astucia fue abandonar las referencias demasiado obvias a las técnicas orientales para vaciar la mente como una manera de escapar al

Es fácil, no obstante, entender esa atracción intelectual que despierta *Matrix*. ¿No es esta una de las películas que funcionan como una especie de test de Rorschach, al poner en marcha el proceso universalizado de reconocimiento (como la proverbial pintura de Dios cuya mirada parece estar siempre directamente fija en nosotros, sea cual fuere la posición desde la que lo miremos), a tal punto que prácticamente todas las orientaciones parecen reconocerse en ella? Mis amigos lacanianos me dicen que los autores deben de haber leído a Lacan; los partidarios de la Escuela de Fráncfort ven en *Matrix* la encarnación extrapolada de la *Kulturindustrie*, la sustancia social alienada-reificada (del capital) que se hace directamente cargo de nuestra propia vida interior, la coloniza y la usa como una fuente de energía, y los adeptos de la *New Age* ven en ella el origen de las especulaciones que suponen que nuestro mundo no es más que un espejismo generado por una Mente global encarnada en la *World Wide Web*. Esta serie se remonta hasta la *República* de Platón: ¿acaso *Matrix* no repite con exactitud el *dispositivo* de la caverna platónica (humanos comunes y corrientes como prisioneros, firmemente atados a sus asientos y obligados a mirar la difusa representación de lo que se considera, falsamente, la realidad)? Hay una importante diferencia, está claro, y es que cuando algunos individuos escapan a su difícil situación en la caverna y salen a la superficie de la tierra, ya no encuentran la brillante superficie iluminada por los rayos del sol, el bien supremo, sino el desolado "desierto de lo real". Aquí, la oposición clave es la existente entre la Escuela de Fráncfort y Lacan: ¿debemos historizar *Matrix* y convertirla en la metáfora del capital que colonizó la cultura y la subjetividad, o se trata de la reificación del orden simbólico como tal? Pero ¿y si, después de todo, esta misma alternativa fuera falsa? ¿Y si el carácter virtual del orden simbólico *como tal* fuera la condición misma de la historicidad?

control de la Matriz. "Tienes que aprender a liberarte de esa ira. Debes desprenderte de todo. Debes vaciarte para liberar tu mente".

Alcanzando el fin del mundo

La idea del héroe que vive en un universo artificial totalmente manipulado y controlado dista de ser original: *Matrix* no hace sino radicalizarla al introducir la realidad virtual (RV). La cuestión es aquí la radical ambigüedad de la RV con respecto a la problemática de la iconoclasia. Por un lado, la RV marca la reducción radical de la riqueza de nuestra experiencia sensorial ya no a letras sino a la serie digital mínima de unos y ceros, el paso o el no paso de la señal eléctrica. Por otro, esta misma máquina digital genera la experiencia "simulada" de la realidad que tiende a ser indiscernible de la realidad "real", con la consecuencia de socavar la idea misma de esta última. La RV es así, al mismo tiempo, la afirmación más radical del seductor poder de las imágenes.

¿No es la definitiva fantasía paranoica estadounidense el hecho de que un individuo que vive en una pequeña e idílica ciudad de Florida, un paraíso del consumismo, comience de improviso a sospechar que el mundo en que vive es una simulación, una representación puesta en escena para convencerlo de que vive en un mundo real, mientras todas las personas que están a su alrededor son efectivamente actores y extras de un gigantesco espectáculo? El más reciente ejemplo de esa situación es *The Truman Show* (1998), de Peter Weir, con Jim Carrey en el papel de un empleado de pueblo que descubre poco a poco que es el protagonista de una serie televisiva emitida las veinticuatro horas del día: su ciudad natal es un gigantesco plató, con cámaras que lo siguen constantemente. La "esfera" de Peter Sloterdijk cobra aquí una realidad literal, dado que hay una gigantesca esfera de metal que envuelve y aísla toda la ciudad de Truman. La toma final de *The Truman Show* tal vez parezca representar la liberadora experiencia de escapar de la sutura ideológica del universo cerrado hacia su afuera, invisible desde el adentro ideológico. Sin embargo, ¿y si este desenlace "feliz" de la película (no lo olvidemos: aplaudido por los millones de personas de todo el mundo que siguen el espectáculo hasta el último minuto), con la huida del héroe y, según se nos induce a creer, el pronto encuentro con su verdadero amor (¡de modo que tenemos una vez más la fórmula de la producción de la pareja!), fuera ideología en su grado más alto de pureza?

¿Y si la ideología reside en la creencia misma de que, más allá del encierro del universo finito, hay alguna "verdadera realidad" a la que ingresar?[269].

Entre los precedentes de esta idea vale la pena mencionar *Tiempo desarticulado* [*Time Out of Joint*, 1959], de Philip Dick, donde un héroe cuya modesta vida diaria transcurre en una pequeña e idílica ciudad de California a fines de los años cincuenta descubre gradualmente que todo el lugar es una simulación puesta en escena para mantenerlo satisfecho. La experiencia subyacente de *Tiempo desarticulado* y *The Truman Show* es que el paraíso consumista del tardocapitalismo es, en su hiperrealidad misma, irreal, insustancial, carente de inercia material. De modo que no solo Hollywood monta una apariencia de vida real desprovista del peso y la inercia de la materialidad; en la sociedad de consumo tardocapitalista, la propia "vida social real" adquiere de alguna manera los rasgos de una simulación puesta en escena, con vecinos que en la vida "real" se comportan como actores y extras. La verdad última del universo capitalista utilitario y desespiritualizado es la desmaterialización de la propia "vida real", su conversión en un espectáculo de espectros.

En el ámbito de la ciencia ficción, también habría que mencionar *La nave estelar*, de Brian Aldiss, donde los miembros de una tribu viven en el mundo cerrado de un túnel en una nave estelar gigante, aislados del resto de esta por una densa vegetación e ignorantes de que más allá hay un universo; finalmente, algunos niños penetran en la espesura y llegan al mundo del otro lado, poblado por otras tribus. Entre los precursores más antiguos, y más "ingenuos", deberíamos mencionar *36 horas de suspenso* [*36 Hours*], una película de George Seaton de comienzos de los años sesenta acerca de un oficial estadounidense (James Garner) que tiene conocimiento de todos los planes para la invasión de Normandía y, por azar, es tomado prisionero por los alemanes

269. También es crucial el hecho de que el héroe de *The Truman Show* descubra lo que está sucediendo y escape de su mundo manipulado gracias a la imprevista intervención de su padre. En la película hay dos figuras paternas, el padre simbólico-biológico real y el padre "real" paranoico, el director del programa de televisión (interpretado por Ed Harris), que manipula por completo la vida de Truman y lo protege en el entorno cerrado.

apenas unos días antes de la invasión. Debido a que, cuanto lo apresan, está inconsciente a causa de una explosión, los alemanes se apresuran a construir una réplica de un pequeño centro militar estadounidense de recuperación de convalecientes e intentan convencer al oficial de que está ahora en 1950, de que los Estados Unidos ganaron la guerra y de que él no tiene recuerdos de lo sucedido en los últimos seis años. La idea es que pueda contar sin resquemores todo lo referido a los planes de la invasión, ya que eso facilitará la preparación de los alemanes. En este edificio cuidadosamente construido no tardan en aparecer grietas. (¿No vivió el propio Lenin, en los dos últimos años de su vida, en un entorno controlado de manera similar, donde, como sabemos, Stalin hacía imprimir para él un solo ejemplar especialmente preparado de *Pravda*, del que se eliminaban todas las noticias que pudieran ponerlo sobre aviso de las luchas políticas en curso, con la excusa de que el camarada Lenin debía descansar y no excitarse a causa de provocaciones innecesarias?).

Lo que acecha en el trasfondo es, desde luego, la noción premoderna de "llegar al fin del universo": en grabados muy conocidos, vemos a sorprendidos viajeros que se acercan a la pantalla/telón del cielo, una superficie chata con estrellas pintadas, la desgarran y pasan del otro lado, exactamente como sucede al final de *The Truman Show*. No habrá de sorprender que la última escena de la película, en la que Truman trepa por las escaleras de la pared donde está pintado el horizonte azul cielo y abre una puerta, tenga un distintivo toque a lo Magritte: ¿no es esa misma sensibilidad la que hoy vuelve con creces? ¿No señalan obras como *Parsifal* de Jürgen Syberberg, en la cual el horizonte infinito también está bloqueado por retroproyecciones obviamente "artificiales", que el tiempo de la perspectiva infinita cartesiana está agotándose y que volvemos a una especie de renovado universo medieval anterior a la perspectiva? Con lucidez, Fredric Jameson ha llamado la atención sobre el mismo fenómeno en algunas de las novelas de Raymond Chandler y de las películas de Hitchcock: en *Adiós, muñeca*, la costa del océano Pacífico funciona como una suerte de fin/límite del mundo, más allá del cual hay un abismo desconocido, y sucede otro tanto con el gran valle abierto que se extiende frente a las cabezas del monte Rushmore cuando, escapando de sus perseguidores, Eva Marie Saint y Cary Grant llegan a la cima del monumento (donde Saint, a punto de caer al vacío, es salvada por Grant). Y nos tienta agregar a esta serie la famosa escena de la batalla en un puente de la frontera entre Vietnam y Camboya en *Apocalypse Now*, donde el espacio del otro lado del puente se experimenta como el "más allá de nuestro universo conocido". ¿Y cómo no recordar que la idea de que nuestra Tierra no es un planeta que flota en el espacio infinito, sino una apertura circular, un agujero dentro de la masa compacta y sin término de hielos eternos, con el sol en su centro, era una de las fantasías pseudocientíficas favoritas de los nazis (según algunas informaciones, consideraban incluso la posibilidad de instalar telescopios en las islas Sylt para poder observar los Estados Unidos)?

El gran Otro "realmente existente"

¿Qué es, entonces, *Matrix*? Simplemente el "gran Otro" lacaniano, el orden simbólico virtual, la red que estructura nuestra realidad. Esta dimensión del gran Otro es la de la alienación constitutiva del sujeto en el orden simbólico: el gran Otro mueve los hilos, el sujeto no habla, "es hablado" por la estructura simbólica. En síntesis, "gran Otro" es el nombre de la sustancia social, de todo lo que hace que el sujeto nunca domine plenamente los efectos de sus actos, y en virtud de lo cual el resultado final de su actividad siempre es algo más de lo que aquel pretendía o preveía. Sin embargo, es crucial señalar aquí que, en los capítulos claves de su seminario 11, Lacan se esfuerza por delinear la operación que sigue a la alienación y es, en cierto sentido, su contrapunto, la de separación: la alienación *en* el gran Otro es seguida por la separación *del* gran Otro. La separación se produce cuando el sujeto toma nota de lo inconsistente, lo puramente virtual, lo "barrado" que es en sí mismo ese gran Otro, lo privado que está de la Cosa, y la fantasía es entonces un intento de llenar esa falta del Otro, no del sujeto (es decir, de [re]constituir la consistencia del gran Otro). Por esa razón, la fantasía y la paranoia están intrínsecamente vinculadas: en su aspecto más elemental, la paranoia es la creencia en un "Otro del Otro", otro Otro que, oculto detrás del Otro de la textura social explícita, programa lo que a nosotros nos parecen los efectos imprevistos de la vida social y garantiza así su consistencia: debajo del caos del mercado, la degradación de la moral, etc., está la estrategia deliberada del complot judío. Esta postura paranoica cobró hoy nuevo impulso gracias a la digitalización de nuestra vida cotidiana: cuando toda nuestra existencia (social) se externaliza/materializa progresivamente en el gran Otro de la red computacional, es fácil imaginar a un programador malvado que borra nuestra identidad digital y nos priva así de nuestra existencia social, convirtiéndonos en no personas.

De conformidad con este mismo giro paranoico, la tesis de *Matrix* es que el gran Otro se externaliza en la megacomputadora realmente existente. Hay —*tiene* que haber— una matriz porque "las cosas no están bien, se pierden oportunidades, algo anda mal todo el tiempo". Es decir: la idea de la película es que esas cosas suceden a causa de la presencia de la Matriz que oscurece la realidad que está detrás de todo eso. Por consiguiente, el problema del filme radica en que *no* es lo bastante "loco" porque supone otra realidad "real" detrás de nuestra realidad de todos los días, sostenida por la Matriz. Evitemos, empero, el fatal malentendido: la idea inversa de que "todo lo que hay lo genera la Matriz", de que *no* hay una realidad última sino únicamente una serie infinita de realidades virtuales, cada una de las cuales se refleja en las otras, es no menos ideológica. (En las secuelas de *Matrix* nos enteraremos probablemente de que el propio "desierto de lo real" es generado por otra matriz). Mucho más subversiva que esta multiplicación de universos virtuales hubiera sido la multiplicación de las realidades mismas: algo que reprodujera el paradójico peligro que algunos físicos ven en los recientes experimentos con aceleradores de partículas. Como es sabido, los científicos tratan hoy de construir un acelerador capaz de colisionar los núcleos de átomos muy pesados casi a la velocidad de la luz. La idea es que esa colisión no solo dividirá los núcleos de los átomos en los protones y neutrones que los constituyen, sino que pulverizará incluso estos últimos y producirá así un "plasma", una especie de sopa de energía consistente en partículas sueltas de cuarks y gluones, los componentes fundamentales de la materia que hasta ahora nunca se habían estudiado en un estado semejante, dado que este solo existió brevemente tras el Big Bang. Sin embargo, esta perspectiva ha dado origen a un escenario de pesadilla: ¿y si el éxito del experimento crea una máquina del Juicio Final, una especie de monstruo devorador de mundos que, en virtud de una inexorable necesidad, termine por aniquilar la materia en su torno y, de tal modo, por abolir el mundo tal como lo conocemos? La ironía es que ese fin del mundo, esa desintegración del universo, sería la prueba definitiva e irrefutable de que la teoría sometida a examen es verdadera, ya que chuparía toda la materia hacia un agujero negro y luego originaría un nuevo universo, en una recreación perfecta del escenario del Big Bang.

La paradoja, entonces, es que ambas versiones —1) un sujeto que fluctúa libremente entre una y otra RV, un mero fantasma consciente de que toda realidad es un engaño, y 2) la suposición paranoica de que hay una realidad real debajo de la Matriz— son falsas: ambas pasan por alto lo real. La película no se equivoca al insistir en que *hay* un real por debajo de la simulación de la RV: como Morfeo le dice a Neo al mostrarle el ruinoso paisaje de Chicago: "Bienvenido al desierto de lo real". Sin embargo, lo real no es la "verdadera realidad" detrás de la simulación virtual sino el vacío que torna incompleta/inconsistente la realidad, y la función de toda matriz simbólica es ocultar esa inconsistencia. Una manera de lograr ese ocultamiento es precisamente afirmar que, detrás de la realidad incompleta/inconsistente que conocemos, hay otra que no debe su estructura a la imposibilidad derivada de un callejón sin salida.

El gran Otro no existe

"Gran Otro" también significa el campo de sentido común al que se puede llegar luego de una deliberación libre; en el ámbito filosófico, su última gran versión es la comunidad de comunicación de Jürgen Habermas con su ideal regulador del acuerdo. Y es ese gran Otro el que hoy se desintegra poco a poco. La jerga experta se presenta como una percepción objetiva con la cual uno no puede realmente discutir y que es, al mismo tiempo, intraducible a nuestra experiencia común. En síntesis, la grieta entre la percepción científica y el sentido común es insalvable, y es ella misma la que eleva a los científicos a la categoría de figuras populares de culto de los "sujetos supuestos al saber" (el fenómeno Stephen Hawking). El anverso estricto de esa objetividad es la manera en que, en los asuntos culturales, nos enfrentamos a la multitud de estilos de vida que no podemos traducir entre sí. El fenómeno del ciberespacio retrata a la perfección esa escisión. Se suponía que el ciberespacio nos hermanaría a todos en una aldea global; sin embargo, lo que sucede en los hechos es que se nos bombardea con una multitud de mensajes pertenecientes a universos inconsistentes e incompatibles: en vez de la aldea global, el gran Otro, tenemos a nuestra elección una muchedumbre de "pequeños otros", de identificaciones tribales específicas. Evitemos un malentendido: en este punto, Lacan dista de relativizar la ciencia para hacer de ella solo uno más de los relatos arbitrarios, en un pie de igualdad, en última instancia, con los mitos "políticamente correctos" y cosas por el estilo. Las ciencias *sí* "tocan lo real", su conocimiento *es* "conocimiento en lo real"; el callejón sin salida radica simplemente en el hecho de que el conocimiento científico no puede cumplir el papel del "gran Otro" *simbólico*. La grieta entre la ciencia moderna y la ontología filosófica del sentido común aristotélico es aquí insuperable: aparece ya con Galileo y llega a su extremo con la física cuántica, donde estamos frente a reglas/leyes que funcionan, aunque nunca puede retraducírselas a nuestra experiencia de la realidad representable.

La teoría de la sociedad del riesgo y su reflexivización global acierta al hacer hincapié en que hoy nos encontramos en el extremo opuesto de la ideología universalista clásica de la Ilustración, que presuponía que, a largo plazo, las cuestiones fundamentales podían resolverse mediante la referencia al "conocimiento objetivo" de los expertos: cuando nos enfrentamos a las opiniones en conflicto sobre las consecuencias ambientales de un nuevo producto (las verduras genéticamente modificadas, pongamos por caso), buscamos en vano la opinión experta definitiva. Y la cuestión no es simplemente que los problemas reales se desdibujen debido a que la dependencia económica de grandes corporaciones y organismos estatales corrompe la ciencia: lo que sucede es que, por sí mismas, las ciencias no pueden darles respuesta. Hace quince años, los ecologistas pronosticaban la muerte de nuestros bosques: hoy, el problema es un crecimiento demasiado grande de la madera. La teoría de la sociedad del riesgo se queda corta, en cambio, al no destacar como es necesario el aprieto irracional en que esto nos pone a nosotros, los sujetos comunes y corrientes: nos vemos una y otra vez en la obligación de decidir, aunque somos bien conscientes de que no estamos en condiciones de decidir y de que nuestra decisión será arbitraria. Ulrich Beck y sus seguidores se refieren aquí a la discusión democrática de todas las opciones y a la construcción de consensos. Con todo, esto no resuelve un dilema que conduce a la inmovilidad: ¿por qué debería la discusión democrática con la participación de la mayoría producir un mejor resultado cuando, en términos cognitivos, se mantiene la ignorancia de la mayoría? Es entendible así la frustración política de la mayoría: se los convoca a decidir y al mismo tiempo reciben el mensaje de que no están, en los hechos, en condiciones de hacerlo, de ponderar con objetividad los pros y los contras. El recurso a las "teorías conspirativas" es una manera desesperada de salir de ese callejón sin salida, un intento de recuperar un mínimo de lo que Fredric Jameson llama "mapeo cognitivo".

Jodi Dean[270] nos llamó la atención sobre un curioso fenómeno claramente observable en el "diálogo de sordos" entre la ciencia oficial ("seria", académicamente institucionalizada) y el vasto dominio de las llamadas pseudociencias, de la ufología a los que quieren descifrar los secretos de las pirámides: la única reacción posible es la sorpresa cuando se advierte que es la ciencia oficial la que procede de una manera dogmática y desdeñosa, en tanto que los pseudocientíficos se refieren a hechos y argumentos carentes de los prejuicios corrientes. Por supuesto, la respuesta en este caso será que los científicos establecidos hablan con la autoridad del gran Otro de la institución científica, pero el problema

270. En quien me apoyo en gran medida aquí. Véase Jodi Dean, *Aliens in America. Conspiracy Cultures from Outerspace to Cyberspace*, Ithaca, Cornell University Press, 1998.

es, precisamente, que este gran Otro científico revela ser, una y otra vez, una ficción simbólica consensual. De modo que, cuando nos vemos frente a teorías conspirativas, deberíamos proceder en estricta conformidad con la lectura pertinente de *Otra vuelta de tuerca*, de Henry James: no debemos aceptar ni la existencia de los fantasmas como parte de la realidad (narrativa) ni reducirlos, de una manera pseudofreudiana, a la "proyección" de las frustraciones sexuales histéricas de la heroína. Las teorías conspirativas, desde luego, no tienen que aceptarse como un "hecho". Sin embargo, tampoco habría que reducirlas al fenómeno de la histeria de masas moderna. Una idea como esa se apoya aún en el "gran Otro", en el modelo de la percepción "normal" de la realidad social compartida y, en consecuencia, no toma en cuenta que es justamente esa noción de la realidad la que hoy se pone en tela de juicio. El problema no es que los ufólogos y los teóricos de la conspiración tengan una regresión a una actitud paranoica incapaz de aceptar la realidad (social): el problema es que esa misma realidad está volviéndose paranoica. La experiencia contemporánea nos enfrenta una y otra vez a situaciones en las cuales nos vemos forzados a tomar nota de que nuestro sentido de la realidad y la actitud normal respecto de ella se fundan en una ficción simbólica; es decir: el modo en que el gran Otro determina lo que se considera como una verdad normal y aceptada —lo que es el horizonte de sentido en una sociedad dada— no está en manera alguna basado en los "hechos" tal como los retrata el "conocimiento científico en lo real". Tomemos una sociedad tradicional en la cual la ciencia moderna todavía no se haya elevado al rango de discurso del amo: si un individuo, en su espacio simbólico, defiende proposiciones de la ciencia moderna, se lo desestimará como un "loco". El punto clave es que no basta con decir que "en realidad" no está "loco", que es meramente la sociedad estrecha e ignorante la que lo pone en esa posición: en cierto modo, el hecho de ser tratado como un loco, de ser excluido del gran Otro social, *equivale* efectivamente a estar loco. La "locura" no es una designación que pueda fundarse en una referencia directa a los "hechos" (en el sentido de que un loco es incapaz de percibir las cosas tal como realmente son, dado que está atrapado en sus proyecciones alucinatorias), sino únicamente en la relación que el individuo mantiene con el "gran Otro". Lacan suele hacer hincapié en el aspecto opuesto de esta paradoja, en cuanto "el loco no solo es un mendigo que cree ser rey, sino también un rey que cree ser rey", esto es, la locura designa el derrumbe de la distancia entre lo simbólico y lo real, una identificación inmediata con el mandato simbólico; o, para tomar este otro enunciado ejemplar, cuando un marido tiene celos patológicos y lo obsesiona la idea de que su mujer se acuesta con otros hombres, su obsesión seguirá siendo un rasgo patológico aunque se pruebe que tiene razón y que su mujer, *en efecto*, se acuesta con otros hombres. La lección de estas paradojas es clara: los celos patológicos no tienen que ver con el hecho de dar crédito a hechos que son falsos, sino con la manera en que esos hechos se integran a la economía libidinal del sujeto. Sin embargo, lo que habría que aseverar aquí es que la misma paradoja tendría que funcionar, por decirlo así, en la dirección opuesta: la sociedad (su campo sociosimbólico, el gran Otro) es "cuerda" y "normal" aun cuando se pruebe que está fácticamente equivocada. (Tal vez Lacan se designaba "psicótico" en ese sentido: lo era, en efecto, en la medida en que no era posible integrar su discurso al campo del gran Otro).

Uno se siente tentado a afirmar, al modo kantiano, que el error de la teoría conspirativa es en cierta forma homólogo al "paralogismo de la razón pura", a la confusión entre dos niveles: la sospecha (con respecto al sentido común recibido en lo científico, lo social, etc.) como la postura metodológica formal, y la positivación de esa sospecha en otra parateoría global omniexplicativa.

La selección de lo real

Desde otro punto de vista, *Matrix* también funciona como la "pantalla" que nos separa de lo real, que hace tolerable el "desierto de lo real". Sin embargo, en este punto es preciso no olvidar la ambigüedad radical de lo real lacaniano: no es el referente último que la pantalla de la fantasía tenga que cubrir/elitizar/domesticar. Lo real también es, y es ante todo, la pantalla misma como obstáculo que siempre distorsiona nuestra percepción del referente, de la realidad que está "ahí". En términos filosóficos, en ello radica la diferencia entre Kant y Hegel: para el primero, lo real es el dominio nouménico que percibimos "esquematizado" a través de la pantalla de las categorías trascendentales; para el segundo, al contrario, si sustraemos de la Cosa la distorsión de la pantalla, perdemos la Cosa misma (en términos religiosos, la muerte de Cristo es la muerte de Dios en sí mismo, no solo de su encarnación humana), razón por la cual, para Lacan, que aquí sigue a Hegel, la Cosa en sí es en última instancia la mirada, no el objeto percibido. Volvamos entonces a *Matrix*: la Matriz misma es lo real que distorsiona nuestra percepción de la realidad.

Quizá sea de alguna ayuda aquí una referencia al ejemplar análisis de Lévi-Strauss, en su *Antropología estructural*, sobre la disposición espacial de las edificaciones de los winnebagos, una de las tribus de los Grandes Lagos. La tribu está dividida en dos subgrupos (*moieties*), "los que son de arriba" y "los que son de abajo"; cuando se pide a un individuo que dibuje en un papel o en la arena el plano de su aldea (la disposición espacial de las cabañas), se obtienen dos respuestas muy diferentes en función de la pertenencia del individuo a uno u otro de los subgrupos. Ambos perciben la aldea como un círculo, pero para un subgrupo hay, dentro de ese círculo, otro de casas centrales, de modo que tenemos dos círculos concéntricos, mientras que para el otro subgrupo el círculo está cortado en dos por una clara línea divisoria. En otras palabras, un miembro del primer subgrupo (llamémoslo "corporativista conservador") percibe el plano de la aldea como un anillo de casas más o menos simétricamente dispuestas alrededor del templo central, mientras que un miembro del segundo subgrupo ("antagonista revolucionario") percibe su aldea como dos montones distintos de casas separadas por una frontera invisible[271]. El argumento central de Lévi-Strauss es que este ejemplo no debe en modo alguno incitarnos a hablar de relativismo cultural, según el cual la percepción del espacio social depende de la pertenencia grupal del observador: la partición misma entre dos

271. Lévi-Strauss, Claude, "Do dual organizations exist?", en: *Structural Anthropology*, Nueva York, Basic Books, 1963, pp. 131-163, dibujos en pp. 133-134 [ed. cast.: "¿Existen las organizaciones dualistas?", en: *Antropología estructural*, trad. de Eliseo Verón, Barcelona, Paidós, 1995, pp. 165-191].

percepciones "relativas" implica la referencia oculta a una constante, no la disposición objetiva, "concreta", de las edificaciones sino un núcleo traumático, un antagonismo fundamental que los habitantes de la aldea eran incapaces de simbolizar, explicar, "internalizar", admitir, esto es, un desequilibrio en las relaciones sociales que impedía a la comunidad estabilizarse como un todo armonioso. Las dos percepciones del plano de la aldea no son otra cosa que dos intentos mutuamente excluyentes de hacer frente a ese antagonismo traumático, sanar la herida que produce por medio de la imposición de una estructura simbólica equilibrada. ¿Es necesario agregar que las cosas son exactamente iguales en lo que respecta a la diferencia sexual, que "masculino" y "femenino" son como las dos configuraciones de las casas en la aldea de Lévi-Strauss? Y a fin de disipar la ilusión de que nuestro universo "desarrollado" no está bajo el dominio de la misma lógica, basta con recordar la escisión de nuestro espacio político en izquierda y derecha: un izquierdista y un derechista se comportan exactamente de la misma manera que los miembros de los subgrupos opuestos de la aldea levistraussiana. No solo ocupan posiciones diferentes dentro del espacio político, cada uno de ellos percibe de diferente manera la disposición misma de ese espacio: un izquierdista, como el campo intrínsecamente dividido por algún antagonismo fundamental; un derechista, como la unidad orgánica de una comunidad solo perturbada por intrusos foráneos.

Sin embargo, Lévi-Strauss plantea aquí otro argumento crucial: como a pesar de todo los dos subgrupos constituyen una misma tribu y viven en la misma aldea, esa identidad, de alguna manera, tiene que inscribirse simbólicamente, pero ¿cómo, si la articulación simbólica, las instituciones sociales de la tribu no son neutrales, sino que están sobredeterminadas por la escisión antagónica fundamental y constitutiva? La respuesta de Lévi-Strauss es lo que él llama con ingenio la "institución de tipo cero", una especie de contrapartida institucional del famoso *mana*, el significante vacío sin un significado determinado, dado que solo significa la presencia del significado como tal en oposición a su ausencia: una institución específica que no tiene una función positiva determinada, como no sea la puramente negativa de señalar la presencia y la realidad de una institución social como tal, en oposición a su ausencia, al caos presocial. La referencia a esa institución de tipo cero permite a todos los miembros de la tribu vivirse como tales, como miembros de la misma tribu. ¿No es entonces la institución de tipo cero la ideología en su grado más puro, es decir, la encarnación directa de la función ideológica de proporcionar un espacio neutral omniabarcativo en el cual el antagonismo social quede anulado y todos los miembros de la sociedad puedan reconocerse como tales? ¿Y la lucha por la hegemonía no es precisamente la lucha por sobredeterminar esa institución de tipo cero, por colorearla con alguna significación particular? Demos un ejemplo concreto: ¿no es el concepto moderno de nación una institución de tipo cero que surgió con la disolución de los lazos sociales fundados en la familia directa o en matrices simbólicas tradicionales, es decir, cuando, con el asalto de la modernización, las instituciones sociales comenzaron a fundarse cada vez menos en la tradición naturalizada y se experimentaron cada vez más como una cuestión de "contrato"?[272]. En este punto, es de especial importancia el hecho de que la identidad nacional se viva como al menos mínimamente "natural", una pertenencia fundada en "la sangre y el suelo" y, en ese carácter, opuesta a la pertenencia "artificial" a las instituciones sociales propiamente dichas (Estado, profesión, etc.); las instituciones premodernas funcionaban como entidades simbólicas "naturalizadas" (como instituciones fundadas en tradiciones incuestionables), y tan pronto como las instituciones comenzaron a concebirse como artefactos sociales, surgió la necesidad de una institución de tipo cero "naturalizada" que actuara como su terreno común neutral.

Y, si volvemos a la diferencia sexual, estoy tentado de arriesgar la hipótesis de que, tal vez, la misma lógica de la institución de tipo cero debería aplicarse no solo a la unidad de una sociedad sino también a su partición antagónica: ¿y si la diferencia sexual fuera en última instancia una especie de institución de tipo cero

272. Véase Rastko Močnik, "Das 'Subjekt, dem unterstellt wird zu glauben' und die Nation als eine Null-Institution", en: Henning Böke (ed.), *Denk-Prozesse nach Althusser*, Hamburgo, Argument-Verlag, 1994, pp. 87-99.

de la partición social de la humanidad, la mínima diferencia cero naturalizada, una partición que, antes de señalar ninguna diferencia social determinada, señala esa diferencia como tal? La lucha por la hegemonía es entonces, reiterémoslo, la lucha por sobredeterminar esa diferencia cero por medio de otras diferencias sociales particulares. Deberíamos leer contra este telón de fondo un rasgo importante, aunque habitualmente pasado por alto, del esquema lacaniano del significante: Lacan reemplaza el esquema saussuriano normal —encima de la barra la palabra *arbre*, y debajo de ella el dibujo de un árbol— por dos palabras sobre la barra, *homme* y *femme*, y, debajo, dos dibujos idénticos de una puerta. Para destacar el carácter diferencial del significante, Lacan reemplaza en primer lugar el esquema simple de Saussure por una pareja significante, la oposición hombre/mujer, la diferencia sexual, pero la verdadera sorpresa está en el hecho de que, en el nivel del referente imaginario, *no hay referencia*: no tenemos un índice gráfico de la diferencia sexual, el dibujo simplificado de un hombre y una mujer, como suele hacerse hoy en la mayoría de los baños públicos, sino *la misma* puerta reproducida dos veces. ¿Puede enunciarse en términos más claros que la diferencia sexual no designa ninguna oposición biológica fundada en propiedades "reales", sino una oposición puramente simbólica a la que, en los objetos designados, no corresponde nada: nada salvo lo real de alguna X indefinida que la imagen de lo significado no puede capturar jamás?

Volvamos ahora al ejemplo de Lévi-Strauss de los dos dibujos de la aldea. En él podemos ver en qué sentido preciso lo real interviene por medio de una anamorfosis. Tenemos en primer lugar el ordenamiento "de hecho", "objetivo", de las casas, y luego dos simbolizaciones diferentes que distorsionan de una manera anamórfica ese ordenamiento de hecho. Sin embargo, lo "real" no es aquí el ordenamiento de hecho, sino el núcleo traumático del antagonismo social que distorsiona la visión que tienen los miembros de la tribu del auténtico antagonismo. Lo real es así la X desautorizada en razón de la cual nuestra visión de la realidad se distorsiona de manera anamórfica. (Y, de paso, este *dispositivo* de tres niveles es rigurosamente análogo al *dispositivo* freudiano de tres niveles de la interpretación de los sueños: el núcleo real del sueño no es su pensamiento latente, que se desplaza/se traduce en la textura onírica explícita, sino el deseo inconsciente que se inscribe por medio de la distorsión misma del pensamiento latente en la textura explícita).

Lo mismo vale para la escena artística de nuestros días: en ella, lo real *no* retorna fundamentalmente bajo la apariencia de la chocante intrusión brutal de objetos excrementicios, cadáveres mutilados, mierda, etc. Esos objetos están, sin duda, fuera de lugar, pero para que lo estén, el lugar (vacío) ya debe estar ahí, y a partir de Malévich lo representa el arte minimalista. En ello radica la complicidad entre los dos íconos opuestos del alto modernismo, el *Cuadrado negro sobre fondo blanco* de aquel y el despliegue de objetos *ready-made* como obras de arte de Marcel Duchamp. La idea subyacente de este cuando eleva un objeto de todos los días a la jerarquía de obra de arte es que la calidad de obra de arte no es una propiedad inherente del objeto: es el propio artista quien, al adelantarse a tomar el (o, mejor, *cualquier*) objeto y situarlo en un lugar determinado, hace de él la obra de arte. El hecho de ser una obra de arte no tiene que ver con el por qué sino con el dónde. Y lo que hace la disposición minimalista de Malévich es simplemente presentar —*aislar*— ese lugar como tal, el lugar (o el marco) vacío con la propiedad protomágica de transformar cualquier objeto que se encuentre a su alcance en la obra de arte. En síntesis, no hay Duchamp sin Malévich: solo después de que la práctica artística aísle el marco/lugar como tal, vaciado de todo su contenido, podremos entregarnos al procedimiento del *ready-made*. Antes de Malévich, un mingitorio habría seguido siendo solo un mingitorio, aun cuando se lo exhibiera en la más distinguida de las galerías.

El surgimiento de objetos excrementicios que están fuera de lugar es así rigurosamente correlativo de la aparición del lugar sin objeto alguno en él, el marco vacío como tal. Por consiguiente, en el arte contemporáneo lo real tiene tres dimensiones que en cierto modo repiten lo real de la tríada Imaginario/Simbólico/Real. En primer lugar, lo Real es aquí como la mancha anamórfica, la distorsión anamórfica de la imagen directa de la realidad, como una imagen distorsionada, una pura apariencia que "subjetiviza" la realidad objetiva. Luego, lo Real es como el lugar vacío, como una estructura, una construcción que nunca está aquí, nunca se experimenta como tal, solo puede reconstruirse de manera retroactiva y tiene que presuponerse en calidad de tal: lo Real como construcción simbólica. Para terminar, lo Real es el objeto excrementicio obsceno fuera de lugar, lo real "mismo". Si se lo aísla, este último real es un mero fetiche cuya presencia fascinante/cautivante enmascara lo Real estructural, del mismo modo que, en el antisemitismo nazi, el judío como objeto excrementicio es lo Real que enmascara el intolerable real "estructural" del antagonismo social. Estas tres dimensiones de lo Real son el resultado de los tres modos de generar una distancia respecto de la realidad "corriente": se somete esta realidad a una distorsión anamórfica, se introduce un objeto que no tiene lugar en ella, y se sustrae/borra todo el contenido (objetos) de la realidad, con lo cual lo único que queda es el propio lugar vacío que esos objetos llenaban.

El toque freudiano

La manera más directa de discernir la falsedad de *Matrix* tal vez esté en la designación de Neo como "el Elegido" ("*the One*"). ¿Quién es "el Elegido"? El que puede ver que nuestra realidad cotidiana no es real, sino un mero universo virtual codificado, y que, por lo tanto, es capaz de desenchufarse de ella, manipular y suspender sus reglas (volar en el aire, detener las balas). Un aspecto crucial para la función de *este* Elegido es su virtualización de la realidad: esta es un constructo artificial cuyas reglas pueden suspenderse o al menos reescribirse; en ello radica la idea propiamente paranoica de que el Elegido puede poner en suspenso la resistencia de lo real ("si realmente lo decido, puedo atravesar caminando una gruesa pared", es decir que la imposibilidad en que estamos la mayoría de nosotros de hacer eso se reduce al fracaso de la voluntad del sujeto). Sin embargo, es aquí donde, una vez más, la película no va tan lejos como debería ir: en la memorable escena de la sala de espera de la profetisa que decidirá si Neo es el Elegido, un niño a quien vemos torcer una cuchara con su mero pensamiento le dice al sorprendido Neo que la manera de hacerlo no es convencerse de que uno puede torcer la cuchara, sino convencerse a sí mismo de que *no hay ninguna cuchara*. Pero ¿qué pasa con uno mismo? ¿El paso siguiente no debería consistir en aceptar la proposición budista de que uno mismo, el sujeto, no existe?

A fin de aclarar en mayor medida lo que es falso en *Matrix*, habría que distinguir la simple imposibilidad tecnológica de la falsedad fantasmática: el viaje en el tiempo es (probablemente) imposible, pero los escenarios fantasmáticos referidos a él son no obstante "verdaderos" en su manera de presentar los callejones sin salida libidinales. Los giros narrativos más improbables suelen ser los que tienen una investidura libidinal muy fuerte. *Fedora*, la infravalorada película de Billy Wilder, cuenta la historia de una estrella de Hollywood entrada en años que, misteriosamente, conserva la belleza de su apariencia juvenil. Un joven actor que se enamora de ella descubre finalmente el secreto de su eterna juventud: la mujer que se presenta como Fedora es en realidad su hija, casi un doble de ella, que en cierto momento la reemplazó, mientras que la auténtica Fedora lleva una vida recluida en una casa de campo solitaria. Fedora organizó ese reemplazo (que condenó a su hija a la total identificación con la imagen materna) para que su condición de estrella la sobreviviera y continuara brillando aun después de su decadencia física. Así, tanto la madre como la hija están cabalmente alienadas: la madre está excluida del espacio público, dado que su yo público se encarna en su hija, y esta tiene permitido aparecer en ese espacio, pero privada de su identidad simbólica. ¿El sabor intragable, perturbador de la película no se debe al hecho de que se acerca demasiado a la fantasía? ¿No tenemos aquí el escenario fantasmático destilado que subyace a *El graduado* [*The Graduate*, 1967], el filme mucho más exitoso de Mike Nichols, cuyo héroe también está libidinalmente escindido entre una madre (la señora Robinson) y su hija?[273].

273. La escena final de *El graduado*, en la que Ben y Elaine (la hija de la señora Robinson) interrumpen la ceremonia matrimonial y se fugan, dista así de constituir una transgresión a la moralidad burguesa corriente. Al contrario, representa la constitución de la pareja heterosexual normal, mientras que el vínculo verdaderamente transgresor es el que existe entre Ben y la señora Robinson.

En consecuencia, el problema de *Matrix* no es la ingenuidad científica de sus trucos: la idea de pasar de la realidad a la RV mediante el teléfono es sensata, dado que todo lo que necesitamos es una grieta/un agujero a través del cual podamos escapar. (Tal vez el inodoro habría sido una solución aún mejor, como lo analizamos antes). El problema es una inconsistencia fantasmática más radical, que irrumpe de la manera más explícita cuando Morfeo (el líder afroamericano del grupo de resistencia que cree que Neo es el Elegido) trata de explicar a un Neo todavía perplejo qué es la Matriz y, de manera bastante lógica, la vincula a una falla en la estructura del universo:

> Morfeo: Es la sensación que tuviste toda la vida. La sensación de que en el mundo había algo mal. No sabes qué es pero está ahí, como una astilla en tu mente, y te vuelve loco. [...] La Matriz está en todas partes, alrededor de nosotros, aun aquí, en esta habitación. [...] Te han puesto el mundo frente a los ojos para cegarte a la verdad.
>
> Neo: ¿Qué verdad?
>
> Morfeo: Que eres un esclavo, Neo. Que tú, como todos los demás, naciste en la esclavitud [...], encerrado en una prisión que no puedes oler, saborear ni tocar. La prisión de tu mente.

Aquí la película tropieza con su inconsistencia definitiva: se supone que la experiencia de la falta/la inconsistencia/el obstáculo da testimonio del hecho de que lo que experimentamos como realidad es una simulación. Sin embargo, hacia el final de la película, Smith, el agente de la Matriz, da una explicación diferente, mucho más freudiana:

> ¿Sabías que la primera Matriz fue diseñada para ser un mundo humano perfecto? ¿Donde nadie sufriera y todos fueran felices? Fue un desastre. Nadie aceptaba el programa. Se perdieron cosechas enteras [de humanos que funcionaban como baterías]. Algunos creyeron que no teníamos un lenguaje de programación para describir el mundo perfecto de ustedes. Pero yo creo que, como especie, los seres humanos definen su realidad a través del sufrimiento y la desdicha. El mundo perfecto era un sueño del

que su cerebro primitivo seguía tratando de despertar. Por eso la Matriz se rediseñó para llegar a esto, la cumbre de tu civilización.

De tal modo, la imperfección de nuestro mundo es al mismo tiempo el signo de su virtualidad *y* el signo de su realidad. Uno podría afirmar, efectivamente, que el agente Smith —no lo olvidemos: no un ser humano como los demás, sino la encarnación virtual directa de la propia Matriz (el gran Otro)— es el representante de la figura del analista dentro del universo de la película: su lección es que la experiencia de un obstáculo insuperable es para nosotros, en cuanto humanos, la condición positiva para percibir algo como realidad. En última instancia, la realidad es lo que resiste.

La puesta en escena de la fantasía fundamental

La siguiente inconsistencia concierne a la muerte: ¿por qué morimos "realmente" cuando solo morimos en la RV regulada por la Matriz? La película da una respuesta oscurantista:

> Neo: ¿Si te matan en la Matriz, mueres aquí [es decir, no solo en la RV sino también en la vida real]?
>
> Morfeo: El cuerpo no puede vivir sin la mente.

La lógica de esta solución es que nuestro cuerpo "real" solo puede mantenerse vivo (funcionar) en conjunción con la mente, es decir, con el universo mental en que estamos inmersos: de modo que, si estamos en la RV y nos matan ahí, esa muerte también afecta nuestro cuerpo real. La solución contraria evidente (solo morimos realmente cuando nos matan en la realidad) también es demasiado escueta. El asunto es: ¿está el sujeto *completamente* inmerso en la RV dominada por la Matriz, o sabe o al menos *sospecha* el estado de hecho de las cosas? Si la respuesta es sí, una simple retirada a un estado de distanciamiento adámico previo a la caída nos tornaría, entonces, inmortales *en* la RV y, por consiguiente, Neo, que ya está liberado de la completa inmersión en la realidad virtual, debería *sobrevivir* a la lucha con el agente Smith que se produce *dentro* de la RV controlada por la Matriz (así como es capaz de detener las balas, también tendría que tener la capacidad de desrealizar los golpes que lo hieren).

Es un hecho bien sabido que, en la mayoría de los ascensores, el botón de "cerrar puerta" es un placebo completamente disfuncional, instalado para dar a los individuos la impresión de que, de alguna manera, participan, hacen su aporte a la velocidad del viaje en el ascensor. Cuando apretamos ese botón, la puerta se cierra exactamente en el mismo momento que cuando nos limitamos a apretar el botón del piso sin "acelerar" el proceso mediante la presión, a la vez, en aquel otro. Este caso extremo y transparente de participación falsa es una metáfora adecuada de la participación de los individuos en nuestro proceso político "posmoderno". Estamos, entonces, apretando botones semejantes todo el tiempo, y es la incesante actividad de la Matriz la que efectúa la coordinación entre ellos y el acontecimiento que sigue (el cierre de la puerta), mientras que, por nuestra parte, pensamos que los hechos son la resultante de haber apretado el botón.

La inconsistencia final concierne al estatus ambiguo de la liberación de la humanidad anunciada por Neo en la última escena. Como resultado de su intervención, hay un "fallo del sistema" en la Matriz; al mismo tiempo, Neo se dirige a personas todavía atrapadas en ella como si fuera el salvador que va a enseñarles cómo liberarse de las restricciones de esa Matriz: podrán romper las leyes físicas, doblar metales, desplazarse en el aire. Sin embargo, el problema es que todos esos "milagros" solo son posibles si permanecemos dentro de la RV sostenida por la Matriz y nos limitamos a forzar o modificar sus reglas. Nuestro estatus "real" es aún el de esclavos de la Matriz: por así decirlo, no hacemos más que conquistar un poder adicional de cambiar las reglas de nuestra prisión mental. Entonces, ¿por qué no salir por completo de la Matriz y entrar a la "realidad real", en la cual somos criaturas miserables que viven en la destruida superficie de la tierra?

De una manera adorniana, uno debería afirmar que esas inconsistencias[274] son el momento de verdad de la película: señalan los antagonismos de nuestra experiencia social tardocapitalista,

274. Otra inconsistencia pertinente, una más, tiene que ver con el estatus de la intersubjetividad en el universo gobernado por la Matriz: ¿comparten todos

concernientes a pareados ontológicos básicos como *realidad* y *dolor* (la realidad como lo que altera el reino del principio de placer) o *libertad* y *sistema* (la libertad solo es posible dentro del sistema que obstaculiza su pleno despliegue). Sin embargo, la fortaleza última de la película debe situarse en un nivel diferente. Años atrás, una serie de películas de ciencia ficción como *Zardoz* y *Fuga en el siglo 23* [*Logan's Run*] pronosticaron la tribulación posmoderna de nuestros días: el grupo aislado que lleva una vida aséptica en una zona recóndita anhela la experiencia del mundo real de la decadencia material. Hasta el posmodernismo, la utopía era un esfuerzo por salir de lo real del tiempo histórico e ir hacia una otredad intemporal. Con la superposición posmoderna del "fin de la historia" y la plena disponibilidad del pasado en una memoria digitalizada, en esta época en que vivimos la utopía atemporal como una experiencia ideológica cotidiana, la utopía se convierte en el anhelo de lo real mismo de la historia, de la memoria, de las huellas del pasado real, el intento de salir de la burbuja e ir hacia el olor y la descomposición de la cruda realidad. *Matrix* da el giro final a esta inversión, al combinar utopía con distopía: la realidad misma en que vivimos, la utopía atemporal escenificada aquí, se ha establecido para que podamos ser reducidos efectivamente a un estado pasivo de baterías vivientes que proporcionan energía a la Matriz.

El singular impacto de la película radica así, no tanto en su tesis central (lo que experimentamos como realidad es una realidad virtual artificial generada por la Matriz, la megacomputadora directamente conectada a nuestra mente) como en su imagen central de los millones de seres humanos que llevan una vida claustrofóbica en cunas de agua, y a quienes se mantiene vivos con el fin de generar la energía (electricidad) para la Matriz. De modo que, cuando (algunas de) esas personas "despiertan" de su inmersión en la realidad virtual controlada por la Matriz, ese despertar no es la apertura al vasto espacio de la realidad externa sino, en primer lugar, la horrible revelación de aquel encierro, donde cada uno de nosotros está, en sustancia, como un mero

los individuos la *misma* realidad virtual? ¿*Por qué*? ¿Por qué no dar a cada uno la que prefiera?

organismo fetal, inmerso en el fluido prenatal. La primera asociación que se impone en este caso es, desde luego, la de la miserable posición del humano como la alegoría autorreflexiva de la posición misma del espectador cinematográfico: ¿no estamos todos, cuando nos sentamos en el cine, en la posición de los humanos en *Matrix*, atados a asientos, inmersos en el espectáculo operado por una máquina? Sin embargo, una alegoría más apropiada es la del propio espectador: debajo de la ilusión de que "solo miramos" los objetos percibidos desde una distancia segura, deslizándonos libremente a lo largo de ellos, está la realidad de los innumerables lazos que nos atan a lo que percibimos. Si bien no hacemos más que mirar, estamos siempre cazando entre los objetos, buscando lo que deseamos o tememos, afanándonos en reconocer algún patrón; por otro lado, los objetos mismos siempre nos "devuelven la mirada", rivalizan por nuestra atención, nos arrojan sus señuelos y se empeñan en hacernos caer en la trampa. Como explica James Elkins:

> También hay algo calladamente hipnótico en el hecho de limitarse a mirar, algo no tan parecido a cazar como a soñar. Es como si el que mira fuera Gulliver, que, aunque atado en la playa por los liliputienses, aún sueña que está en Inglaterra y la pasa bien, tal vez en medio de una caminata, pero empieza a advertir de una manera sorda que cuesta moverse —es inexplicablemente difícil caminar por esa calle de Londres, llegar y manipular la perilla de la puerta— y luego se despierta y se descubre en una pesadilla mucho peor. Pero, a diferencia de Gulliver, yo, en realidad, nunca me despierto. Limitarse a mirar es como soñar, pero soñar de a ratos, dar vueltas una y otra vez en la cama y no saber bien qué está pasando[275].

¿Esta descripción fenomenológica de la postura de "limitarse a mirar" no hace un ominoso eco al dispositivo de los humanos en *Matrix*?

Sin embargo, sentimos la tentación de invertir la relación entre la "ilusión" y la "realidad" implicada en esa descripción

275. Elkins, James, *The Object Stares Back. On the Nature of Things*, Nueva York, Simon and Schuster, 1996, p. 20.

y sostener que la completa pasividad de los humanos en *Matrix* pone en escena la fantasía forcluida que sostiene nuestra experiencia consciente como sujetos activos y autoposicionados: traduce la fantasía perversa definitiva, la idea de que somos en última instancia instrumentos del goce del Otro (de la Matriz), que chupa nuestra sustancia vital como si fuéramos baterías. En ello radica el verdadero enigma libidinal de este *dispositivo*: ¿por qué necesita la Matriz energía humana? La solución puramente energética carece desde luego de sentido: a la Matriz no le habría costado nada encontrar una fuente de energía más confiable, que no exigiera el ordenamiento extremadamente complejo de la realidad virtual coordinada para millones de unidades humanas. (Aquí se discierne otra inconsistencia: ¿por qué la Matriz no sumerge a cada individuo en su propio universo artificial solipsista? ¿Por qué complicar las cosas con la coordinación de los programas, de modo que la humanidad entera habite un único universo virtual?). La única respuesta congruente es: la Matriz se alimenta del goce de los humanos, por lo que estamos de vuelta en la tesis lacaniana fundamental de que el propio gran Otro, lejos de ser una máquina anónima, necesita la afluencia constante de goce.

La conexión íntima entre perversión y ciberespacio es hoy un lugar común. Según la concepción convencional, el escenario perverso exhibe la "negación de la castración": la perversión puede considerarse como una defensa contra el motivo de la muerte y la sexualidad y contra la amenaza de la mortalidad, así como de la imposición contingente de la diferencia sexual. El perverso figura un universo en el cual, como en los dibujos animados, un ser humano puede sobrevivir a cualquier catástrofe; en el cual la sexualidad adulta queda reducida a un juego infantil, y en el cual no estamos obligados a morir o a elegir uno de los dos sexos. En ese carácter, el universo del pervertido es el universo del puro orden simbólico, del juego del significante que sigue su curso, sin responsabilidad alguna por lo real de la finitud humana. En una primera aproximación, tal vez parezca que nuestra experiencia del ciberespacio encaja a la perfección con ese universo: ¿acaso no es también el ciberespacio un universo sin responsabilidad alguna por la inercia de lo real, y solo restringido por sus reglas autoimpuestas? ¿Y no sucede lo mismo con la realidad virtual en *Matrix*? La "realidad" en que vivimos pierde su carácter inexorable, se convierte en un ámbito de reglas arbitrarias (impuestas por la Matriz) que podemos violar si tenemos la fuerza de voluntad necesaria. Sin embargo, según Lacan, lo que esta idea convencional omite tener en cuenta es la singular relación entre el Otro y el goce en la perversión. ¿Qué significa exactamente esto?

En "Le prix du progrès", uno de los fragmentos con que termina la *Dialéctica de la Ilustración*, Theodor Adorno y Max Horkheimer citan el argumento de Pierre Flourens, fisiólogo francés del siglo XIX, contra la anestesia médica con cloroformo: a su entender, puede probarse que el anestésico solo actúa sobre la red neuronal de nuestra memoria. En síntesis, mientras nos someten a una carnicería en la mesa de operaciones, sentimos plenamente el terrible dolor, pero luego, tras despertarnos, no lo recordamos. Para Adorno y Horkheimer esta es, por supuesto, la metáfora perfecta del destino de la razón basada en la represión de la naturaleza en uno mismo: su cuerpo, la parte de naturaleza en el sujeto, siente en toda su plenitud el dolor, con la salvedad de que, debido a la represión, el sujeto no lo recuerda. En eso radica la venganza perfecta de la naturaleza por la dominación que ejercemos sobre ella: sin saberlo, somos sus mayores víctimas al despedazarnos vivos unos a otros. ¿No es también posible leer esta idea como el escenario fantástico perfecto de la interpasividad, de la Otra escena en la cual pagamos el precio de nuestra intervención activa en el mundo? No hay agente libre activo sin ese soporte fantasmático, sin esa Otra escena en la cual uno es totalmente manipulado por el Otro[276]. El sadomasoquista asume por propia voluntad este sufrimiento como acceso al ser.

276. Lo que hace Hegel es "atravesar" esa fantasía al demostrar que su función es llenar el abismo preontológico de la libertad, es decir, de reconstituir la escena positiva en la que el sujeto se inserta en un orden nouménico positivo. En otras palabras, para Hegel, la visión de Kant carece de sentido y es inconsistente, dado que reintroduce de manera subrepticia la totalidad divina plenamente constituida en el aspecto ontológico, esto es, un mundo concebido solo como sustancia y no también como sujeto.

Tal vez, también pueda explicarse de esta manera la obsesión que despierta en los biógrafos de Adolf Hitler la relación con su sobrina Geli Raubal, a quien, en 1931, se encontró muerta en el apartamento de él en Múnich, como si la presunta perversión sexual de Hitler proporcionara la "variable oculta", el eslabón perdido íntimo, el soporte fantasmático capaz de explicar su personalidad pública. Este es el escenario, según lo dio a conocer Otto Strasser:

> Hitler hacía que se desvistiera [mientras] él estaba acostado en el suelo. Entonces, ella tenía que sentarse en cuclillas sobre su cara para que él pudiera examinarla de cerca, y eso lo excitaba mucho. Cuando la excitación llegaba al máximo, le pedía que orinase sobre él, lo cual le generaba placer sexual[277].

Aquí es crucial la completa pasividad del papel de Hitler en ese escenario como soporte fantasmático que lo impulsaba a su actividad política pública frenéticamente destructiva; no es de sorprender que estos rituales desesperaran y asquearan a Geli.

En eso radica la percepción correcta de *Matrix*: su yuxtaposición de los dos aspectos de la perversión, por un lado, la reducción de la realidad a un dominio virtual regulado por reglas arbitrarias que pueden suspenderse, y por otro, la verdad oculta de esa libertad, la reducción del sujeto a una completa pasividad instrumentalizada. En otras palabras, *Matrix* acierta, pero de una manera errónea (invertida). Esto es, solo tenemos que dar vuelta los términos para llegar al verdadero estado de las cosas: lo que la película muestra como la escena de nuestro despertar a la verdadera situación en que nos encontramos es, en efecto, su oposición exacta, la muy fundamental fantasía que sostiene nuestro ser. En la RV no soñamos que somos agentes libres en nuestra realidad corriente de todos los días, en tanto que somos efectivamente prisioneros pasivos en el fluido prenatal explotado por la Matriz; sucede, antes bien, que nuestra realidad es la de los agentes libres en el mundo social que conocemos, pero

277. Citado en Ron Rosenbaum, *Explaining Hitler*, Londres, Macmillan, 1999, p. 134 [ed. cast.: *Explicar a Hitler. Los orígenes de su maldad*, trad. de Stella Mastrángelo, Barcelona, RBA, 2012].

para mantener esa situación tenemos que complementarla con la fantasía negada, terrible e inminente de ser prisioneros pasivos en el fluido prenatal explotado por la Matriz. El misterio de la condición humana, desde luego, es *por qué* necesita el sujeto ese soporte fantasmático obsceno de su existencia.

Índice

Colección Slavoj Žižek

El resto indivisible

La permanencia en lo negativo

Contra la tentación populista

¡Goza tu síntoma!

Chocolate sin grasa

Queremos hacer libros
cada vez mejores, para eso
necesitamos saber qué pensás.

Envianos un mail y contanos lo
que pensás sobre este libro
info@edicionesgodot.com.ar

O respondé una breve encuesta:
bitly.com/edgodot

Libro compuesto
en tipografía Stempel
Garamond 11/14 creada
por Claude Garamond en el
siglo XVI en Francia, versión de
la fundición Stempel en 1924.
Notas al pie en 10pt y títulos en
Helvetica Neue
en 22pt.

www.edicionesgodot.com.ar
info@edicionesgodot.com.ar
Facebook.com/EdicionesGodot
Twitter.com/EdicionesGodot
Instagram.com/EdicionesGodot
YouTube.com/EdicionesGodot

www.ingramcontent.com/pod-product-compliance
Lightning Source LLC
La Vergne TN
LVHW101913220826
846093LV00008B/242

* 9 7 8 9 8 7 8 4 1 3 3 2 7 *